庆祝中华人民共和国成立 75 周年

传承弘扬『两弹一星』精神座谈会成果汇编

青海原子城纪念馆 编

青海出版传媒集团
青海人民出版社

图书在版编目（ＣＩＰ）数据

庆祝中华人民共和国成立 75 周年 传承弘扬"两弹一星"精神座谈会成果汇编 / 青海原子城纪念馆编 . ——
西宁：青海人民出版社，2025. 7. —— ISBN 978-7-225 -06883-1

Ⅰ . D647-53

中国国家版本馆 CIP 数据核字第 2025LU6380 号

庆祝中华人民共和国成立 75 周年

传承弘扬"两弹一星"精神座谈会成果汇编

青海原子城纪念馆　编

出 版 人　樊原成

出版发行　青海人民出版社有限责任公司

西宁市五四西路 71 号　邮政编码：810023　电话：（0971）6143426（总编室）

发行热线　（0971）6143516/6137730

网　　址　http://www.qhrmcbs.com

印　　刷　西安五星印刷有限公司

经　　销　新华书店

开　　本　787 mm × 1092 mm　1/16

印　　张　25.5

字　　数　400 千

版　　次　2025 年 7 月第 1 版　2025 年 7 月第 1 次印刷

书　　号　ISBN 978-7-225-06883-1

定　　价　88.00 元

编委会

前言

在庆祝中华人民共和国成立 75 周年、纪念中国第一颗原子弹爆炸成功 60 周年和"两弹一星"精神正式提出 25 周年之际，青海省召开了庆祝中华人民共和国成立 75 周年、传承弘扬"两弹一星"精神座谈会，诚邀中央党史和文献研究院、人民日报社、中国工程物理研究院、中国核工业集团有限公司等相关单位代表、老干部老职工代表和理论界、核工业航天界、新闻媒体界、青年党团员和爱国主义教育界院士专家，齐聚青海，回顾"两弹一星"研制历程，缅怀"两弹一星"丰功伟绩，探讨"两弹一星"精神时代价值，意义重大，成果丰硕。

青海是海拔高地、更是精神高地。二十世纪五六十年代，党中央、国务院在青海金银滩创建中国第一个核武器研制基地，数万名科研专家、技术工人、干部职工、人民解放军和警卫部队指战员汇聚草原，战天斗地建基地、集智攻关搞科研、精益求精抓生产，在风雪高原厚植下筚路蓝缕、攻坚克难，研制成功中国第一颗原子弹和氢弹的红色基因，镌刻下"热爱祖国、无私奉献，自力更生、艰苦奋斗，大力协同、勇于登攀"的精神密码，生动诠释了中华民族的风骨、力量和智慧，充分彰显了中国共产党的号召力凝聚力领导力和社会主义集中力量办大事的制度优势，为强国建设、民族复兴提供了深刻的战略智慧、坚定的战略支撑和强大的精神伟力。

历史因铭记而永恒、精神因传承而不朽。作为"两弹一星"精神的重要发源地之一，青海的发展受"两弹一星"精神的巨大鼓舞，如今也正激励着我们。新时代新征程，我们的使命更光荣、任务更艰巨、目标更宏伟。我们要从"两弹一星"精神中汲取砥砺奋进的智慧和勇毅前行的力量，牢记习近平总书记谆谆嘱托，沿着习近平总书记指引的方向，立足"三个最大"省情定位和"三个更加重要"战略定位，聚焦打造生态文明高地、建设产业"四地"发展路径，坚持发扬当年搞"两弹一星"时的那么一种干劲、那么一种热情、那么一种奋斗精神，在推进青藏高原生态保护和高质量发展上取得更大进展，奋力谱写中国式现代化青海篇章，把宏伟蓝图变为美好现实。

编委会

2025 年 6 月

目 录

青年党团员和爱国主义教育基地代表发言

新闻传媒界代表发言

弘扬"两弹一星"精神 凝聚磅礴奋进伟力征文获奖论文

主场代表发言

大力弘扬"两弹一星"精神在内的中国共产党人精神谱系

王全春 [①]

在举国上下深入学习贯彻党的二十届三中全会精神、喜迎中华人民共和国成立75 周年之际，我们在大美青海隆重举办"学习贯彻习近平文化思想，传承弘扬'两弹一星'精神——纪念'两弹一星'精神提出 25 周年座谈会"，深情回顾"两弹一星"的研制历程，深切缅怀老一辈科学家作出的卓越贡献，深入探讨"两弹一星"精神的理论内涵和实践价值，对于在新时代新征程大力弘扬"两弹一星"精神，凝聚起进一步全面深化改革、推进中国式现代化的强大精神力量，具有十分重要的意义。受曲青山院长委托，我谨代表中央党史和文献研究院，向为"两弹一星"事业立下不朽功勋的科学家、所有工作者及亲属表示崇高敬意，向支持"两弹一星"精神传承弘扬的各级领导和专家学者表示诚挚感谢。

一、深刻认识"两弹一星"精神的伟大意义

"两弹一星"研制成功，是我们党领导人民创造的人间奇迹，也是人类文明史上勇攀科技高峰的空前壮举。在"干惊天动地事"伟大实践中孕育形成的"两弹一星"精神，是中国共产党人精神谱系的重要组成部分，是激励全党全国各族人民奋勇前进的强大精神力量。

第一，"两弹一星"的成功研制是中华人民共和国建设成就的重要象征。20 世纪 50 年代中期，面对国际上严峻的核讹诈、核垄断形势，党中央和毛泽东同志为了保卫国家安全、维护世界和平，毅然作出发展原子弹、导弹、人造地球卫星，突破国防尖端技术的战略决策。在党中央的坚强领导下，经过广大科技工作者的不懈奋斗，1964 年 10 月 16 日，我国第一颗原子弹爆炸成功；1966 年 10 月 27 日，第

---

① 作者系中央党史和文献研究院副院长。

一颗装有核弹头的地地导弹飞行爆炸成功；1967 年 6 月 17 日，第一颗氢弹空爆试验成功；1970 年 4 月 24 日，第一颗人造卫星发射成功。"两弹一星"的成功研制，在中华人民共和国发展历程上写下了浓墨重彩的华章，极大增强了中国人的自信心和自豪感，显著提升了中国的国际地位。正如邓小平同志所说，"如果六十年代以来中国没有原子弹、氢弹，没有发射卫星，中国就不能叫有重要影响的大国，就没有现在这样的国际地位。这些东西反映一个民族的能力，也是一个民族、一个国家兴旺发达的标志"。

第二，"两弹一星"精神是中华民族的宝贵精神财富。科技兴则民族兴，科技强则国家强。中华民族是一个具有悠久历史和灿烂文化的伟大民族。在人类社会发展进步的历史上，中华民族曾经长期处于领先地位。近代以后，由于各种原因，我国几次与科技革命失之交臂。中华人民共和国成立之初，几个世界大国都已进入"原子时代"和"喷气时代"，而当时中国连常规武器的制造水平也相当落后。广大科技工作者胸怀爱国之心和报国之志，众志成城、团结协作。面对十分薄弱的工业基础，面对"卡脖子"难题，他们敢于提出新理论、开辟新领域、探寻新路径，在解决受制于人的重大瓶颈问题上强化担当作为。他们以惊人的毅力和勇气，在大漠戈壁、在青海高原、在深山峡谷，跨过一道道沟坎，突破一个个技术难关，取得一个个胜利。研制"两弹一星"，开创了国防尖端技术的辉煌，也孕育形成了伟大的"两弹一星"精神，充分显示了中华民族在自力更生的基础上自立于世界民族之林的坚强决心和能力，充分彰显了我国社会主义制度集中力量办大事的巨大优势。

第三，"两弹一星"精神是推进民族复兴伟业的强大力量。习近平总书记深刻指出："精神的力量是无穷的。""精神是一个民族赖以长久生存的灵魂，唯有精神上达到一定的高度，这个民族才能在历史的洪流中屹立不倒、奋勇向前。"几十年来，"两弹一星"精神已经凝结成一种自强不息的民族品格，激励着广大科技工作者和亿万中华儿女不畏艰难、不辞辛苦，在实现中华民族伟大复兴的征程上奋勇前进。肇始于"两弹一星"，我国航天事业从无到有、从小到大，取得了举世瞩目的伟大成就。从首次载人航天飞行到中国人首次进入自己的空间站，从嫦娥五号携带月球样品安全返回着陆，到第一辆火星车"祝融号"传回高清火星照片，一个个重大成就，见证了"两弹一星"事业的接续。从"特别能吃苦、特别能战斗、特别能攻关、特别能奉献"的载人航天精神，到"自主创新、开放融合、万众一心、追求卓越"的新时代北斗精神，再到"追逐梦想、勇于探索、协同攻坚、合作共赢"的探月精神，一座座精神丰碑，见证了"两弹一星"精神的传承。正是在事业的接续、精神的传承中，中华民族伟大复兴展现出了光明的前景。

二、准确理解"两弹一星"精神的丰富内涵

"两弹一星"精神内涵丰富、意蕴深邃。是我们要认真学习、深刻领会，准确理解"热爱祖国、无私奉献"蕴含的深厚家国情怀，"自力更生、艰苦奋斗"体现的重要发展原则，"大力协同、勇于登攀"凝聚的崇高科学品格。

第一，热爱祖国、无私奉献是"两弹一星"精神之基，是"两弹一星"事业最具向心力的精神纽带、最具持久力的动力源泉、最具感染力的价值追求。"天下兴亡，匹夫有责。"爱国主义精神深深植根于中华民族心中，是中华民族的精神基因。23位"两弹一星功勋奖章"获得者中，19位是在中华人民共和国成立前后从国外归来的。钱学森为了回国，5年时间里隐忍负重，历尽波折，最终于1955年踏上回国的旅途。他曾满怀深情地说："科学没有国界，可是科学家有祖国。"邓稼先在美国获得博士学位9天后，便谢绝了老师和同学的挽留，毅然决定回国。他隐姓埋名，在试验场度过了整整8年的单身生活，有15次在现场领导核试验，冷一生献给了"两弹一星"事业。1956年郭永怀放弃极为优厚的待遇，克服重重阻力与夫人李佩回到了阔别16年的祖国，他说："作为新中国的一个普通科技工作者，我只是希望自己的祖国早一天强大起来，永远不再受人欺侮。"1968年，郭永怀在乘坐的飞机坠毁的瞬间，与警卫员紧紧相拥，用生命保护了热核导弹试验数据文件，展现了一个科技工作者对国家和人民的高度责任感，以及他对国家安全的无私奉献。空气动力学专家王承书，当被问到能否重新开辟热核聚变这一陌生领域、能否转行从事高浓缩铀研制工作、能否为国家的核事业隐姓埋名一辈子时，她的回答是三声不假思索的"我愿意！"。正是在爱国主义精神的感召下，一大批科学家、科技人员、干部职工、解放军官兵汇聚到研制"两弹一星"的征途上，顽强拼搏，团结奋斗，取得了中华民族为之自豪的伟大成就。

第二，自力更生、艰苦奋斗是"两弹一星"精神之魂，是中华民族历经磨难而自强不息的优秀品质，是中国共产党的优良传统和作风，是"两弹一星"的制胜之道。"天行健，君子以自强不息。"党中央作出研制"两弹一星"决策时，就确立了"自力更生为主、争取外援为辅"的方针。后来的事实也证明，世上没有救世主，唯有靠自己。面对外部的封锁遏制、国内艰苦的条件，广大科技工作者发愤图强，刻苦钻研，克服了难以想象的困难：原子弹理论设计研究没有图纸和模型，就自行设计；没有进口的先进计算机，就用手摇计算机、计算尺甚至算盘来计算；为了计算一条弹道，科研人员夜以继日奋战，计算用的纸堆得比办公桌还高……聂荣臻同志曾表示，我国第一颗原子弹爆炸成功"是中国共产党自力更生路线的伟大胜利，也是中国人民有志气、有能力的最好说明"。正是凭着这股干劲、这股精神、这种热情，"两弹一星"事业即便内无基础、外无援助，最终还是取得了巨大成功。

第三，大力协同、勇于登攀是"两弹一星"精神之要，是现代科技发展的内在要求，是党的领导政治优势和社会主义制度优势的充分彰显，是成就"两弹一星"事业的重要保证。"大鹏之动，非一羽之轻也；骐骥之速，非一足之力也。"据统计，在原子弹研制的攻坚阶段全国先后有 26 个部（院），20 个省、市、自治区的 900 多个单位，对原子弹会战全力配合，解决了近千项重大课题。成千上万的科学技术人员、工程技术人员、后勤保障人员分工负责、通力合作、群策群力，以最大限度调动有限的财力、物力和优秀人才，形成拳头，突破重点。原子弹研制中的"九次计算""草原大会战"，氢弹原理突破中的"群众大讨论""上海百日攻坚战"等，都是集体攻关、团结协作的结果。正是在党中央集中统一领导下，全国一盘棋，"大力协同做好这件工作"，有效解决了我国经济科技基础薄弱与发展尖端科技需求之间的矛盾，推动"两弹一星"事业从构想变成现实。

三、牢牢把握传承弘扬"两弹一星"精神的时代要求

今天，"东方红一号"仍在太空飞行，"两弹一星"精神也穿越时空、历久弥新，激励着我们主动肩负历史重任，走好新的赶考之路。新时代新征程，我们要大力传承弘扬"两弹一星"精神，朝着实现中华民族伟大复兴的宏伟目标奋勇前进。

第一，坚持党的领导。办好中国的事情，关键在党。中国共产党的领导是中国特色社会主义最本质的特征，是中国特色社会主义制度的最大优势。"两弹一星"能够研制成功，根本在于党中央集中统一领导，在于党的领导贯彻于确定方针、组建机构、调集人才、整合资源等各方面各环节。新时代新征程，我国发展进入战略机遇和风险挑战并存、不确定难预料因素增多的时期，必须准备经受风高浪急甚至惊涛骇浪的考验。弘扬"两弹一星"精神，走好新的赶考之路，就要坚持党的全面领导特别是党中央集中统一领导，使党始终成为全体人民最可靠的主心骨，确保我国社会主义现代化建设的正确方向，确保拥有团结奋斗的强大政治凝聚力、发展自信心，集聚起万众一心、共克时艰的磅礴力量。

第二，坚持自信自立。自信是中国共产党素有的精神气度，自立是我们立党立国的重要原则。贯穿党的百年奋斗历程的一个基本点，就是中国的问题必须从中国基本国情出发，由中国人自己来解答。"两弹一星"研制过程中，苏联方面突然单方面撕毁援助协定，撤走了在华全部专家。在党中央号召下，广大科技工作者自己动手，从头摸起，拿出了自己的原子弹，用事实证明中国人民能够赶上和超过世界先进水平。新时代新征程，全球新一轮科技革命和产业变革方兴未艾，科技创新正加速推进，并深度融合、广泛渗透到人类社会的各个方面，成为重塑世界格局、创造人类未来的主导力量。弘扬"两弹一星"精神，走好新的赶考之路，就要牢记"关键核心技术是要不来、买不来、讨不来的"，增强志气、骨气、底气，不信邪、不怕鬼、不怕压，知难而进、迎难而上，积极抢占科技竞争和未来发展的制高点，加快实现高水平科技自立自强。

第三，坚持开拓创新。创新是一个国家、一个民族发展进步的不竭动力。越是伟大的事业，越充满艰难险阻，越需要艰苦奋斗，越需要开拓创新。为了研制"两弹一星"，广大科技工作者锐意创新，敢于走前人没走过的路，把一个个"不可能"变为"可能"。新时代新征程，改革发展任务之重、矛盾风险挑战之多、治国理政考验之大都前所未有，世界百年未有之大变局深刻变化前所未有，大量理论和实践课题亟待回答。弘扬"两弹一星"精神，走好新的赶考之路，就要统筹国内国际两个大局，始终挺立时代潮头，胸怀"国之大者"，保持锐意创新的勇气、敢为人先的锐气和蓬勃向上的朝气，不断开创工作新局面，努力创造出更多令人刮目相看的人间奇迹。

第四，坚持系统观念。万事万物相互作用、相互依存。只有用普遍联系的、全面系统的、发展变化的观点观察事物，才能把握事物发展规律。研制"两弹一星"是中国规模空前、高度综合的科技工程，技术密集、程序复杂、综合性强，坚持系统观念，加强协同攻关，形成强大合力，是成功的关键所在。新时代新征程，进一步全面深化改革、推进中国式现代化，是一个系统工程，必须注重系统性、整体性、协同性。弘扬"两弹一星"精神，走好新的赶考之路，就要把握好全局和局部、当前和长远、宏观和微观、主要矛盾和次要矛盾、特殊和一般的关系，不断提高战略思维、历史思维、辩证思维、系统思维、创新思维、底线思维的能力，为前瞻性思考、全局性谋划、整体性推进党和国家各项事业提供科学思想方法。

同志们，伟大事业孕育伟大精神，伟大精神引领伟大事业。党的二十届三中全会审议通过的《中共中央关于进一步全面深化改革、推进中国式现代化的决定》，是党的十八届三中全会以来全面深化改革的实践续篇，也是新征程推进中国式现代化的时代新篇章。让我们更加紧密地团结在以习近平同志为核心的党中央周围，大力弘扬"两弹一星"精神在内的中国共产党人精神谱系，进一步增强"四个意识"、坚定"四个自信"、做到"两个维护"，为以中国式现代化推进强国建设、民族复兴伟业而团结奋斗。

"不忘初心、牢记使命" 为实现伟大的中国梦作出更大的贡献

胡思得 ①

60 年前的 10 月 16 日，中国自行设计的原子弹爆炸了，震撼了国际社会，也极大地鼓舞了全中国人民。

中国发展核武器是在特定的历史条件下迫不得已而作出的决定。中华人民共和国成立后，我们仍然受到战争的威胁，包括核武器的威胁。严酷的现实使中国最高决策者意识到，为了国家安全，中国必须拥有核武器，制造自己的核盾牌。1956 年，毛泽东在《论十大关系》中指出："我们不但要有更多的飞机大炮，而且还要有原子弹。在今天的世界上，我们要不受人家欺负，就不能没有这个东西。"

1958 年，核武器研究所和核试验基地相继成立，我们青海省海晏县光荣地被选为核武器研制基地，从此拉开了核武器研制的序幕。国家先后指派了宋任穷、张爱萍、刘杰、刘西尧、李觉、张蕴钰等很多优秀的将领和干部来领导和组织核武器研制这一宏大的工程。许多满怀爱国热情的优秀科技人员像钱三强、王淦昌、彭桓武、郭永怀、朱光亚、程开甲、陈能宽、邓稼先、于敏、周光召等陆续聚集到这一国家目标的旗帜之下。一批批刚从大学毕业的青年学生，从全国各地调来的干部、技术人员、工人和人民解放军指战员，也陆续加入了这支光荣的队伍。

从事核武器的研制，寄托着党和国家领导人以及全国人民的殷切期望。投身于这个壮丽工程的人们，深知他们所从事的事业是国家和民族根本利益之所在；是能使国家摆脱屈辱，自强自立于世界民族之林的壮举；是打破超级大国核垄断、核讹诈，壮我国威壮我军威的神圣使命。他们决心把个人的一切都交付给这一崇高的事业。

在海拔 3000 多米高寒缺氧的青海草原、在荒无人烟的戈壁沙漠到处涌现出可歌

---

① 作者系中国工程物理研究院原院长。中国工程院院士。

可泣的动人事迹，人们用汗水、热血和宝贵的青春谱写了我国尖端技术发展的光辉篇章。

中国自行攻克原子弹的难关，"正式战役"是从 1960 年年初全面打响的。1959 年 6 月苏方撕毁援助协定。1960 年 7 月，撤走了全部专家，带走了图纸和资料。有的专家说："从此你们将处于技术真空状态，估计 20 年后你们也搞不出来原子弹。"

现实使中国人明白，想依靠外援来铸造强大核盾牌的可能性已不复存在。党中央决定完全依靠自己的力量研制核武器。毛泽东主席说："要下决心搞尖端技术，赫鲁晓夫不给我们尖端技术，极好；如果给了，这个账是很难还的。"1962 年毛泽东同志在加强原子弹研制领导的报告上批示："很好！要大力协同，做好这件事。"

在以周恩来总理为首的中央专委统一领导下，聂荣臻同志会同各部门的领导同志组织了中国科学院、有关工业部门、高等学校和地方研究机构的科研力量，与国防科研机构紧密合作、互相支援，形成了遍及全国的科技攻关协作网。

开始阶段，我们的生活条件和科研生产条件都很差，许多同志只能住在帐篷和"干打垒"，啃着半生不熟的馒头；没有快速运算的电子计算机，就用手摇计算器、人员三班倒把原子弹核反应起来之前的力学过程都准确演示出来；工人师傅们戴着好几层厚的口罩、忍着刺鼻的气味用简陋的钢精锅熔化炸药块，满足爆轰试验的需要。对于 3000 米的高原反应带来的生活困难，人们也只是谈笑几句而已。就是这支队伍在当时十分艰苦的生活条件下，利用有限的科学研究和试验手段，顽强拼搏，奋发图强，锐意创新，克服了各种难以想象的困难，突破了重重技术难关。

终于，1964 年 10 月 16 日，中国自行设计的原子弹爆炸成功！全国人民都欢欣鼓舞！这也彻底粉碎了美国企图阻止中国成为有核国家的罪恶谋划。

从突破原子弹开始，在创建中国核武器事业辉煌的同时，也缔造了"两弹一星"精神："热爱祖国、无私奉献，自力更生、艰苦奋斗，大力协同、勇于登攀"。正如"两弹"元勋朱光亚院士指出："要保持和发扬'两弹一星'精神，它有丰富的内涵：热爱祖国、无私奉献，是我们力量的源泉，是一种高尚的情操和品德；自力更生，艰苦奋斗，是我们事业的根本基点，是一种自强不息的精神和意志；大力协同、勇于登攀，是我们事业的时代特征，是一种优良的科研作风和传统。"

习近平总书记指出："两弹一星"精神是宝贵的精神财富，一定要一代一代地传下去，使之转化为不可限量的物质创造力。

在纪念我国第一颗原子弹爆炸 60 周年的重要时刻，我们要特别感谢青海省委、省政府和青海各族人民对国家核事业的大力支持和无私奉献！

中国原子弹和氢弹事业的成就，是中华民族科技创新的伟大壮举，对推动中国高科技的发展，增强综合国力发挥了十分重要的作用。在党中央的正确领导下，中国的科技人员、干部、工人、解放军指战员经过不懈的努力，铸造了"两弹一星"的辉煌。

人们发扬"热爱祖国、无私奉献，自力更生、艰苦奋斗，大力协同、勇于登攀"的"两弹一星"精神，在物质技术基础十分薄弱的条件下，在较短的时间内实现了"两弹一星"技术的突破，走出了一条有中国特色的科技创新道路。

中国核科技工作者为实现伟大的中国梦所作出的努力和贡献，他们身上发扬的"两弹一星"精神，将永远激励后来者"不忘初心、牢记使命"，为实现伟大的中国梦作出更大的贡献！

习近平总书记强调："形势逼人，挑战逼人，使命逼人。我国广大科技工作者要把握大势、抢占先机，直面问题、迎难而上，瞄准世界科技前沿，引领科技发展方向，肩负起历史赋予的重任，勇做新时代科技创新的排头兵。"

今天，我们在这里隆重集会，纪念我国原子弹爆炸 60 周年，我们最好的实际行动就是要大力发扬"两弹一星"精神，继承老一辈科学家爱国、敬业、求实、创新的光荣传统，坚决完成党的二十届三中全会提出的"加快发展战略威慑力量"的庄严使命，努力践行习近平总书记的期望：为党和人民的事业拼搏奉献，在新时代新征程上留下无悔的奋斗足迹！

弘扬"两弹一星"精神勇攀航天科技高峰
奋力谱写中国式现代化建设航天新篇章

费俊龙 [①]

　　"两弹一星"是新中国建设成就的重要象征，挺起了中华民族的脊梁。在这一伟大事业中积淀形成的"两弹一星"精神，是中国共产党人精神谱系的重要组成，更是实现强国梦、强军梦的传家法宝。2020 年，习近平总书记在给参与"东方红一号"任务的老科学家回信中指出，要大力弘扬"两弹一星"精神，敢于战胜一切艰难险阻，勇于攀登航天科技高峰，让中国人探索太空的脚步迈得更稳更远，早日实现建设航天强国的伟大梦想。"两弹一星"是中国航天事业的开始，"两弹一星"精神是激励我国航天事业不断乘风破浪的不竭动力。这一精神犹如一颗钻石，折射出中华民族追梦圆梦的不懈追求，释放出无比闪耀的时代光芒。进入新时代，更加需要我们汲取精神营养，将矢志航天的家国情怀、实干苦干的民族精神、求实创新的科学品格融入血脉灵魂，立足时代潮流，逐梦星辰大海，奋力谱写中国式现代化建设航天事业的崭新篇章。

　　一、要像前辈那样，先天下之忧而忧，在启航向天的回望中升华忠诚之心

　　"两弹一星"精神，源于老一辈航天人将个人理想与祖国命运、个人志向与民族复兴的紧密联系，是在他们奋力攀登"两弹一星"科技高峰中锻造形成的。

　　20 世纪 50 年代中期，面对西方敌对势力不断地武力威胁与核讹诈，以毛泽东同志为核心的党中央，高瞻远瞩、心忧天下，在技术基础薄弱又得不到外部支持的情况下，毅然作出发展航天事业的重大战略决策。党中央一声令下，志愿军 20 兵团 10 万大军，征尘未洗就直接开赴茫茫戈壁，一干就是几十年。钱学森、陈芳允等许

[①]　作者系中国人民解放军航天员大队特级航天员。

多功成名就的科学家，纷纷放弃国外优厚的物质待遇和良好的科研条件，冲破重重险阻义无反顾回到祖国。朱光亚在回国前发表《致全美留学生的一封公开信》，号召道："同学们，祖国在召唤我们了，我们还犹豫什么？回去吧，让我们回去，把我们的血汗洒在祖国的土地上，灌溉出灿烂的花朵。"

一切向前走，都不能忘记走过的路；走得再远、走到再光辉的未来，也不能忘记走过的过去，不能忘记为什么出发。今天，我们弘扬"两弹一星"精神，就要像当年创业者那样，胸怀"国之大者"，自觉把个人的理想与祖国的命运紧密联系在一起，把个人的志向与民族的振兴紧密联系在一起，听党话，跟党走，正确处理祖国需要与个人利益之间的关系，立大志、明大德、成大才、担大任，做"两弹一星"精神的忠实实践者。

二、要像前辈那样，敢教日月换新天，在远航巡天的凝望中熔铸图强之心

创新创造奇迹。"两弹一星"精神中"大力协同、勇于登攀"，凸显了集中力量办大事的政治优势和比肩超越的探索进取精神，就是那种"有条件要上，没有条件创造条件也要上""为有牺牲多壮志，敢教日月换新天"的劲头。

"两弹一星"研发过程中，我们先后经历了美国技术封锁、苏联停援等一系列的挫折。1961年7月，党中央决定：集中力量，自力更生突破原子能技术。从此，我们的航天科技工作者踏上了自主研发的道路，面对挑战勇于超越，面对艰险勇往直前，先后爆炸了第一颗原子弹、第一颗氢弹，发射了第一颗人造卫星。正是凭着这种自力更生、自主创新的精神，我们打出了一系列"争气弹""争气星"。

一个国家、一个民族的发展进步，总是以一些重大事件为标志，以一些重大成就为象征。当年的"两弹一星"到今天的载人航天，就是这样的事业。关键技术是要不来、买不来、讨不来的。曾几何时，有16个国家参与建设使用国际空间站，唯独不让中国加入。2011年美国国会通过"沃尔夫条款"，阻断中美太空合作，目的是遏制中国太空技术发展。正所谓功夫不负有心人，中国航天人依靠自身努力实现了绝地反击。回望中国载人航天发展历程，从无人到有人，从一天到多天，从舱内到太空行走，从短期驻留到长期驻留，新时代的中国航天传承"两弹一星"精神创造了"中国奇迹"。今天，中国空间站已转入应用与发展阶段，这是中国航天人的光荣，更是中华民族的骄傲。

我们弘扬"两弹一星"精神，就要像当年创业者那样，充分认清向天而兴、背天而衰，不能制天、必为天制的客观规律，积极主动地强天兴天、探天巡天，才能牢牢掌控国家民族生存发展、推进人类文明向前进步的话语权。

三、要像前辈那样，甘当隐姓埋名人，在制胜航天的瞭望中历练奋斗之心

"干惊天动地事，做隐姓埋名人"，印证着航天人舍名弃利、舍家为国、舍生忘死，甘愿为党和国家、为航天事业奉献一切的崇高精神境界。

一个民族唯有精神上站得住、站得稳，才能在历史洪流中屹立不倒。"两弹一星"的研发过程中，面对技术困难、自然灾害、物资紧缺等各种因素，科研人员始终不惧艰难、顽强拼搏，越是危难关头，越是迎难而上，奏响了一曲曲大功无名、大业无悔、大爱无疆的胜利凯歌，将那段激情燃烧的岁月，永远留在中华民族的记忆深处。

当年为了搞"两弹一星"，老前辈们"上不告父母、下不告妻儿"，隐姓埋名、集体消失。"两弹"元勋邓稼先，在戈壁滩一干就是 28 年，直到国家公开表彰时，人们才知道他的名字，这时他已去世 13 年了。这样的事例很多，无法一一表述，他们为了国家的利益，不计得失，无怨无悔，把生命融入使命，以冲锋的姿态写下了无言的忠诚。

位于西北大漠的酒泉卫星发射中心，是航天人魂牵梦绕的地方，这里是中国航天事业的起点，是"两弹一星"精神、载人航天精神的发源地。每次执行任务前，我们都会走进东风革命烈士陵园，瞻仰长眠于此的 730 多位航天英烈。他们中，有航天事业的奠基人聂荣臻元帅，有将军，也有普通官兵，他们用青春和热血把一颗颗卫星、一艘艘飞船送上浩瀚太空。这种为航天事业甘愿牺牲奉献一切的精神，早已融入了我们航天人的灵魂血脉。与我朝夕相处的科研人员，有的为了验证舱外航天服的可靠性，甘冒生命风险进入低压舱，有的长时间处于噪声环境，导致部分听力频段永久丧失……他们身上的这种崇高精神，成为我们航天员为祖国出征的力量源泉。

我们弘扬"两弹一星"精神，就要像当年创业者那样，以苦为乐、以苦为荣、淡泊名利、坚守高尚。把续写"两弹一星"和载人航天事业的辉煌，当作一种荣耀、一种幸福，保持那么一种拼命精神，不断激发重走大漠、重铸丰碑的壮志豪情。

各位领导、朋友们，缅怀过去是为了面向未来。踏上实现第二个百年奋斗目标的新赶考路，新时代的航天人一定要深入学习贯彻习近平新时代中国特色社会主义思想，大力弘扬"两弹一星"精神和载人航天精神，坚定航天强国信念，敢于斗争，勇攀高峰，努力为国家安全打造"太空利器"和"空间盾牌"，为以中国式现代化全面推进强国建设、民族复兴伟业再立新功。

传承优良传统再立新功

马文军[①]

"两弹一星"的成功研制，挺起了民族脊梁，铸就了共和国核盾牌，奠定了我国的核大国地位，孕育了"两弹一星"精神。"两弹一星"精神是中国共产党人精神谱系的重要组成部分。我们既要传承创业时期的优良传统，又要不断赋予其新的时代内涵。

立足现在，传承和弘扬"两弹一星"精神卓有成效。党的十八大以来，中国核工业迎来了重要的发展战略机遇期。新时代核工业人胸怀"国之大者"，践行"到祖国最需要的地方去"的庄严承诺，传承优良传统再立新功，创造了重大工程的新业绩新奇迹，用行动生动诠释了"两弹一星"精神新的时代内涵。

展望未来，传承和弘扬"两弹一星"精神久久为功。中核集团作为国家核科技工业的主体，秉持"责任、安全、创新、协同"的企业价值观，传承弘扬"两弹一星"精神，奋力践行新时代核工业精神，为核工业强国建设不懈奋斗，努力为中国式现代化建设贡献更大力量。

---

① 作者系中国核工业集团有限公司党组成员、副总经理。

展示传播好红色文化
共同开创"两弹一星"精神传承弘扬新局面

黄清华 [①]

在全党全国深入学习贯彻党的二十届三中全会精神之际，很高兴能和大家相聚在三江之源、大美青海，庆祝中华人民共和国成立 75 周年，共同弘扬"两弹一星"精神。2024 年也是我国第一颗原子弹爆炸成功 60 周年，在这里我谨代表中国工程物理研究院，向会议的成功举办表示热烈祝贺！向铸就"两弹一星"丰碑、挺起中华民族脊梁的老一辈科学家、科技工作者、干部、工人和解放军指战员们致以崇高敬意！

20 世纪五六十年代，为了打破核讹诈、核垄断，党中央果断决定研制"两弹一星"，重点突破国防尖端技术，作出了对中国生存和发展具有战略意义的重大决策。在党中央的坚强领导下，在全国各有关方面的大力协同下，在青海省委、省政府和人民群众的无私付出和全力支持下，核武器事业的开拓者们集结在我国第一个核武器研制生产基地——221 基地，干惊天动地事、做隐姓埋名人，成功实现了"两弹"突破，锻造形成了"热爱祖国、无私奉献，自力更生、艰苦奋斗，大力协同、勇于登攀"的"两弹一星"精神，取得了举世瞩目的伟大成就。221 基地作为"两弹一星"精神的重要发源地之一，我们一直亲切地称其为"老家"。对青海这片热土，中物院人充满了回忆、饱含着深情，也从这里源源不断地汲取着继续前行的智慧和力量。

传承弘扬"两弹一星"精神，我们要深刻领会落实习近平强军思想。"两弹一星"突破的历史，就是一部坚持党的集中统一领导、推动事业不断走向胜利的历史。党的十八大以来，习近平总书记领导确立了党在新时代的强军目标，并牢牢把握着国

[①]　作者系中国工程物理研究院党委副书记。

防武器装备建设的正确发展方向。在新时代新征程上，我们传承弘扬"两弹一星"精神，必须坚定拥护"两个确立"，坚决做到"两个维护"，以习近平强军思想为引领，全面落实党的二十大报告所提出的"打造强大战略威慑力量体系，增加新域新质作战力量比重"要求，加快新质战斗力生成，为如期实现建军一百年奋斗目标贡献力量。

传承弘扬"两弹一星"精神，我们要积极主动担起实现高水平科技自立自强的时代重任。一代人有一代人的使命，一代人有一代人的担当。当今世界百年未有之大变局加速演进，党的二十大确立了建成科技强国的战略目标，习近平总书记多次对加快实现高水平科技自立自强作出重要部署，历史的接力棒已经交到我们这一代人手中。在新时代新征程上，我们传承弘扬"两弹一星"精神，必须高扬爱国主义旗帜，发挥新型举国体制优势，继承发扬艰苦奋斗、大力协同等优良传统，聚焦国家战略需求，走好中国特色自主创新道路，向着 2035 年建成科技强国的宏伟目标奋勇前进。

传承弘扬"两弹一星"精神，我们要努力打造忠诚履行使命、堪当时代重任的高素质人才队伍。邓稼先、于敏等老一辈科学家的爱国情怀、崇高品德和科学精神，为我们树立了光辉的典范。习近平总书记深刻指出："硬实力、软实力，归根到底要靠人才实力。"在新时代新征程上，我们传承弘扬"两弹一星"精神，必须要努力培养造就更多对党忠诚、有高度事业心、作风严谨、潜心科研的高水平人才，确保我国国防武器装备建设事业始终薪火相传、后继有人。

"两弹一星"精神是爱国主义、集体主义、社会主义精神和科学精神的生动体现，是中国共产党人精神谱系的重要组成部分，中物院将一如既往地支持青海省委、省政府，用好用活这笔共同的精神财富。今天中物院和青海省人民政府签订了关于第一个核武器研制基地旧址保护利用工作的战略合作协议，将进一步加强红色资源挖掘利用和红色教育研学合作，保护利用好基地旧址，展示传播好红色文化，共同开创"两弹一星"精神传承弘扬新局面。

最后，衷心感谢青海省委、省政府和有关方面为传承红色基因、赓续红色血脉所做的努力和贡献，衷心感谢各位领导和嘉宾对中国工程物理研究院一直以来的关心和支持。

勇做"两弹一星"精神的继承者和实践者
传承弘扬"两弹一星"精神　着力打造海北精神高地

孙绣宗 [①]

2024 年是中华人民共和国成立 75 周年，也是我国第一颗原子弹爆炸成功 60 周年。习近平总书记指出，"两弹一星"精神激励和鼓舞了几代人，是中华民族的宝贵精神财富。"两弹一星"精神是中国共产党人精神谱系的重要组成部分，与井冈山精神、长征精神、延安精神等一脉相承，具有鲜明的时代特色。近年来，海北州坚决贯彻落实习近平总书记关于中国第一个核武器研制基地旧址保护利用和传承弘扬"两弹一星"精神的重要指示批示精神，积极顺应国家关于大力弘扬红色文化的政策导向，把发展、弘扬、传承红色文化作为做好基地保护利用和打造精神高地的有效结合点，坚持培育理想信念、传播核心价值，取得了良好社会效应。

一、基本情况

原子城是我国第一颗原子弹、氢弹的诞生地，也是"两弹一星"精神的孕育地，在新中国发展史上具有划时代的战略地位。基地服役 30 多年来，广大科研人员和干部职工在党中央的正确领导下，团结奋斗，艰苦创业，圆满地完成了基地建设、科研、生产等各项任务，先后进行了 16 次国家核试验和 2 次常规弹头的产品生产试验，有 119 项科研成果获得国家、部和省科技进步奖、国家发明奖，其中原子弹突破及武器化、氢弹突破及武器化获得国家科技进步特等奖。从 20 世纪 60 年代末开始，先后研制生产了与各种运载工具相配套、具有不同当量的若干个型号的核武器产品。同时配合部队对时役核武器产品进行延寿试验及退役处理。从 80 年代开始，为了适应国家工作重点和国防科技战略方针调整的需要，在优先完成繁重的核武器生产任

---

① 作者系青海省中共海北州州委常委、宣传部部长，州总工会主席。

务的同时，将尖端技术用于常规武器生产，完成了常规弹头的研制、设计、试验、定型生产，并及时交付使用，开辟了常规武器生产的新领域。总结其历史贡献主要表现在八个方面：原子弹突破及武器化、氢弹的突破及武器化、完成国家核试验、生产出多种型号核武器装备部队、多型号核武器退役试验及处理、核武器的延寿科研及试验、核武器科研工艺研究、核设施退役工程。

二、工作情况

近年来，海北州坚持学深悟透习近平总书记"把红色资源利用好、把红色传统发扬好、把红色基因传承好"的重要指示精神，以传承弘扬"两弹一星"精神为牵引，高标准实施第一个核武器研制基地旧址革命文物保护修缮工程，统筹做好红色文化挖掘、红色资源开发、红色研学教育、红色文物保护工作，倾力打造"中国原子城"红色文化品牌，在传承红色基因、赓续红色血脉、厚植家国情怀、培育民族精神和时代精神等方面发挥了强大思想的引领作用。

一是认真履行保护责任。我们把基地旧址保护利用纳入革命文物保护重点工作和文物保护"一号工程"，以突出历史真实性、风貌完整性、文化延续性为原则，修订并颁布实施青海省首部关于加强红色资源保护传承的地方性法规《中国第一个核武器研制基地旧址保护管理条例》，及时成立海北州第一个核武器研制基地旧址保护利用办公室，制定实施《中国第一个核武器研制基地旧址保护规划（2018—2025 年）》，统筹做好基地旧址的抢救性保护和预防性保护、本体保护和周边保护、单点保护和集群保护，在 221 基地旧址设立 27 处文物点保护标志碑，22 处纳入国家级文物保护单位，8 处纳入县级文物保护单位。投资 6.66 亿元，本着修旧如旧、保持历史原貌的原则，统筹推进 221 基地旧址建设和西海镇红色风貌改造工程，实施基地旧址保护、市政基础设施项目 33 个；22 处全国重点文物保护单位实施文物本体修缮工程 14 个，占到国保单位总数的 63.6%，修缮单体占到文物单体总量的 75%；加强水电路暖配套建设和周边环境整治，打造红色研学现场教学点 31 处，挖掘原空军高射炮兵、地空导弹、探照灯、雷达兵部队等守备部队遗址 16 处。确定"一厂一主题、一厂一规划、一厂一特色"展示利用原则，委托设计单位逐一编制策划运营方案。

二是努力提升展示水平。围绕传承红色基因，加强革命文物展览展示，精心打造以原子城纪念馆为核心，18 个厂区特色展示和 16 处空军守备部队遗址展示为辅助的展览展示集群。投资 1.15 亿元实施纪念馆基本陈列改陈布展、纪念园改造提升项目，建成"596"主题长廊，基本陈列展览荣获全国博物馆十大精品展优胜奖。投资 2493 万元建成一厂区陈列展示馆，受到观展游客好评。利用旧址，已打造的现场研学点有二分厂、四分厂和六厂区、十一厂区及地下指挥中心等，建成三分厂红色研学基地。每年走访与 221 基地相关的科研单位如：中物院、中核集团等和"两弹一星"历史研究会，征集退役功勋设备和珍贵文史资料；先后拜访两位"两弹一星功勋奖章"获得者和 13 位院士、200 余名基地创建者、创业者、守卫者及其家属等，征集实物 1000 余件，928 件被评定为革命文物，撰写专访文章 200 余篇，制作专题片 10 余部，编辑出版《红色印记 221》《核事业的忠诚守护者》等 20 余本反映原子城故事的书籍。

三是传承弘扬伟大精神。我们秉持让精神传播活起来的理念，不断加大对外宣传力度，原子城社会知名度和对外影响力也逐步提高。截至目前，慕名到纪念馆参观的全国各地游客达 420 万人（次）。为增强"两弹一星"精神的传承力、打造红色教育品牌，我们专门成立"两弹一星"精神宣讲团，先后赴 20 多个省市机关单位、部队院校、企业社区和乡镇村社做了 380 场（次）宣讲报告，各族各界群众近 37 万聆听宣讲，引起社会各界的高度关注和积极评价。2024 年 5 月，"两弹一星"精神宣讲团走进北京大学、清华大学和哈尔滨工程大学等高校，开展《永不褪色的金银滩——"两弹一星"精神永放光芒》主题宣讲活动，同步推出《"两弹一星"精神永放光芒——中国原子城历史图片展》，为广大师生奉上集党史、文物、教育为一体的精品思政课。推出原创红色题材话剧《金银滩》在青海大剧院成功首演，当晚线上线下总计观看人数近 10 万人，总点赞人数破百万，引爆收视热点，掀起讨论热潮，让"两弹一星"精神得到进一步传承和弘扬。

四是强力推进红色研学。聚焦打造精神高地，大力弘扬伟大建党精神，全力推进红色教育和研学，设计推出红色研学路线，扎实推进 5A 级旅游景区创建工作。倾力打造同宝山生态旅游暨红色研学基地，去年以来 5 万余人（次）到同宝山接受红色教育。加强合作共建，省内外 90 余家机关企事业单位在原子城纪念馆挂牌各类教育基地，2024 年以来，1607 家单位 7.9 万余名干部职工到纪念馆开展红色教育，151 期 1.5 万人次青少年到三分厂开展红色研学。同时，整合政法和统战系统、群团组织培训资源，建成政法、统战、群团三个干部培训中心，开展红色教育。围绕打造国际生态旅游目的地建设，以创建金银滩—原子城国家 5A 级旅游景区为契机，积极整合原子城周边各类文化旅游资源，打造露营基地 37 处，打造"中国原子城探秘之旅二日游"等红色旅游精品线路，"神秘原子城·大国铸剑人"红色旅游精品线路列入全国"建党百年红色旅游百条精品线路"，"'梦幻海北'红色文化体验之旅"旅游线路入选全国乡村旅游精品线路，金银滩草原入选"中国红色草原"。金银滩—原子城国家 5A 级旅游景区的创建正在持续稳步推进，红色文化旅游呈现出持续升温的态势和强劲增长的势头。

今后，我们将深入学习贯彻党的二十届三中全会精神和中共青海省委十四届六次全会精神，进一步提高政治站位，强化责任担当，狠抓工作落实，按照省委关于基地旧址保护利用的重要指示和相关领导的工作要求，高效推进以基地旧址为重点的革命文物保护利用工作，使其取得新成效、实现新发展。一是持续推进基地旧址保护。坚持整体性、系统性保护，持续推动基地旧址保护利用，提升青海原子城纪念馆和各文物点的展示利用水平。加强与基地旧址相关单位的协调联系，建立实物征集长效机制，持续开展实物资料、文献史料、口述史料等征集工作。继续推进宣教场所提质增效，坚定信仰、铸魂育人，将弥足珍贵的红色资源转化为红色研学教育资源。二是持续深化"两弹一星"精神研究。通过"一院一馆一址"红色教育平台，深入挖掘"两弹一星"历史遗存和文化基因，增强文化自信，全力抓好"两弹一星"精神的研究阐释和宣传弘扬，以丰富、完整的史料文物展示基地历史文脉，面向全国广泛开展红色研学教育，加快推动"两弹一星"红色资源教育价值、旅游价值、品牌价值的挖掘和转化，汇集力量"让文物活起来"，擦亮基地旧址红色教育品牌，厚植第一个核武器研制基地旧址红色的"底色"。三是持续打造红色文化研学品牌。紧紧围绕青海打造国际生态旅游目的地、青海湖示范区和金银滩—原子城国家 5A 级旅游景区，推动基地旧址保护利用与红色旅游发展相结合，推进基地遗产与新型业态相融合、文物保护与产业发展相结合，提升红色资源的整体转化利用效率，建设文化遗址红色研学基地、国防教育基地。深入推进"海北故事我来讲"，打造"大思政课矩阵"，致力讲好海北故事、红色故事，用动人的故事凝聚人、感召人、温暖人。

加强 221 基地旧址保护与利用
打造全国"两弹一星"精神传承弘扬高地

王兆宁 [①]

一、221 基地旧址保护与利用的现实需要

坐落在青海省海北藏族自治州海晏县金银滩草原的 221 基地，是我国第一个核武器研制与生产基地，也是伟大"两弹一星"精神的孕育地之一。这里诞生了我国的第一颗原子弹和第一颗氢弹，这里培养了一大批核科技人才，为我国核武器事业的持续发展作出了不可磨灭的贡献。

221 基地是我国发展核武器事业首先立功的地方，虽然随着历史的更迭演进最终落下了厚重的帷幕，但昔日的核武器研制基地作为中国核事业发展的历史见证与"两弹一星"精神的物质载体，在新的历史时期仍然闪烁着耀眼的时代光辉。

近年来，青海省委、省政府高度重视 221 基地旧址保护利用工作，明确要求把基地旧址保护利用工作作为革命文物保护利用"一号工程"，着力打造弘扬伟大建党精神，传承红色基因，坚定理想信念，赓续精神血脉的坚强阵地。当前，我国正处于向第二个百年奋斗目标进军的新历史方位之上，深入探讨如何对 221 基地旧址进行更加全面的保护和利用，既是用好红色资源、传承红色基因的必要之举，也是新时代传承与弘扬"两弹一星"精神的应有之义。

二、221 基地的历史意义与时代价值

（一）为我国核工业与国防建设奠定了深厚基石

1958 年，在老一辈无产阶级革命家的决策和领导下，我国独立自主创建了第一个核武器研制和试验基地——221 基地。基地 30 多年来辉煌的科研历程，开辟和发

---

① 作者系青海师范大学"两弹一星"精神研究院副院长。

展了具有中国特色的核武器技术领域，闯出了具有中国特色的核武器研究、制造和发展道路，为我国核武器技术的发展作出了巨大贡献。从原子弹到氢弹，从核导弹到中子弹，我国第一代核武器主要在这里研制、生产；我国第一批中近程地对地导弹常规弹头在这里研制、生产，这里具有核武器、常规武器兼备的研制能力。221基地作为我国第一个核武器研制基地为我国的核工业和国防建设奠定了深厚基石，为铸就共和国有力的核盾牌作出了不可磨灭的重要贡献。

（二）是传承与弘扬"两弹一星"精神的现实载体

"两弹一星"是中国人民腰杆挺起来的重要标志。周恩来曾指出，"精神的原子弹转化为物质的原子弹，物质的原子弹证明精神原子弹的威力。""两弹一星"研制的成功极大地鼓舞了中国人民的志气，让中华民族找回了久违的民族自信与集体尊严，"两弹一星"精神是中国人民和中华民族汇聚力量、迎难而上的光辉旗帜。在全面建成社会主义现代化强国新征程、构建人类命运共同体和推进全球治理体系变革的新时代，充分发挥"两弹一星"精神的鼓舞引领作用，充分调动社会各方的主动性和创造性，是我国在世界百年未有之大变局中赢得主动、赢得优势的迫切需要。221基地是"两弹一星"精神的重要现实载体，因此，开展221基地的保护利用工作对于新时代传承与弘扬"两弹一星"精神具有重要的现实意义。

（三）丰富了新时代思想政治教育资源与路径

221基地的创业者在 30 余年艰苦卓绝的奋斗中，不仅取得了举世瞩目的事业成就，还培育形成了一系列优良传统和文化基因，是中华民族宝贵的精神财富，为推动中华民族崛起和复兴注入了强大的精神动力。221基地为中华人民共和国的发展以及维护世界和平作出了重大贡献，从建厂到整体移交海北藏族自治州先后经历了数十年的艰苦创业历程，这段历史是一段值得讴歌的历史，是一部中华民族不惧强权顽强拼搏的史诗绝唱，是民族团结协作精神的典型象征，其旧址以及相关史实资料为爱国主义教育创造了得天独厚的资源优势，具有极高的思想政治教育价值。

三、221 基地旧址保护与利用的基本遵循

鉴于基地旧址具有重要的历史遗存地位，实现221基地的妥善保护始终是第一位的要务，要始终坚持"保护基础上的利用，利用之中的保护"这一总体原则，以"两弹一星"精神为旗帜，以基地旧址为依托，立足青海，面向全国，传承红色基因，赓续精神血脉，把221基地建设成为在全国范围具有广泛影响力与感染力的"两弹一星"精神标识地。

（一）坚持保护第一

严格落实国家对于建立纪念设施从严从紧管理要求，牢固树立保护第一理念，加强总体性规划，统筹抢救性保护和预防性保护，坚持整体保护与分级保护相结合，重点保护与一般保护相统一，努力维护革命文物资源的历史真实性、风貌完整性和文化延续性。

（二）坚持合理利用

发挥基地旧址的文化宣传功能与思政教育功能，充分考虑资源特质，分类施策，整体推进，前瞻谋划，与时俱进，统筹打造展示空间和纪念设施；坚持红色文物保护利用与旅游提质、市场拓展相融合，与乡村振兴、经济增长相呼应，与民生福祉、社会发展相交织，积极打造具有广泛影响力的红色文化品牌。

（三）坚持以文化人

221基地旧址保护的意义在于留存历史记忆，传承红色基因。要以精神传承为目标，开展文化内涵的挖掘与研究，坚持以文化人，以文育人，以"两弹一星"精神陶冶情操，滋养灵魂，不断巩固团结奋进的思想基础；要以文化体验为重点，讲好221故事，生动呈现科学精神和"两弹一星"所蕴含的爱国主义、集体主义、社会主义精神。

四、221基地旧址的利用建议

（一）强化理论研究与精神阐释

围绕221基地旧址和"两弹一星"精神研究领域和方向，建立重点科研项目储备库，在"两弹一星"精神传承弘扬、基地旧址文物保护利用、红色教育体系建设、文旅融合发展等方面，组织实施研究课题，形成研究成果。以"两弹一星"精神相关宣传、培训和科研机构为主体，整合省内相关高校资源，组建研究队伍，并加大研究经费支持力度，加强对221基地旧址和"两弹一星"精神内涵的系统研究。积极举办"两弹一星"精神相关论坛，通过研究阐释和学术交流，深入挖掘"两弹一星"精神内涵和时代价值。

通过现代表述演绎"红色经典"，激活原本"默默无闻"的历史现场，活化红色遗址，打造可阅读、可交互的文化展示窗口，重温221基地的峥嵘岁月，让红色文化从入眼、入耳，到入脑、入心，再现信仰力量，传承"两弹一星"精神。

（二）繁荣文艺创作与宣传教育

充分运用各种文艺形式，吸引社会力量积极参与，推动 221 基地历史和"两弹一星"精神宣介传播。支持与之相关的经典电影和专题片展播；在音乐、美术、文创等领域，创排相关的文艺作品，开展"两弹一星"精神主题创作，对相关作品进行演出和展览；面向全社会组织"两弹一星"精神主题作品征集和竞赛。鼓励运用当代艺术形式、创新性表达和项目运作模式，推出适合各个年龄层特别是青少年的"两弹一星"精神主题作品。

依托当地相关展览馆，以传承弘扬"两弹一星"精神为主线，以党性教育、理想信念教育和国情教育为核心，完善讲解导览系统和配套教学方案，在现有基础上继续打造"两弹一星"精神现场教学点，拓展教学模块、教学思路和受众群体。运用多种手段，开发一批史实表述准确、内涵丰富、形式新颖的高水准教学课程；结合新时代学校思想政治理论课改革创新、革命传统进中小学课程教材等相关政策要求，推动青少年"两弹一星"精神教育；充分利用重大节日与重要时间节点，依托各类爱国主义教育基地，集中开展主题宣传活动，全面展现 221 基地创业者在各个时期不懈奋斗的光辉历程，用"两弹一星"的精神品质引领人，用"两弹一星"的伟大成就鼓舞人，用"两弹一星"的优良作风教育人，用"两弹一星"的成功经验启迪人。

（三）推动文旅产业发展和文创产品开发

221 基地红色文化资源是宝贵的精神财富。推动实施 221 基地红色文旅产业高质量发展，不仅有助于 221 基地红色文化的保护和传承，同时也有助于青海省国际生态旅游目的地建设。要紧密地结合当今社会变化发展和人民群众不断提高的精神文化需求，在修缮保护的基础上，强化顶层设计，理顺红色文旅产业链管理体制，构建红色文旅产业链各领域合作机制；在坚持历史性与时代性相统一的基础上，通过整合现有红色文化资源，持续推进 221 基地旧址各厂区主题开发，积极打造弘扬"两弹一星"精神、传承红色文化的专题与专线旅游品牌。

要紧密围绕"两弹一星"精神这一鲜明主题，将 221 基地历史故事和"两弹一星"精神内涵鲜活融入创意设计，通过开发内涵深厚、特色鲜明、创意新颖的红色文创产品，拉近人们与"两弹一星"历史的情感距离，使人民群众近距离领悟 221 基地所体现的艰苦卓绝的奋斗品格与英勇无畏的牺牲精神，实现与革命先辈的心灵对话，达到启迪思考、陶冶情操、砥砺精神的宣传教育目标。

铭记"两弹"历史　赓续红色血脉

王菁珩 [①]

今天青海省委隆重举行中华人民共和国成立 75 周年、"两弹一星"精神提出 25 周年纪念活动，这为赓续红色血脉、弘扬"两弹一星"精神，贯彻落实习近平新时代中国特色社会主义思想，为党史、党纪学习教育，提供了生动教材。

伟大的新时代需要伟大的精神。25 年来，"两弹一星"精神已凝结形成一种自强不息的民族品格，深深厚植在人民心中，激励、鼓舞着中华儿女砥砺强国之志，力践报国之行，中华儿女战胜了一个个艰难险阻，创造了一个个非凡业绩，书写了光辉的篇章。

我们弘扬"两弹一星"精神，它是推动新质生产力加快发展的关键力量，为科技创新提供着不竭的动力。

1954 年 10 月，在广西富仲县采集到铀矿石，成为核工业的"开业之石"。毛泽东同志在听取汇报后对刘杰说："很有希望！这是决定命运的，刘杰，要好好抓！"

1955 年 1 月 15 日，在中央书记处扩大会议上，毛泽东同志高瞻远瞩、审时度势，作出了发展我国原子能事业的战略决策，开创了核工业历史发展的新篇章。

1958 年 7 月中旬，中央批准了我国第一个核武器研制基地——二二一厂的选址报告。在后方的彭桓武、邓稼先、于敏、王淦昌、陈能宽等科学家也就"两弹"进行了大量的理论研究，并取得了一系列突破。

1963 年初，在铁道干校，张爱萍将军为二机部九局、北京九所作动员，发出了草原会战动员令。

---

① 作者系原国营二二一厂厂长。中国核工业总公司原计划与经营开发局副局长。享受国务院颁发的政府特殊津贴。

科学家和大批工作人员向 221 基地转移。1964 年 4 月，九局、北京九所、国营综合机械厂合并，成立了第九研究设计院和院属二二一厂，开始了攻克原子弹、氢弹科学技术工程的草原会战。

草原会战发挥了科学民主，将理论、试验、生产三结合，将领导干部、技术人员、一线生产工人三结合，是我国核武器发展快、出成果、出人才、出管理的重要原因。

1974 年 1 月，221 基地一分为二，九院迁往四川，厂留基地并成功转企。二二一厂完成了核武器多型号、多批次的批量生产，并负责核武器的退役、延寿、工艺研究、年度复检等任务。

1986 年，二二一厂完成东风某型号批量生产并优质交付，企业实现盈利目标，光荣地完成了厂的历史使命。1987 年初，军、厂双方又签订了国家"864 工程"任务。1987 年 6 月 24 日，国务院、中央军委批准撤销核工业部二二一厂，职工再次面临着前途命运的抉择。221 人梳理好情绪，以高度的使命感再次奔向新的征程。

201 车间主任刘兆民带领职工，做深、做细、做扎实安全生产的每一个环节，实现了多批次、零事故的生产，改写了分厂安全生产的历史。

一分厂系统室，年轻的张经伟技术团队承担近炸引信发射机的研制。无调试仪器，自己动手设计。大年初二，近炸引信的研制人员，主动来到实验室加班。他们每天工作到晚上 10 时才下班，沉浸在技术创新中从不服输，有时在实验室连续工作两天两夜，吃的是方便面，困了、乏了就伏在工作台上睡一会儿。

功夫不负有心人，在主任设计师、研究员级高级工程师李国强领导下，老技术人员陈飞等协同配合下，终于取得技术上的突破，联机成功。

总设计师陈家圣、副厂长任春泽、副总设计师吴景云带领业务处，深入现场解决问题；器材处同志把急用元件送到车间；总厂工会深夜看望、慰问加班职工；食堂同志把饭菜送往车间。

同志们感慨地说："1964 年大会战的劲头又回来了！"

我有幸带队参加了两次在太原卫星发射基地的实弹发射试验和飞行试验。在实弹发射试验中，零时（点火）前三分钟出现故障，试验不得不停下来。在面临取消试验的困难情况下，试验工作队用了三天时间排除了故障，发射试验最终取得成功。弹道导弹弹头落点精度达到历史上最佳，近炸引信取得理想指标。在 10 个月完成首批任务交付、出口。

考虑到维修需要，上级又委托另一家单位研制了另一种近炸引信机，两家研制的近炸引信机面临参与飞行试验的竞争，在864-12飞行试验中，厂研制的近炸引信稳定可靠，后续"864"任务，仍由二二一厂承担。

四年来，在面临退役的环境里，二二一厂完成了多批次生产交付、出口，取得了外交战线上的重大突破和巨大的经济效益和社会效益。

建厂30周年大会上，二二一厂提出：发扬在原子弹、氢弹技术工程突破中孕育、淬炼的自力更生，艰苦奋斗的创业精神；不计名利，默默奉献的牺牲精神；不畏艰险，勇于开拓的进取精神；严细求实，科学民主的科学精神；团结协作，集体攻关的团队精神。

"864"任务的实施为"相对集中，合理分散"安置方案、"两个安置办法"赢得了宝贵的调研和对外协调时间，在中核总公司调整协调领导小组和办公室领导下，在河北廊坊、山东淄博、安徽合肥、青海西宁的市企业集中安置职工和离退休人员，在北京、上海等27个省、直辖市，532个市、县分散安置职工和离退休人员，近万名职工和3万离退休人员及家属得到了安置，"两弹一星"精神播撒在祖国各地。正如厂离退休人员返回厂后，感慨地说道："这里真是社会主义的一片净土！"

1995年5月15日，新华社向全世界宣布："我国第一个核武器研制基地已全面退役，这个基地位于青海省，曾为我国研制第一颗原子弹和氢弹作出了历史贡献。这个基地环境的整治，符合国家有关环保法规的要求，并已通过国家验收。目前基地原址已移交地方政府安排利用。"

221基地是发展我国核武器首先立功的地方，打造出了中国的核盾牌，为挺起中华民族脊梁，建立了历史功勋。

221基地是高科技战略产业自立自强高质发展的典范。

221基地是"两弹一星"精神的发源地之一，是8位"两弹一星功勋奖章"获得者——王淦昌、彭桓武、郭永怀、邓稼先、于敏、朱光亚、周光召、陈能宽生活工作的地方，是中国共产党人精神谱系的重要组成部分。

从选用反应效率更高的"内爆型"原子弹，到中国特色的氢弹爆炸成功，仅用了2年8个月的时间，更少的试验次数，更低的经费投入，却达到了更为先进的核武器设计水平，创造了震惊世界的科技奇迹。这是中国人民的伟大胜利！也是毛泽东思想的伟大胜利！

"两弹"突破启示一：外国人能办到的，中国人民在中国共产党领导下，走社会主义道路，依靠优越的社会主义制度，也一定能办到，而且能办得更好。自 1985 年到 2008 年，二二一厂和九院共荣获国家科技进步特等奖 8 项，国家发明奖 72 项，国防重大科技成果奖 691 项，涌现出 25 名中科院院士和 13 名中工院院士。

"两弹"突破启示二：只要坚持独立自主、自强，把家国情怀的爱国主义与科学家精神完美融合，就能在攀登科技高峰中，突破技术瓶颈，结出丰硕成果。

"两弹"突破启示三："两弹一星"精神的灵魂是爱国主义精神。

我国第一个核武器研制基地——二二一厂在撤销 34 年后，2021 年 6 月 15 日，人民日报头版头条报道：不朽的功勋，闪光的精神——访习近平总书记关心二二一厂离退休职工。

这是习近平总书记对我国核工业从无到有、从小到大、取得举世瞩目的成就，为国家安全和经济建设作出突出贡献的深情赞许，也是对二二一厂 36 年来科研、生产等工作的赞许。

党的二十大确立了党和国家未来发展目标，我们要庚赓续红色血脉，在厚植爱国主义情怀上下功夫，传承奋斗精神上见成效。讲好"两弹一星"故事，让"两弹一星"精神迸发出新时代声音，焕发出新活力。

大力传承弘扬航天精神
汇聚新时代建设航天强国磅礴力量

龚界文 [①]

习近平总书记指出，探索浩瀚宇宙，发展航天事业，建设航天强国，是我们不懈追求的航天梦。经过几代航天人的接续奋斗，我国航天事业创造了以"两弹一星"、载人航天、月球探测为代表的辉煌成就，走出了一条自力更生、自主创新的发展道路，积淀了深厚博大的航天精神。航天科工认真学习贯彻习近平总书记重要讲话精神，始终把传承"两弹一星"精神、传承弘扬航天精神作为新时代推动航天事业高质量发展的重要法宝，教育引导15万名干部职工秉持"国家利益高于一切"的企业核心价值观，把强烈的爱国情怀体现在岗位上，落实在行动中，自觉肩负起"科技强军航天报国"的神圣使命。

一是全面武装，坚持用党的创新理论武装头脑，压实各级党组织传承航天精神的政治责任。航天科工把学习贯彻习近平总书记最新重要讲话和重要指示批示精神作为"第一议题"，强化党组（党委）理论学习中心组引领作用，深入学习习近平总书记关于弘扬航天精神的重要论述，党组理论学习中心组专题学习习近平总书记给参与"东方红一号"任务的老科学家的回信、给空间站建造青年团队的回信。梳理、汇编习近平总书记近年来关于发展航天事业、建设航天强国、弘扬航天精神的重要讲话学习材料，研究部署弘扬航天精神的具体落实措施，在党组一号文件、党建责任书、例会点评、年度考核中，严督实导、跟踪问效贯彻落实进展。制定党组关于大力传承弘扬航天精神的指导意见，党组领导深入科研生产一线，把宣讲航天精神和深化调研有机结合，推动航天精神教育融入国家重大工程、重点任务

---

① 作者系中国航天科工集团有限公司党建工作部部长。

和科研生产经营全过程，在《思想政治工作研究》上刊登了航天科工弘扬航天精神的经验做法。把弘扬航天精神作为开展党史学习教育和开展思想政治工作的重要内容，邀请老院士、老党员、老专家走上讲台宣讲航天精神。广泛开展形势任务教育，对标世界一流企业组织文化，针对党和国家的期望与要求，围绕改革发展重点任务、重大工程等实际需要，通过航天科工大讲堂、形势任务教育提纲、专题辅导讲座、航天云课堂、党课等形式，讲透形势，讲清任务。

二是内化于心，推进航天精神的核心理念认同，进一步增强文化自信。将航天精神融入企业发展、技术攻关、管理优化、能力提升等各个环节，大力营造爱国、创新、协同、奉献的文化氛围。把航天精神学习教育作为新员工入职培训的必修课和各级各类培训的重要课程，在重大航天工程任务中组织开展承诺宣誓等文化实践活动。构建"十百千"新时代典型选树体系，深入开展钱学森、黄纬禄等老一辈航天人先进事迹宣讲。推树了以"全国优秀共产党员""央企楷模""大国工匠"等为代表的一批先进个人及团队，航天科工沈忠芳老人荣获感动中国 2022 年度人物。连续十年开展"航天科工感动人物"评选和事迹分享。在职工中广泛开展大讲堂、微论坛等活动，开展"奋斗的人生最美丽"等主题评选活动，引导职工树立正确的价值追求，用共同的理想凝心聚力。

三是外化于行，将航天精神融入工作岗位和实践中，帮助员工提升职业素养。编著出版《砥砺前行的航天人》《永远跟党走——中国航天事业的 65 年》《为国铸剑》《导弹人生》系列丛书。深化拓展精神文明创建活动，构建完善思想政治工作保障体系。全级次开展"强国复兴有我""党旗在航天一线高高飘扬"等实践活动，2000 余支党员突击队冲锋在技术攻关第一线、科技创新最前沿。充分发挥厂、所、公司、处室、车间、班组等基层党组织优势，综合运用教育引导、心理疏导、文化熏陶、主题活动等手段，让企业文化贯穿于各项工作之中，让员工在岗位工作实践中自觉践行航天精神。

四是固化于制，完善传承和发扬新时代航天精神的工作体系，推进航天精神传承经常化、制度化、规范化。研究制定《集团公司"十四五"党的建设和企业文化建设规划》，制定完善《集团公司企业文化管理办法》等一系列规章制度。通过加强党对思想文化体系建设工作的领导，压实压紧意识形态工作责任制，把传承发扬航天精神作为党建考核和意识形态工作责任制考核的重点内容，考核结果与领导班子绩效年薪挂钩。在党委书记抓党建工作季度例会上坚持问题导向，"指名道姓"点评各单位精神文明和企业文化工作中存在的问题。将弘扬新时代航天精神落实到精神文明和企业文化建设的方方面面，分解到每一项具体工作中，推进文化建设规范化、制度化。

五是进化于变，持续推进航天精神的传承和创新，实现与时俱进。以新时代航天精神为核心提炼和完善集团公司企业文化理念系统。根据集团公司战略目标，在实践中不断提炼升华、丰富完善文化体系，实现文化建设与企业发展的良性互动。修订完善集团公司《形象识别执行手册》，树立"中国航天科工"整体形象。鼓励基层结合实际制定《员工手册》《文化故事集》等宣传资料，充分展示企业文化建设成果。建立健全"中央厨房"工作机制，规范建设网站群、微信矩阵，获评"中央企业最具影响力新媒体账号"。形成一批以《航天院士传记》，电影《钱学森》《我和我的父辈之"诗"》，电视剧《聂荣臻》等为代表的展现航天人精神内核的高质量文化作品。积极开展"中国航天日"系列庆祝活动，组织举办科普宣传周、科学讲堂、"国企开放日"等活动，向职工和社会大众展示航天高科技产品和航天文化。打造航天精神研学路线，建设湖北远安、贵州遵义等航天三线红色教育基地，所属307厂、○六六基地分别入选第二批国家工业遗产和第八批全国重点文物保护单位，二院历史文化馆、三院飞航历史文化展馆和六院航天精神教育基地入选"科学家精神教育基地"。

站在强国建设、民族复兴新征程的新历史节点上，高质量发展航天事业、加快建设航天强国使命光荣、责任重大。航天科工将持续在传承弘扬"两弹一星"精神、传承弘扬航天精神上不断发力，在全面建设社会主义现代化国家进程中展现新作为、开创新局面。

一是筑牢传承航天精神的思想根基。以党的创新理论滋养初心、引领使命，始终秉承"科技强军、航天报国"的价值追求，确保航天事业发展始终朝着习近平总书记指引的航向前进。深刻领悟"两个确立"的决定性意义，切实把"两个维护"落实到科研生产经营任务的各领域、各方面、各环节，主动肩负起党和人民赋予的历史重任。

二是夯实滋养航天精神的实践基础。把弘扬航天精神融入技术攻关、管理优化、能力提升等各个环节，大力营造鼓励干事、激励创新的文化氛围。积极组织攻关团队出征仪式、承诺宣誓等文化实践活动，激励干部职工立足岗位、创先争优。

三是培育践行航天精神的时代先锋。始终贯彻落实人才强企战略，把弘扬航天精神融入人才队伍建设全过程。持续学习宣传老一辈航天人艰苦奋斗的感人事迹，大力培育选树新时代践行航天精神的先进典型，将航天人爱国奋斗的精神禀赋融入建设航天强国的伟大征程。

四是讲好承载航天精神的航天故事。积极做好主题宣传、形势宣传、成就宣传和典型宣传，着力推出一批传播航天精神的精品力作。用好中央企业爱国主义教育基地、三线基地旧址等红色基因库，讲好党的故事、航天的故事，让思想受到洗礼、心灵产生触动。

五是拓宽传播航天精神的渠道载体。综合应用多种传播媒介，重点占领互联网传播阵地，进一步发挥新媒体传播优势，构建完善航天精神全媒体传播话语体系。充分利用航天发射等试验任务和"航天日"等重大活动，加强航天知识科普和航天精神宣传，不断增进广大干部职工的价值认同、情感认同。

传承弘扬"两弹一星"精神
为航天强国建设贡献强劲动力

王玉祥 ①

习近平总书记强调，广大科技工作者要不忘初心、牢记使命，"弘扬'两弹一星'精神，主动肩负起历史重任，把自己的科学追求融入全面建设社会主义现代化国家的伟大事业中去"。

伟大的事业孕育伟大精神，伟大的精神引领伟大事业。中国航天科工六院隶属于中国航天科工集团有限公司，作为中国建立最早的固体火箭发动机专业技术研究院，被誉为我国航天固体事业的"摇篮"，是"两弹一星"精神的重要发源地之一。

1966 年底，从四川泸州刚刚搬迁到内蒙古的中国航天科工六院接到了研制发射"东方红一号"卫星所用"长征一号"第三级固体火箭发动机的研制任务，代号"651"工程。此时的六院一穷二白，没有像样的生产线，职工住干打垒、茅草房，吃窝窝头、山药蛋，但广大干部职工以"革命加拼命"的气概，头顶青天、脚踩荒原，以"先生产后生活"的方针，白手起家创建起新中国第一个固体动力事业基地。

1970 年 4 月 24 日，中国航天科工六院研制的长征一号第三级固体火箭发动机的最后有力一推，将我国第一颗人造地球卫星"东方红一号"准确送入预定轨道，《东方红》乐曲响彻寰宇。六院干部职工用"一颗红心跟党走""献了青春献终身""拼了命也要把导弹送上天"的精神气概，生动地诠释了"两弹一星"精神。

杨南生，六院老院长、"长征一号"第三级固体火箭发动机技术总负责人，每天熬夜攻读，宿舍里的灯光在凌晨 1 点前从未熄过。冬天的内蒙古戈壁滩，滴水成冰，白毛风、刀子风此起彼伏。杨南生骑着一辆旧自行车，穿着一件旧军大衣，戴着一

---

① 作者系中国航天科工集团第六研究院宣传处处长。

顶手工缝制的狗皮帽子，每天从早到晚顶着风沙奔波在各生产车间、研究所、试验站之间。由于终日的奔波，他右腿因受冷患有坐骨神经痛，不能走路。他就用右脚踩着自行车的脚蹬子，用左脚在地上一下一下划拉着溜车前行，人们称他为"沙漠走单骑"。每一次试验，他一定要扑在距离发动机只有几步之遥的窗口前，隔着一层防爆玻璃观察发动机从点火到燃烧的全部过程。他说："只有亲眼看到从点火到燃烧的全过程，才能准确掌握试验中发动机的状态与可靠性。"

习近平总书记指出：科技兴则民族兴，科技强则国家强。正是在"两弹一星"精神、航天精神的引领凝聚下，中国航天固体动力事业实现了从无到有、从小到大、从弱到强的跨越式发展，挺直了中华民族的脊梁。

当今世界百年未有之大变局加速演进，我国发展所面临的国内外环境发生着深刻复杂的变化，科技创新日益成为国际战略博弈的主战场，"十四五"时期以及更长时期的发展对加快科技创新提出了更为迫切的要求。

传承弘扬好"两弹一星"精神，广大航天科技工作者就是要把握大势、抢占先机、直面问题、迎难而上，坚持面向世界科技前沿、面向经济主战场、面向国家重大需求、面向人民生命健康，不断向科学技术广度和深度进军，加快建设科技强国，实现高水平科技自立自强。我们要积极响应党的号召，听从祖国召唤，保持深厚的家国情怀和强烈的社会责任感，不畏艰难，无私奉献，为党、为祖国、为人民不懈奋斗。我们要以与时俱进的精神、革故鼎新的勇气、坚忍不拔的定力，敢于走前人没走过的路，积极抢占科技竞争和未来发展制高点。我们要敢于破除影响和制约科技核心竞争力的体制机制，杜绝科技创新中的形式主义和官僚主义，推动科技创新力量布局、要素配置、人才队伍体系化、协同化，牢牢把握创新发展的主动权。

精神的力量是无穷的。"两弹一星"精神永放光芒、永不过时。当下，我们要坚持以习近平新时代中国特色社会主义思想为指导，深入贯彻落实党的二十届三中全会精神，团结一心、砥砺奋进，航天梦、强军梦、中国梦指日可待。

大力弘扬"两弹一星"精神
加快推进航天强国建设

闫宁 [1]

20 世纪 50 年代末至 70 年代初，在党中央的正确决策和坚强领导下，我国广大科技工作者无私奉献、艰苦奋斗，用较少的投入和较短的时间，突破了导弹、核弹和人造地球卫星的尖端技术，取得了"两弹一星"的伟大成就，牢固奠定了新中国在国际上的地位，同时孕育形成了"热爱祖国、无私奉献，自力更生、艰苦奋斗，大力协同、勇于登攀"的"两弹一星"精神。"两弹一星"精神是中国共产党精神谱系的重要组成部分，是伟大建党精神在特定历史时期的具体体现，是航天人跨越时空的信仰坐标。

在"两弹一星"精神的激励和鼓舞下，一代代中国航天人在党的领导下，接续奋斗、勇攀高峰，取得了"天和"驻空、"嫦娥"揽月、"天问"探火、"北斗"指路等一系列辉煌成就，实现了航天事业跨越式发展，使我国昂首屹立于世界航天大国之列。习近平总书记指出，"'两弹一星'精神激励和鼓舞了几代人，是中华民族的宝贵精神财富""一定要一代一代地传下去，使之转化为不可限量的物质创造力"。

"热爱祖国、无私奉献"是永不褪色的精神追求。从事"两弹一星"研制的老一辈科学家放弃国外优渥的待遇毅然归国，无数科研工作者甘当无名英雄、默默奉献，为当时百废待兴的中国科研事业孜孜以求，支撑他们前行的正是心中浓浓的家国情怀。航天事业是党的事业、国家的事业，"国为重、家为轻，科学最重、名利最轻"是航天人的人生信条，60 多年来，几代航天人干惊天动地事、当隐姓埋名人，不计得失、无怨无悔，为航天事业奉献了青春年华。"热爱祖国、无私奉献"已成为航天

---

① 作者系中国航天科技集团有限公司党群工作部副部长。

人永恒的精神本色，也是航天人加快推进航天强国建设的强大力量源泉。

"自力更生、艰苦奋斗"是创新发展的立足基点。老一辈航天人以惊人的毅力，战胜了难以想象的艰难险阻，攻克了一大批关键技术，实现了"两弹一星"的伟大壮举，打破了西方强国对航天尖端技术的垄断。60 多年来，我国航天事业一项项关键技术的突破，一个个辉煌成就的取得，无一不是航天人自力更生、艰苦奋斗的成果。习近平总书记强调，"无论条件如何变化，自力更生、艰苦奋斗的志气不能丢"。历史和现实一再警醒我们，关键核心技术是要不来、买不来、换不来的，唯有牢固树立艰苦奋斗的思想，自力更生、自立自强，才能把握发展的主动权，才能把国家的安全与命运牢牢掌握在我们自己手中。

"大力协同、勇于登攀"是攻坚克难的制胜法宝。在党中央的正确领导下，国家最大限度地调动财力、物力和优秀人才，形成了全国范围内的协作网，实现了"两弹一星"壮举，谱写了万众一心、团结奋进的时代凯歌。实践证明，中国航天事业能在较短时间内取得历史性突破，靠的就是在党的领导下发挥社会主义制度集中力量办大事的政治优势。面对"两个大局"和新一轮科技革命，我们必须始终坚持集智攻关、团结协作，才能战胜前进道路上的各种风险挑战，奋力抢占世界科技发展制高点。

习近平总书记在给参与"东方红一号"任务的老科学家的回信中指出，要"大力弘扬'两弹一星'精神，敢于战胜一切艰难险阻，勇于攀登航天科技高峰，让中国人探索太空的脚步迈得更稳更远，早日实现建设航天强国的伟大梦想。"在给航天科技集团空间站建造青年团队的回信中，希望广大航天青年弘扬"两弹一星"精神。在新的征程中，我们将深入贯彻落实习近平总书记的重要指示，把"两弹一星"精神弘扬好、传承好，不断开创航天事业发展新局面。

弘扬"两弹一星"精神，建设航天强国，必须坚持党的集中统一领导，发挥新型举国体制优势。党对航天事业的坚强领导是航天事业发展的最大优势，是航天事业发展的根本遵循。我们将坚定不移听党话、跟党走，胸怀"国之大者"，把稳建设航天强国的思想之魂、行动之舵，以航天报国为初心，以建设航天强国为使命，自觉肩负起富国强军的历史重任，进一步发挥新型举国体制优势，更加注重发挥市场在资源配置中的作用，更加注重激发创新主体的活力，汇聚起勇往直前、无坚不摧的强大力量。

弘扬"两弹一星"精神，建设航天强国，必须坚持走中国特色航天科技创新发展之路。我国航天事业发展史就是一部自力更生、自主创新的奋斗史。我们将坚持创新驱动发展战略，坚持面向未来，自主可控，坚持"独立性、完整性、专业性、系统性"导向，打造航天领域原创技术策源地，勇当现代产业链链长，统筹推进集成技术创新、核心专业技术创新、应用基础技术创新和前沿技术创新，形成一批重大标志性成果，实现高水平自立自强，逐步实现航天技术由"跟跑""并跑"向"并跑""领跑"跨越，积极用行动践行"两弹一星"精神。

弘扬"两弹一星"精神，建设航天强国，必须要培育具有家国情怀、奋斗精神的杰出人才。在"两弹一星"精神的感召和鼓舞下，几代航天人以报效祖国为神圣职责，用智慧、汗水乃至生命铸就了我国航天大国的国际地位。在建设航天强国的新征程中，我们将以航天重大工程为牵引，以型号研制为平台，大力实施人才接力计划，在实践中加速人才成长。以"共和国勋章"获得者孙家栋院士、"人民科学家"叶培建院士、"七一勋章"获得者陆元九院士等航天楷模为榜样，广泛培育航天精神的践行者、传播者，通过赋予"两弹一星"精神新的内涵与外延、制定传承弘扬航天精神实施方案、成立航天精神宣讲团、开展航天精神荣誉表彰、举办航天精神大讲堂等举措，大力赓续弘扬航天精神，为加快建设航天强国、推进中华民族伟大复兴提供强大的精神动力和人才支撑。

弘扬"两弹一星"精神　践行新时代核工业精神

赖江南 [①]

"两弹一星"精神是中国共产党精神谱系的重要组成部分。一直以来，中核集团深入贯彻落实习近平总书记重要指示批示精神，大力弘扬"两弹一星"精神，传承和发扬核工业精神，以建设先进的核科技工业体系、打造具有全球竞争力的世界一流集团、推动我国建成核工业强国为己任，坚持党的领导、自主创新、深化改革、开放合作，以文化引领企业改革发展，为铸就大国重器、建设核工业强国提供了有力支撑。

一、"两弹一星"精神和核工业精神的历史脉络

20 世纪 50 年代初，刚刚诞生的中华人民共和国百废待兴，面对当时的国际形势，党中央审时度势，果断作出了研制核武器的战略决策。近 70 年来，在党中央的坚强领导下，几代核工业人艰苦创业、开拓创新，推动我国核工业从无到有、从小到大，走出了具有中国特色的、独立自主的核工业发展道路。

我国核工业的发展，按照历史脉络，大致上可以分为三个 30 年。第一个 30 年，从 1955 年到 1985 年，第一次创业，建立起完整的核科技工业体系，研制成功"两弹一艇"，打下核电发展基础。第二个 30 年，从 1985 年到 2015 年，第二次创业，以核电为标志，向市场化迈进；研发"华龙一号"，实现三代核电自主化；打造国家名片，核电走出国门。第三个 30 年，2015 年以后的 30 年，将致力于培育具有全球竞争力的世界一流企业，推动我国建成核工业强国。

回溯"两弹一星"的成功研制，不仅使中国步入大国之营，也提升了中国的国际地位和实力，更为中华民族创造了宝贵的精神财富，丰富了中国共产党人的精神

---

① 作者系中国核工业集团团委书记、核工业学院院长。

谱系。在近 70 年的创业征程中，核工业人与航天人共同孕育了"两弹一星"精神。1999 年 9 月 18 日，中共中央、国务院、中央军委在北京隆重召开表彰大会，表彰为研制"两弹一星"作出突出贡献的科技专家，江泽民同志在会上提出并精辟阐述了"两弹一星"精神，这就是"热爱祖国、无私奉献，自力更生、艰苦奋斗，大力协同、勇于登攀"。"两弹一星"精神彰显了共产党人热爱祖国、无私奉献的崇高境界和理想信念，体现了共产党人自力更生、艰苦奋斗的坚强意志和顽强毅力，蕴含了共产党人大力协同、勇于登攀的工作态度和敬业精神。

与此同时，我国核工业的发展过程中核工业人也提炼形成了"事业高于一切、责任重于一切、严细融入一切、进取成就一切"的"四个一切"核工业精神。核工业精神形成于第一次创业时期，发展于第二次创业时期，是"两弹一星"精神在核工业的丰富和发展。进入新时代，核工业迎来了"两弹一艇"以来最重要的战略机遇期，中核集团不忘初心、牢记使命，继往开来，创新发展，在大力弘扬"两弹一星"精神和"四个一切"核工业精神的基础上，提炼形成"强核报国、创新奉献"的新时代核工业精神，并于 2021 年 2 月 1 日正式发布。其内涵概述为"强核是事业，报国是承诺，创新是法宝，奉献是境界"。2024 年 1 月 24 日，也重磅发布了"勇担使命、奋发图强、协同攻坚、敢于超越"的重大工程精神，助推习近平总书记和党中央部署的重大工程建设，进一步推动重大工程高质量发展迈上新台阶。"两弹一星"精神、"四个一切"核工业精神、新时代核工业精神与重大工程精神，既一脉相承又与时俱进，是"两弹一星"精神在新时代的传承和发展。

二、弘扬"两弹一星"精神和核工业精神的经验和做法

党的十八大以来，习近平总书记先后数十次谈到"两弹一星"精神及其时代价值。他指出，"两弹一星"精神激励和鼓舞了几代人，是中华民族的宝贵精神财富，一定要一代一代传下去，使之转化为不可限量的物质创造力。近年来，中核集团勇担"兴文化"的使命任务，坚定文化自信，注重精神传承，赓续红色血脉，以各种方式大力弘扬"两弹一星"精神及核工业精神，具体概括如下：

（一）紧扣伟大梦想，在爱国奋斗中弘扬"两弹一星"精神和核二业精神

习近平总书记指出，一百年来，中国共产党团结带领中国人民进行的一切奋斗、一切牺牲、一切创造，归结起来就是一个主题，实现中华民族伟大复兴。

"两弹一星"伟大事业是全国人民抱定为民族争气、为祖国争光的必胜信念，把

爱国之情转化为报国之行的鸿篇巨制。在新时代继承和发扬"两弹一星"精神，必须高举爱国主义旗帜，扛起长国人志气、振大国雄风的时代担当。中核集团始终铭记党和人民赋予的初心使命，将"两弹一星"精神和核工业精神融入重大工程建设、关键核心技术攻关、重大改革任务等，制定新时代发展战略，明确"三位一体"奋斗目标，在服务党和国家大局中要跟得上节奏、合得上节拍、踩得准节点。

（二）牢记使命担当，在完成国家使命中弘扬"两弹一星"精神和核工业精神

习近平总书记指出，以史为鉴、开创未来，必须加快国防和军队现代化。强国必须强军，军强才能国安。

中核集团坚定不移地履行国家使命，筑牢国家安全基石。坚持集中领导、集中力量、集中资源，大力协同，确保重大工程"后墙不倒"；坚持物质和精神"双轮驱动"，提高科研、重大项目骨干人才薪酬待遇，健全荣誉体系，激励广大干部职工投身重大工程建设和艰苦一线；发挥党的政治、组织和群众工作优势，以党建联建机制推动重大工程建设。在戈壁滩上，党旗在工程一线高高飘扬；在西南深谷，科研人员彻夜攻关；在东南沿海，核电安全、稳定运行，助力"双碳"目标实现；在甘肃北山，青年科学家安下心、扎下根，在重大项目研究中展现了新时代央企青年爱国奉献、艰苦奋斗的精神风貌。

（三）打造高素质专业化干部和人才队伍，在实现高水平科技自立自强中弘扬"两弹一星"精神和核工业精神

习近平总书记指出，"两弹一星"成功，有赖于一批领军人才，也有赖于我国强有力的组织系统。弘扬伟大精神，推动伟大事业，关键在人，关键在一支有组织、有信仰、有能力的干部人才队伍。

中核集团坚持将传承、弘扬"两弹一星"精神和核工业精神融入科技强核、人才强企等各项工作中。选人用人中，强调政治标准，干部人才培养培训体系中，注重强化党史、国史、核工业发展历程及"两弹一星"精神教育，注重用故事、用典型人物蕴含的感人故事和伟大精神感召、激励广大干部职工，尤其是善用"两弹一艇"研制攻关中取得的宝贵经验和规律，启发、指引科研队伍尤其是青年同志，不断打造"对党忠诚、勇于创新、治企有方、兴企有为、清正廉洁"的核工业"铁军"，以只争朝夕、永不懈怠的精神状态，大力推进高水平科技自立自强，增强我国在大国

博弈中的底气。

（四）讲好"两弹一星"故事，在营造全社会认同中弘扬"两弹一星"精神和核工业精神

1. 选树先进典型，发挥典型引路作用

点亮一盏灯，映照满天星。当年的"两弹一星功勋奖章"获得者就是新时代核工业改革发展的"精神导师"。中核集团传承红色基因，率先在军工系统建立了全集团统一的荣誉体系，设立"核工业功勋榜"，评选"奋进中核人"及"两优一先"，培育"时代楷模""央企楷模"，联合主流媒体，发挥所属报刊、网站、公众号等的作用，不断强化典型人物、典型事迹宣传。

2. 依托主流媒体，创作红色作品

中核集团与中央广播电视总台联合拍摄核工业题材献礼剧《激情的岁月》，获国家电视剧"飞天奖"。展现新时代核工业人故事的《许你万家灯火》电视剧登陆央视黄金档，口碑收视双丰收。在中国国家博物馆、军事博物馆、中国核工业科技馆等，采用 VR、全息影像、实物展示等多元展示方法，还原重要历史事件、人物故事，重点展现广大核科技工作者在艰苦条件下创造的非凡人间奇迹、在拼搏奉献中铸就的"两弹一星"精神。党组在《人民日报》《求是》《学习时报》等刊物刊发理论文章，介绍了中核集团传承弘扬伟大精神的具体做法和经验体会。

3. 创新活动载体，讲好创业故事

组建"两弹一星"与核工业精神宣讲团，挖掘典型人物和感人故事，创新宣讲形式，使伟大精神"活"起来、"动"起来。近年来，陆续举办"两弹一星"精神宣讲、彭士禄先进事迹宣讲与新时代核工业精神宣讲等，各类宣讲深入大漠戈壁、科研一线等项目现场，走入部委、高校，以音、诗、画相结合，打造沉浸式教育的生动宣讲，深受集团内外人士的欢迎。

4. 用好红色资源，传承红色基因

通过企地合作、增加资金投入，对各地"两弹一星"文化遗产及时抢救、保护、利用。青海海北州、甘肃嘉峪关、上海浦东、浙江秦山等地都建立了"两弹一星"精神教育基地，共计挖掘、培育了 40 多个全国重点文物保护单位、国家工业遗产、爱国主义教育基地和 20 家核工业党性教育基地。12 项文化遗产入选首批中央企业工业文化遗产名录，8 项入选国家工业遗产名录，"一堆一器"等 3 处旧址入选第八批全国

重点文物保护单位。2021 年，中国核工业科技馆、福清核电宣教展览中心两家单位被中宣部评为全国爱国主义教育示范基地。开展党史学习教育期间，20 多个中央部委相关厅局与中核集团开展联学联建，超过 3 万人走进核工业，感悟"两弹一星"精神。编辑出版《青春无悔生命无悔——中国核工业功勋人物的故事》《核工业发展史》等图书，与中组部党建读物出版社合作，出版《百名共产党员故事集》和"口述核史"系列丛书。在全国唯一以"红军"命名的中央定点帮扶地区陕西省旬阳市红军镇援建"两弹一星"精神陈列馆，让"两弹一星"精神与伟大脱贫攻坚精神交相辉映。

　　未来，中核集团将认真学习贯彻党的二十大精神，在习近平新时代中国特色社会主义思想的指引下，持续传承并弘扬"两弹一星"精神，践行新时代核工业精神，牢固树立科技是第一生产力、人才是第一资源、创新是第一动力的理念，坚持安全发展、创新发展，坚持和平利用核能，筑牢国家安全重要基石，奋力建设核工业强国，为全面建成社会主义现代化强国发挥战略性支撑作用。

弘扬"两弹一星"精神　助推"核人才"培养

周刘来 [①]

习近平总书记指出"两弹一星"精神激励和鼓舞了几代人，是中华民族的宝贵精神财富。

回望奋斗路，75 年前的中国如红日初升，光芒四射，"两弹一星"精神作为民族精神的璀璨瑰宝，在青海这片热土上熠熠生辉。无数科研巨匠以智慧与汗水，筑起了"两弹一星"的丰碑。他们肩负国家使命，胸怀科技报国之志，跨越重重艰难险阻，攀登科技高峰，以实际行动诠释了"热爱祖国、无私奉献，自力更生、艰苦奋斗，大力协同、勇于登攀"的深邃内涵。他们的英勇事迹与崇高精神，如璀璨星辰，照亮了中华民族的复兴之路。

眺望奋进路，传承与发扬"两弹一星"精神，是我们这一代人义不容辞的责任。历史川流不息，精神代代相传，致敬中国精神，赓续精神血脉，"两弹一星"精神是需要全体中国人民传承的民族精神财富，也是实现中华民族伟大复兴重任的动力源泉。核工业是"两弹一星"精神的主要诞生地和传承地，"两弹一星"精神是核工业宝贵的红色资源，具有育人价值。

中国核工业教育学会作为培养"核人才"的重要平台，与相关高校、科研机构协同合作，将"两弹一星"精神融入"核人才"的培养教育之中，作为爱国奉献教育的重要内容，有效丰富了思想政治教育的内涵，培育了青年学子积极向上的理想信念。

一、增强政治意识，强化支部工作，培育能打胜仗的过硬队伍

学会在党支部活动中积极组织联合会员单位的党支部开展党建联建活动，参观

[①] 作者系中国核工业教育学会副理事长。

中国核工业科技馆，组织"院士行"，通过利用身边的红色资源，体验现场教学活动，强调学会的宗旨和使命就是为核工业培养人才，是高尚的事业，要向核工业前辈学习，要有无私奉献的精神，不断提升员工的政治觉悟和工作能力，引导党员在各自岗位上积极工作，模范带头，为推动学会高质量发展贡献力量。

二、传承弘扬"两弹一星"精神，开展"纪念朱光亚、邓稼先百年诞辰"主题活动

2024 年是我国第一颗原子弹成功爆炸 60 周年，即将迎来核工业创建 70 周年，又恰逢朱光亚、邓稼先两位"两弹一星"元勋 100 周年诞辰。2024 年 5 月 30 日，中国核工业教育学会联合教育部高等院校核工程类专业教学指导委员会以及中核集团、中国工程物理研究院、西南科技大学三家团委举办了"弘扬科学家精神——纪念朱光亚、邓稼先百年诞辰"主题活动，通过专题报告、主旨发言、情景剧演绎等方式弘扬老一辈科学家的动人事迹和伟大精神，号召核工业青年勇立潮头，奋楫争先，争做核工业创新发展的"排头兵"。

三、开展课程思政研究活动，打造思想政治主阵地

学会组织教育教学分会举办涉核课程优秀思政案例交流会，让获奖人员进行先进案例的交流分享，进一步开展党建、宣传、思想、文化建设的学术交流和经验推广活动，打造思想政治工作经验交流基地、立德树人阵地、学术研究高地。总结具有核工业行业特色和时代精神的思想政治工作经验，探索建设一批思政课程研究示范中心、示范课程、优秀教学案例，将"两弹一星"精神、新时代核工业精神融入教育教学活动中。

四、在培训中注入"两弹一星"精神的学习

学会在组织各种核工业人才培训中，注重让学生学习、感悟"两弹一星"精神。例如学会组织的"新时代核工业青年人才创新性培养"培训，邀请了中国工程院院士、学会专家委员会主任、中核集团领导等多位专家授课，围绕如何培养创新型人才进行集中学习研讨，各位学员就各单位培养创新型人才过程中的良好实践、成果、问题及解决方法等做经验分享，让学员感受到老一辈核工业人"干惊天动地事、做隐姓埋名人"的无私精神和拼搏勇气，以更大的工作热情投入工作，作出应有贡献。

鉴往知来，砥行致远，伟大的精神需要传承和弘扬。学会始终与中国核工业发展同频共振，围绕核工业的发展与人才队伍建设，系统研判、牢牢把握核工业加快

实现高质量发展的新机遇，充分发挥核工业人才引领发展的新优势，将"两弹一星"精神融入"核人才"的培养教育之中，为核工业强国建设持续注入新动能。

一是莫忘"来时路"：加强"两弹一星"精神的宣传教育，通过专题讲座、学术论坛、展览等形式，将"两弹一星"精神的丰富内涵和时代价值传播给更广泛的群体。

二是走好"当下路"：推动"两弹一星"精神在人才培养教育等领域的广泛应用，鼓励引导各会员以"两弹一星"精神为指导，勇于创新，敢于担当，为"核人才"培养教育作出更大的贡献。

三是坚定"未来路"：进一步深化"两弹一星"精神在核工业人才培养教育方面的传承与实践，通过搭建资源共享平台，发挥桥梁纽带作用，加强交流合作，形成合力，推动核工业急需人才培养，加快培养一大批核工业领军人才，为核工业高质量发展提供有力的人才支撑。

传承和弘扬"两弹一星"精神，是每一位核工业人的神圣职责。让我们携起手来，以更加昂扬的斗志、更加坚定的信念，加快建设我国成为核工业强国，为实现中华民族伟大复兴的中国梦贡献力量。

在"两弹一星"精神的传承发扬中创造共同合作的新契机

冷庆军 [①]

37 年前，二二一厂撤厂后，为保留一支核武器研制生产技术骨干队伍，继续承担核武器维修保障使命，经原第二炮兵与核工业总公司共商决定，在老厂选调 602 名一代核武器研制生产骨干组建成立了我厂。随迁来的还有职工家属和 100 户离退休人员，共计 1300 余人。这种先天机缘，注定了工厂与原二二一厂血浓于水、密不可分的特殊关系，决定了工厂与原子城爱国主义教育基地共建共管的特殊责任，形成了工厂与青海省各级政府交流合作的特殊纽带。因为工厂是全军唯一一家起源于中国第一个核武器研制生产试验基地的，所以承载着"两弹一星"精神的血脉。

一方面，自原二二一厂撤厂下山、建厂安置以来，工厂始终以老厂辉煌的历史和伟大的功绩为荣为傲，十分珍视遗留下来的宝贵物质财富和精神财富，作为"两弹一星"精神根正苗红的传承者和继承者，工厂将其精神内涵和老厂元素，深深烙印在工厂企业文化和发展理念之中，深深融入全厂职工内心深处和精神世界，并确定每年 10 月为工厂"两弹一星"精神教育宣传月，开展一系列特色活动，进一步培育了独具一格的军队企业特色文化和职工极为特别的精神品格，为推动工厂各个时期发展建设发挥了突出作用。在"两弹一星"精神长期熏陶下，通过 30 余年的发展建设，工厂圆满完成了国家赋予的各项使命任务，现已成为火箭军武器装备保障体系的重要力量。

另一方面，工厂始终保持与中共海北州州委、州政府和原子城爱国主义教育基地的密切联系，深度参与原子城爱国主义教育基地的共建共管。一是在 2008 年建馆

[①] 作者系中国人民解放军第六九一六工厂党委书记。

之初和 2021 年改陈布展之时，工厂倾力收集在第一代核武器研制期间使用、生产的相关仪器、设备和产品，以及广大职工长期保留的、具有纪念价值的私人物品，分多批次无偿赠予原子城爱国主义教育纪念馆，共计 500 余件（套），进一步丰富了馆藏实物和展陈内容。二是 2015 年 4 月，工厂与海北州州委签订了原子城爱国主义教育基地共建共管协议，不断加强沟通往来、交流合作，海北州州委、州政府经常来厂组织开展慰问演出、联谊和专题宣讲等活动，工厂也定期派员赴海北州参与纪念馆建设、参加"两弹一星"精神专题研讨、旧址恢复利用、开展爱国主义教育等活动。三是 2023 年 8 月和 2024 年 4 月，海北州委书记、州长等党政代表，以及海北州委宣传部部长、州总工会主席等领导莅临工厂，围绕巩固加强友谊、建立共建机制，深耕红色文化、厚植爱国情怀，强化共建共管、改变海北面貌等方面进行了深入交流探讨。四是 2009 年以来，工厂先后分多批次组织近千人次赴原二二一厂开展精神寻根之旅，实地接受爱国主义教育，增强了双方深厚的友谊。

此外，随撤厂下山的 602 人中，目前仍在工厂工作的 73 人，退休在世的 479 人（过世 50 人），于 1964 年 10 月前在原二二一厂参加工作，且现居住在工厂生活区的仍有 20 余人。多年来工厂在承受能力允许的情况下，对原二二一厂的退休职工给予了力所能及的人文关怀、生活设施保障和生老病死照顾；对"两弹"事业尤其是一代核武器研制生产所作出贡献的、从原二二一厂调入工厂后退休的职工，每年发放特殊贡献生活补贴、补充医疗保险和福利品，为他们的退休生活增添了一份有力保障。同时，每年定期邀请有第一颗原子弹生产试验经历的老前辈，对新入厂职工进行爱国主义教育和红色教育宣讲。

我相信，通过此次交流座谈，将为原二二一厂旧址保护利用、爱国主义教育基地的发展建设，以及"两弹一星"精神的传承弘扬创造共同合作的新契机，并将双方关系和情谊推向前所未有的新高度。下一步，工厂将以此为契机，一是依托"两弹一星"精神传承实践红色联盟，严格遵照共建协议，全面深入参与到老厂旧址保护利用、爱国主义教育基地的发展建设工作中，继续贡献应有力量。二是加大"两弹一星"精神传承、弘扬和践行力度，进一步丰富企业文化内涵和广大职工精神生活。三是在政策允许范围内，继续尽力照顾好老厂下来的老同志、老功臣、老前辈，为他们的退休生活提供好保障。

最后，欢迎各位核工业航天界领导、同仁莅临工厂交流座谈、指导工作，共同为国家"两弹一星"精神传承弘扬作出应有贡献，让"两弹一星"精神在中国式现代化建设中继续熠熠生辉。

不忘初心　努力夯实核科技自立自强根基

徐荣松 [①]

2024 年是中华人民共和国成立 75 周年、我国第一颗原子弹爆炸成功 60 周年。60 年前，蘑菇云腾空而起，一声巨响震彻寰宇，牢牢挺直了中华民族的精神脊梁。

青海金银滩是我国第一颗原子弹、第一颗氢弹的研制地，也是"两弹一星"精神的孕育发源地。今天，我们在这里共同缅怀筚路蓝缕的艰苦奋斗历程，共同缅怀在"两弹一星"研制过程中以身许国的可歌可泣精神，寻根溯源，不忘初心；传承精神，砥砺前行。

中华人民共和国成立之初，为打破西方的核垄断与核讹诈，党中央作出了发展我国原子能事业的战略决策。大批优秀的核科技工作者积极响应党中央号召，怀着对祖国的无限热爱，毅然投身到研制原子弹的事业中。在这其中，涌现出钱三强、王淦昌、邓稼先、郭永怀等为祖国核科技事业无私奉献的老一辈科研工作者，在他们的身体力行与具体实践中，培育诞生了"两弹一星"精神。

原子能院作为我国核科学技术的发祥地，在我国"两弹一艇"研制攻关中作出了历史性贡献，有 7 位"两弹一星功勋奖章"获得者在这里创建功勋。在研制原子弹过程中，原子能院把技术攻关任务视为"一线任务"，克服艰苦的生产生活条件，研制出点火中子源的关键技术，生产出不同量程的示波器，提供了装料以及装料的关键核数据，为第一颗原子弹成功引爆贡献了力量。原子能院还在"氢字号"方面先走一步，提前对氢弹各种物理过程、作用原理等进行研究探索，并对氢弹的整体结构有了初步设想，为氢弹的成功引爆奠定了一定的基础。

几十年来，几代核工业人薪火相传，干惊天动地事，做隐姓埋名人，以实际行

---

① 作者系中国原子能科学研究院党委副书记。

动培育、践行、诠释着"两弹一星"精神。"两弹一星"精神承载了中华人民共和国波澜壮阔的发展史、艰苦卓绝的奋斗史、可歌可泣的创业史，孕育、产生于中国人民"站起来"的时代，总结、提出于 20 世纪末的"富起来"时期。如今，中国进入"强起来"的新时代，"两弹一星"精神仍具有重大的价值意义，极具历史穿透力、思想引领力、时代感召力，需要一代代人用心、用情、用力去研究宣传与传承弘扬。

习近平总书记指出，"'两弹一星'精神激励和鼓舞了几代人，是中华民族的宝贵精神财富""一定要一代一代地传下去，使之转化为不可限量的物质创造力。""两弹一星"精神中的"热爱祖国、无私奉献"是永不褪色的精神追求，"自力更生、艰苦奋斗"是创新发展的立足基点，"大力协同、勇于登攀"是攻坚克难的制胜法宝。在新时代新征程中，我们要深入贯彻落实习近平总书记的重要指示，把"两弹一星"精神传承好、弘扬好，不断开创核工业发展新局面。

在"两弹一星"精神的感召下，原子能院始终不忘初心，努力夯实核科技自立自强根基，目前已发展成为我国唯一具有基础性、前瞻性、先导性、工程性的核科研综合基地。在未来的发展中，原子能院将始终坚持党的集中统一领导，传承弘扬"两弹一星"精神，坚持走中国特色核工业创新发展之路，着力于培育具有家国情怀、奋斗精神的杰出人才，勇攀科技高峰，加快发展新质生产力，锻造国家战略核科技力量，不断推进核强国建设，为助力中国式现代化建设作出原子能院新的贡献。

尊老爱老助老情暖中核　同心同向同力共创未来

戈晓海①

原二二一厂是 1958 年经中共中央批准建设的核工业第一批厂矿之一，位于青海省海北州金银滩草原，是中国第一个核武器研制、试验和生产基地，也是伟大的"两弹一星"精神的孕育地之一。60 多年前，一大批海外归国的科学家、成千上万的科研工作者和建设者，积极响应国家号召，满怀着对祖国的无比热爱与无限忠诚，毅然决然地来到高寒缺氧的金银滩草原，在极端艰苦的条件下，苦干惊天动地事，甘做隐姓埋名人，成功研制出我国的第一颗原子弹和第一颗氢弹，为我国核武器事业的持续发展作出了不可磨灭的贡献。1987 年，国家战略调整，决定撤销二二一厂。3 万干部职工和家属，服从党和国家安排，依依不舍离开了曾经挥洒青春和汗水的地方，奔赴全国各地，或回到安置地安享退休后的幸福晚年生活，或在新的岗位上为国家社会主义建设继续发光发热。二二一厂虽然落下了历史的帷幕，但二二一人坚韧不拔、艰苦奋斗的意志品格在新的历史时期仍然闪烁着耀眼的时代光辉。

1996 年，原中国核工业总公司（现中核集团）成立核工业二二一离退休人员管理局（即二二一局），专门负责原二二一厂 4924 名离退休人员的全国安置和服务管理工作。截至 2024 年 7 月 1 日，二二一局服务管理对象 3211 人（其中原二二一厂离退休人员 1730 人），平均年龄 83 岁。

习近平总书记十分牵挂和关心原二二一厂老同志的晚年生活，2018 年和 2019 年先后两次作出重要指示批示，要求解决好二二一老同志生活上遇到的困难和问题，广泛宣传二二一厂的贡献，并以此带动"两弹一星"精神和核工业精神的宣传。

---

① 作者系中国核工业集团二二一离退休人员管理局党委书记、局长。

五年执着，二二一局党委坚决贯彻落实习近平总书记重要指示批示精神。二二一局贯彻落实习近平总书记重要指示批示精神工作，承载着习近平总书记和党中央对广大二二一老同志的关心爱护，承载着中核集团党组对第一代核工业人的深切情谊。使命光荣、责任重大。在集团公司专项工作领导小组的坚强领导下，2021年 6 月底，在中国共产党成立 100 周年之际，历时 36 个月，习近平总书记重要批示专项工作全面高质量完成。2021 年 6 月 15 日《人民日报》头版头条刊发文章《不朽的功勋，闪光的精神——访习近平总书记关心的二二一厂离退休职工》，是对中核集团和二二一局贯彻落实习近平总书记重要指示批示精神的充分肯定。

五年创新，二二一局党委坚持以习近平新时代中国特色社会主义思想为指导，深入学习贯彻落实习近平总书记关于老干部工作的重要论述，积极践行"尊老爱老助老情暖中核　同心同向同力共创未来"的中核特色关心关爱老同志文化理念，以坐不住的紧迫感、慢不得的危机感、等不起的责任感持续深化习近平总书记重要指示批示精神再学习再落实再提升。

不断加强离退休服务能力建设，持续提升老同志获得感、幸福感、安全感。创新服务管理模式，构建离退休服务精细化管理体系，建立离退休人员管理信息系统，并推动服务管理数字化转型，成功通过 ISO9001 质量管理体系和离退休服务体系评价"双体系"认证，是集团公司首家获离退休服务"五星级"评价的单位。2021 年二二一局所属西宁管理处获"全国老干部工作先进集体"荣誉称号。2024 年老同志满意度测评达到 99.99%。

传承红色基因，赓续红色血脉，打造传承弘扬闪光精神的"四个一"特色品牌。加强企地合作，深度挖掘"两弹"研制历史、文化遗产等红色资源，充分发挥二二一老同志"银发资源库"作用，打造品牌传播新模式，让"两弹一星"精神转化为不可限量的物质创造力。建成一批展馆，打造弘扬"两弹一星"精神和核工业精神特色"地标"；建设一支队伍，多形式多渠道宣传"两弹一星"精神；创新一项机制，加强企地共建，形成弘扬"两弹一星"精神合力；创建一种模式，充分发挥"两弹"研制亲历者"银发资源库"作用，打造"纪念馆、宣讲团、企地共建、亲历者讲述"一体化的品牌传播模式，让"两弹一星"精神在新时代绽放更加绚丽的时代光芒。

习近平总书记指出："两弹一星"精神激励和鼓舞了几代人，是中华民族宝贵的精神财富。要把"两弹一星"精神一代一代传下去，使之变成不可限量的物质创造力。

"两弹一星"精神，是中国共产党人精神谱系的重要组成部分，是中国人民在 20 世纪为中华民族创造的新的宝贵精神财富，已经深深融入中华民族的血脉之中，不断滋养着中华民族发奋图强的精神品格。

近年来，中核集团与青海省在经济、社会和文化方面广泛开展合作，建立了良好的关系，结下了深厚的友谊。二二一局和海北州委、州政府，一直以来情同手足，血脉相连，在基地旧址保护利用、原二二一厂史料挖掘、展览展示、宣传教育等方面的合作也愈加深入，影响力也愈加广泛。

不忘初心，方得始终。"两弹一星"精神是中华民族宝贵的精神财富，必须倍加珍惜、长期坚持，并在新时代实践中不断丰富和发展。未来，二二一局将持续深入加强与青海省、海北州的合作，共同挖掘"两弹一星"精神的丰富内涵与时代价值，为"两弹一星"精神薪火相传、历久弥新作出积极贡献。

青年党团员和爱国主义教育基地代表发言

发挥古田会议品牌优势　打造铸魂育人红色平台

陈发胜 ①

成功从古田开始，胜利在这里起航！

福建龙岩（通称闽西）作为著名的革命老区、原中央苏区核心区域，是毛泽东思想的重要发祥地，是我们党治国理政的最初实践地，有着"二十年红旗不倒"的光辉历史，毛泽东同志 6 次来到闽西，写下了《星星之火，可以燎原》《才溪乡调查》等光辉著作。1929 年 12 月召开的古田会议，确立了思想建党、政治建军原则，新型人民军队从此铸魂定型。习近平总书记非常关心牵挂龙岩老区苏区的发展，在福建工作期间及到中央工作后，先后 20 次到龙岩视察调研，8 次到红色圣地古田，留下了宝贵的思想财富、精神财富和实践成果。2014 年 10 月，习近平总书记在古田主持召开全军政治工作会议时深情地指出，古田是我们党确立思想建党、政治建军原则的地方，是我军政治工作奠基的地方，是新型人民军队定型的地方。

古田会议纪念馆作为首批全国爱国主义教育示范基地和大思政课实践教学基地，始终坚持以习近平新时代中国特色社会主义思想为指导，依托古田丰富的红色文化资源，打造"古田会议丰碑"品牌，创造性开展古田会议精神万里行暨"红古田·红故事"大思政课，加强馆校共建共育，通过课程选送、现场教学、实地研学等多种形式，打造铸魂育人红色平台，让古田会议精神在青年心中生根发芽。

一、开辟"红色课堂"，让青年爱国主义教育有深度

充分发挥红色场馆教育示范作用，常态化为青少年学生开展义务讲解活动，策划专题教学、故事分享会、红色主题展 3 个项目，通过"理论、情境、实践"3 个课堂的形式，举办"一堂专题课程、一场红色故事宣讲、一个主题展览"，把学理

---

① 作者系古田会议纪念馆党组成员、副馆长。

揉进理论课堂、把道理融进情景课堂、把真理注进实践课堂。先后与武警警官学院、福建师范大学等 22 所高校（单位）建立合作关系，推动馆校在红色教育、人才培养、基地建设等方面进行深度合作。2023 年古田会议纪念馆累计接待青少年群体人数共计 30 余万人。

二、开展"红色宣讲"，让青年爱国主义教育有温度

红色引领讲好"开学第一课"，连续多年走进龙岩学院、古田中学、古田中心小学等数十所周边院校开展"红古田·红故事"主题系列宣讲活动，以古田会议以及毛泽东等老一辈无产阶级革命家留下的故事为教材，通过一幅幅生动图片、一份份翔实档案、一件件珍贵文物，引导青少年学生感悟古田会议精神，追寻理想信仰之光。同时，持续在周边学校培育一批"小小红色讲解员"，以"身边人讲身边事"等形式，传播红色故事，激发青年爱国情怀。

三、开设"红色平台"，让青年爱国主义教育有热度

创新宣教手段，探索运用音频、云课堂、短视频、云直播等多种新媒体技术，紧盯"5.18"国际博物馆日、五四青年节、八一建军节等重要时间节点，在官网、微信公众号、"学习强国"等平台，隆重推出"红古田·红故事"网络直播系列栏目，阅读量从最初几千人至现在百万人，影响力显著提升。与此同时，精心打造《铸魂胜利路》《寻路——毛泽东等中国共产党人对中国革命道路理论的艰辛探索》等 2 个精品微课堂，通过青少年更加喜闻乐见的网络形式，足不出户接受精神洗礼，广泛提升铸魂育人的实效。

下一步，我们将深入学习贯彻习近平文化思想，特别是习近平总书记关于传承红色基因、弘扬红色文化的重要论述，进一步探索青年爱国主义教育实践路径，照亮青年前行道路，为培养更多有理想、有本领、有担当的优秀青年作出应有的贡献。

传承红色基因　赓续红色血脉

高平 [①]

在一百年的非凡奋斗历程中，一代又一代中国共产党人顽强拼搏、不懈奋斗，形成了一系列伟大精神，如井冈山精神、长征精神、延安精神、西柏坡精神，还有"两弹一星"精神等等，这些都是中国共产党人精神谱系的重要组成部分。而伟大建党精神是中国共产党人精神谱系的开篇，是中国共产党的精神之源。

井冈山革命博物馆是 1958 年由国家文物局倡议兴建的，作为中华人民共和国成立 10 周年的献礼工程于 1959 年 10 月竣工开放，是我国第一个地方性革命史类博物馆，毛泽东主席审阅陈列大纲，朱德委员长题写馆标。全馆收藏文物 30000 余件，文献资料 7000 多份，图书 7000 多册，历史图片 10000 余张；珍藏党和国家领导人、著名书画家及社会各界知名人士墨宝真迹数千幅；保存毛泽东、朱德重上井冈山等影视资料片数百件。井冈山革命博物馆成立以来担负弘扬井冈山精神、宣传井冈山革命斗争历史、保护管理修缮井冈山革命纪念地旧居遗址的光荣职责和神圣使命，先后接待毛泽东、朱德、邓小平、江泽民、胡锦涛、习近平等党和国家领导人及海内外观众 5000 多万人次，荣获首批全国百个爱国主义教育示范基地、首批国家一级博物馆、中国建设工程鲁班奖（国家优质工程）、中华人民共和国成立 60 周年百项重大经典建设工程、全国博物馆十大陈列展览精品特别奖等荣誉称号。

在井冈山斗争时期，毛泽东、朱德等老一辈无产阶级革命家不仅开辟了一条"农村包围城市、武装夺取政权"的属于中国革命的伟大道路，还培育了不朽的井冈山精神，即"坚定信念、艰苦奋斗，实事求是、敢闯新路，依靠群众、勇于胜利。"而中华人民共和国成立之后的"热爱祖国、无私奉献，自力更生、艰苦奋斗，大力协同、

---

① 作者系井冈山革命博物馆办公室主任。

勇于登攀"的"两弹一星"精神则是井冈山精神的延续和发展。

习近平总书记非常重视党的宣传思想工作，参观了许多重要的革命圣地和会议旧址，发表了许多重要讲话。2013 年 7 月，习近平总书记到河北平山县西柏坡调研时说："对我们共产党人来说，中国革命历史是最好的营养剂。多重温我们党领导人民进行革命的伟大历史，心中就会增添很多正能量。"2014 年 4 月 29 日，习近平总书记参观了新疆军区某红军师师史馆。一件件实物、一幅幅图片，展示了这支创建于陕甘边根据地的英雄部队的战斗历程。参观中习近平总书记叮嘱部队领导，要把红色基因融入官兵血脉，让红色基因代代相传。2024 年 6 月 18 日下午，习近平总书记在果洛西宁民族中学考察时，在教学楼前的广场上寄语孩子们：要立志成为中国特色社会主义事业的接班人和建设者，努力为自己赢得人生出彩的机会。

习近平总书记所说的"红色基因"其实就是一种革命精神的传承，也是中国共产党人的精神内核，更是中华民族的精神纽带。在当前我国推进"四个全面"的伟大实践中，需要这种精神的传承，因为它不仅可以扫除历史虚无主义的影响，坚定全党对走中国特色社会主义道路的自信，而且还可以给人以正能量，帮助人们树立正确的人生观、价值观和世界观。

所以对青年进行爱国主义教育，是社会主义精神文明建设的一项重要内容。此次会议发起的青年爱国主义教育红色联盟，搭建了一个很好的平台，是一个名副其实的红色大联盟。联盟成立后，我们一定要利用好，发挥好，特别是对一些中小馆应该很有帮助。联盟的工作要做实做细做严谨，能够有针对性地解决一些问题，各个联盟单位根据实际提出一些问题，各单位把自己的问题提出来之后进行综合，然后通过这个平台牵手结对。

为深入贯彻习近平总书记系列重要讲话精神，传承好"红色基因"，我们在宣传中国共产党光荣历史和构建社会主义核心价值观方面有着义不容辞的责任。作为全国爱国主义教育基地的井冈山革命博物馆，作为红色基因的传播者，我觉得我们应当进一步加大对研究成果的整合，寻求社会各界的广泛支持，资源共享，不断创新管理和服务模式，发挥党史界应有的研究教育功能，把"红色资源利用好，把红色传统发扬好，把红色基因传承好"。

守护、发掘好抗美援朝出征地与"两弹一星"精神孕育诞生地的红色血脉与文化资源

刘静媛 [①]

"两弹一星"精神与伟大抗美援朝精神都是中国共产党人精神谱系的重要组成部分，同样激励和鼓舞了几代人，更值得一提的是，二者在产生背景、精神内核和启示意义等方面都有着非常紧密的契合之处。

抗美援朝战争锻造了伟大抗美援朝精神，同时也是孕育和催生"两弹一星"精神的重要因素。抗美援朝时期，美国的核威胁、核讹诈始终盘旋在我们头顶，使我国的国家安全遭受巨大挑战。1950 年年底，美军在朝鲜半岛遭到志愿军的重创之后，杜鲁门总统威胁说，"不排除使用原子弹的可能"；1952 年年底，朝鲜战场上的美军将领建议美国当局"考虑使用小型原子弹和核大炮""封锁共产党中国大陆和攻击敌方的满洲基地"；1953 年春，美国秘密把装有原子弹的导弹运到了日本冲绳岛。正是这一次次赤裸裸的核威胁，让中共中央和毛泽东主席深切体会到：只有拥有自己的核力量才能打破核垄断，解除核威胁，保卫国家安全，维护世界和平。特殊的压力促使中国共产党人彰显出了非凡的历史主动，研制"两弹一星"的战略规划提上日程。

然而，于中共中央而言，决定入朝参战和研制"两弹一星"都是极其艰难的抉择。抗美援朝出国作战，中华人民共和国刚刚成立，一穷二白、百废待兴，我们要应对的是武装到牙齿的资本主义世界的老大，那是一场极不对称的战争；而研制"两弹一星"则是一个没有硝烟的战场，虽见不到具体的敌人，但我们要克服自身人才匮乏、物资短缺、科技落后和工业基础薄弱等诸多困难，还要顶住国外敌对势力的打压和

[①] 作者系抗美援朝纪念馆党委书记、馆长。

封锁，这是十分重大的战略决策。

抗美援朝与"两弹一星"伟大斗争的紧密关联，不仅体现在战前决策的现实考量与战后总结的理论观照上，也体现在两种精神的实践主体赓续和历史因果顺承中。从实践主体看，1958 年，刚刚收获胜利的志愿军部分官兵相继秘密开赴大西北，担负起新的使命，并将他们在抗美援朝战争中锻造的忠诚、奉献、牺牲等伟大精神与革命底色一同带到了"两弹一星"的研制场所，直接浸润和滋养了"两弹一星"精神的生成沃土。从历史因果看，当初美国以软禁的方式阻止钱学森归国，1955 年，我国以提前释放在抗美援朝战争中俘虏的美军飞行员作为重要的交换条件，达成了钱学森的回国愿望，成就了"两弹一星"的元勋。可以说，在我军俘获美 RB29 侦察机机组人员时，就已经向"两弹一星"的胜利迈出了先头一步。这也从另一个角度展现出了两种伟大精神的紧密相连与脉脉相通。

精神是实践的析出品，是历史进程的映照物。伟大抗美援朝精神与"两弹一星"精神，都高度展现出了爱国奉献、忠诚担当、艰苦奋斗、乐观向上、团结协作等优秀精神气质，这也是我们传承红色基因，特别是对青少年进行爱国主义教育所要共同赓续的精神血脉。近年来，抗美援朝纪念馆在这方面进行了一系列的有益探索：抓研究、办展览、搞活动、作宣传、讲党课……我们还着重鼓励青年职工，以年轻人的视角、年轻人的笔触，办青年人的展览，讲青年人的故事。《恰同学少年》《历史中的不朽容颜》等适合青少年群体的专题展览走进多所大中小学的校园；《丰碑》《上甘岭——中华民族的精神高地》《松骨峰上的钢与气》等情景互动式党课、思政课，走进多所学校的课堂；正在编辑出版的图书《英雄赞歌——抗美援朝故事汇》的主要受众也是青少年。

希望未来抗美援朝纪念馆能与原子城纪念馆等单位携手并进，在青少年爱国主义教育乃至更广泛的领域，深入交流、密切合作，大力协同、勇攀高峰，守护、发掘好抗美援朝出征地与"两弹一星"精神孕育诞生地的红色血脉与文化资源，不断推动抗美援朝精神与"两弹一星"精神的传承、弘扬与创新发展，为中华民族伟大复兴提供强大的精神支撑和价值引领。

流动的爱国主义教育课堂
——聂荣臻元帅生平事迹进校园活动

颜明友 [①]

聂荣臻元帅陈列馆（以下简称：聂帅馆）位于重庆市江津区，1999 年建成开馆，2008 年对外免费开放，是全国爱国主义教育基地、国家国防教育基地、全国科普教育基地、国家一级博物馆，也是展现聂帅丰功伟绩的纪念场所，更是展示"两弹一星"辉煌成就，彰显"两弹一星"精神的重要阵地。

2017 年 10 月起，为认真贯彻落实习近平总书记关于"培育和践行社会主义核心价值观要从娃娃抓起，引导青少年扣好人生第一粒扣子"的重要指示精神，针对广大青少年学生，聂帅馆精心打造以爱国主义教育为主，融国防教育、科普教育为一体的聂帅生平事迹进校园活动，不断增强爱国主义教育工作的生动性、针对性和感染力。截至 2024 年 6 月，该活动已在重庆周边各大中小学校开展 320 余场次，参与活动的师生达 42.7 万余人次。爱国主义教育覆盖面和影响力不断提升，活动所到之处，深受广大师生欢迎，被誉为流动的爱国主义教育课堂。接下来，就该活动的几点做法介绍如下：

一是深挖精神内涵。根据青少年认知规律，以弘扬聂荣臻元帅"热爱祖国、热爱人民、热爱科学技术"的崇高革命精神为主线，结合他 70 多年戎马生涯的典型故事，不仅通过讲述革命故事，情景剧、诗朗诵表演，讲述国防科技故事等形式，还播放展现国防科技成就的专题片《丰碑巍巍》，以多种形式激发广大青少年崇德向上、砺志尚实，引领青少年直观感受聂帅"科技强国"的中国梦，使爱国主义教育情景化具象化，内涵更加丰富深刻。

---

① 作者系聂荣臻元帅陈列馆馆长、党支部书记。

二是坚持因材施教。根据不同受众，打造大学、中学、小学等多个宣讲版本，确定不同的宣讲内容和形式，提高爱国主义教育的针对性。大学版以"热爱祖国、救国救民、立志成才、勤奋学习、科技兴国"为主要内容，采用故事讲述、展品介绍、专题展览等形式，引领高校学子感悟聂帅崇高革命精神和"两弹一星"精神。中学版以"爱国守纪、勤学尊师、扶弱济困、大爱奉献、科技兴国"为主要内容，主要采用讲故事、诗朗诵、国防科普故事和科普演示等形式，激发中学生爱党爱国、科技强国的热情，培育和践行社会主义核心价值观。小学版针对小学生认知规律，围绕聂荣臻青少年时期的小故事打造而成，采用故事会、情景剧、朗诵、互动问答、观看国防科普影片等形式，重点展示聂帅立志报国、爱国爱民、孝老爱亲、勤奋好学的人格魅力。

三是加强馆校合作。以聂帅馆讲解员为主力精心培育约 15 人的专职宣教队伍，积极吸收教师，大、中、小学生，文化志愿者等，建立一支动态化的宣教队伍，组织师生参与情景剧展演、歌曲演唱活动等，激发广大师生的参与热情。结合清明节、五四青年节、七一建党纪念日、国庆节等时间节点，精心组织开展"我们的节日""重走聂荣臻青年足迹""国防科研研学游"等系列活动，参与"八地十二校系列交流活动""开学第一课""山里孩子有梦想"等系列活动，不断提升爱国主义教育覆盖面和影响力。

四是彰显时代价值。结合重要时间节点，策划开展专题展览和纪念活动，彰显聂帅崇高革命精神的时代价值。多年来，先后创新推出《长征中的聂荣臻》《聂荣臻在人民军队中》《聂荣臻在抗美援朝战争中》《聂荣臻在留法勤工俭学运动中》等 40 余个专题展览，每年开展"我们的节日清明""聂荣臻奖学金颁奖仪式"，常态化开展"聂荣臻元帅生平事迹报告会""聂帅家风家训""聂荣臻元帅的初心与使命"等专题讲座，满足观众接受爱国主义教育多元化的需求，不断增强教育实效。

聂帅生平事迹进校园活动既是聂帅馆立足聂帅宝贵精神财富，紧紧围绕新时代主题，拓展宣教形式，打造的爱国主义教育的流动课堂，也是社会教育、青少年教育的创造性转化、创新性发展，更是爱国主义红色文化、中华优秀传统文化、社会主义核心价值观的有效传播。

新时代、新征程，培养造就时代新人的任务任重道远。聂帅馆将继续秉承聂帅的初心，积极作为、开拓创新，努力将聂帅馆红色阵地作用发挥好，将爱国主义教育工作开展好。

以科学家博物馆为载体　将科学家精神融入"大思政课"建设

张勇 [①]

　　钱学森是"两弹一星"元勋、享誉海内外的杰出科学家、我国航天事业的奠基人、上海交通大学杰出校友。2011 年 12 月 11 日，在钱学森 100 周年诞辰之际，钱学森图书馆正式建成并对外开放。

　　作为全国唯一一个入选国家一级博物馆的科学家博物馆、全国爱国主义教育示范基地，钱学森图书馆深入学习贯彻习近平总书记关于思政课建设的重要论述，以立德树人为根本任务，以为党育人、为国育才为根本目标，以服务中华民族伟大复兴为重要使命，坚持以科学家精神培根铸魂，充分利用博物馆的多维空间，做好博物馆文化育人大文章，着力建好博物馆这所大学校。

　　截至 2023 年年底，钱学森图书馆收藏各类藏品、参考品及资料 6.2 万余件（套），已鉴定等级文物 1.6 万余件（套），一级文物 12 件（套），推出原创展览 10 余个、出版著作 47 种、开展教育活动 4000 余场、馆校合作学校超过 40 所。围绕馆藏文物活化利用、研究成果转化传播，科学家精神被全面融入钱学森图书馆"大思政课"建设之中，坚持序列化、课程化、品牌化，形成以"大中小一体化、馆内外一体化、知信行一体化"为特色的钱学森图书馆教育体系。

　　聚焦大中小一体化，发挥"大思政课"实践教育基地作用。习近平总书记对学校思政课建设作出重要指示，强调："深入推进大中小学思想政治教育一体化建设"。钱学森图书馆作为一所高校博物馆，一直秉持致力于开好校外校内"两扇门"，面向社会（公众）开展社会教育，进行公共文化服务；面向高校（师生）开展思想政治教育，服务学校校园文化建设和文化育人工作。科学家精神是教育强国、科技强国建设的

---

① 作者系上海交通大学钱学森图书馆党总支书记、副馆长。

优质资源供给。近年来，钱学森图书馆将科学家精神与新时代学校思政课培养目标相结合，分众化设计不同学科的活动、课程与实践项目，在推进一体化建设过程中具备天然优势与良好基础，已经成为具有示范性的博物馆教育资源供给者。

实现馆内外一体化，开辟多维空间"大思政课"育人情景。钱学森图书馆作为知识的生产者和积累者，坚持通过展览、教育、出版物等育人形式向不同年龄、不同背景、不同空间的观众传递和分享文化、历史、科技、艺术等方面的知识。钱学森图书馆一方面坚持通过深度馆校合作，将学生引入博物馆这所社会大学校，在文物资源、研究成果、展览空间中切实感受科学家精神；另一方面，为了更好地提升学生的知识迁移能力，钱学森图书馆在育人项目设计中，兼顾文本、物理、文化、虚拟、社会等多维空间覆盖，关键知识与学习目标出现在教育项目的不同实施阶段，坚持馆内外不同情景下的一体化统一。

坚持知信行一体化，切实推动"大思政课"育人效果落实。大思政育人落到实处，必须因事而化、因时而进、因势而新，遵循"知、信、行"的价值逻辑和实践要求，始终做到知之深、信之笃、行之实。在实践中，钱学森图书馆不仅仅为公众提供了了解中国科技发展史、走近科学家精神的学习机会，同时也在积极将教育项目与实践体验相结合，跟踪评估受众的教育反馈，提供交流分享平台，促进知信行一体化建设。

面向未来，钱学森图书馆将以习近平文化思想为指引，围绕新时代科学家精神宣传教育和传承弘扬，继续将钱学森图书馆打造成为研究阐述和传播钱学森精神的重镇、面向社会"活化"钱学森文物的枢纽、博物馆"大思政课"创新实践的典范。

移动的原子城　鲜活的"两弹一星"精神

玛乃本 ①

习近平总书记指出："'两弹一星'精神激励和鼓舞了几代人，是中华民族的宝贵精神财富。"为把"两弹一星"精神讲述好、传播好，让"两弹一星"精神世世代代传承下去，我校成立了大学生理想信念宣讲团，自编自演了"两弹一星"精神宣讲课《青春之光》，教育引导广大青年学子不断弘扬五四精神、爱国主义精神，坚定青年学生远大理想信念，激励青年学生肩负时代责任，不忘初心、牢记使命，为建设更加富裕、文明、和谐、美丽的新青海奉献青春和力量。

一、组建宣讲队伍，打造思政精品课程

为深入学习贯彻党的十九大和全国高校思想政治工作会议精神，推动思政课改革创新，加强对青年大学生的理想信念教育，学校以培育和践行社会主义核心价值观为主线，着力培养既有高尚的道德修养，又有扎实的理论功底和过硬的专业技能的大学生，积极发挥大学生参与宣讲的主动性、积极性，尝试建立以学生为主体的宣讲团，通过宣讲的形式讲好中国故事。

2019 年 3 月，学校通过个人申报、学院推荐等形式在全校范围内进行选拔，组织校内校外专家担任评委进行多轮面试，确定 17 名同学为理想信念宣讲团成员，现已发展至 78 人，全部为学校在读研究生及本科生。为充分发挥党组织在学生社团组织中的战斗堡垒作用，我们在理想信念宣讲团设置党支部，以宣讲工作为载体，将培养教育宣讲团成员作为重要工作任务，加强党员的培养和教育，充分发挥党员示范引领作用，确保宣讲团正确的政治方向，并通过参加天安门升旗仪式、参观宪法墙和人民大会堂等活动，使学生接受爱党爱国的思政教育和精神洗礼，不断提升团

---

① 作者系青海民族大学学生工作处处长。

队内涵建设。

在创作和排练过程中，宣讲团成员多次深入中国第一个核武器研制基地，参观了曾经的车间、厂房、工位、试验场，寻访了原 221 基地的亲历者，收集整理出一批珍贵历史资料，并通过艺术创作再加工的方式，打造出优秀思政课"两弹一星"精神宣讲之青春之光，该课已成为我校乃至我省思想政治课建设的精品课程。

二、青春告白祖国，突出理想信念教育

宣讲以习近平新时代中国特色社会主义思想为指导，追忆光辉历程，讴歌伟大时代。内容包括"青春的回望""青春的祖国""青春的情怀""青春的奉献""青春万岁"五个篇章，以演讲、音诗画、情景剧、现场讲解等方式，从不同侧面、不同角度生动描写和讲述了我国核武器事业艰辛而伟大的光辉发展历程，并介绍了一大批杰出科学家及其家庭为"两弹一星"事业所作出的伟大贡献。

"青春的回望"中讲述了 1954 年地质部在广西杉木发现了铀矿，我国原子能事业迎来了至关重要的契机；"青春的祖国"讲述了钱三强、钱学森等科学家历经艰险，从世界各地归国开创我国第一颗原子弹试验和制造工作的历程；"青春的情怀"讲述了郭永怀、邓稼先等科学家为核武器事业献身的伟大事迹；"青春的奉献"主要讲述了世代居住在金银滩上的 1279 户牧民听党话、跟党走，坚信"国家好，我们才能好"，主动搬迁，将世代居住的土地用于核武器研制基地建设；"青春万岁"主要讲述了众多核武器研制工作者怀着以身报国的豪情壮志，奉献了自己的青春乃至生命，终于使我国第一颗原子弹研制成功，为中华民族和崭新的共和国换来了国威和军威，换来了繁荣和富强。

宣讲团成员们通过音画情景式宣讲，展现了我国研制"两弹一星"过程中艰苦奋斗的场景，将"两弹一星"精神在舞台上真实地呈现了出来，高度颂扬了老一辈知识分子知识报国、科学报国的高尚情怀，热情讴歌了爱国主义情操与无私无畏的奉献精神，以喜闻乐见的方式，教育引导广大青年学子听党话、跟党走，坚定青年学生远大理想信念，激励青年学生肩负时代责任，不忘初心、牢记使命，为中华民族伟大复兴奉献青春和力量。与此同时，宣讲团成员也通过宣讲活动不断进行自我教育和提升，并带动和熏陶身边的家人，发挥朋辈引领作用。

三、广泛开展宣讲，营造铸魂育人氛围

理想信念宣讲团于 2019 年 7 月完成首演，观众在校内做到全校师生全覆盖，并先后来到清华大学、哈尔滨工业大学、陕西师范大学、齐齐哈尔大学、北京师范大学、国家开放大学、郑州大学、兰州大学、西北民族大学、新乡医学院等 36 所高等院校，西宁世纪职业技术学院、海南州第二民族高级中学等 17 所学校，中国核工业集团有限公司、青海省海西州直属机关、德令哈市属机关、黄南州政法系统、青海省互助天佑德集团等 28 家企事业单位进行宣讲，以青春的名义讲述先驱们感人至深的壮丽青春，把"两弹一星"精神传递出去的同时，为同期举行的我省高层次人才引进工作加油助威。

在各地巡回宣讲中，宣讲团成员通过叙述和再现"两弹一星"奋斗者的青春故事，一次又一次地生动阐释了热爱祖国、无私奉献，自力更生、艰苦奋斗，大力协同、勇于登攀的"两弹一星"精神，为大家送去了一堂堂热血沸腾的爱国主义教育课和深入人心的新时代思政课。每一场宣讲都充满真情实意，引来现场观众阵阵掌声，台下不少观众轻轻擦拭因感动而流下的泪水。同时，还进行了多场线上直播，其中在国家开放大学的演出直接面向全国各省（区、市）的电视大学，受众面覆盖全国电大系统，电大老师高度评价说宣讲为他们带去了"移动的原子城，鲜活的'两弹一星'精神"。很多看过宣讲的学生表示："感到一种切实的情感直击心灵深处，深刻体会到了'两弹一星'精神所蕴藏的时代内涵和精神力量，今后要发挥自己最大的热情，燃烧青春，奉献自我"。

截至目前，《青春之光》已在省内外宣讲 100 余场，线上线下观众已超过 200 万人。人民网、新华网等主流媒体多次对宣讲团事迹进行报道。学校将坚持突出品牌，创新形式，扩大宣讲的影响力，尝试建立网络宣讲阵地，录制宣讲慕课，从而以线上、线下相结合的方式，展现新时代青海民族大学学生立志报国、建设新青海的风采，也争取为创新高校学生思想政治工作提供经验借鉴。

坚持守正创新　赓续精神血脉
用心用情用力传承弘扬"两弹一星"精神

马清芳[①]

在即将迎来中华人民共和国成立 75 周年之际，我们围绕"赓续精神血脉·培育时代新人"主题开展座谈交流，这既是深入贯彻落实习近平总书记关于"大思政课"的重要讲话和重要指示批示精神的实际举措，也是促进纪念馆传承红色基因，加强馆校合作，共同推进红色文化创造性转化和创新性发展，发挥培根铸魂、启智润心独特作用的有益尝试。首先感谢组委会提供与各基地、各院校深入学习交流的机会。下面，结合原子城历史，就近年来青海原子城纪念馆传承原子城红色文化、传承弘扬"两弹一星"精神的生动实践路径做一交流发言。

中国原子城作为中国第一颗原子弹和氢弹的诞生地，作为"两弹一星"精神的发源地，作为社会主义革命和建设时期伟大成就的重要标志，铸就了独特鲜活的革命文化和精神标识。它位于青海省海北藏族自治州海晏县金银滩草原，曾是中国第一个核武器研制基地（代号 221）。基地于 1958 年 5 月选址筹建，1964 年 6 月基本建成，总占地面积 570 平方千米，建筑面积 56.4 万平方米，平均海拔 3200 米，分甲乙两区。甲区是集生产、科研、政治、经济、文化为一体的主厂区，由 18 个独立的科研、生产单位组成；乙区在海晏县城，是干部、职工家属聚居区。1987 年 6 月，国务院、中央军委作出撤销 221 基地的决定，1994 年 6 月基地整体移交海北州，1995 年 5 月全面退役。基地服役的 37 年，成功研制、试验和生产我国前 16 次核试验产品，在中华人民共和国发展史上具有划时代的战略地位，是我国尖端国防技术得以突破的重要标志，是中华民族挺起脊梁的地方，也是世界上独一无二的被和平开发利用，

---

① 作者系青海原子城纪念馆馆长。

并对外开放的核武器研制基地。现在的基地旧址，依然保存着昔日的风采，是全国重点文物保护单位和全国爱国主义教育示范基地。

在伟大而辉煌的事业中，精神的伟力，总能触发心灵的震撼；信仰的光芒，总能照亮逐梦的征途。青海原子城纪念馆自建成开放以来，我们深入贯彻落实习近平总书记关于爱国主义教育的重要指示精神，加大力度抢救文史资料、加强文史研究，创新陈展方式，做到让历史发声、让文物说话，不断引导各族干部群众学习中国原子城历史，传承红色基因，充分发挥了爱国主义教育和"两弹一星"精神传承弘扬主阵地作用。

我们深挖资源内涵，讲好红色故事的底气更充足。革命文物是见证党史、新中国史、改革开放史、社会主义发展史的不朽记忆。我们按照有物可看、有史可讲、有事可说的要求，将文史资料作为纪念馆开展爱国主义教育、彰显历史价值的基础基石。先后分 10 多批次广泛联系和走访与基地旧址历史相关的科研单位和曾在基地工作过的科研专家、技术工人、干部职工和烈士遗属以及专家学者，搜集图片、手稿、音像、实物等文史资料，重点梳理和挖掘 221 基地选址、建设、建成历程，尤其是发生在基地鲜为人知的感人故事，将原子城蕴含的思想特征、人文精神、伟大意义细化为一言一文，作为讲好原子城故事的丰富素材。先后拜访陈能宽、于敏 2 位"两弹一星功勋奖章"获得者和胡思得、张兴钤等 14 位两院院士及 200 余位原 221 基地老职工，撰写专访文章 200 余篇，共征集文物史料 2207 余件，鉴定珍贵革命文物 234 件、一般性革命文物 547 件，利用口述资料制作专题片 10 余部，增加了馆藏文物，丰富了展陈内容。

我们加强研究阐释，讲述红色故事的内涵更丰富。始终把文史研究与阐释作为纪念馆提升教育内涵、彰显时代价值的重要手段，先后举办两届中国原子城"两弹一星"精神理论研讨会和庆祝我国第一颗原子弹、第一颗氢弹爆炸成功 50 周年系列纪念活动。先后编印《中国原子城》馆刊 10 期，编辑出版《红色印记221》《我和我的祖国》《金银滩——中华民族挺起脊梁的地方》《走进原子城纪念馆》《原子城揭秘》等 20 多本书籍，制作《中国原子城》纪念邮册、画册，围绕"两弹一星"伟大历程、感人事迹，精心开发 11 部《信仰的力量》系列微党课，并全部列入全省首批优秀党课展播目录；录制各类红色故事、文物故事 120 余期，开发 10 余部《221红色故事》系列微党课，在各类媒体载播，引起广泛关注和热烈反响。另外，通过合作共建、联办联展、共同研究等方式，深化教育主题，有效提高"两弹一星"精神的社会辐射力。

我们强化陈列展示，讲好红色故事的阵地更完善。我们把陈列展览作为纪念馆发挥核心功能、彰显文化价值的重要手段，创新理念、科技赋能，依托改陈布展项目，不断改进与创新陈展方式，增强教育效果。先后多次进行展陈改造升级，建成中国导弹发展历程内部展厅、航天发展历程展厅。2021 年建党百年之际，完成基本陈列改陈布展，全新展陈荣获 2021 年度全国博物馆十大陈列展览优胜奖，并入选 2022 年度"弘扬中华优秀传统文化、培育社会主义核心价值观"主题展览重点推介项目。建成青海原子城纪念园缅怀厅，在清明节等节点举办仪式，缅怀为我国核事业作出重大贡献和牺牲的人们，缅怀先辈功绩、厚植爱国情怀。2023 年实施纪念园改造提升项目，建成"596"主题长廊，铭刻 23 位"两弹一星功勋奖章"获得者和 31564 位基地工作者的姓名，进一步提升了纪念园红色教育功能。投资 96 万元实施可移动文物预防性保护项目，加强文物规范科学管理。在纪念"两弹一星"精神提出 25 周年活动中，推出《从 221 基地走出来的"两弹"功勋科学家》专题展，入围国家文物局 2024 年"博物馆里读中国——弘扬中华优秀传统文化，培育社会主义核心价值观"主题展览推介项目。

我们创新宣教方式，讲好红色故事的方法更多元。开馆以来，随着对外宣传力度的不断加大，原子城的社会知名度和对外影响力也逐步提高，纪念馆逐步实现了"主动联系邀请参观接受教育"到"慕名参观接受教育的应接不暇"，这转变得益于我馆坚持采取主动作为，转变形式，坚持阵地教育与阵地外教育相结合的教育方式。截至目前，慕名到馆参观的全国各地游客达 420 余万人次。原子城纪念馆为增强"两弹一星"精神的传承力、打造红色教育品牌，专门成立"两弹一星"精神宣讲团，先后赴 20 多个省市机关单位、部队院校、企业社区和乡镇村社做了 400 余场次宣讲报告，引起社会各界的高度关注和积极评价。宣讲报告被中组部评为"全国干部网络学院好课程"、宣讲团被中宣部评为"全国基层理论宣讲先进集体"。深化与国防、教育等部门的合作共建，设立各类基地 93 个，把"两弹一星"精神融入各行各业。组织宣讲小分队，在每年开学季走进校园，开展"两弹一星"精神进校园社会教育活动，推进"两弹一星"精神融入中小学日常思想政治教育，着力提升爱国主义教育的实效性。利用纪念日开展网上直播活动，扩大了中国原子城的对外影响力。发挥公众号、视频号、抖音号短平快的宣传优势，开展线上云展览、云讲解，开辟红色故事、文物故事等栏目，发布各类信息 600 余期，成为展示历史、传承文化、传播精神的有效途径。

我们狠抓人才队伍建设，讲好红色故事的力量更壮大。我们把队伍建设作为纪念馆提升教育水平、彰显使命担当的重中之重，把努力打造政治过硬、业务精通、敬业奉献、求实创新的文博工作队伍作为强馆根本。通过专题培训、交流学习、以赛促练等方式，不断加强讲解人才队伍建设，先后有 5 名讲解员被文化和旅游部评为全国"五好"讲解员，10 多名讲解员在全国全省各级大赛中获奖。我们长期面向社会和学校招募志愿讲解员和"红领巾"讲解员，开展志愿讲解服务，受到观众一致好评。利用参观接待之余，我们打造情景党课《信仰的力量》《永不褪色的金银滩》，话剧《共和国不会忘记》等，达到多渠道、多方位培训和锻炼人才的目的。我们不断强化对外合作共建，先后与中国人民抗日战争纪念馆、中共一大纪念馆、南湖革命纪念馆等兄弟单位缔结为友好单位，与中物院科技馆、梓潼"两弹"历程馆等 7 家单位组建"两弹"精神基地共建联盟，资源共享，优势互补，共同开展"两弹"精神的研究与宣传。

革命纪念馆是党和国家的红色基因库和进行爱国主义教育的重要基地，承载着传承红色基因、激发爱国热情、凝聚人民力量、培育民族精神的神圣使命和重要功能。下一步，我们要以高度的行动自觉，创新思路、创新举措，不断拓展爱国主义教育的外延和内涵，全过程开展革命传统教育、爱国主义教育和青少年思想道德教育，发挥纪念馆的最大效应。

一、做好精神内涵研究工作

"两弹一星"精神有着丰富的、可挖掘的、永恒的历史价值与时代价值。我们要围绕"两弹一星"精神创造性转化、创新性发展的时代命题，发挥好"两弹一星"教育学院、"两弹一星"历史研究会和纪念地场馆的作用，加强"两弹一星"精神、二二一厂的相关历史研究。面向全国举办"两弹一星"精神研讨会，邀请当年的参与者及知名专家，以及从事红色文化研究的优秀人才，深入开展学术讨论，提升"两弹一星"精神的影响力。组织宣传、党史研究、党校、讲师团等专业机构开展理论研究，面向社会力量，积极开展对现有文献资料和文史资料的研究，把分散的史料集中起来，把国内外研究的科研成果广泛快捷地吸收过来，系统整理编撰成册，传于后人。

通过合作共建、联办联展、共同研究等方式，深化教育主题，有效提高"两弹一星"精神的社会辐射力。

二、做好文史资料征集工作

针对原子城特殊的历史背景、精神内涵和教育意义，要注重"两弹一星"历史资料的挖掘整理，尊重历史事实，还原历史记忆，积极联系和走访与基地历史相关的科研单位和曾在基地工作过的科研专家、技术工人、干部职工和烈士遗属，以及专家学者，通过撰写口述史、征集实物资料、制作复制品等多种方式广泛搜集资料，重点对收藏在展示馆的实物、陈列在旧址的遗产、书写在文献里的文字进行全面系统的调查摸底、梳理和挖掘。通过深入发掘"两弹"基地的特殊历史、伟大成就和功勋人物，以及创建创业时期的典型事迹，用讲故事的方式，宣传功勋人物、弘扬伟大精神。

三、做好宣传教育深化工作

"两弹一星"精神是取之不尽、用之不竭的文化资源，我们应该抓住其精神实质，揭示其普遍意义。通过网络多媒体等形式，及时发布讯息，让公众知晓和了解"两弹"基地，了解其历史，了解"两弹一星"精神的丰富内容和深刻内涵。通过论坛讲座、宣讲报告、巡回展览等活动，将"两弹一星"精神宣传教育内容纳入社会主义精神文明建设和社会主义核心价值体系建设的全过程，在实践中不断赋予其新内容，赋予其新时代内涵，使之具有时代感，传承历史、弘扬文化，从而发挥"两弹一星"精神思想引领、激励斗志和凝聚民心的作用。

四、做好载体平台拓展工作

坚持共商、共建、共享的基本方针，在挖掘精神内涵、丰富教育内容、深化史料研究等方面，与大家交流信息、通力合作、优势互补。以"两弹一星"精神、"科学家"精神为指引，共同利用好原子城这块金字招牌，在大思政课建设、红色研学活动等方面密切联系，合作共建，传承"两弹一星"精神、赓续红色血脉，深度发挥原子城爱国主义教育主阵地的功能作用，讲好红色故事、讲好"两弹一星"故事，共同汇聚起推动红色研学事业发展的强大合力，为促进各方在更广阔领域的发展作出努力。

用"两弹一星"精神厚植家国情怀　为党育人为国育才

牟昱苍 [1]

20 世纪五六十年代,面对严峻的国际形势,为了抵御帝国主义的核威胁、核讹诈,以毛泽东为核心的第一代中央领导集体审时度势、高瞻远瞩,站在国家安全和民族利益的全局战略高度,以非凡气魄和胆略作出了发展我国原子能事业的历史性战略决策。经过全国上下艰苦卓绝的不懈努力,在较短时间相继成功研制出"两弹一星",一举打破了西方势力的核垄断,极大地鼓舞了中国人民的志气,铸就了"两弹一星"精神,挺起了中华民族的脊梁。

"两弹一星"精神根植于中华民族优秀文化的沃土,继承了传统文化天下为公、自强不息的使命意识,赓续了"先天下之忧而忧,后天下之乐而乐"的担当精神,饱含着浓郁的爱国主义情怀。中华人民共和国成立初期,中华大地掀起近代以来最大规模的海外知识分子归国热潮,一大批留学海外的知识分子放弃国外优厚的待遇条件,义无反顾地回到工业基础几乎为零的中国,投身"两弹一星"研制,把对祖国的无限热爱自觉转化为无私奉献的报国行动,为中国国防科技事业现代化立下了汗马功劳。与此同时,来自五湖四海的工人、科技人员、解放军指战员怀抱着强烈的报国之志,组成了"两弹一星"事业的中坚力量,在严寒高原、茫茫戈壁,隐姓埋名,默默奉献,用自己的汗水、热血,甚至生命,将"两弹一星"的研制历史演绎成了一部感天动地、光耀千秋的爱国奉献史,写就了一部为祖国鞠躬尽瘁、死而后已的壮丽史诗。

文化自信是一个国家、一个民族发展中最基本、最深层、最持久的力量。作为习近平新时代中国特色社会主义思想的文化篇,习近平文化思想自觉坚持和创造性

---

① 作者系青海师范大学副校长。

地运用马克思主义世界观方法论，以大历史观、大文化观、大时代观考察和解决当代中国文化问题，从而赋予文化思想以更深厚的历史底蕴、更广阔的文化视野、更鲜明的时代特色，极大升华了我们对中国特色社会主义文化建设规律的认识。

"两弹一星"红色文化集中体现了中国人民的创造能力，集中反映了中华民族的时代追求。贯彻落实习近平文化思想，弘扬"两弹一星"精神，深入探究"两弹一星"爱国主义的内涵实质，对于我们深刻认识当代中国的伟大历史变革，正确把握历史前进的方向，进而深刻理解中国共产党为什么"能"、马克思主义为什么"行"、中国特色社会主义为什么"好"，具有重要意义。在新时代，弘扬好"两弹一星"精神，是时代赋予我们的不可推卸的光荣职责与神圣使命。

长期以来，青海师范大学坚持以习近平新时代中国特色社会主义思想为指导，全面贯彻党的教育方针，落实立德树人根本任务，高度重视"两弹一星"精神育人功能的开发与利用，相继创建"两弹一星"精神研究院、建设"两弹一星"精神展览馆、编排展演原创话剧《永怀之歌》、创办《高原文化研究》期刊、举办"两弹一星"精神研讨会，构筑起"六位一体""两弹一星"精神弘扬传承新格局，为学校加强和改进思想政治教育工作、守正创新推动思政课建设内涵式发展奠定了坚实基础。

近年来，学校在国内各类期刊报刊发表"两弹一星"精神论文 130 余篇，主持国家级、省级课题、各类横向课题近 20 项，累计设立"两弹一星"精神校级课题 70 余项。出版专著《共和国脊梁——新时代"两弹一星"精神研究》《钱学森社会主义建设思想研究》《青海 221 基地国防工业遗产重构设计案例研究》等 6 部。完成口述史《罗布泊惊雷》《誓言无声》《红色丰碑》3 部。成立"两弹一星"爱国主义精神研究团队、"两弹一星"思想政治教育研究团队等科研团队 8 支。在全国"两弹一星"各方面专家学者的共同推动下，以"两弹一星"精神研究为核心，以"两弹一星"思想政治教育研究、"两弹一星"文化宣传研究为应用，以"两弹一星"历史研究、"两弹一星"人物与纪念地研究为基础的"两弹一星"精神学术研究系统架构逐步成熟，"两弹一星"精神特色研究领域与研究方向得到进一步凝练，"两弹一星"精神学术研究原创能力得到进一步提升。

2019 年，话剧《永怀之歌》荣获中国第六届校园戏剧节优秀展演剧目奖；2021 年，完成中宣部马克思主义理论研究和建设工程重大项目《新时代弘扬"两弹一星"精神研究》；2022 年 5 月，"两弹一星"展览馆成功入选中国科协全国首批科学家精神教育基地，6 月入选教育部"大思政课"实践教学基地。

在长期不懈的坚持与努力下，"两弹一星"精神不断走进校园、走进课堂，走进学生心中。一个个"两弹一星"功勋人物、一段段"两弹一星"传奇历史，逐渐转化成为耳熟能详、口口相传的生动故事，成为指引青年大学生坚定道路自信、理论自信、制度自信、文化自信的闪亮灯塔，成为激励广大师生奋进新时代，书写人生多彩篇章的不竭动力。

一甲子风雨兼程，九万里风鹏正举。"两弹一星"激情燃烧的岁月虽然已经凝固，但"两弹一星"崇高精神却呈现出历久弥新的旺盛生命力，展现出独特的思政课教育价值，闪烁出愈加耀眼的理想信念光芒，是我们奋进新时代不可或缺的宝贵精神财富。站在以中国式现代化全面推进中华民族伟大复兴的新起点上，我们要始终牢记为党育人、为国育才的使命，以高度的政治自觉与行动自觉，积极推动"两弹一星"爱国主义教育，深入挖掘"两弹一星"事业中所蕴含的伟大创造精神、伟大奋斗精神、伟大团结精神、伟大梦想精神，切实用"两弹一星"精神厚植家国情怀，砥砺强国之志，努力培育出更多堪当民族复兴大任的时代新人。

加强青年爱国主义教育工作的几点体会

曹波 [①]

　　"两弹一星"精神凝聚着厚重的红色文化积淀，爱国是它的底色。习近平总书记高度重视爱国主义教育，强调要用好红色资源，深化爱国主义、集体主义情感，着力培养担当民族复兴大任的时代新人。全国爱国主义教育基地是传承红色基因、赓续红色血脉的重要载体，是青少年学党史、悟思想、立志向的重要阵地。十四届全国人大常委会第六次会议表决通过《中华人民共和国爱国主义教育法》，为新时代加强青年爱国主义教育提供了有力法治保障，我们要贯彻好、落实好《中华人民共和国爱国主义教育法》，组织更多青少年走进红色场馆，讲好党的故事、革命的故事、英雄的故事，把看展览与思政课紧密结合，引导他们在潜移默化中加强对党的认识和感情，厚植爱党爱国情感，做新时代奋发有为的青少年，让红色薪火代代相传。

　　武汉革命博物馆深挖红色资源，整合多方力量，持续打造"我在红巷讲党史"知识产权，强调个体"我"的参与感和重要性，凸显"红巷"这一知名地标，不断翻新"讲党史"的形式，带领广大青少年追寻先辈足迹，重温革命历史，传承红色文化、赓续红色血脉，成为武汉著名的红色文化品牌。

一、将研究成果积极转化，充分发挥爱国主义教育基地作用

　　革命类纪念馆是开展爱国主义教育的传统阵地。研究成果是博物馆的陈列展览、社教活动的有力支撑。

　　武汉革命博物馆是武汉地区红色资源的富集地，下辖的 5 个革命旧址和红色场馆，其中有 4 处为全国重点文物保护单位。我馆一直秉承"学术立馆、科研强馆"的办馆理念，在充分利用馆藏资源的基础上，结合自身特色，打造一系列精品展览。

[①]　作者系武汉革命博物馆党委书记、馆长。

现有 10 处基本陈列，26 处复原陈列，每年根据时政热点"上新"10 个临时展览。这些展览与革命旧址已经成为开展青年爱国主义教育的天然养料。展览还先后获全国博物馆十大陈列展览精品推介活动"特别奖"、"弘扬中华优秀传统文化、培育社会主义核心价值观"主题展览推介项目、湖北省六大陈列展览精品奖。

在研究的基础上，我馆以革命旧址为依托，携手专业文艺院团有针对性地打造了湖北省首个沉浸式思政课《历史的回望》《最后的团聚》《庄严的宣誓》《监委主席王荷波》四幕情景剧，讲解员实地解读必要历史背景，专业演员穿着逼真的服装，青年学生化身"农讲所学员""中共五大代表"与历史人物和历史故事零距离互动，在身临其境的历史氛围中，接受爱国主义教育，使革命旧址成为爱国主义教育的"实景舞台"。

二、强调个体的参与感，激发青年爱国的情感共鸣

身处红色场馆对青年感受伟大精神、激发爱国情感有着天然优势。

在武汉革命博物馆，爱国主义教育不仅可以看、可以听，还可以演、可以唱。立足本馆红色资源，我馆组织青年学生组成的"红巷青马""红巷苗苗"志愿者团队逐渐成为"我在红巷讲党史"志愿者团队中的有生力量，他们积极参与，与我们一起打造了多主题的文艺宣讲。融合经典红色歌曲、诗词朗诵、舞台表演等形式，配合流动展览进校园、进社区、进企业、进军营、进乡村，武汉革命博物馆加入红色文化传播的事业中，真正实现了"一个人带动一家人，一家人带动一群人，一群人温暖一座城"的良好社会效应。"我在红巷讲党史"志愿者团队入选"首届全国博物馆志愿服务典型案例"，"我在红巷讲党史"红色文化旅游活动入选 2022 全国文化遗产旅游百强案例。

三、把"大思政课"搬进博物馆，引领青少年"看见光、追逐光、成为光"

为深入贯彻落实习近平总书记关于"大思政课"的重要指示精神，充分发挥全国"大思政课"实践教学基地作用，我馆与武汉 10 余所高校的马克思主义学院共同建立武汉首个高校马克思主义学院联盟，打造"红巷里的思政课"项目，把"大思政课"搬进红色场馆。

作为"我在红巷讲党史"红色知识产权的重要组成部分，"红巷里的思政课"项目以红巷思政理论课、红巷青马微宣讲、红巷苗苗故事汇、"武汉 1927"沉浸式思政课为核心内容，通过"理论＋文艺＋实践"的组合模式，创新表达方式，讲好党

的历史，使思政课和社会大课堂紧密衔接，大中小学师生和社会公众同频共振。自去年 3 月开讲以来，每月一讲，场场爆满，观众好评如潮。该项目获评教育部、国家文物局共同发布的以革命文物为主题的"大思政课"优质资源示范项目。

令人欣喜的是，来自华中师范大学的青年学生们在参与中有感而发，创作了歌曲《红巷里的光》，表达了青年学生对于理想信念的追求——从看见光、追逐光，到最终要成为光。我馆将其打造成了"我在红巷讲党史"红色知识产权的主题曲。在音乐短片制作过程中，我们邀请"红巷苗苗""红巷青马"参与拍摄，让"人人皆可成为追光者"。

习近平总书记指出，对新时代中国青年来说，热爱祖国是立身之本、成才之基。历史和现实证明，青年人只有热爱祖国、融入人民，青春的光谱才会更加广阔，人生的奋斗才能更有价值。武汉革命博物馆作为全国爱国主义教育基地，在加强青年爱国主义教育方面任重道远。

赓续精神血脉　培育时代新人

张海红 [①]

西路军纪念馆作为全国第一批百个爱国主义教育示范基地、全国百家中小学爱国主义教育基地，全面贯彻落实《中华人民共和国爱国主义教育法》，始终把青年爱国主义教育摆在突出位置，秉持"培育爱国之情、激发报国之志"宗旨，深入挖掘西路军革命先烈不畏牺牲、勇于斗争的感人事迹，充分利用馆藏文物和展陈，将红色文化融入"大思政课"建设，大力开辟青少年学习教育第二课堂，注重用红色信念引领当代青年，用红色文化浸润当代青年，用红色教育培育当代青年，着眼培养担当民族复兴大任的时代新人，为青少年搭建传承"红色根脉"的教育实践大平台，引导广大青年深刻理解西路军红色文化的丰富内涵，传承践行好新时代爱国主义精神，走好、走正、走实当代青年长征路，在爱国奋斗中找到立身之本，在砥砺前行中奠定成才之基。

一、强化阵地意识，把准青年爱国主义教育工作方向

青年是祖国的未来、民族的希望。培养社会主义建设者和接班人，培养担当民族复兴大任的时代新人，首先要培养青年的爱国情怀。西路军纪念馆作为爱国主义教育的主阵地，自觉担当青年爱国主义教育的政治责任，充分发挥思政育人的重要作用，抓住青年人生观、价值观和民族观形成的关键时期，坚持用好用活西路军革命历史这一生动教材，教育引导来馆观展的青少年以革命先辈为榜样，以红色历史为镜鉴，深刻认识红色政权来之不易、中华人民共和国来之不易、中国特色社会主义来之不易，坚决捍卫红色文化，珍视红色基因，不断增进对红色基因的情感认同和价值认同，永远保持对红色基因的忠诚信仰和执着追求，奋力走好新时代的长征路，

---

① 作者系中国工农红军西路军纪念馆馆长。

使党和国家的事业薪火相传、血脉永续。

二、优化展陈内容，保证青年爱国主义教育工作质量

西路军纪念馆通过改陈布展提升改造，深入挖掘红色资源，精心设计展览陈列，不断丰富展陈内容，综合运用多媒体等先进技术，全景再现西路军将士英勇西征的各主要战场和与敌斗争的英勇事迹，将广大西路军忠于理想、坚定信念、听党指挥、不畏艰险、浴血奋战的英雄气概，为党和人民英勇献身的精神融入青少年爱国主义教育中，坚持讲好西路军故事，弘扬西路军英雄事迹。同时，加大对西路军革命史料和文物的研究利用，充分发挥馆藏革命文物的红色资源作用，让馆藏文物成为青少年爱国主义教育的生动教材，深挖馆藏文物背后的故事，围绕相关实物、史料研究开展沉浸式、互动式的思政教育，力求见物、见人、见精神。为广大青年提供了红色研学和教育实践的活动场地，让青年在缅怀革命先烈、回顾光辉历史的过程中，加深对红色文化的认同，让红色基因的种子融于血脉，根植于心。

三、加强思政课建设，拓展青年爱国主义教育工作深度

全力发挥国家级首批"大思政课"实践教育基地作用，全面贯彻落实习近平总书记关于"大思政课"的重要指示精神，落实立德树人根本任务，充分发挥红色教育资源优势，将展陈资源转化为育人优势，加强与省内高校、中小学的对接，以西路军革命历史作为思政课的生动教学素材，打破校内校外、课内课外界限，以"讲好纪念馆里的思政课"为动力，把参观西路军纪念馆与思政课、研学活动相融合，引导青年通过"听""看""演"等鲜活生动的体验，自觉接受革命传统教育、爱国主义教育和思想道德教育，将中国工农红军西路军革命历史中所蕴含的红色文化和强大精神力量内化于心；把"为中华之崛起而读书"的远大追求外化于行，在红色基因赓续传承中砥砺朝气、志气、骨气、底气。同时，坚持让革命历史"走出去"，全力打造"行走的思政课"，西路军纪念馆走进校园开展大思政课教育活动，让红色文化浸润校园，省内大中小学聘任我馆讲解员为校外辅导员，走进校园开发了"信仰的力量·中国工农红军西路军将士在青海""传承红色基因共筑信仰高地"以及其他以西路军红色故事为主题的特色课程，积极创建研学基地，在红色故事中提炼"活"教材，在红色研学中开辟新课堂，把中国工农红军西路军的红色基因、奋斗精神和红色文化不断厚植于青少年思想中。

四、增强宣讲力量，提升青年爱国主义教育传播力

西路军纪念馆为更好地发挥红色故事讲述者、红色精神诠释者、红色文化传播者的职责作用，真正讲好西路军的故事，提高红色文化宣讲工作质量，西路军纪念馆通过制订培训计划、邀请专家授课、参加线上培训、举办讲解员大赛、开展岗位大练兵和外出参观学习等形式，有针对性地开展针对西路军历史、普通话、接待礼仪、讲解技巧等方面的培训，积极参加各级各类比赛宣讲活动，推荐讲解员参加全国红色旅游"五好"讲解员培训项目，不断强化干部职工对西路军历史的理解，增强每位干部职工的能力素质，使他们努力成为根植红色基因的首位受益者，积极倡导人人争做西路军故事宣讲员。主动联系省内大中小学，大力开展"小红星讲解员"、大学生志愿讲解员、优秀年轻教师志愿讲解员培养活动，不断壮大讲解队伍，使他们成为红色基因的传承者、红色故事的宣讲者和红色传统的发扬者，引导周围广大青少年知史爱党、知史爱国，让红色基因在传承中永远焕发时代光彩。

下一步，西路军纪念馆将持续深入学习贯彻习近平新时代中国特色社会主义思想，全面贯彻落实习近平总书记关于青少年爱国主义教育的重要指示精神，牢记习近平总书记"讲好党的故事、讲好红军的故事、讲好西路军的故事、把红色基因传承好"的殷切嘱托，充分发挥西路军纪念馆爱国主义教育基地的作用，全面落实启智润心、立德树人的重要职责，持续创新性做好新时代青少年爱国主义教育工作，加强引导使青少年深刻感知历史方向和未来发展趋势，激发青少年建功新时代的责任意识与使命担当，把爱我中华的种子埋在每个青年的心灵深处。

弘扬伟大建党精神
守正创新研究好阐释好呈现好中国共产党的建党故事

周峥 ①

伟大建党精神是中国共产党的精神之源，而"两弹一星"精神是伟大建党精神在社会主义革命和建设时期的一种极其重要的实践样态，是中国共产党领导中国人民在社会主义革命和建设时期创造的新的伟大精神财富。"两弹一星"精神的内涵是"热爱祖国、无私奉献，自力更生、艰苦奋斗，大力协同、勇于登攀"。在社会主义革命和建设时期，"两弹一星"精神推进了国家国防尖端科学技术的发展，使中国不仅站起来了，还站稳了，从而完美地继承和诠释了伟大建党精神。

上海是党的诞生地、初心始发地，也是伟大建党精神孕育地。2023 年 12 月 1 日，习近平总书记在上海考察时指出："上海是我们党的诞生地，要用好一大会址等红色资源，弘扬伟大建党精神。"作为首批国家一级博物馆、全国爱国主义教育示范基地，我馆按照总书记的要求，在上海市委宣传部的指导下，始终坚持围绕中心、服务大局，以弘扬民族精神为己任，以讲述好建党故事、传播好红色文化、传承好红色基因为目标，努力彰显建党初心，弘扬伟大建党精神，扎实推进爱国主义教育走深走实。

一、围绕"三个高地"研究好呈现好建党故事，弘扬伟大建党精神

我馆始终围绕讲好建党故事、彰显建党初心、弘扬伟大建党精神，着力打造"三个高地"的建设：即中国共产党创建历史资源的保护和呈现高地、伟大建党精神的研究和阐述高地、中国共产党创建故事的讲述和传播高地。

一是中国共产党创建历史资源的保护和呈现高地。中共一大纪念馆保存着 12.8 万件（套）文物藏品，馆藏资源丰富且珍贵。纪念馆充分发挥以中共一大会址为核

---

① 作者系中共一大纪念馆党委委员、副馆长。

心的文物资源优势，通过对文物保护管理制度的改进、数字化建设的推动、研究利用的加强，以及综合运用互联网＋、智慧博物馆等新技术手段，让革命文物活起来。2021 年 6 月 18 日，为进一步丰富馆藏文物资源，中共一大纪念馆启动了"有实其积"系列活动（这个名字也是取自于《诗经》，形容满载而归，收获丰厚），在全球范围内征集文物藏品。截至 2024 年 7 月底，通过有偿征购、接受捐赠等方式共征集到各类藏品 3009 件（套）。其中有中共一大代表李汉俊和陈静珠结婚照原照，1926 年李大钊著《史学要论》，1937 年 10 月伦敦维克多格兰茨公司出版的埃德加·斯诺著英文版《红星照耀中国》等重要革命文物，"有实其积"已成为中共一大纪念馆独特的文物征集品牌活动。

二是伟大建党精神的研究和阐述高地。我馆在传统上历来重视挖掘中国共产党创建时期的重要历史事件和人物，深化中共创建史研究，通过高水平的理论研究、学术交流、精品展览，生动展示了中国共产党的历史使命和奋斗历程。近年来，中共一大纪念馆进一步推动伟大建党精神研究，以上海市伟大建党精神研究中心为平台，先后与上海市委党校、上海市委党史研究室、上海市习近平新时代中国特色社会主义思想研究中心、上海社联、复旦大学、交通大学、华东师范大学、上海大学等科研机构、高校单位就不同衍生主题合作举办高规格学术研讨活动、完成多场学术活动及课题合作，如"伟大建党精神与中国式现代化""伟大建党精神在全球语境中的话语与叙事""弘扬伟大建党精神奋进新时代新征程""伟大建党精神与大思政课建设""弘扬伟大建党精神青年论坛""首届博物馆学大会平行论坛二——革命文物主题展览研讨活动"等，编辑出版《中共创建史研究》《伟大建党精神研究动态》《伟大建党精神研究年鉴》等多种学术成果。

三是中国共产党创建故事的讲述和传播高地。准确把握新时代红色文化的传播规律和不同受众的认知特点，进一步提高讲好建党故事、阐释建党初心的能力和水平，利用讲解接待、现场教学、宣誓教育、情景党课、党性教育课程开发等多样化手段，满足各阶层对红色文化的多元化需求。2021 年 6 月起，纪念馆陆续推出《初心与使命》《红夜》《又见新青年》《开天辟地》《思南路上的枪声——向着光明前行》《永恒的誓言》等情景党课，以新颖的方式讲述建党故事，让红色资源与年轻人双向奔赴。其中《思南路上的枪声——向着光明前行》这一原创实景沉浸式戏剧，在上海市爱国主义教育基地 2021—2022 年度考核评估中荣获"上海市爱国主义教育基地年度考核评估品牌项目""2022 年长三角文旅一体化合作发展峰会优秀案例"等荣誉。

二、融合创新，探索红色文化的传播模式

新时期广大党员群众对红色文化的需求日益多元。纪念馆依托中共一大会址独一无二的红色文化资源，深入挖掘文物、展陈的内涵价值，不断创新教育的理念、内容和形式，把纪念馆打造成弘扬中国共产党建党初心、阐释共产党人历史使命的"初心教育大课堂"。

一是构建"初心"教育课程体系。针对党员干部的学习教育，在中共上海市委组织部、宣传部的指导下，中共一大纪念馆、中共二大会址纪念馆与中共四大纪念馆于 2021 年 9 月联合推出"初心讲堂"党员理想信念教育课程。该课程以传承弘扬伟大建党精神为主题，将红色场馆打造成为"主题教室"，把红色故事作为"活页教材"，让专家学者、先进典型、身边榜样等成为"特聘教师"。"初心讲堂"作为"三会一课"、主题党日的重要载体，在线下授课的同时，还在"先锋上海"微信小程序开通"初心讲堂"线上平台，至 2023 年底已有 1800 多万党员群众通过线上、线下等形式收听收看。

二是深入开展党性主题教育。党的二十大召开以后，为进一步丰富党课形式，扩大学习辐射面，助力广大党员提升党性修养，中共一大纪念馆形成了一支由本馆各岗位员工组成的红色讲师团，向社会推出"党性教育系列专题课"，并形成面向社会提供常规党课服务的课程品牌"树德讲堂"。同时，由党的二十大代表、中共一大纪念馆宣传教育部主任杨宇担任主讲人，推出"二十大代表讲二十大"专题党课，带领广大党员干部认真领悟党的二十大提出的新思想、新论断、新部署、新要求，以实际行动宣传和贯彻党的二十大精神。自 2022 年 11 月开课以来，到本月，已累计授课 369 场，听课单位超 506 家，覆盖人数超 6 万余人。

三是打造宣誓教育特色品牌。我们组织讲解员精心设计宣誓流程，规范宣誓礼仪，招募社会志愿者担任红色"司仪"。许多党员留言反映："在党的诞生地重温入党誓词特别有仪式感、庄严感"。围绕入党宣誓这一特殊主题，我们精心筹办了"永恒的誓言——中国共产党入党宣誓文物史料专题展"，连续两年分别推出原创微电影《宣誓日》和《宣誓！宣誓！》，该系列片在近 20 家主流媒体平台先后播出，累计播放量过亿，并荣获 2023 年上海市"银鸽奖"优胜奖。

四是提升红色文化服务能力。近年来，本馆围绕各类重大主题，精心构思，创新展示形式，策划多系列高质量展览陈列，先后推出 30 多个专题展览。其中，2022 年本馆推出的全国首个以"伟大建党精神"为主题的大型特展"伟大精神铸就伟大时代——中国共产党伟大建党精神专题展"，截至到 2024 年 7 月底，已举办图片展和流动车展 295 场，覆盖北京、上海、新疆、江苏等全国 15 个省 30 余个城市，接待观众超 400 万人次。该展荣获 2022 年度"弘扬中华优秀传统文化、培育社会主义核心价值观"主题展览重点推介项目、2022 年度上海市博物馆陈列展览精品推介等多项荣誉。2023 年，本馆推出的"永恒的誓言——中国共产党入党宣誓文物史料专题展"荣获 2023 年度"弘扬中华优秀传统文化、培育社会主义核心价值观"主题展览前 20 项重点推介项目，同时获 2023 年度上海市"弘扬中华优秀传统文化、培育社会主义核心价值观"主题展览项目。2024 年本馆与中国妇女儿童博物馆联合举办的"党史中的巾帼力量"专题展览荣获 2024 年度"博物馆里读中国——弘扬中华优秀传统文化、培育社会主义核心价值观"主题展览重点推介项目。这些高质量的专题展览以新颖的形式、丰富的内容、生动的表现力和深刻的内涵，赢得了媒体和观众的高度关注，展示了中共一大纪念馆自身的展陈实力、研究能力和宣传推广能力。

五是紧密结合"大思政课"，分类分层打造精品宣传和研学项目。2022 年 10 月 13 日，中共一大纪念馆与上海大学共同成立的"国家革命文物协同研究中心"正式揭牌。双方聚焦革命文物保护、阐释、利用与传播等发展方向，开展全面合作。此后以国家革命文物协同研究中心为载体，我馆和上海大学依托各自资源优势，以中国共产党创建历史资源中心、红色资源学术研究与交流平台、革命文物保护利用高端智库、伟大建党精神高校传播中心、面向全球的中国共产党创建史内容生产基地为五大主要战略目标，开辟铸魂育人的思政教育新场域。

依托革命文物资源优化内容供给，本馆积极推动思政小课堂同社会大课堂、网络云课堂紧密结合，协同育人。如：2021 年 10 月，中共一大纪念馆策划推出了"百物进百校百讲证百年"百件文物藏品进课堂活动。项目以四个"一百"总体模式运作：即 100 家学校，100 件文物藏品，100 个红色故事，100 节思政课内容。将珍贵的革命文物直接转化为大中小学生思想政治课的鲜活教具，将课堂转化为革命文物的展示现场，让学生零距离感受先辈初心。在市教委的支持下，突破性地将革命文物原件送入全市大中小幼学校，覆盖了 13 所大学、25 所中学、55 所小学、7 所幼儿园，项目入选全国 10 个以革命文物为主题的"大思政课"优质资源示范项目名单，并荣获"第二届全国文博社教十佳案例"。

　　党的十八大以来，习近平总书记多次强调要大力弘扬"两弹一星"精神，指出："两弹一星"精神是中华民族的宝贵精神财富，一定要一代一代地传下去，使之转化为不可限量的物质创造力，"两弹一星"精神也是实现中华民族伟大复兴中国梦的精神"图腾"。伟大建党精神与"两弹一星"精神是一脉相承的。我们要让伟大建党精神以及包括"两弹一星"精神在内的中国共产党人精神谱系转化为"讲好红色故事、传承红色基因"的新动能，转化为纪念馆与纪念馆之间高质量合作发展的新合力，使伟大建党精神在爱国主义教育实践中发扬光大。

弘扬"两弹一星"精神　书写绚丽青春篇章

吴向东 [①]

"两弹一星"是中华人民共和国标志性的重大科技成就，向全世界展示了中国人民的智慧、勇气和力量，为中国赢得举足轻重的国际地位奠定了坚实基础，也是我们今天享有安宁幸福生活的重要保障。在全党全社会深入学习贯彻党的二十届三中全会精神，迎接新中国成立 75 周年之际，在"两弹一星"精神的孕育诞生地召开座谈会，研讨在新时代新征程上大力弘扬"两弹一星"精神，加强爱国主义教育，很有意义。

我们党波澜壮阔的奋斗历史，也是一部可歌可泣的精神锻造史。在百余年的非凡历程中，形成了包括"两弹一星"精神在内的伟大精神，构筑起了中国共产党人的精神谱系。习近平总书记指出，我们党之所以历经百年而风华正茂、饱经磨难而生生不息，就是凭着那么一股革命加拼命的强大精神。总书记强调党的伟大精神和光荣传统是我们的宝贵精神财富，是激励我们奋勇前进的强大精神动力，还强调"两弹一星"精神激励和鼓舞了几代人，是中华民族的宝贵精神财富。我们要从坚定拥护"两个确立"、坚决做到"两个维护"的政治高度，深入学习领会习近平总书记重要论述，在新时代新征程上大力弘扬"两弹一星"精神，高扬爱国主义旗帜，加强青年爱国主义教育，凝聚起以中国式现代化全面推进强国建设、民族复兴伟业的磅礴力量。

弘扬"两弹一星"精神，必须坚定理想信念。不忘初心，方得始终。理想指引人生方向，信念决定事业成败。20 世纪五六十年代，面对严峻的国际形势，为了抵御外部的武力威胁和打破大国的核讹诈、核垄断，广大科研工作者以党和国家的使命为己任，"干惊天动地事、做隐姓埋名人"，在茫茫戈壁创造了"两弹一星"震惊

---

① 作者系中国共产党历史展览馆党委书记、馆长。

世界的奇迹，极大提高了中国在全球舞台上的话语权和影响力，深刻改变了世界格局。正是怀着"革命理想高于天"的坚定信仰和为党和人民事业牺牲奉献的崇高追求，他们才能在极其艰苦的条件下克服重重困难，取得了"两弹一星"的研制成功。新时代新征程，要深入开展理想信念教育，教育引导广大青年坚定对马克思主义的信仰和对实现中华民族伟大复兴中国梦的信心，把人生理想融入党和人民的事业之中，学习科学知识、掌握过硬本领，在推进强国建设、民族复兴伟业中展现青春作为，彰显青春风采，贡献青春力量。

弘扬"两弹一星"精神，必须厚植爱国情怀。"两弹一星"精神最鲜明的特征就是热爱祖国、矢志报国。在 23 位"两弹一星"元勋中，有 21 位是中华人民共和国成立前后从海外回国的专家。"五年归国路，十年两弹成"的钱学森，不仅以自己严谨和勤奋的科学态度为人类的进步作出卓越的贡献，更以赤胆忠诚的爱国情怀、全心全意的奉献精神激励后人。"我愿以身许国"的王淦昌，放弃他所擅长的学术研究，在西北的核研制基地主持爆轰试验。横跨核弹、导弹、人造卫星三个领域的专家郭永怀，飞机失事时第一时间想到的是用身体把珍贵的科研资料保护好。研制"两弹一星"的科学家们自觉把个人理想与祖国命运、个人志向与民族前途紧紧联系起来，把爱国之情和报国之志融入建设祖国的伟大事业中，在祖国最需要的地方奉献青春热血。新时代新征程，要讲好一代代科学家爱国奉献的故事，教育引导广大青年坚持爱国、爱党、爱社会主义相统一，立志奉献祖国、奉献人民，让爱国主义的伟大旗帜始终在心中高高飘扬。

弘扬"两弹一星"精神，必须坚持自信自立。独立自主是我们党从中国实际出发、依靠党和人民力量进行革命、建设、改革的必然结论。毛主席豪迈地指出，中国人民有志气，有能力，一定要在不远的将来，赶上和超过世界先进水平。面对美西方的封锁和苏联单方面撕毁协议等不利情况，中国人民不信邪、不怕鬼、不怕压，依靠自己的力量，集中全国精兵强将和优势力量大力协同、集中攻关，突破了无数个重大技术难关，终于研制出"争气弹"。关键核心技术既买不来、也要不来，靠别人更走不远。推进中国式现代化，必须坚持独立自主、自立自强，坚持把国家和民族发展放在自己力量的基点上，把我国发展进步的命运牢牢掌握在自己手中。新时代新征程，要始终坚持走自己的路，教育引导广大青年不断增强中国特色社会主义的道路自信、理论自信、制度自信、文化自信，坚定对中国发展的底气和信心。

弘扬"两弹一星"精神，必须坚持艰苦奋斗。艰难困苦，玉汝于成，中国70多年取得的举世瞩目的伟大成就，是全党全国各族人民团结一心、艰苦奋斗干出来的。"两弹一星"攻关时期，研制人员在茫茫戈壁极端恶劣的环境中，住帐篷、睡地窖，喝苦水、战风沙，建立起试验基地。没有设备就自己动手加工，没有大型计算机就用手工计算，没有精密机床就靠师傅们一点一点"抠"出来。"我们战斗在戈壁滩上，不怕困难，不畏强梁，任凭天公多变幻，哪怕风暴沙石扬，头顶烈日明月作营帐，饥餐沙砾饭，笑谈渴饮苦水浆。"核试验总指挥张爱萍将军创作的这首歌词，是当时艰苦生活的真实记录，也是全体基地工作人员精神风貌的生动写照。艰苦奋斗不仅是我们一路走来、发展壮大的宝贵精神，也是我们继往开来、再创辉煌的重要保证。新时代新征程，要教育引导广大青年继承和发扬吃苦耐劳、自力更生、艰苦奋斗的光荣传统，勇于战胜前进道路上的一切艰难险阻，用青春和汗水创造出让世界刮目相看的新奇迹。

弘扬"两弹一星"精神，必须勇于改革创新。创新是一个民族进步的灵魂，是一个国家兴旺发达的不竭动力。回顾"两弹一星"研制发展的历程，每一项突破、每一个进展，都是积极开拓、勇于创新的结果。在技术缺乏、设备落后，没有权威资料、没有实践经验的条件下，"两弹一星"科研工作者勇于攻坚克难、攀登技术高峰，敢于走前人没走过的路，在解决受制于人的重大瓶颈问题上强化担当作为，突破了一系列关键技术，使中国科研能力实现了质的飞跃，极大增强了中国人的自信心和自豪感。党的二十届三中全会深入分析推进中国式现代化面临的新情况新问题，提出300多项重要改革举措，集中体现了理论创新、实践创新、制度创新、文化创新以及其他各方面的创新。唯改革者进，唯创新者强，唯改革创新者胜。青年是最富活力、最具创造力的群体，是改革攻坚的生力军。新时代新征程，要教育引导广大青年以建设世界科技强国为己任，聚焦科技创新，勇攀科技高峰，在培育发展新质生产力的新赛道上不畏艰难、奋力奔跑，让青春在创新中焕发出更加绚丽的光彩。

习近平总书记指出，我国几代科技工作者通过接续奋斗铸就的"两弹一星"精神、西迁精神、载人航天精神、科学家精神、探月精神、新时代北斗精神等，共同塑造了中国特色创新生态，成为支撑基础研究发展的不竭动力。这些共产党人的革命精神，在中国共产党历史展览馆都进行了浓墨重彩的展示。党史展览馆作为权威系统的"红色教科书"、鲜活立体的"红色基因库"、精彩纷呈的"红色大课堂"，是学党史悟思想立志向的教育阵地，发挥了传承红色基因、赓续红色血脉的重要作用。我们将坚持守正创新，用好红色资源，加强革命传统教育和爱国主义教育，引导广大青年通过学习参观，得到启迪感悟，争做有理想、敢担当、能吃苦、肯奋斗的新时代好青年，奋力书写为中国式现代化挺膺担当的青春篇章。

历史题材做出现代价值 为当代发展赋予历史深度

刘晔 [1]

青海是"两弹一星"精神孕育地、诞生地，在这片激情燃烧的热土上，以邓稼先等为代表的一批科学家不畏艰难、为国奉献、以身许国，不仅奠定了我国在国际舞台上的重要地位，更立起了一座座爱国主义的精神丰碑。在中华民族绵延5000多年的血脉中，爱国主义是中华民族的民族心、民族魂。青年作为国家的希望、民族的未来，如何更好地培养青年爱国之情、砥砺强国之志、实践报国之行，是我们爱国主义教育基地义不容辞的使命担当。

刘公岛作为中国近代史的分水岭，不仅见证了中国第一支海军——北洋海军的成军和覆没，中日甲午战争的悲壮和创痛，更见证了中华民族的觉醒和抗争，既蕴含着强烈的爱国精神，也蕴含着民族屈辱、觉醒和复兴的命运密码。2018年6月12日，习近平总书记视察刘公岛时作出"要警钟长鸣，铭记历史教训，13亿多中国人要发愤图强，把我们的国家建设得更好更强大"的重要指示，我们牢记总书记的殷切嘱托，站在为中华民族永铸忧患意识的高度，以建设守护"中华民族警醒之岛"为根本遵循，把加强青年爱国主义教育放在重要位置，在全面推进中华民族伟大复兴征程中用心、用情、用力讲好刘公岛故事。

为把刘公岛的历史题材做出现代价值，为当代发展赋予历史深度，我们依托刘公岛厚重的历史文化底蕴和全国规模最大的近代海军军事建筑群、海防设施群和甲午战争遗址群，打造了讲述甲午战争全过程及甲午殇思的甲午战争陈列馆，讲述英租历史的英租威海卫展馆，讲述张伯苓教育救国的"国帜三易"主题公园，阐述历史和人民为什么选择了中国共产党、选择了社会主义的历史选择展馆，全国首个以

---

① 作者系中国甲午战争博物院副院长。

总体国家安全观为主题的总体国家安全观展馆等场馆，形成了完整讲述中华民族"梦碎、梦醒、筑梦、圆梦"复兴历程的博物馆岛。通过多层面、多角度、全面系统的阐述，引导广大青年以史为镜、以史为鉴，既让爱国主义入脑入心、入言入行，更增强广大青年不忘国耻、警钟长鸣的历史感悟和实现中华民族伟大复兴的责任感和使命感。

为更好地弘扬历史文化、赓续红色基因、凝聚奋进力量，我们积极推动新时代革命文物工作与学校思政课改革创新融合发展，打造行走在历史中的思政课，切实提升育人效果。目前，刘公岛已成为北京大学、南开大学、山东大学、哈尔滨工业大学、大连海事大学等众多高校的"第二课堂"。《刘公岛开学第一课》被国家文物局、教育部评为全国革命文物主题"大思政课"优质资源十大示范项目。《甲午战败对国家安全的警示》《历史的选择》等思政课获评中组部好课程。2024 年，中国甲午战争博物院——山东大学国家革命文物协同研究中心通过教育部和国家文物局验收，在全国 20 个获评单位中排名第八，协同研究中心的成功创建，为把刘公岛打造为全国有重要影响的红色资源研究高地、革命文化学术交流重要平台、爱国主义教育资源共建共享中心提供了国家级支撑。

习近平总书记强调，一个博物馆就是一所大学校。刘公岛丰富的革命文物资源是开展青年爱国主义教育的资源宝库。下一步，我们将进一步用好革命文物这一"生动教材"，发挥中国甲午战争博物院"第二课堂"的重要作用，不断引导青年学生牢记习近平总书记"警钟长鸣铭记历史"的深切嘱托，深入思考自身在中华民族伟大复兴伟业历史进程中所肩负的责任，切实增强历史自觉和使命担当意识。

我们将以此次座谈会为契机，学习借鉴大家的好经验、好做法，进一步做好广大青年的思想引领和价值塑造工作，厚植青年爱国之情，树牢青年报国之志，力争将刘公岛打造成为培育青年爱国主义情怀的新平台，将中国甲午战争博物院建设成为发挥文物育人效应的新典范，为民族复兴大业培养有理想、敢担当、肯奋斗的新时代青年，凝聚起实现中华民族伟大复兴的磅礴力量。

赓续"两弹一星"精神　助力科技强国建设

胡学举 ①

"两弹一星"精神凝结于"两弹一星"研制，并在几十年的发展中逐渐升华成一种自强不息的民族品格，激励亿万中华儿女战胜一个又一个艰难险阻，攻克一重又一重科技难关，是党和人民宝贵的精神财富，展现了中国人民自尊自觉的志气、自强自立的骨气、自信自豪的底气，为科技强国建设提供了重要精神支撑。

一、回望过去，"两弹一星"精神是铸就国家安全基石的精神支柱

山雄有脊，房固赖梁。20 世纪五六十年代，为了抵御帝国主义的武力威胁和打破超级大国的核讹诈和核垄断，为新生的中国争取一个和平安定的发展环境，党中央统筹谋划全国"一盘棋"，集中攻关，研制"两弹一星"。在党中央集中统一领导下，从我国第一颗原子弹爆炸成功到第一颗氢弹爆炸成功仅用了 2 年零 8 个月的时间，充分彰显了中国共产党的领导伟力和中国科技工作者的科创能力。"两弹一星"研制是中国共产党领导我国重大科技工程历史上浓墨重彩的一笔。它既是中国社会主义建设成就的集中体现，也是中国共产党领导能力的历史见证，它振奋了中华民族精神，增强了中国人民的自信心和自豪感；提升了国防实力，铸就了国家安全基石；塑造了中国崭新的大国形象，提高了中国国际地位，保证了我国能有一个长期稳定发展的国际环境。

二、立足当代，"两弹一星"精神是支撑我国科技创新的精神力量

接力登攀，发扬光大。习近平总书记指出："历史经验表明，科技革命总是能够深刻改变世界发展格局。"科技作为国之利器，"国家赖之以强，企业赖之以赢，人民生活赖之以好"。在科技战线的长期实践中，我国广大科技工作者发扬"两弹一星"

---

① 作者系四川省社会科学院党委委员、副院长。

精神，迎难而上、敢打硬仗、接续奋斗，不仅创造了一个又一个非凡的业绩，而且铸就了特别能吃苦、特别能战斗、特别能攻关、特别能奉献的载人航天精神，培育了自主创新、开放融合、万众一心、追求卓越的新时代北斗精神，形成了追逐梦想、勇于探索、协同攻坚、合作共赢的探月精神等新的民族精神。当今世界，发展和变革风起云涌。新科技革命和产业变革的深入发展，必将加速国际格局演变，必将重塑全球治理体系。新时代，面临百年未有之大变局，必须坚持以"两弹一星"精神为泉源，浇筑起一座座科技战线的精神丰碑，汇聚起推动国家科技高质量发展的精神力量，激励无数科技工作者爱国奉献、砥砺前行，不断攀登科技高峰。

三、放眼未来，"两弹一星"精神是建设世界科技强国的精神动力

固其根本，浚其泉源。中国要强盛、要复兴，就一定要大力发展科学技术，成为世界主要科学中心和创新高地，朝着世界科技强国目标不断迈进。虽然具体的时代环境不断在变化，但是"两弹一星"精神的核心内蕴将推动中国科技永续创新，它是建设世界科技强国永远的精神动力。未来，我国科技界将赓续"两弹一星"精神，自觉肩负起时代赋予的深切使命，坚定创新自信，以敢为天下先的志向，抓重大、抓尖端、抓基础，在航空航天、核技术、高端无人机等领域的深厚基础上，在独创独有上下功夫，继续挑战行业领域前沿科技问题，不断突破人类科技局限，朝着世界科技强国迈进。

青海是 211 基地所在地，是"两弹一星"精神重要凝结地。我们四川梓潼也有一个"两弹城"，是青海二二一厂迁址过去的。目前，我们四川在保留九院大礼堂、防空洞、情报中心等一百余处旧址的基础上，新建了两弹城博物馆、航天科技馆，同时也建立了两弹一星干部学院。欢迎各位来四川梓潼了解"两弹一星"研制四川段的故事，感受"两弹一星"精神的四川实践。

学思践悟坚定信心　凝聚共识勇毅前行

毛玉金[①]

在学院建设发展的过程中，我们深感所从事的工作是"系统地梳理文化资源，让收藏在博物馆里的文物、陈列在广阔大地上的遗产、书写在书籍里的文字都活起来"的事业，中国第一个核武器研制基地有着如此宝贵、独一无二、又充满现实意义的历史资源和文物旧址，学院很重要的功能就是将历史资源转化为教育资源，从而走出一条独一无二、不可复制的特色发展之路。如果井冈山教育基地凸显的特色是"秀气"、延安的是"大气"，浦东的是"洋气"，那么，原子城就应该在"硬气"的特色上做文章。学院要突出自己的教育特色、完善教育基地的教学布局、发挥自身品牌持续有效、不可替代的作用，就要在深入开发党性教育最鲜活、最独特、最丰富的素材和场景中下功夫，从而逐渐探索形成特色鲜明、体系完备、内容丰富、形式多样的教育培训格局。2024年是学院转隶平稳过渡的一年，是剖析问题研究政策的一年，是总结经验静心谋划的一年，是站在新发展阶段、深入学习习近平新时代中国特色社会主义思想、学思践悟新发展理念和新发展格局的一年。于学院的人而言，更是用理论武装头脑、用学习提升本领、"真如铁从头越"的革新之年。

一、新时代焕发"两弹一星"精神新活力

用党的二十大精神和最新理论成果武装头脑，是为了使之成为指导实践的强大思想武器。全国干部学院已进入优胜劣汰的挑战时期，学院规范化、特色化、内涵式的发展归根结底体现在教学成果上。带着"先学一步深学一步"的紧迫思想，本着充分发挥"两弹一星"历史资源优势的原则，担着"咬定青山不放松，压仓铺路奠基石"的责任，结合学院教学工作取得的经验、面临的问题，我们认真思考推进

[①]　作者系青海两弹一星干部学院党委副书记、常务副院长。

课程体系构建、特色课程开发、历史专题研究、学科建设、教师培养、人才引领等工作。党的二十大指出，教育、科技、人才是全面建设社会主义现代化国家的基础性、战略性支撑，"两弹一星"事业横跨了中国"教育、科技、人才"事业的起步、探索和发展阶段，是新中国建设阶段实现"四个现代化"的标志性事件，其漫长的历史进程为学院的教学工作提供了丰富的历史和教育资源。中国共产党的探索从毛泽东 1956 年"向科学进军"、邓小平 1988 年提出"科学技术是第一生产力"、江泽民 2001 年指出"人才资源是第一资源"、习近平总书记 2015 年强调"创新是引领发展的第一动力"，从 1995 年科技兴国战略、2002 年人才强国战略、2012 年创新驱动发展战略，到此次党的二十大报告讲到的"教育优先发展、科技自立自强、人才引领驱动"三大理念、"新领域新赛道，新动能新优势"的现代化强国四条路径及 2035 年实现高水平科技自立自强、进入创新型国家前列、建成教育强国、建成科技强国、建成人才强国的五个总体目标，前瞻性思考、总体性谋划、整体性推进这些为学院的特色化发展指明了新的航向。"两弹一星"干部学院应成为各方人才追寻历史足迹、坚定理想信念的精神殿堂；应搭建好追求高质量发展的交流平台；应总结出"两弹一星"历史上"聚才、用才、育才"的方法路径和宝贵经验；应破除"唯分数、唯升学、唯文凭、唯论文、唯帽子"的价值观念，提炼尊重历史、尊重科学、聚天下英才而用之的生动案例；应为"实现高水平科技自立自强、进入创新型国家前列"的目标营造创新氛围、培育创新文化；应在"中国第一个核武器研制基地"的历史资料中充分挖掘胸怀祖国服务人民的爱国精神、勇攀高峰敢为人先的创新精神、追求真理严谨治学的求实精神、淡泊名利潜心研究的奉献精神、集智攻关团结协作的协同精神、甘为人梯奖掖后学的育人精神，让"两弹一星"精神在新时代焕发新的活力，使其有效转化为实现社会主义现代化强国的物质创造力。

二、思考"中国式现代化"，在"两弹一星"历史中汲取智慧

我国的"两弹一星"事业起步于 20 世纪五六十年代，当时外有帝国主义的武力威胁，内无独立完整的工业体系，中国正处于农业国变为工业国的起步阶段，是"两弹一星"事业的发展，让我国的现代化国防发生了质的飞跃，从而广泛地带动了我国科技事业的发展，促进了我国社会主义现代化的建设，为实现科学技术发展的跨越创造了宝贵的经验。从宝贵的经验中汲取前进的动力和治学的智慧，在课程研发的过程中，要将"坚持党的统一领导，充分发挥社会主义政治优势"的经验和当前

"完善党中央对科技工作统一领导的体制，健全新型举国体制"相结合，"两弹一星"组织管理模式称得上是中国特色与现代特征完美结合的佳作，是立足国情闯出的新路，"两弹一星"是一项配套系列工程，是一项庞大系统工程，技术非常复杂，精密度要求很高，综合性强，时间跨度大，涉及范围广、部门多、要素全。工程启动之初，我国的工业基础、科技水平、人才素质、经济条件都十分薄弱，在很多关键材料、技术、设备上还是一片空白，单单加强哪个方面的建设，仅仅依靠哪个部门的努力，一味指望生搬硬套外国模式，或者，片面强调自主研发和按部就班，都无法达到预期目标，必须走一条适合中国国情、符合现代原理、兼容并蓄、立体多元、科学高效的组织管理新路子，正确处理需求与可能、宏观与微观、重点与一般、外因与内因、渐进与跨越等的重大关系。沿着历史的轨迹，如今世界科技强国竞争，比拼的是国家战略科技力量，与"两弹一星"相比，技术更加复杂，精密度要求更高。新型举国体制就是要统筹好不同领域、不同行业、不同专业的科技资源和科技创新活力，强化国家战略科技力量，优化配置创新资源，优化国家科研机构、高水平研究型大学、科技领军企业的定位和布局，形成国家实验室体系，统筹推进国际科技创新中心、区域科技创新中心建设，加强科技基础能力建设，强化科技战略咨询，提升国家创新体系整体效能，这些都是历史经验给出的答案，也是需要我们长期潜心研究的时代课题。

三、践行"三个务必"，新征程上潜心研究"两弹一星"精神的内涵

"三个务必"是立足新的历史方位和新的历史任务而提出的新要求，也是中国共产党从百年奋斗历程中总结概括出来的宝贵经验，深刻体现了新时代中国共产党人的历史自觉与历史主动。习近平总书记指出，实现第二个百年奋斗目标也就是一两代人的事，我们正逢其时不可辜负，中国共产党的初心和使命是一切为了人民，站稳人民立场，我们党领导人民干革命、搞建设、抓改革，从来都是为了解决中国的现实问题。应如何将"务必不忘初心、牢记使命，务必谦虚谨慎、艰苦奋斗，务必敢于斗争、善于斗争，坚定历史自信，增强历史主动"落到实处，贯彻到实际工作中就是要清醒与自觉地做好学院事业，让"姓党"的两弹一星干部学院紧紧围绕党和国家工作大局的中心任务和要求，落实好干部教育培训工作的目标、任务和内容。要充分利用"两弹一星"红色资源，聚焦党性教育和理想信念教育，深入挖掘党领导下的"向科学进军"过程中共产党人的党性修养和理想信念的核心价值，努力将

红色资源和价值力量进行转化，创新教学方式，探索入脑入心的教学方法，补强"赶考人"的精神之"钙"，练就"金刚不坏之身"的看家本领，蹚出一条教育培训的新路子。"国字号"干部学院的经验告诉我们，学院核心的竞争力是队伍建设，特色课程是教学的灵魂，师资是精品课程的灵魂，要形成一支对"两弹一星"有较深研究的教学队伍，就要对"两弹一星"历史研究的学术工作进行深入细致的梳理，对"两弹一星"的概念、内涵、历史定位、历史研究涵盖范围与阶段划分和对建设创新型国家和实现中国式现代化的启示和相关建议的提出，进行深入、系统、长期的基础性研究；对我国研制"两弹一星"的战略决策、国防战略思想、哲学思考、国际意义、对科技发展的带动作用、组织管理经验、激发创新活力、感召爱国奉献等方面进行细致刻苦的专题性研究；对"两弹一星"事业涉及的党史、新中国史、改革开放史、社会主义发展史进行坚持不懈的学术性研究；对中国第一个核武器研制基地的旧址、文物、文献、口述历史等资料进行"坚守式""专家式""传承式"的负有历史使命感的研究。总之，党性教育绝对不能搞形式主义，要特别尊重学员的主体地位，充分发挥学员的参与体验，把"看、听、思、悟、行"融为一体，引导学员亲身去感受、主动去思考，使学员多层次、全方位地受到感染和教育，提高党性教育培训效果，并对教学目的、课程安排、师资配置、组织管理等方面不断进行完善和优化，充分彰显精神高地的办学特色，持续发挥传承"两弹一星"精神的主阵地作用。

我们深知"两弹一星"是中国人民勇攀科技高峰、征服星辰大海、遨游浩瀚宇宙的代名词；我们深感 221 人用奋斗人生成就了伟大的事业，而事业的成功也让他们的奉献有了别样的光彩；我们深信历史会时时刻刻提醒我们，要记住那些埋头苦干的民族英雄、记住那个崇尚奋斗和创造的年代、记住中华民族的凝聚力和创造力总是在最危难的关头迸发出最灿烂的光彩。学院人将牢记神圣使命和职责，在绿色的草原上展现我们红色的情怀。

赓续红色血脉　汲取奋斗精神

颜高国 [①]

伟大的事业产生伟大的精神。1999 年 9 月 18 日，江泽民同志在表彰为研制 "两弹一星" 作出突出贡献的科技专家大会上发表讲话，正式提出 "两弹一星" 精神，即 "热爱祖国、无私奉献，自力更生、艰苦奋斗，大力协同、勇于登攀" 这一伟大精神，它是中国共产党人精神谱系 "青海篇目" 中最耀眼的章节，指引激励着青海各族人民登高望远、脚踏实地、感恩奋进。

近年来，省委党史研究室高度重视 221 基地历史的研究工作，全方面、多层次深挖细研基地红色资源 "富矿"，进一步传承弘扬 "两弹一星" 精神。青海省首部党史著作《中国共产党青海历史（1925—1978）》中，将 221 基地的历史作为重点章节作了专门介绍；编辑出版了《金银滩映像》画册，内部编印了《中国原子城》《金银滩记忆——口述中国第一个核武器研制生产基地历史》等书籍；联合省委党校编写出版了党员干部党性教育读本《金银滩奇迹——中国第一个核武器研制基地历史回顾》；命名授牌青海原子城纪念馆为 "青海省中共党史教育基地"；利用 "青海党史网" "青海党史网上陈列馆" 微信公众号及视频号等，对 221 基地历史、"两弹一星" 精神等相关内容进行宣传学习；协助海北州委党史研究室申报中研院项目，内部编印了《核事业的忠诚守护者——原 221 基地驻防部队及同宝山空军遗址口述史》。为填补我省没有关于 221 基地历史 "正本" 的空白，下一步将组织编纂《中国第一个核武器研制基地光辉历程》。

"文章合为时而著"。新时代如何更好地传承和弘扬 "两弹一星" 精神，为强国建设、民族复兴伟业提供不竭动力与精神支撑，笔者进行了认真思考，主要有以下六点感悟：

---

① 作者系青海省委党史研究室主任。

一是要热爱祖国，激昂强国建设的旺盛斗志；二是要无私奉献，肩负无愧于党和人民的时代使命；三是要自力更生，充分释放关键靠自己的内生动力；四是要艰苦奋斗，弘扬战胜一切艰难险阻的优良传统；五是要大力协同，汇聚起再创辉煌的强大合力；六是要勇于登攀，吹响民族复兴的冲锋号角。

进入新时代，我们要以习近平新时代中国特色社会主义思想为指引，赓续红色血脉，弘扬伟大的"两弹一星"精神，充分发挥党史部门"以史鉴今、资政育人"的职能作用，为强国建设、民族复兴作出应有的贡献。

唯有精神永驻——北大人与"两弹一星"工程

林齐模[①]

1999 年 9 月 18 日，在中华人民共和国成立 50 周年之际，党中央、国务院、中央军委隆重表彰为中国"两弹一星"事业作出突出贡献的 23 位科技专家，由国家主席江泽民授予他们"两弹一星功勋奖章"。受表彰的虽然只有 23 人，但他们身后是成千上万名数十年默默无闻投身"两弹一星"攻关任务的各级指战员、科技工作者、工程技术人员。仅仅是北大一个单位先后就有上千人投身于这项宏伟工程。23 名"两弹一星功勋奖章"获得者中有 12 位北大校友，其中邓稼先、郭永怀、于敏等 7 人曾经在北大学习或工作，其他 5 人曾经在西南联大学习或工作。

1955 年 1 月，毛泽东亲自主持会议拍板启动"两弹一星"工程。随即，经周恩来总理批准，在北京大学成立了物理研究室，北大率先承担起为国家培养原子能事业人才的重任。物理研究室成立时的师资和学生由中央从全国选调。浙江大学副教务长胡济民副教授调任研究室主任、北大教授虞福春任副主任。学生从全国几所重点高校物理系三年级优秀本科生中选拔。另外，物理研究室从 1957 年暑假开始，还开办"技术干部培训班"，对新分配到国家建委建筑技术局的 300 多名理工科大学生开展核物理、放射化学、辐射防护等原子能专业的技术培训。1958 年，物理研究室扩建为我国第一个原子能系（1961 年改称技术物理学系），在继续选调各校三年级优秀本科生的同时，开始招收一年级本科新生。1956—1966 年，从物理研究室到技术物理系，北大一共为国家培养了 2200 多名专业的核科学技术人才。这批核科技人才被分配到核试验基地、核武器研究院、核科学研究院、高等院校以及为原子能事业服务的厂矿等单位，为我国核科学事业的诞生和发展作出了重大贡献。胡济民、

[①] 作者系北京大学校史馆党支部书记。

徐光宪、陈佳洱、钱绍钧、冼鼎昌、潘自强等 13 名北大师生成为中国科学院和工程院院士。北大技术物理系成为名副其实的"核科学家摇篮"。

1964 年 10 月 16 日中国第一颗原子弹爆炸成功。1966 年 10 月第一枚核导弹爆炸成功、1967 年 6 月第一颗氢弹成功引爆。1970 年 4 月中国第一颗人造地球卫星发射成功。中国比美国、苏联用更短的时间成功拥有了"两弹一星"。这些巨大的成就是在苏联撕毁援助协议、三年困难时期等时代背景下取得的，实在是来之不易。这里面有北大人的重要贡献。北大校友郭永怀是唯一一位在原子弹、导弹和卫星研发中都作出卓越贡献的科学家，也是唯一一位因公殉职的"两弹一星功勋奖章"烈士。

"两弹一星"的巨大成功首先靠的是爱国主义精神。正是凭着一腔赤诚的爱国热忱，邓稼先、郭永怀等科学家放弃美国优越的生活、工作条件，毅然归来，在戈壁大漠隐姓埋名数十年。彭桓武的一句"我是中国人，回国不需要理由，不回国才需要理由"，充分表达了这些海外归来的科学家的心声。

其次，"两弹一星"的巨大成功离不开党和政府集中力量办大事的决心和强大的组织能力。"两弹一星"的研制工作，单独靠哪一个科学家、哪一个行政领导都不可能成功，因为这个决策的涉及面太宽了。在当时的国际形势下，美、苏动辄对中国进行核讹诈，于是毛泽东主席说："原子弹就是这么大的东西，没有那个东西，人家说你不算数。那么好吧，搞一点原子弹、氢弹，我看有十年工夫完全可能。"这种气魄和决心何其豪迈！

第三，"两弹一星"的巨大成功充分体现了当时举国上下不等不靠，不迷信，自力更生，勇于自主创新的强大力量。如被誉为"氢弹之父"的北大毕业生于敏，他没有出过国，在研制核武器的权威物理学家中，他几乎是唯一一个未曾留过学的人。但是，运用自己深厚的理论基础，他创新性地提出了不同于美苏的氢弹设计方案，即著名的"于敏构型"，从而一举突破核武器小型化的难关，将中国核技术推向世界先进水平。

值此中华人民共和国成立 75 周年之际，回望"两弹一星"研制历程，我们要永远记住那火热的战斗岁月，永远记住那光荣的历史足印，认真学习和实践"两弹一星"精神，紧密团结在以习近平同志为核心的党中央周围，为中华民族伟大复兴继续奋斗。以此纪念为中国"两弹一星"研制成功作出贡献的先辈。

缅怀、纪念王淦昌先生

范祖国 [①]

常熟，隶属江苏省苏州市，因岁岁丰收而得名。总面积 1276 平方千米，常住人口 168 万，综合实力一直稳居全国百强县前四。作为吴文化的发祥地，常熟不仅是中国历史文化名城，更是"状元之乡""院士之乡"，自唐至清先后涌现了 8 名状元、10 名宰相、486 名进士，当代常熟籍两院院士有 26 人。支塘镇是常熟的东大门，镇域面积 129 平方千米，户籍人口 8 万，具有 1600 多年历史，素有"人文厚土、集贤胜地、张王故城、院士之乡"的美誉。在支塘这片崇文重教、才俊辈出的土地上，曾先后走出过国际著名化学家张青莲院士、"全国优秀共产党员"常德盛、中国作协副主席何建明等人，其中，共和国"两弹"元勋王淦昌院士是最杰出的代表。

1907 年，王淦昌先生出生在支塘镇枫塘湾，6 岁起在枫塘湾私塾接受启蒙教育，1925 年王淦昌先生全家搬至支塘镇南街 44 号居住，直至 1936 年任教浙大迁居杭州。王淦昌先生作为支塘人杰，学成后放弃国外优越的科研条件，毅然投身祖国的科学事业、国防事业、教育事业，以许国的赤子之情、斐然的学术造诣、遍布的桃李芬芳享誉国内外，为后世所敬仰。王老从支塘这个江南小镇走出，一步步成为学界泰斗、爱国典范。于国，他是中国科学院院士、是"两弹一星"元勋；于家，他是人杰沃土中孕育的不朽英才、是支塘人民的精神丰碑。

作为王老的故乡，我们一直将"王淦昌精神"视为全镇干事创业的宝贵财富，将传承弘扬"两弹一星"精神作为全镇义不容辞的义务。1998 年，为纪念王淦昌先生，我镇将中心集镇区域的中心街更名为"淦昌路"；2000 年，王淦昌先生的子女按照先生遗愿，将先生生前最后一次所获科技奖金 10 万元捐献给支塘中学，市镇两

---

① 作者系江苏省常熟市王淦昌高级中学正校级调研员。

级拨款、社会有识之士捐款 282 万元，设立"王淦昌奖学基金"；2001 年，将"支塘中学"更名为"王淦昌中学"，自此，学习王淦昌先进事迹、传承弘扬"两弹一星"精神成为全体师生的一门思想必修课；2002 年、2007 年，我镇隆重举行了王淦昌先生 95 周年诞辰、100 周年诞辰纪念活动；2011 年，举办了王淦昌中学建校 60 周年庆典；2017 年，适逢王淦昌先生 110 周年诞辰，市、镇两级拨专款 1600 多万元，对王淦昌故居进行修复、布置，修缮后的故居占地 1071 平方米，如实还原了王淦昌先生当年的生活场景，充分展示了先生一生各个时期的卓越功勋，目前王淦昌故居作为全国科学家精神教育基地、全国核科普教育基地，正免费向社会公众开放。从此每年王淦昌先生的诞辰成为我镇宣传"两弹一星"精神、弘扬科学家精神的重点活动。2021 年，作为常熟市民生实事重点项目之一的王淦昌高级中学建成投用，总建筑面积为 78800 多平方米，学校新建"王淦昌纪念馆暨爱国主义教育实践基地"。2024 年王淦昌高级中学更是成为首批全国中小学科学教育实验校，并与浙江大学物理学院签订共建"王淦昌班"协议，与中科院高能物理研究所共建"宇宙线观测实验室"，为弘扬"两弹一星"精神又迈出了实质性的一步。

同时，我镇积极走出去，多年来与青海原子城纪念馆、四川梓潼两弹城开展结对共建，在史料研究、学术交流、科研合作、陈展改进、人员培训等方面搭建起资源共享、优势互补、协作发展的平台。选聘常熟理工学院杨秀云老师作为科学家精神宣讲员，线上线下联动开展"学习王淦昌爱国奋斗精神"宣讲，她本人也被聘为"江苏省科学家精神宣讲团"成员。

此外，我镇持续以文艺的方式讲好王淦昌故事。2017 年联合编纂《王淦昌》画册、《支川文艺——王淦昌院士专刊》，记载王淦昌院士的亲人、朋友、同事、学生以及家乡人民对王淦昌旧事的追忆和深切缅怀。2018 年，中国作协原副主席、中国作协报告文学委员会主任何建明撰写的《惊天动地的"两弹"元勋》在常熟首发。2019 年，与微信公众号"混子曰"合作，制作漫画书《以身许国王淦昌》，以一种深受未成年人喜欢的方式讲述王淦昌的故事。2021 年，与常熟市评弹团合作推出短篇评话《一片冰心在报国》，以苏州评话为表演形式，展现老一辈科学家献身国防事业的赤子情怀。2022 年推出原创歌曲《灯塔》，采用民歌的演绎形式，歌颂王淦昌院士"以身许国、无私奉献"的爱国情怀。2023 年与苏州市艺术学校合作，依托支塘省级非遗滚灯，排练纪念王淦昌院士的滚灯舞蹈《耀》。2024 年与苏州歌舞剧院合作，选取王淦昌初中、王淦昌高中的学生参与音诗画作品《我愿以身许国》，同时与江南爱乐合唱团达成合作意向，打造合唱剧《王淦昌》。

王淦昌先生的一生，始终将自己的个人志向与祖国的命运紧紧联系在一起，始终践行着"我愿以身许国"这句诺言。"热爱祖国、无私奉献，自力更生、艰苦奋斗，大力协同、勇于登攀"的"两弹一星"精神是王淦昌先生的人生写照。我镇将一如既往以最大敬意缅怀、纪念这位献身国家科学技术事业的家乡骄子。我们也真诚期盼各位领导、专家，见支塘如故里、念支塘于经常，常来常熟、常来支塘，为支塘的发展建言献策、引荐资源、引育人才。

弘扬"两弹一星"精神　推动高质量发展

兰金补[①]

"两弹一星"精神是中华人民共和国成立后，我国科技发展的突破性成果，是社会主义建设辉煌的历史见证。在"两弹一星"工程中孕育形成的"两弹一星"精神，在新时代依然绽放着夺目的光彩。

第一，青海是"两弹一星"精神的发源地之一，是新时代弘扬"两弹一星"精神的重要阵地

青海省海北藏族自治州海晏县金银滩草原的 221 基地，是我国第一个核武器研制与生产基地，也是伟大的"两弹一星"精神的发源地之一。我国首颗原子弹在这里成功爆炸，"两弹一星"精神、科学家精神和劳模精神、劳动精神、工匠精神在这里交汇融合，营造了尊重劳动、尊重知识、尊重人才、尊重创造的浓厚氛围。

青海省先后成立了"两弹一星"精神相关科研培训机构，常态化举办传承"两弹一星"精神中国青年论坛、"两弹一星"精神研讨会等系列宣传活动，树立了爱国主义教育、理想信念教育、无私奉献精神教育的思政文化品牌，推动青海的高质量发展进入了一个新的"窗口期"。

青海不仅是海拔高地，更是精神高地。中华人民共和国成立 75 年来，勤劳淳朴的青海人民在中国共产党的领导下，自力更生，艰苦奋斗，经济社会发展取得了举世瞩目的巨大成就。2024 年 6 月，习近平总书记再次来到青海视察，充分说明青海在国家战略中的重要地位，充分表明习近平总书记对青海人民的特殊关怀。青海广大干部群众牢记习近平总书记的指示，大力弘扬"两弹一星"精神，迈出了高质量发展的重要步伐。

---

① 作者系中共甘肃省委党史研究室副主任、机关党委书记。

第二，"两弹一星"工程是中华民族站起来的重要标志，是孕育"两弹一星"精神的重要根基

"两弹一星"工程是 20 世纪五六十年代国家组织实施的以研制导弹、原子弹和科学试验卫星为主要内容的重大国防工程。1964 年中国研制的第一颗原子弹爆炸成功，1967 年第一颗氢弹空爆试验成功，1970 年"东方红"1 号人造地球卫星发射成功。中华人民共和国在物质技术基础十分薄弱的条件下，在较短的时间内成功研制出"两弹一星"，创造了非凡的人间奇迹，是中国人民挺直腰杆站起来的重要标志。

在实施"两弹一星"工程的历史进程中，甘肃也作出了重大贡献。苏联援建的核工业基地四〇四厂和五〇四厂地处甘肃酒泉和兰州西郊，1964 年就加工生产出第一个核部件以及质量合格的高浓缩铀产品。地处戈壁深处的酒泉卫星发射基地，既是世界三大发射场之一，也是中国的载人航天发射场。1960 年 9 月首次用国产原料成功发射苏制 P-2 导弹，酒泉卫星发射基地是中国创建最早、规模最大的综合型导弹、卫星发射基地，完成了 15 艘神舟飞船、天宫目标飞行器、天宫实验室等重大发射任务。

参与"两弹一星"工程的青海、甘肃、新疆等省区，为原子弹、氢弹和人造地球卫星事业作出了应有的贡献，为"两弹一星"精神形成提供了坚实的根基。

第三，"两弹一星"精神是中国共产党人精神谱系的重要组成部分，在民族复兴新征程上具有重大时代价值

"两弹一星"精神是第一批纳入中国共产党人精神谱系的伟大精神，是爱国主义、集体主义和科学精神的生动体现。弘扬"两弹一星"精神，对新时代新征程实现中华民族伟大复兴具有重大时代意义。

弘扬"两弹一星"精神，就要继承和发扬热爱祖国、无私奉献的红色基因。爱国和奉献是"两弹一星"精神最深沉的底色。当年一大批优秀科技工作者，包括许多在国外已经有杰出成就的科学家，怀着对祖国的满腔热爱，响应党和国家的召唤，义无反顾地投身到这一神圣而伟大的事业中来。"两弹一星"的研制者高举爱国主义旗帜，怀着强烈的报国之志，自觉把个人理想与祖国命运，把个人志向与民族振兴联系在一起。许多功成名就、才华横溢的科学家放弃国外优厚的条件回到祖国。许多人甘当无名英雄，隐姓埋名，默默奉献，有的甚至献出了宝贵的生命。他们用自己的热血和生命，写就了一部为祖国为人民鞠躬尽瘁、死而后已的壮丽史诗。当前，世界百年未有之大变局加速演进，世界之变、时代之变、历史之变的特征更加明显。

面对国际国内的复杂形势，面对国际挑战，更加需要爱国主义精神。我们必须高举爱国主义旗帜，继承和弘扬"两弹一星"精神中的爱国主义元素。历史经验告诉我们，爱国奉献既是流淌在中华儿女血液中的传统基因，也是克敌制胜的法宝。我们要继承和发扬老一辈科学家胸怀祖国、服务人民的优秀品质，用"一辈子只干一件事"的恒心和毅力干好本职工作，把自己的人生追求融入中国式现代化建设的伟大事业中去，不忘初心，砥砺前行。

弘扬"两弹一星"精神，就要继承和发扬自力更生、艰苦奋斗的优良传统。自力更生、艰苦奋斗是"两弹一星"精神的重要内容。"两弹一星"的研制者，在极其艰苦的环境中，克服了各种难以想象的艰难险阻，经受住了生命极限的考验。他们运用有限的科研和试验手段，依靠科学，顽强拼搏，发愤图强，锐意创新，突破了一个个技术难关。他们所具有的惊人毅力和勇气，显示了中华民族在自力更生的基础上自立于世界民族之林的坚强决心和能力。中国的卫星导弹从无到有、从有到强，靠的就是这种奋斗精神。老一辈科学家在苏联撤走专家、技术"卡脖子"的艰难情况下，凭借自己的力量攻克了技术难关，让中华民族在世界上站稳了脚跟。今天，面对复杂多变的国际国内形势，全面深化改革、推进中国式现代化面临着许多新的风险挑战，高质量经济发展更加需要艰苦奉献的精神，我们要继承和弘扬"两弹一星"的奋斗精神，自立自信，迎难而上，迎接新的挑战，攻克新的难关，让中华民族屹立于世界民族之林。习近平总书记指出，关键核心技术是要不来、买不来、讨不来的，只有把关键核心技术掌握在自己手中，才能从根本上保障国家经济安全、国防安全和其他安全。新时代，我们要始终坚持面向世界科技前沿、面向经济主战场、面向国家重大需求、面向人民生命健康，进一步完善科技创新体制机制和核心科研能力体系，推动关键核心技术攻关不断取得新突破，为夺取全面建设社会主义现代化国家新胜利作出应有贡献。

弘扬"两弹一星"精神，就要继承和发扬大力协同、勇于登攀的创造精神。"大力协同、勇于登攀"是"两弹一星"研制者共同的价值坐标。他们团结协作，群策群力，求真务实，大胆创新，突破了一系列关键技术，科研能力实现了质的飞跃。"两弹一星"的成功，是中国共产党团结带领各族人民、各条战线共同努力的结果，也是青海、甘肃、新疆等省区协同合作，进行科技攻关取得的巨大成就，彰显了中国共产党集中力量办大事、中国特色社会主义制度的巨大优势。为实现建设科技强国的历史使命，为推进中国式现代化，新时代更加需要弘扬大力协同、勇于登攀的精神。建设世界科技强国是第二个百年奋斗目标的既定奋斗目标。必须弘扬勇于登攀的无畏精神，把提高原始创新能力摆在更加突出的位置。必须继承和发扬大力协同的科技攻关精神，胸怀"国之大者"，勇挑时代重任，不断推进技术创新，攀登科技高峰，坚定不移地向着科技强国的目标迈进。

"两弹一星"精神是中华民族宝贵的精神财富，承载着共产党人的基因和传统，汇聚了中华民族五千年历史的根与魂。在实现中华民族伟大复兴的进程中，"两弹一星"精神将永远是中国人民的瑰宝，是永不枯竭的伟力之源。

最好的纪念是传承　　最高的致敬是奋进

赵朝霞 [①]

　　20 世纪 50 年代，党的第一代领导集体高瞻远瞩、审时度势，毅然做出了研制"两弹一星"的战略决策。大批优秀的科技工作者，怀着对祖国的满腔热爱，响应党和国家的召唤，以身许国，甘当无名英雄，扎根戈壁滩，用智慧、青春、热血乃至生命，成功研制我国第一颗原子弹、第一颗氢弹、第一颗人造卫星……创造了非凡的人间奇迹，谱写了一部爱国奉献、勇攀科学高峰的壮丽史诗。

　　浙江大学作为国家人才培养与科学研究的重要力量，众多优秀师生校友先后积极投身到"两弹一星"事业之中。从"两弹一星"元勋王淦昌（1936—1950 年任浙江大学物理系教授）、赵九章（1925—1929 求学于浙江公立工业专门学校及浙江大学工学院电机科）、钱三强（1978—1982 年任浙江大学校长）、程开甲（1937—1952年先后在浙江大学物理学系求学和任教），到梁守槃、忻贤杰、丁浩然、吕敏、唐孝威、杨裕生、贺贤土、林俊德，再到卢鹤绂、胡济民、徐光宪、臧克茂、潘镜芙、张同星、叶培建，再到参加高速摄影机研制的浙大团队，无数老一辈浙大人胸怀"国之大者"，投身"两弹一星"及相关国防事业，为守卫祖国、为中华民族伟大复兴而竭力奉献，屡创辉煌。

　　"两弹一星"精神激励和鼓舞了几代人，是中华民族的宝贵精神财富。习近平总书记强调：大力弘扬"两弹一星"精神。浙江大学一直以来高度重视"两弹一星"精神的弘扬宣传工作。2013 年 5 月，王淦昌先生的后人将王淦昌先生所获"两弹一星功勋奖章"捐赠给浙江大学，浙江大学档案馆将"两弹一星功勋奖章"长期展示于校史馆，并将王淦昌、赵九章、钱三强、程开甲等"两弹一星"元勋的校友事迹、

---

① 作者系浙江大学档案馆副馆长。

照片及实物等长期展览于校史馆，充分发挥其立德树人和使命引领的作用。2022 年 5 月，为铭记历史，激励广大师生继承优良传统，赓续红色血脉，浙江大学档案馆举办"为国铸盾强我中华——浙江大学老一辈师生校友参与和传承'两弹一星'事业成就展"，通过 350 余件档案实物讲述了在"两弹一星"事业中作出贡献的浙大先辈们的光荣事迹。2023 年，浙江大学档案馆配合协助物理学院建设的"王淦昌事迹陈列室"入选国家级科学家精神教育基地。2024 年 3 月，浙江大学杰出校友林俊德院士（1955—1960 年求学于浙江大学机械系）86 周年诞辰的当天，浙江大学林俊德（马兰精神）纪念广场正式开园，这是学校为了更好地向师生讲述扎根戈壁沙漠、为国铸核盾的浙大"两弹一星"人物故事而打造的校园育人地标和文化景观。

最好的纪念是传承，最高的致敬是奋进。"干惊天动地事，做隐姓埋名人"，迎难而上、敢打硬仗，自主创新、开放融合，万众一心、追求卓越，这是"两弹一星"精神在新时代的传承与发扬。新征程上，我们将继续大力弘扬"两弹一星"精神，让"两弹一星"精神如旗帜、号角般，引领广大师生投身科技报国、科技强国的伟大事业，为中华民族伟大复兴作出更大贡献！

"两弹一星"精神铸就青海高质量发展的精神基石

冉婷婷[①]

伟大事业孕育伟大精神。1999 年，江泽民同志在表彰为研制"两弹一星"作出突出贡献的科研工作者时首次总结阐释了"两弹一星"精神的深刻内涵："热爱祖国、无私奉献，自力更生、艰苦奋斗，大力协同、勇于登攀。""两弹一星"精神是爱国主义、集体主义、社会主义精神和科学精神活生生的体现，是经党中央批准第一批纳入中国共产党人精神谱系的伟大精神，彰显着中国共产党走过的光辉历史、取得的重大成就，展现了我们党为初心和使命矢志奋斗的伟大品格，是中国共产党人的灵魂所在。这种精神历久弥新，在新时代更具有强烈的思想引领力和时代感召力。党的十八大以来，习近平总书记多次强调"两弹一星"精神及其时代价值，他指出："'两弹一星'精神激励和鼓舞了几代中国人，是中华民族的宝贵精神财富。"在实现中华民族伟大复兴的征程中，更需要大力弘扬"两弹一星"精神。青海作为"两弹一星"科研基地的重要发源地，在新时代新征程中承载着生态保护、民族团结、高质量发展等多重使命。此时，"两弹一星"精神再次被赋予了新的时代内涵，成为推动青海高质量发展的强大精神动力和重要精神基石。

一、以"两弹一星"精神蕴含的爱国主义照耀青海高质量发展新篇章

爱国主义是指一个人对自己的国家、民族和文化的深厚感情和忠诚态度。"两弹一星"精神蕴含着深厚的家国情怀，强调国家利益和集体利益至上，将个人理想与祖国命运、个人志向与民族振兴紧密结合，蕴含了浓厚的爱国主义精神和家国意识。青海作为"两弹一星"科研基地的重要发源地，需要深入理解并且发挥"两弹一星"精神的重要意义，特别是发扬其中蕴含的爱国奉献情怀。青海作为西部地区生态高

[①]　作者系中共青海省委党校习近平新时代中国特色社会主义思想研究中心成员。

质量发展的重要省份，在全国发展大局中具有重要的战略定位，青海如何将这些得天独厚的自然资源和地理优势转化为经济优势，推动青海经济社会持续健康发展，为中国高质量发展和中国式现代化提供助力，是青海面临的重要课题。青海省委指出：建设发展青海离不开每一个青海人都要懂青海、爱青海、兴青海。懂青海，就要跳出青海看青海，从习近平总书记对青海提出的"三个最大"省情定位和"三个更加重要"战略地位中认识青海。爱青海，就要了解这里的人和事，厚植爱党、爱国、爱社会主义的情感，更加坚定自觉听党话、感党恩、跟党走。兴青海，就要把握住最好的发展时期，聚力打造生态文明高地、建设产业"四地"，与祖国伟大历史进程命脉相连，与现代化新青海共生共长。这三点是新时代爱国主义在青海的具体体现。习近平总书记三上高原考察调研，针对青海独特而重要的生态地位把脉定向，明晰了青海发展的着力点和突破口，那就是坚持有所为、有所不为理念，以生态保护与绿色发展助推青海高质量发展。这就需要青海的党员干部和人民群众以"国之大者"的视角、爱国为国的情怀来认识青海、发展青海，开启青海高质量发展新篇章。这就需要青海党员干部把牢方向、聚焦重点，守牢底线、守好边界，始终把国家利益放在第一位，自觉服从服务国家战略，抢抓机遇融入全国发展大局；始终站位大局，把处理好高水平保护和高质量发展的关系作为谋划和推动工作必须牢牢把握的认识论、方法论，更好地体现青海的价值和潜力。

二、以"两弹一星"精神体现的集体主义绘筑青海高质量发展同心圆

集体主义强调集体利益高于个人利益，主张个人从属于社会，并为集体利益而奋斗，具有凝聚社会共识、组织动员等功能。"两弹一星"精神包含着的协同精神是集体主义的显著体现。青海地处"联藏络疆"的特殊位置，环境问题、民族问题、宗教问题等交织错杂，所以在发展中面对思想观念转变、相关利益调节和分配以及产业创新发展等方面都需要集体主义的加持。因此，青海促进高质量发展中，要发挥集体主义作用，做好这几个方面的事情：一是加强不同地域间的合作，继续以国家相关政策为支撑，东西部的协作，比如青海可以依托特色优势"拉面"、绿色有机农畜产品等，进入东部发达城市，助推青海的农民工就业创业、提质增效，增加收入；比如引进发达省份的相关农业技术、科学技术等，推动青海的产业转型升级；二是加强不同产业间的协同，将生态、文化、科技等融合起来，打造协同发展的产业品牌，比如青海盐湖工业，以协同创新的思维打造以科技创新为引领集生态、文旅、科研等为一体的现代化产业集群，助推高质量取得实效；三是实现不同人员的协同，青海的高质量发展是每一个青海人享受高品质生活的高质量发展，当然也离不开每一个青海人的努力，青海民众的参与率一定程度上影响最终的建设成效，特别是在"两弹一星"精神的影响下，凝聚青海民众的共同力量，凝聚各族群众对铸牢中华民族共同体意识的思想自觉、政治自觉和行动自觉就变得尤为重要。

三、以"两弹一星"精神体现的社会主义精神引领青海高质量发展新航向

社会主义精神是社会主义实践的产物，它由理想层面和实践层面构成，它体现了社会主义制度的优越性和中国特色社会主义的独特魅力。"两弹一星"精神和社会主义精神都强调爱国主义和集体主义的价值追求，都致力于推动国家的繁荣富强和人民的幸福安康；"两弹一星"精神中的自力更生、艰苦奋斗精神与社会主义精神中的艰苦奋斗精神相互支撑，共同构成了推动中国特色社会主义事业不断前进的强大精神力量。青海坚持以习近平新时代中国特色社会主义思想为指导，为青海的高质量发展提供根本遵循和行动指南，走出了一条具有青海地方特色的高质量发展之路。青海地处西北内陆，是生态大省、民族大省，在推进高质量发展的过程中，青海明确了打造生态文明高地、建设产业"四地"的目标定位，在实践中依托自身资源禀赋，积极推动产业升级与转型，利用科技进行创新和成果转化，努力实现经济健康发展。与此同时社会主义精神强调以人民为中心的发展思想，这体现了社会主义方向的本质要求。青海高质量发展的过程中，始终把人民放在最高位置，通过巩固拓展脱贫攻坚成果、全面推进乡村振兴等措施，持续增进民生福祉；通过办好群众关心的教育、就业、医疗等民生实事，最大限度增强基本公共服务的均衡性和可及性，用好国家帮扶政策和东西部协作、对口支援机制，更好实现农牧民增收，不断提升群众获得感、幸福感、安全感。团结是最强的力量，作为民族大省，青海始终注重民族团结和社会稳定，通过加强民族团结教育、推进社会治理创新等措施，不断巩固和发展和谐稳定的社会局面。

四、以"两弹一星"精神体现的科学精神激发青海高质量发展新动能

科学精神是一种追求真理、勇于探索、开拓创新、包容协作的精神，它是推动科学进步和社会发展的重要力量，也是人类文明进步的重要标志。"两弹一星"精神中的奋斗与创新品质集中体现了科学精神，体现了中国人民自立自强、勇于探索、敢于创新的精神风貌。新时代青海的高质量发展离不开科技的加持，首先可以用科

技创新驱动发展，深入实施创新驱动发展战略，加强科技创新平台建设，为高质量发展提供有力支撑。例如，聚焦盐湖化工、新能源、新材料、智能制造等领域的产业创新需求，组织关键核心技术攻关，强化科技成果转化，培育科技创新平台，壮大企业科技创新主体规模，优化科技创新生态。其次用科技创新引领绿色发展，坚持绿色发展理念，将科技创新与生态文明建设紧密结合，发展绿色低碳产业。比如依托盐湖资源禀赋，通过连续不断地科技创新与突破，大力推进盐湖资源综合开发与利用，将资源优势转化为产业优势；在新能源领域推广使用光伏、风电等清洁能源技术，推动能源生产和消费革命。再者利用科技培育战略性新兴产业，青海依托自身资源禀赋和产业基础，积极发展战略性新兴产业。例如大力发展光伏、风电、锂电和氢能等新能源技术，加强产业链建设和优化，促进光伏制造、锂电储能等产业链条协同发展。同时，还抢抓全球智能算力需求激增和国家一体化算力体系建设的重大机遇，主动融入"东数西算"布局，推动大模型产业落地。最后利用科技创新人才培养，加强科技人才队伍建设。实现高质量发展，人才是第一资源，人才是创新的关键，只有培养出更多有创新意识、创新能力的人才，未来才会立于不败之地。当前，各类人才，特别是科技人才在数量和质量上的不足是限制青海高质量发展的一个较大的阻碍，我们应该从"两弹一星"事业培养和发现人才的经验、方法中找到思路，制定人才战略，在参与国家战略的实践中发现、吸引、培养各种人才。比如强化实践锻炼与产学研合作，再比如通过实施人才强省战略吸引更多优秀人才投身科技创新事业，为青海的经济社会高质量发展提供强有力的科技支撑和人才保障。

展望未来，青海的高质量发展之路依然充满挑战和机遇，但有了"两弹一星"精神的照耀和指引，青海人民将更加充满信心和力量，将继续秉承这种精神传统，不断创新、勇于突破;将坚持绿色发展理念不动摇，守护好这片蓝天绿地、碧水青山;将紧密团结在一起，共同书写青海高质量发展的新篇章。

"两弹一星"精神融入青少年"筑基"工程的路径研究

——基于《党史学习教育工作条例》的视角

顾华详[①]

　　"两弹一星"精神，是江泽民同志 1999 年 9 月 18 日在表彰为研制"两弹一星"作出突出贡献的科技专家大会上首次提出的，是中国共产党人精神谱系的重要组成部分，是突破关键核心技术的精神动力。党的十八大以来，习近平总书记多次重申"两弹一星"精神的时代价值，强调"'两弹一星'精神激励和鼓舞了几代人，是中华民族的宝贵精神财富"。以"热爱祖国、无私奉献，自力更生、艰苦奋斗，大力协同、勇于登攀"为内涵的"两弹一星"精神，是伟大建党精神的重要组成部分。党的二十大报告要求"弘扬以伟大建党精神为源头的中国共产党人精神谱系，用好红色资源，深入开展社会主义核心价值观宣传教育，深化爱国主义、集体主义、社会主义教育，着力培养担当民族复兴大任的时代新人"。切实用社会主义核心价值观铸魂育人，推动理想信念教育常态化制度化，把社会主义核心价值观融入法治建设、融入社会发展、融入日常生活。坚持将"两弹一星"精神融入青少年"筑基"工程，不仅能从党的事业后继有人的大局出发，深入落实立德树人根本任务，也能为坚持不懈用习近平新时代中国特色社会主义思想凝心铸魂注入新动能。

　　"两弹一星"（核弹、导弹、人造卫星）是 20 世纪五六十年代，中华民族创建的辉煌伟业，奠定了中国在世界上有重要影响的大国地位，有力保卫了国家安全，维护了世界和平稳定。我国于 1964 年 10 月 16 日，成功爆炸第一颗原子弹；1966 年 10 月 27 日，成功飞行爆炸第一颗装有核弹头的地地导弹；1967 年 6 月 17 日，空爆试验成功第一颗氢弹；1970 年 4 月 24 日，成功发射第一颗人造卫星。在攀登现代

[①]　作者系中共新疆维吾尔自治区委员会党史和文献研究院副院长。

科技高峰的征途中，我国在极其艰难的条件下、在极短的时间内，集中创造了世界上独一无二的非凡的人间奇迹。当时，正值中华人民共和国成立之初，在面临西方国家的政治上孤立、经济上制裁、贸易上封锁、军事上威胁的严峻形势下，为抵制帝国主义的核讹诈，以毛泽东同志为核心的第一代党中央领导集体，果断作出了独立自主研制"两弹一星"的重大战略决策，制定并完成了《1956—1967年科学技术发展远景规划纲要》。中华民族充分发扬了高度热爱祖国的赤子精神、无私奉献的献身精神、自力更生的拼搏精神、艰苦奋斗的创业精神、大力协同的合作精神、勇于登攀的创新精神，独立自主突破了原子弹和氢弹、导弹和人造地球卫星等世界尖端技术，取得了举世瞩目的辉煌成就，并且在实践中孕育形成了中华民族的宝贵精神财富——"两弹一星"精神。1999年党中央明确阐释"两弹一星"精神的核心要义。"两弹一星"精神是中国共产党人精神谱系的重要组成部分，是伟大建党精神和科学精神在独立自主、强国建设上的集中体现，是科技强国的精神指引。

"两弹一星"精神中蕴含着深厚而丰富的立德树人、"筑基"铸魂的思想政治教育元素，是培养青少年热爱祖国、爱岗敬业、艰苦奋斗、自强不息、团结协作、勇于创新的重要思想政治教育资源，在落实习近平总书记专门强调的"特别是要深入推进青少年'筑基'工程"的实践中具有十分重要的教育作用。培养社会主义事业的后继之人，实现第二个百年奋斗目标，以中国式现代化推进强国建设、民族复兴，必须抓好立德树人这个根本任务的深入落实，特别是扎实推进青少年"筑基"工程，尤其需要"两弹一星"精神在教育领域的深度赓续与大力弘扬。学校是国家培养人才的重要阵地，大中小幼教育应认真全面贯彻落实《党史学习教育工作条例》（以下简称《党史条例》），应秉承立德树人的教育理念，扎实肩负起推进青少年"筑基"工程的政治责任，充分而深入挖掘包括"马兰精神"在内的"两弹一星"精神中所蕴含的立德树人元素，教育引导青少年从小立大志报效祖国，甘愿"干惊天动地事、做隐姓埋名人"，知难而进，奋力求新，为国铸剑，确保任何时候都要将祖国的发展和安全牢牢掌握在自己手中；应持续深入夯实青少年热爱祖国、无私奉献的精神；赓续自力更生、艰苦奋斗的精神；弘扬大力协同、勇于登攀的精神，为国家和民族培养大批品学兼优、德才兼备的高质量高素质人才，确保强国建设和实现中华民族伟大复兴的伟业后继有人。

一、"两弹一星"精神是扎实推进青少年"筑基"工程的不竭动力

（一）实施青少年"筑基"工程，培养艰苦创业精神，离不开"两弹一星"精神的教育激励

厚植历史内涵，以伟大建党精神引领青少年"筑基"工程的扎实推进。包括"两弹一星"精神在内的伟大建党精神，是引领全党全国人民坚持独立自主、自力更生，坚持道不变、志不改，既不走封闭僵化的老路，也不走改旗易帜的邪路，坚持把国家和民族发展放在自己力量的基点上，坚持把中国发展进步的命运牢牢掌握在自己手中，实现第一个百年奋斗目标，并继续引领全国各族人民全面建成社会主义现代化强国，实现第二个百年奋斗目标，以中国式现代化全面推进中华民族伟大复兴的强大精神动力。因此，毫无疑问，"两弹一星"精神是培养新时代大国良师、德智体美劳全面发展的社会主义建设者和接班人，加快教育强国建设的重要精神动力。坚持用党的创新理论教育各族青少年，是我们党百余年来形成的光荣传统，是我们党从胜利走向胜利的宝贵经验。学校要立德树人，教师要当好大先生，不仅要注重提高学生的知识文化素养，更要上好思政课，教育引导学生明德知耻，践行社会主义核心价值观，立报国强国大志向，努力成为堪当强国建设、民族复兴大任的栋梁之材。"两弹一星"精神与伟大建党精神一脉相承，是伟大建党精神在社会主义革命和建设时期、改革开放和社会主义现代化建设新时期以及中国特色社会主义新时代极其重要的生动实践，更是教育引导青少年从小树立强烈的报国之志，自觉把个人的理想与祖国的命运、强国建设紧紧联系在一起，把个人的志向与民族复兴伟业紧紧联系在一起的核心内容。重视"两弹一星"精神的育人价值，并将其融入青少年思想政治教育教学之中，用红色基因培根铸魂育人，可以有效提高青少年思想政治教育的亲和力和针对性，助力"筑基"铸魂、立德树人根本任务的实现。《党史条例》第 6 条"抓好青少年党史学习教育工作"；第 12 条"用好学校思想政治理论课渠道，推进大中小学思想政治教育一体化建设，推动党史进教材、进课堂、进头脑，发挥党史立德树人的重要作用"等具体规定，为深入扎实推进青少年"筑基"工程，推进中国特色社会主义新时代学校思想政治教育和在全国青少年心中铸牢中华民族共同体意识指明了主攻方向、明确了主要任务，也提供了党内法规依据。因此，全方位深入扎实推进青少年"筑基"工程，必须坚持以"两弹一星"精神为指导解决实际问题，即必须坚持举旗定向明确"筑基"铸魂育人的战略方位，凝心聚力明确"筑基"

铸魂育人的目标任务,系统思维明确"筑基"铸魂育人的科学方法,坚定不移扛起"筑基"铸魂育人的责任担当,坚持对标新时代好青少年的要求"筑基"铸魂立德树人,弘扬时代新风尚凝心"筑基"润心化人,建立常态长效新机制"筑基"潜移默化育人,构建多方联动新体系"筑基"协同育人,打造科技赋能的"筑基"创新育人的新格局,深度激发立德树人的深厚力量,持续加强"筑基"铸魂育人的队伍力量,确保在坚持以人民为中心的教育过程中,不断加快建设高质量的思想政治教育工作体系,持续培养出德智体美劳全面发展的社会主义建设者和接班人。

（二）实施青少年"筑基"工程,培养爱国情怀,离不开"两弹一星"精神的引领熏陶

坚持用好"两弹一星"精神这一重要红色资源深化青少年的爱国主义教育,着力培养担当民族复兴大任的时代新人尤为重要。美、西方敌对势力肆意干涉主权国家内政,惯用民族、宗教、人权等话题,千方百计炒作、谋划"西化""分化""颜色革命"等阴谋活动,恐怖主义、分裂主义和极端主义"三股势力"的阴霾挥之不去,单边主义横行、民粹主义抬头,特别是长期以来,境外宗教渗透通过影响国民信仰取向、敌对势力人为干预和解构主流价值取向等方式对我国政治安全、文化安全和网络安全等领域产生了较大影响,挑战社会主义意识形态的主导地位。其上述种种阴谋活动的主要目的,就是针对我国青少年实施意识形态领域的渗透,动摇并直至摧毁我国青少年一代的理想信念,颠覆中国共产党的领导和社会主义制度,从而达到其对我国实施"西化""分化"和"颜色革命"的目的,其险恶目的就是直接遏制我国社会主义现代化国家的全面建设、中华民族伟大复兴的全面推进,并持续深入影响全球的和平稳定与合作发展。党中央坚持从治国理政、实现中华民族伟大复兴的战略层面精准谋划和深入推进学校思想政治工作。党的二十大报告提出"青年强,则国家强"的观点,要求"全党要把青年工作作为战略性工作来抓,用党的科学理论武装青年,用党的初心使命感召青年,做青年朋友的知心人、青年工作的热心人、青年群众的引路人"。"热爱祖国的赤子精神"是"两弹一星"精神的首要表达,是应对美西方敌对势力干扰破坏最有力的措施。学校教育必须坚持引导青少年广泛深入践行社会主义核心价值观,用社会主义核心价值观凝聚人心、汇聚"新时代好青年"的强大力量,这是应对当今世界百年未有之大变局激荡不安的战略措施。因此,扎实深入推进青少年"筑基"工程,必须坚持弘扬包括"两弹一星"精神在内的以

伟大建党精神为源头的中国共产党人精神谱系，深入开展社会主义核心价值观宣传教育。

学校应坚持用"两弹一星"精神强化青少年的思想道德教育。进一步明确培养什么人、怎样培养人、为谁培养人的根本问题，聚焦"两弹一星"精神坚定青少年的理想信念，培养其政治认同感，锤炼青少年的意志；培育青少年的历史主动精神，夯实"四个自信"，引领其敢于斗争、善于斗争，为青少年强化使命担当树立榜样。特别是我国长期处于和平发展之中，更要教育青少年铭记支撑中华民族屹立不倒的民族精神。坚持弘扬伟大建党精神，学校更要按照《党史条例》的规定，加强用"两弹一星"精神涵养化育青少年，增强历练其爱国主义、集体主义、社会主义精神和科学精神的教育教学实践，强化理想信念的精神指引，注重榜样效能的力量激励。抓牢课堂教书育人的主渠道、兼顾社会大课堂的善用、积极抢占网络新阵地，齐心协力培养坚定不移听党话、跟党走，立志做有理想、肯奋斗、能吃苦、敢担当、本领过硬，既敢想敢为又善作善成，既怀抱梦想又脚踏实地的新时代好青少年。铸就"两弹一星"精神的实践向度，实施青少年"筑基"工程，应找准着眼点，弘扬伟大建党精神谱系，传承红色基因，赓续红色血脉；抓好关键点，坚定文化自信自强，推动红色文化创新发展；加强着力点，聚焦网络空间助推"两弹一星"精神的弘扬传播。

（三）实施青少年"筑基"工程，践行伟大建党精神，离不开"两弹一星"精神这个重要的动力源

弘扬"两弹一星"精神是坚持运用马克思主义基本原理优化立德树人的有效措施。"两弹一星"精神集中体现了中国人民独立自主、自力更生、艰苦奋斗、勇往直前的精神风貌。"两弹一星"精神不仅是中国科技发展的宝贵财富，更是聚焦青少年工作的战略性任务，引领青少年坚定人民立场、勇于担当、厚植家国情怀，实现中华民族伟大复兴的强大精神力量。必须坚持掌握思想教育，明确青少年"筑基"工程的战略方位，加强党对教育的全面领导，坚持不懈用习近平新时代中国特色社会主义思想凝心铸魂，坚定正确的政治方向是青少年"筑基"工程第一位的工作。坚持运用马克思列宁主义的普遍原理促进教育事业发展，明确实施青少年"筑基"工程的科学方法，教育引导每一个青少年都要积极响应党的号召、听从祖国召唤，继续传承弘扬"两弹一星"精神，让其焕发出更加璀璨的光芒。构建多方联动新体系，

全领域推动"大思政工作",弘扬"两弹一星"精神,用党的创新理论凝心铸魂"筑基",引领青少年崇德向善,赓续和弘扬爱党爱国光荣传统、激励创新发展,增强国家凝聚力、塑造民族精神,确保对标好青少年的要求,"筑基"铸魂、立德树人。坚持传承红色基因,培育时代新人,聚焦培养一代又一代德智体美劳全面发展的社会主义建设者和接班人,将中华优秀传统文化、优秀革命传统转化为新时代筑基铸魂育人的宝贵财富,通过学习"干惊天动地事,做隐姓埋名人"的"两弹一星"先进人物的功勋事迹,引领广大青少年心怀党恩,树立坚定的理想信念,永远听党话、跟党走,矢志奉献国家和人民,立志成为堪当民族复兴大任的时代新人,锻造一代又一代在社会主义现代化建设中可堪大用、能担重任的栋梁之材,确保党的事业和社会主义现代化强国建设后继有人。

二、应重视解决好将"两弹一星"精神融入青少年"筑基"工程面临的现实问题

党中央历来高度重视和持续深入推进思政课建设。近年来,学校课程的思政建设成绩斐然,逐渐形成并健全了多维的课程思政制度体系,思政课程与课程思政协同育人初见成效,不断涌现出形式多样的课程思政典型案例。但实践中,仍然面临着一系列亟待解决的现实问题。

(一)教材将"两弹一星"精神融会贯通其中仍有差距

爱国主义教育是落实立德树人根本任务的重要内容之一。"两弹一星"精神是爱国主义教育的最鲜活、最重要的内容之一。"两弹一星"精神,是根植于中华民族发展史上的爱国之情、根植于马克思主义思想中的革命理想、根植于百年奋斗历程里的报国之情,其价值取向体现在立志报国的家国观、自强不息的人生观、敢为人先的世界观,其精神的新时代特质表现为以热爱祖国为根本,以忠诚国家为底蕴,以实干笃行为表征。青少年阶段是其世界观、人生观、价值观形成的重要时期。在全国大中小学思政教育中加强"两弹一星"精神的教育,具有重要的育人价值和激励作用,对扎实推进青少年"筑基"工程,培养让青春在全面建设社会主义现代化国家的火热实践中绽放绚丽之花的新时代社会主义建设者和接班人具有十分重要的意义。贯彻落实《党史条例》,在大中小学思政教育中加强"两弹一星"精神教育,有必要将"两弹一星"精神的内容纳入全国大中小幼的思政教育,加强教材建设,明确教学目标要求,用好"两弹一星"精神的历史经验和实践创造,启迪青少年的智慧、砥砺其品格。

（二）教师拘泥于传统的教育教学经验，育人方法创新不足

针对青少年的思政教育工作，传统内容缺乏新思路新方法。主要是教师与时俱进将"两弹一星"精神贯穿于铸牢中华民族共同体意识的教育工作意识与能力还比较欠缺，特别是一些党员教师、领导干部缺乏担当精神，斗争本领不强，实干精神不足，形式主义、官僚主义现象仍较突出，面对一些尖锐敏感问题、涉及深层次理论和实践问题，既讲不清楚也讲不透彻，在思想的正面"交锋"方面，一些教师往往成为"逃兵"，致使立德树人的主要任务落实不到位。教师教书育人的意识和能力有待继续提高，特别是一些教师人为地将学业教育教学与思想政治教育割裂开来的问题值得关注，甚至在一些学校还比较突出，非思政课教师将学科教学与思政教学相融合视为普遍性的"难题"，主观上的排斥性比较明显，即只习惯于"教书"，不习惯于"育人"；客观上存在教学研究力度不到位、思路有局限性，缺乏"大思政课"的意识，导致课程思政的教学效果不理想。教师自觉将学科教育教学与思想政治教育紧密结合起来，做到在学科教育教学中深度融入思想政治教育的能力普遍亟待提高。习近平总书记专门强调："学校是意识形态工作的前沿阵地，可不是一个象牙之塔，也不是一个桃花源。"毫无疑问，思政课是落实立德树人根本任务的关键课程，教师是做好思想政治教育工作的关键，解决教师乐为、敢为、有为的问题，充分调动其积极性、主动性、创造性，是关键之关键。

（三）学校在理论与实践结合上的指导和评价能力仍有待加强

思政课程与课程思政的指导思想、施教方法、评价标准、工作措施、制度规范等亟待建立健全。在大中小幼教育教学中，落实立德树人根本任务方面的指导和评价仍然有一定的差距，特别是有些地方教育行政管理部门和学校对思政教育的重要性认识还不够到位，学校党团组织和教师弘扬伟大建党精神，传承红色基因，赓续红色血脉，用党的历史教育、启迪、感化、鼓舞青少年的工作还有许多不足；教育行政管理部门和学校指导、评价思想政治教育工作成效的方法、能力都亟待提高；理论与实践相结合的科研工作亟待相关政策措施的深入推进。教师思政教学和科研能力的培养工作短板还比较突出，思政课程和课程思政两方面的教师队伍结构都亟待优化，教师既能"教书"又能"育人"的整体素质亟待提升。各类思政课程与课程思政建设的协同效应还有待增强，学校、家庭、社会协同推动思政课程建设的合力还不到位，全社会关心支持"大思政课"建设的氛围还不浓厚。青少年思政教育的工作指导、考核评价、奖惩制度、体制机制等，都还有待完善，工作推进的支持体系有待健全，大中小幼思政工作一体化建设需要进一步深化。因此，大中小幼教育教学的指导和评价，目前应坚持聚焦党内法规特别是《党史条例》中规定的"抓好青少年党史学习教育工作"的要求，指导学校和教师牢牢把握住"做青年朋友的知心人、青年工作的热心人、青年群众的引路人"的战略部署和实践要求，强化工作绩效考核和政治巡察，切实履行好扎实推进青少年"筑基"工程的使命意识，切实引领青少年从"两弹一星"精神中汲取智慧和力量，弘扬"热爱祖国、无私奉献，自力更生、艰苦奋斗，大力协同、勇于登攀"的精神品格，赓续爱党爱国的光荣传统。

三、健全"两弹一星"精神融入青少年"筑基"工程的实施路径探讨

（一）加强学校爱国主义课程建设，创新教材内容形式，增强融入的影响力与针对性

谋划上要统筹。强化青少年"两弹一星"精神中的"热爱祖国、无私奉献"教育，必须注重体现教育教学改革的系统性、整体性、协同性，统筹推进教书与育人在重要领域和关键环节的改革。深化青少年思想政治教育综合改革是一项攻治性强、涉及面广、要求高、任务重、难度大的系统工程，每一项改革都要与教育教学改革配套衔接。因此，必须坚持统筹谋划好思政教育综合改革中的政策设计、制度创新、育人要求和工作安排。必须引导学校和教师坚持从党的事业"后继有人这个根本大计"、从培养德智体美劳全面发展的社会主义建设者和接班人、从以人民为中心发展教育和办好人民满意的教育的要求出发，坚持整体谋划、全面布局、协同推进，科学设计好改革的政策方向和思路举措。正确处理好育人工作体制改革、教育工作日常发展和教学科研等的关系，做到既立足当前，又兼顾长远，着眼于用"两弹一星"精神"筑基"铸魂育人的关键领域和薄弱环节，推动青少年思政教育工作高质量发展。

环节上要统筹。强化青少年的"自力更生、艰苦奋斗"教育，必须旗帜鲜明地教育并引导青少年深刻认识到，一百年来，党领导人民浴血奋战、百折不挠，创造了新民主主义革命的伟大成就；自力更生、艰苦奋斗，创造了社会主义革命和建设的伟大成就。作为有机整体的课程、教学、考试、评价等诸多环节，只有抓好思想政治教育中关键环节的改革，增强改革的创新性和衔接性，才能有效提高运用"两

弹一星"精神扎实推进"筑基"铸魂育人的水平和质量。为此，应重视落实《党史学习教育工作条例》的规定，在日常教育教学工作中，坚持教育引导青少年牢记中国共产党是什么、要干什么这个根本问题，把握历史发展大势，坚定理想信念，牢记初心使命，始终谦虚谨慎、不骄不躁、艰苦奋斗，从伟大胜利中激发奋进力量，从弯路挫折中吸取历史教训，不为任何风险所惧，不为任何干扰所惑，绝不在根本性问题上出现颠覆性错误，以咬定青山不放松的执着奋力实现既定目标，以行百里者半九十的清醒不懈推进中华民族伟大复兴，切实强化青少年"自力更生、艰苦奋斗"的意识与能力，并提高课堂教学效率与质量。重视教考衔接、强化实践历练，切实发挥考试的诊断反馈和实践的检验作用，有针对性做好困难青少年的辅导帮扶工作。完善教育质量评价，有效引领和改进教书育人工作。

途径上要统筹。强化青少年的"大力协同、勇于登攀"教育，必须有社会各界共同支持和参与，构建起各方协同、共同发力、全链条的工作机制，为青少年"筑基"工程的扎实推进创造更加有利的条件。思想政治教育是全党全社会的事业，需要党组织、学校、家庭、社会密切配合。为此，应坚持统筹家庭、学校、社会等多种育人途径，广泛凝聚各方面的改革共识和有效资源，共同推进青少年的"两弹一星"精神教育，共同培育青少年"大力协同、勇于登攀"的意识与能力。重视强化学校教育的主阵地作用，全面系统提升学校的育人能力和服务能力。充分发挥好"大思政课"的重要作用，统筹利用"五老"、红色文化及丰富多样的社会教育资源，丰富青少年的实践途径，促进知行合一，深化立德树人工作。

"两弹一星"精神融入课程体系，优化课程内容。加强大中小幼教材建设和管理，应明确"筑基"工程的战略方位，重视将"两弹一星"精神深刻融入各类各科课程体系之中，充分体现出"三全育人"的要求，确保加强党对青少年思想政治教育工作的全面领导。教材内容应坚持突出马列主义基本原理的运用，突出"两弹一星"精神对立德树人、"筑基"铸魂育人有效措施的优化。应进一步加强"两弹一星"精神融入各级各类教材建设和管理的顶层设计，坚持强化弘扬"两弹一星"精神育人理念：各级各类课程教师必须结合所教授的课程，讲好"两弹一星"精神的红色文化历史故事；坚持深化弘扬"两弹一星"精神的教育教学内容：增强"两弹一星"精神的红色文化基地打造；坚持细化弘扬"两弹一星"精神的形式创新：增强"两弹一星"精神的红色文化传播平台建设，持续深化和丰富各级各类学校新时代弘扬"两弹一星"精神的教育教学实践，引领和促进青少年个体自觉弘扬"两弹一星"精神，不断增强国家和民族凝聚力。

（二）系统整合思政育人资源，利用现代信息技术丰富融入的方式方法，促进"三全育人"协同发展

进一步优化分类"两弹一星"精神的教育。面对新形势、新机遇、新挑战，各级各类学校应深刻领悟习近平总书记关于教育的重要论述，牢牢把握"培养什么人、怎样培养人、为谁培养人"这一根本问题，充分发挥党建引领作用，提振育人的责任意识，坚持把立德树人贯穿基础教育、职业教育、高等教育各领域，从青少年的成长和发展规律出发，以不同学段的教育教学对象的特点和教学目标为依据，加强"两弹一星"精神教育，科学创新思政教育模式，夯实思政教育创新基础，丰富思政教育创新实践，明确实践教学工作要求，努力培养担当民族复兴大任的时代新人。高等院校应注重将"两弹一星"精神融入思政课之中，从学校到学科专业进行多维度契合新时代马克思主义中国化实践教学要求的创新探索，助力落实立德树人根本任务、培养栋梁之材，努力在坚持不懈传播马克思主义科学理论的教育教学实践中，不断提升思政课教师的马克思主义理论素养和联系青年思想实际开展思政教育的能力，结合专业理论与实践的学习，把握好深学细悟马克思主义基本理论、世界观和方法论的重要途径，逐步感悟马克思主义真理的力量，夯实青年学子的马克思主义理论功底，并坚持党建与专业教育教学成效深度融合，深化党建带学风、带团建、带科研、带就业创业，不断提高青年的德才素质。中等职业教育和中小学思政教育中，都应加强"两弹一星"精神教育，从小就把"两弹一星"精神理念根植于青少年心灵深处，不断增强他们的家国情怀和做中国人的志气、骨气、底气。爱国主义教育是落实立德树人根本任务的内在要求，加强中职和中小学生有关"两弹一星"人物故事和精神等的基本认知，是升华青少年爱国主义、集体主义情感，促进其形成高尚的"三观"的必教必学内容，各类学校应从当地实际出发，充分发挥本土伟大精神对青少年的育人价值和功能，探索建立完善的养成教育实施与评价体系，结合红色文化，提高"两弹一星"精神教育的目的性和针对性。也应注重将"两弹一星"精神通过线上授课的方式，常态化地融入广大青少年的理想信念教育之中，特别是要重视通过高校科研活动融入理想信念教育、通过中职和中小学师生的教育教学和日常实践活动，将"两弹一星"精神教育融入"筑基"铸魂育人的理想信念教育之中，

切实做到常态化制度化。

（三）提高教师实施"筑基"工程的实践能力，注重师生由"知"到"行"的转化激励，提升师教生学的积极性与主动性

加强师资队伍建设，提高专业教师自觉将"两弹一星"精神融入课程思政的政治素养与教育教学能力。加强青少年"筑基"工程的教师队伍建设，做好青少年的思想政治教育工作，教师要重视解决好青少年的理想信念问题；情怀要深，积极引导青少年立德成人、立志成才、报效国家；思维要新，引导并教会青少年科学的思维；视野要广，重视拓宽自己的国际视野，善于运用国内外的真实情况通过比较分析解答青少年的疑惑；自律要严，教师对自己的要求要严格；人格要正，有人格，才有吸引力。为此，必须强化教师忠诚党的教育事业的意识与能力，自觉聚焦青少年工作的战略性任务，完善思想政治教育工作体系，进一步把握方式方法，扩大外延内涵，在涵养对党忠诚的大德中弘扬"两弹一星"精神、在实现科技自立自强中弘扬"两弹一星"精神、在担当民族复兴大任中弘扬"两弹一星"精神，教师要自觉以教育家的标准要求自己，坚定树立"心有大我、至诚报国"的理想信念，"言为士则、行为世范"的道德情操，"启智润心、因材施教"的育人智慧，"勤学笃行、求是创新"的躬耕态度，"乐教爱生、甘于奉献"的仁爱之心，"胸怀天下、以文化人"的弘道追求；教书育人要自觉做到立德、立功、立言，安教、乐教、善教，爱心、耐心、恒心，热情、激情、共情，确保落实好立德树人、"筑基"铸魂的根本任务。

（四）构建将"两弹一星"精神融入课程思政的合理评价体系，突出评价机制影响耦合的效果和质量

持续推进和优化大中小学思想政治教育一体化建设。青少年是最活跃的群体，将"两弹一星"精神融入课程思政，必须坚持按照《党史条例》的要求，用社会主义核心价值观铸魂育人，完善思想政治工作体系，持续抓好党史、新中国史、改革开放史、社会主义发展史的宣传教育，把"热爱祖国、无私奉献，自力更生、艰苦奋斗，大力协同、勇于登攀"的"两弹一星"精神贯穿大中小学思想政治教育一体化的全过程，切实落实好推动理想信念教育常态化制度化的各项要求，引导青少年知史爱党、知史爱国，不断坚定中国特色社会主义共同理想。构建将"两弹一星"精神融入课程思政的合理评价体系，评价机制影响耦合的效果和质量，必须坚持评价体系、评价机制的政治性和学理性相统一，政治引导是"两弹一星"精神融入课

程思政的基本功能，因此，应强调评价体系、评价机制的政治引导功能，突出"两弹一星"精神的课程思政以透彻的学理分析回应青少年。马克思在《〈黑格尔法哲学批判〉导言》中明确指出："理论只要彻底，就能说服人。"因此，教师应坚持以彻底的思想理论和实际行动的成果说服青少年，用真理的强大力量引导青少年。实践中应注意不能用学理性弱化政治性，在大中小学讲授"两弹一星"的故事或者历史，都要体现强烈的政治引导功能。必须坚持价值性和知识性相统一，在知识传授中潜移默化地塑造青少年的价值观。在讲授"两弹一星"精神时，应注重引导青少年传承中华民族气节、崇尚英雄气概，引导青少年学习英雄、铭记英雄，自觉反对数典忘祖、妄自菲薄的历史虚无主义行为，积极提升精神境界、涵养浩然正气、激励担当勇为的品行。必须坚持建设性和批判性相统一，建设性是"两弹一星"精神融入课程思政的根本。任何社会任何时期都存在各种问题，因此，应重视教育引导青少年正确看待、辩证认识、理性分析现实问题，辨明大是大非、真假黑白，坚持在传播马克思主义立场、观点、方法的基础上用好批判的武器，直面各种错误观点和思潮，旗帜鲜明地进行剖析和批判。必须坚持主导性和主体性相统一、坚持灌输性和启发性相统一、坚持显性教育和隐性教育相统一、坚持理论性和实践性相统一、坚持统一性和多样性相统一，具体落实和评价工作都要因地制宜、因时制宜，结合实际把理论性和实践性、统一性和多样性相统一的要求落实好，引导教师积极探索不同方法和路径，鼓励通过多种方式实现思政教育的教学目标。

"两弹一星"精神是中国建设史上具有开创性的重大战略决策，对中国国防战略和经济社会发展产生了重大而深远的影响。"两弹一星"精神是特殊时期的国家战略，虽已为历史，但其给全国人民留下的是难以磨灭的深刻记忆和无穷的精神力量。"两弹一星"精神是党史、国史上的重要内容，也是社会主义现代化建设进程中的重要组成部分，蕴含着丰富的思政教育资源，一定要挖掘好、运用好。"两弹一星"精神研究是中国史研究的一座富矿，党史研究工作者应该以铸牢中华民族共同体意识为主线，以"时时放心不下"的责任感，抓实抓好挖掘整理、研究阐释等工作，不断发掘其对当前推进和拓展中国式现代化的历史借鉴意义，持续推出更多重量级的思政教育成果，为总结中国式现代化建设的历史经验服务，为传承红色基因贡献党史研究的力量。新时代的教育家，应该自觉弘扬"两弹一星"精神，以坚定的政治勇气、强烈的责任担当，科学解答新时代为什么要着眼于后继有人这个根本大计，持续深入落实立德树人根本任务，特别是要扎实推进青少年"筑基"工程，为中国式现代化源源不断培育输送社会主义事业的合格接班人。

新闻传媒界代表发言

从新媒体传播角度看"两弹一星"精神的传承与弘扬

郑嵘 [1]

"两弹一星"精神是爱国主义、集体主义、社会主义精神和科学精神的生动体现，是中国几代科研工作者淬炼铸就的精神财富和坚强支柱。它的内涵是高举爱国主义旗帜，胸怀强烈的报国之志，自觉把个人理想与祖国命运紧紧联系在一起，把个人志向与民族复兴紧紧联系在一起的高尚情操。

随着互联网新媒体平台的发展，"两弹一星"精神也日渐成为网络传播的重大题材，尤其是在新一代网民中越来越受关注。结合互联网新媒体的传播规律和新趋势，我们初步观察分析了"两弹一星"精神在网络平台传播的现状、特点，并提出了一些不太成熟的思考，作为新时代传承与弘扬"两弹一星"精神这一重大课题的粗浅建议。

一、互联网平台"两弹一星"精神相关内容及现状

（一）创作发布和搜索量呈现双增长态势

我们观察了近期在网络平台的相关数据，有关"两弹一星"的内容搜索量是逐步在增加的，这就倒推出两个重要的信息：一是相关内容的拍摄和发布量在增加；二是网友主动搜索"两弹一星"相关内容的需求在增加。

综合分析，创作发布和搜索量呈现双增长态势。

内容质量分值一般，搜索传播指数走势高涨。网络内容的增加为进一步传播打下了基础，以"两弹一星"及相关名称注册的账号主体数量众多，正在形成除主流官方媒体之外的传播生力军。

---

① 作者系抖音总经理。

（二）海北州红色旅游认可度正在追赶传统文旅内容

我们在网络搜索分析"两弹一星"精神相关内容的同时，增加了一组对比数据，结合"中国原子城"海晏县所在地金银滩的文化元素，我们同步搜索了"王洛宾"及其相关主题词，通过对比发现，红色旅游认可度正在追赶海北传统的文旅品牌资源，尤其是在网络平台和新一代网民群体中是非常明显的变化。

二、"两弹一星"网络呈现内容的特点分析

（一）传播加速，搜索倍增

从网络内容和搜索增加可以看出，近几年"两弹一星"主题相关内容呈现加速上升的趋势，尤其是社交媒体突飞猛进的这几年，一些互联网媒体的出现也就是近十年的时间。但是从传播指数内容分值不高可以分析得出，相关内容的质量不够精良，点赞、评论、转发不足。

（二）年轻一代网民对红色文化的接受度正在逐步增加

在传播指数中可以清晰地看出 18 岁到 40 岁之间的网民占到了一半，也就是"80""90""00"后对红色文化、红色研学的接受度正在逐步增加，这从另一个侧面反映出文化自信正随着中国国力的增强得到相对应的正向提升。

三、网络平台传承与弘扬"两弹一星"精神的一点建议

（一）官方进一步主动作为，高质量、权威性的阐释、发布相关网络作品

首先从互联网内容正在逐步增加，但是内容质量不够的角度建议，海北州有关"两弹一星"的纪念馆、州宣传文化旅游等机构可以制作发布一批精良的网络作品，供更多网民观看、搜索、传播。

（二）进一步形成与网民的持续共鸣，线下线上增强互动性

从互联网作品的评论中可以看出，大量的网民，尤其是到过海北原子城的年轻一代会用"震撼、感动、难忘"等字眼描述"两弹一星"精神对他们的教育。也由此启发我们，将来的"两弹一星"精神弘扬与传播应当继续注重线下线上相结合，作品与受众之间有效互动的形式，使得"两弹一星"精神感动、教育更多网民尤其是青少年一代，在网络空间持续形成精神气场。

融合传播：让红色基因更具时代穿透力

李夫成 [①]

如何让红色故事好听好看、历久弥新，始终是主流媒体必须回答好的课题。媒体融合纵深发展，为传承红色基因提供了新质力量。但同时也需要不断强化策划、内涵、传播建设，着力破解内容和形式相对"老套"的问题，让红色基因具有更强的时代穿透力。

一、突出红色硬核抓策划，扩大有品格有意蕴的红色品牌知名度

一是紧扣关键节点。我们曾在庆祝中华人民共和国成立 70 周年、庆祝中国共产党成立 100 周年等关键节点，紧扣主题主线系统性推出各类型产品，形成梯次推进、疏密有致的宣传态势，让红色始终成为宣传主基调。2024 年是纪念"两弹一星"精神提出 25 周年，我们精心策划创作了三集广播连续剧《永怀不忘》，深情讲述以郭永怀为代表的老一辈科学家隐姓埋名、矢志报国的感人故事。二是挖掘地域特色。我们始终立足青海红色资源，让红色故事从抽象的历史变成受众喜闻乐见的好节目。先后策划推出《铸剑昆仑》《定昆仑》《班玛红军往事》《烽烟铁骑》《爱国志士》等汉藏语纪录片、《坚守可可西里》《一江清水向东流》等广播剧，《致敬红色地标》《高地海北》《中国共产党人精神谱系》等汉藏语专题节目，《说不尽的祁连山·红色篇》《高原先锋》等系列报道，让红色文化根植江源、赓续传承。三是强化跨域合作。我们与兄弟台合作推出录音报道《我和我的党支部》《我家住在解放路》和系列短视频《红色经典我来读》，打造融汇百味的"红色盛宴"。我们还将在策划上努力精进提高，采取小切口、小故事、有细节、有特色的内容和方式，创作更多"化厚重于无形、变宏大为精巧"的精品力作，更有力地阐明马克思主义为什么行，中国共产党为什

---

① 作者系青海广播电视台副台长、总编辑。

么能，中国特色社会主义为什么好。

二、坚持守正创新优内涵，提升有品质有价值的红色作品关注度

一要内容创新。讲好红色故事，内容创新是根本。我们已策划播出《手语微党课》网络直播，使听障人士也能第一时间学习"五史"；精心制作超文本标记语言第五版（H5）《一张船票穿越百年青海》，获得了很好的社会反响。二要表达创新。多种表达符号的叠加呈现，可以带给受众更广阔的审美空间。安多藏语卫视策划推出"重温建党初心"百部短视频《100 年 100 人》，做足"红视频"文章，使红色基因传播的穿透力和影响力显著提升。三要传播创新。传统广播电视在传播上有其局限性，越来越多受众更喜欢短视频、虚拟现实（VR）、H5、手绘、演播剧等手段。我们积极参加"理想照耀中国"融媒体直播，在青藏公路建设指挥部旧址（将军楼）、海北州原子城、海南州贵德县大史家村等青海"红色地标"诠释中国共产党人精神谱系的时代价值。我们要坚持以事服人、以形动人、以情感人，以"寓教于乐、融学于趣"的传播方式，打造更多多彩化、轻量化、时代化、个性化兼顾的融媒体作品，让受众全方位、全时段沉浸在红色文化中。

三、推进深度融合拓传播，熔炼正能量有内涵的红色故事美誉度

一是传统媒体和新兴媒体优势互补。我们创作推出《弘扬伟大建党精神赓续传承红色基因》情景党课，藏语融媒体节目《赓续精神血脉》，通过微信公众号广泛传播，受众纷纷点赞。二是中央媒体和地方媒体系统联动。我们联合人民日报客户端推出短视频《青海这百年》，配合总台拍摄"薪火相传——全国爱国主义教育基地巡礼"系列纪录片《红旗飘过班玛》《信念如磐》，形成关注热潮。三是内宣和外宣协同推进。我们围绕"中国共产党的故事——习近平新时代中国特色社会主义思想在青海的实践"专题宣介会精心推出 27 条融合作品，在海内外传播平台均取得了不错效果。我们将继续巩固做强主流舆论态势，打造立体多元的红色基因传播平台，拓展更为广阔的红色基因传播空间，实现大小屏、上下层、内外宣双向破壁与功能融通，塑造可亲可敬可爱的中国形象。

传播红色基因，讲好红色故事，在舆论场上必须赢得胜利。主流媒体要扛牢责任担当，深化融合传播，让红色基因传播出彩、出圈、出色，更有力地巩固意识形态，坚定文化自信，弘扬民族品格，振奋时代精神。

让"两弹一星"精神在青年中深入有效传播

吕锐 ①

在这金秋送爽、硕果累累的美好时节，我们齐聚青海，在中国"两弹一星"的故乡共同庆祝中华人民共和国成立 75 周年，缅怀老一辈国防科技工作者在党的指引下，取得的历史性成就。在此庄严而神圣的时刻，伟大的"两弹一星"精神在感召着我们，伟大的民族复兴事业在召唤着我们，新时代中国式现代化建设的波澜壮阔实践在激励着我们。我谨代表中国传媒大学，深感荣幸地与大家分享我们在原子弹诞生地的思考与感悟。

一、提高认识，深刻领悟"两弹一星"精神的时代价值

回望历史长河，中华人民共和国成立后，我们在核讹诈的威胁下，毅然打赢了抗美援朝的立国之战。面对依旧严峻的国际形势和国家安全挑战，以钱学森、邓稼先等为代表的一大批杰出科学家，毅然决然地投身到"两弹一星"的伟大事业中。他们隐姓埋名，艰苦奋斗，用智慧和汗水铸就了国家安全的钢铁长城，更铸就了"热爱祖国、无私奉献，自力更生、艰苦奋斗，大力协同、勇于登攀"的"两弹一星"精神。这种精神，是中国科学家精神的生动写照，是我国科技与国防事业勇攀高峰不断前进的不竭动力。

今天，我们站在新时代新征程的起点上，更要深刻认识到"两弹一星"精神的时代价值。它不仅是激励广大科技工作者攻坚克难、勇攀科技高峰的强大精神支柱，更是引导我们树立正确价值观、人生观、世界观的重要指引。面对西方的"卡脖子"、先进科技领域的封锁，我们要不断深化对"两弹一星"精神的认识，将其内化于心、

---

① 作者系中国传媒大学校学术委员会副主任，校科协主席，媒体融合与传播国家重点实验室首席科学家。

外化于行，以核心技术的自主掌控，前沿科技的不断突破，加快国产替代的步伐，为实现中华民族伟大复兴的中国梦贡献更多科技创新成果。

二、贯彻落实科技创新根本要求，担当高水平自立自强重大使命

面对世界百年未有之大变局，科技创新已成为国际竞争的关键变量。习近平总书记多次强调，科技创新是引领发展的第一动力。我们要深入贯彻落实习近平总书记在全国科技大会、两院院士大会及国家科技奖励大会上的重要讲话精神，始终把高水平自强自立作为科技创新的主攻方向。

广大科技工作者既要仰望星空，又要脚踏实地，把论文书写在祖国大地上。面向国家重大战略需求，瞄准那些制约我国发展的关键核心技术和"卡脖子"环节，聚焦聚力、攻坚克难。中国传媒大学虽然不直接从事"两弹一星"这样的国防科技研究，但我们可以发挥自身优势，传播好、传承好"两弹一星"精神；在媒体融合、文化传播、信息安全等领域积极探索、勇于创新，创造出"两弹一星"的思想文化战线，为彻底扭转西强我弱的国际信息传播态势，占领世界信息传播制高点与主阵地，提升国家文化软实力和话语权，筑牢国家信息安全屏障贡献力量。

三、精准传播"两弹一星"精神，激励青年科技工作者勇担重任

"两弹一星"精神是中华民族宝贵的精神财富，是激励一代又一代青年科技工作者奋勇向前的强大动力。青年是国家的未来、民族的希望。立德育人是高校的根本任务，让"两弹一星"精神在校园内生根发芽，高校有责任也有义务。我们要创新叙事方式，赋予"两弹一星"精神新的时代内涵；我们要创新叙事模式，使得"两弹一星"精神在青年中深入有效传播、精准传播，让更多的人了解它、认同它、传承它。

我们要通过多种渠道、多种形式，广泛宣传"两弹一星"精神的内涵和意义，引导教育广大青年崇尚科学、尊重知识、热爱祖国。同时，我们还要特别关注青年科技工作者的成长和发展，为他们搭建更多展示才华、实现梦想的舞台。我们要激励他们勇挑重担、敢于担当，为中国式现代化建设贡献更多更新的科技创新成果。

让我们不忘初心、牢记使命，继续传承和弘扬"两弹一星"精神，以更加昂扬的斗志、更加饱满的热情、更加务实的作风投入到中国式现代化建设的伟大事业中去。

传承"两弹一星"精神　走好科技自立自强道路

徐向梅 [①]

"两弹一星"精神，是中国共产党精神谱系的重要组成部分。"热爱祖国、无私奉献、自力更生、艰苦奋斗，大力协同、勇于登攀"24 个字，承载着"两弹一星"研制成功的辉煌历史，映衬着中国共产党领导中国人民在一穷二白物质技术极端匮乏的情况下创造的人间奇迹。"两弹一星"是镌刻在中华人民共和国科技自立自强史册上的伟大篇章。

一、"向现代科学进军"、走科技自主创新道路是我国科技事业取得一系列重大进步的关键

1956 年是中国现代科学技术发展史上的一个重要里程碑。这年 1 月，中共中央召开全国知识分子问题会议，在这次会议上，党中央发出了"向现代科学进军"的伟大号召。同年 4 月，毛泽东在中央政治局扩大会议上提出发展尖端技术的问题，指出："我们现在已经比过去强，以后还要比现在强，不但要有更多的飞机和大炮，而且还要有原子弹。在今天的世界上，我们要不受人家欺负，就不能没有这个东西"。同年，《1956—1967 年科学技术发展远景规划纲要》出台，该规划的实施成功解决了二五和三五计划中的中国国家经济和国防建设中迫切需要解决的一系列科技问题。在这份规划的序言中指出，"国际科学合作的规划是按照这样一个原则进行的：就是力求自力更生，但要有计划地合理地运用兄弟国家的帮助"。1958 年，毛泽东又提出要把工作重点转移到技术革命和经济建设上去，还发出了"我们也要搞人造卫星"的号令。

1975 年 9 月，邓小平在听取中国科学院工作汇报时，明确指出："科学技术叫

---

① 作者系经济日报社理论部主任。

生产力，科技人员就是劳动者！"1978 年 3 月，邓小平在全国科学大会上提出"科学技术是生产力"的著名论断，进而又提出"科学技术是第一生产力"。

1995 年 5 月，中共中央、国务院颁布《关于加速科学技术进步的决定》，提出在全国实施科教兴国战略。江泽民在党的十五大上指出，要"把加速科技进步放在经济社会发展的关键地位"。

向科学进军，是在中华人民共和国成立后物质技术基础十分薄弱的条件下展开的，毛泽东曾针对积贫积弱的国民经济感叹说："现在我们能造什么？能造桌子椅子，能造茶碗茶壶，能种粮食，还能磨成面粉，还能造纸，但是，一辆汽车、一架飞机、一辆坦克、一辆拖拉机都不能造。"就是在这样的基础上，在党中央的正确领导下，老一辈科学家和科技工作者自力更生、艰苦奋斗、无私奉献，走科技自主创新道路，成功研制出原子弹、氢弹，成功发射了人造卫星，我国科技事业取得了一系列重大进步。

二、走好科技自立自强道路是推进强国建设、民族复兴伟业的必然要求

党的十八大以来，以习近平同志为核心的党中央深入推动实施创新驱动发展战略，提出加快建设创新型国家的战略任务，确立 2035 年建成科技强国的奋斗目标，有力地推进科技自立自强，基础前沿研究实现新突破，战略高技术领域迎来新跨越，创新驱动引领高质量发展取得新成效，我国科技事业取得历史性成就、发生历史性变革。

习近平总书记指出，"中国式现代化关键在科技现代化""我们能不能如期全面建成社会主义现代化强国，关键看科技自立自强"。当前国际国内形势发生着深刻复杂的变化。从国内来讲，我国经济社会发生历史性变革，正处在以中国式现代化全面推进强国建设、民族复兴伟业的关键时期。从国际来说，世界百年未有之大变局加速演进，新一轮科技革命和产业变革深入发展，高技术领域成为国际竞争最前沿的主战场，正在重塑全球秩序和发展格局。从大国竞争的角度看，我国虽然在许多领域取得长足进步，一些前沿科技从跟跑到并跑再到实现领跑，但同时也存在明显的不足，原始创新能力还相对薄弱，一些关键核心技术受制于人，顶尖科技人才不足等。面对复杂的国内国际形势，坚持科技自立自强，早日把我国建设成科技强国是以中国式现代化推进强国建设和民族复兴伟业的内在要求。

在 2024 年召开的全国科技大会上，习近平总书记总结我们党领导新时代科技事业发展实践积累的宝贵经验，其中之一就是"坚持走中国特色自主创新道路，立足自力更生、艰苦奋斗，发挥我国社会主义制度集中力量办大事的优势，推进高水平科技自立自强，把科技命脉和发展主动权牢牢掌握在自己手中"。

党的二十届三中全会紧紧围绕推进中国式现代化这一主题，擘画了进一步全面深化改革的战略举措，推进高水平科技自立自强是重要内容。

三、走好科技自立自强道路需要把握的几个原则

走好科技自立自强道路，首先要坚持党的全面领导。加强党中央对科技工作的集中统一领导，保证科技事业发展始终沿着正确方向前进。这是中华人民共和国成立特别是新时代以来党领导我国科技事业取得伟大成就的宝贵经验。

走好科技自立自强道路，要充分发挥新型举国体制优势。当年"两弹一星"在艰难困苦的条件下取得成功，与我国社会主义制度集中力量办大事的优势有很大关系。

走好科技自立自强道路，要充分发挥人才优势。创新之道，唯在得人。"两弹一星"的成功，得益于一大批热爱祖国、无私奉献的科学工作者。要深化教育科技人才体制机制一体改革，加快培养造就一支规模宏大、结构合理、素质优良的创新型人才队伍。

走好科技自立自强道路，要传承发扬自力更生、艰苦奋斗的精神，着力增强自主创新能力。如今，科技革命与大国博弈相互交织，少数国家对我国的打压遏制不断升级，关键核心技术要不来、买不来、讨不来，自主创新是我们攀登世界科技高峰的必由之路。

传承"两弹一星"精神　讲好新时代中国科技故事

郭金超 [①]

2024 年是我国第一颗原子弹成功爆炸 60 周年，也是"两弹一星"精神提出 25 周年。中国的"两弹一星"事业从一穷二白中起步，在内外交困中崛起，孕育形成"两弹一星"精神，这也是第一批纳入中国共产党人精神谱系的伟大精神，是爱国主义、集体主义、社会主义精神和科学精神的集中体现。

党的十八大以来，习近平总书记多次谈到"两弹一星"精神及其时代价值，就弘扬"两弹一星"精神作出一系列重要指示批示，这对我们深刻认识"两弹一星"精神的历史形成、丰富内涵和时代价值具有重要指导意义。我们媒体工作者可以在"源"与"新"两个字上多做文章，创新"两弹一星"精神的报道亮点，传承弘扬"两弹一星"精神，讲好新时代中国科技故事。

"源"在于讲清"两弹一星"精神的起源和本质。20 世纪 60 年代，在极端困难的条件下，我国科研工作者克服了各种难以想象的艰难险阻，突破了一个又一个技术难关，仅用 10 年左右的时间就创造了原子弹爆炸、导弹飞行和人造卫星上天的奇迹。我国第一颗原子弹和第一颗氢弹都在青海的金银滩诞生，可以说，"两弹一星"诞生地以及老一辈科技工作者在这里工作生活的经历承载着那段岁月的集体记忆。作为以对外报道为主要新闻业务的国家通讯社，中新社在科技报道中始终致力于讲好科学家故事、阐释科学家精神。从走进青海原子城探访中国第一个核武器研制基地，到关注在西宁举办的传承"两弹一星"精神中国青年英才论坛，再到聚焦在青海举行的历届"两弹一星"精神研讨会，中新社致力通过真实、立体、全面的报道让更多海内外受众了解"两弹一星"精神的源头与本真，进而增进对中国航天科技事业

---

① 作者系中新社政文部副主任。

的理解和认知。

"新"在于讲好"两弹一星"精神在新时代接力传承的故事。"两弹一星"精神是建设航天强国的力量源泉，对于在新时代打好核心技术研发攻坚战，推进高水平科技自立自强具有重要启示意义。党的二十届三中全会通过的《决定》指出，要深化科技体制改革。优化重大科技创新组织机制，统筹强化关键核心技术攻关。从神舟家族太空接力，到嫦娥六号月背采样，这些科技领域取得的"硬核"成就都是中新社科技报道的重点和亮点。在深入学习贯彻党的二十届三中全会精神的过程中，中新社将进一步创新科技报道，打造融媒内容精品，促进科技传播形式、手段转型升级，向世界展示中国科技发展、科技创新实力和成果，同时进一步发挥媒体独特优势，创新全媒体科技传播矩阵，为中国和世界的科技交流与合作发挥桥梁和纽带作用。

在对"两弹一星"精神的阐释报道中，我们深刻认识到典型人物作为特殊的精神符号，是新时代传承弘扬"两弹一星"精神的有效切入点。中新社在对外报道中注重海外读者的阅读舒适度，通过细致入微的故事讲述、立体丰满的人物描绘使科技报道更生动、更具温度、更显情怀。尤其在重大科技任务报道中，我们通过不断深挖典型故事来阐释"两弹一星"精神的时代生命力和感召力。

习近平总书记在致中国新闻社建社 70 周年的贺信中指出，要创新国际传播话语体系，加快融合发展，提高国际传播能力。作为中央主要新闻单位和中央重点外宣媒体，讲好新时代中国科技故事是中新社的重要任务和职责使命。我们将进一步探索创新国际表达，加快构建多渠道、立体式对外传播格局，全面提升国际传播效能，紧扣国际关切，讲好新时代中国故事，展现可信、可爱、可敬的中国形象。

将"两弹一星"精神发扬光大

陈露耘 [①]

　　"两弹一星"是中国取得的标志性的伟大成就，是中华民族的骄傲与荣耀，它奠定了中国在世界上的大国地位，到现在其影响仍然显而易见。"两弹一星"精神是首批纳入中国共产党人精神谱系的伟大精神之一，是老一辈科学家们留给我们的宝贵精神财富，这一精神始终熠熠生辉。

　　四川和青海一样，是"两弹一星"精神形成的重要地区之一，四川能够有今天的发展，成为科教大省、经济大省，也得益于这一精神的滋养。

　　20 世纪 60 年代中期，国际局势日益紧张，中国腹背受敌，为逐步改变国防、科技、工业和交通建设布局，国家启动了三线建设。原由苏联指导选址的第一个核武器研制基地总部——青海海晏 221 基地，搬往四川绵阳梓潼县，使梓潼成为"两弹"研发的新基地总部，同时也成为中国核武器事业发展第二阶段的科研基地和第二个核武器研制基地的指挥和决策中心。1969 年到 1992 年，科研人员在梓潼"两弹城"的 23 年中，先后完成了原子弹、氢弹的武器化与定型以及新一代核武器研制攻关等国防科研内容。后来九院总部搬到绵阳市区，奠定了绵阳成为中国唯一的"科学城"的基础。这是"两弹""一星"在四川的载体，是西昌卫星发射中心，西昌卫星发射中心同时还管理着海南文昌发射中心。

　　围绕着"两弹一星"，四川有很多只有代码的地方。某种意义上来说，当年"两弹一星"在四川的布局，以及配套的三线布局，奠定了四川今日的工业基础，使四川成为我国为数不多拥有全部 41 个工业大类、31 个制造业大类的省份，在今天成为国家战略腹地，肩负服务国家产业链供应链安全的重任。

---

① 作者系四川日报社全媒体评论理论中心主任。

近年来，科技在改变国家力量对比方面的决定性作用日益凸显，大国之间围绕科技制高点的竞争不断升级，美国在关键核心技术上对我们实施封锁、围堵和遏制，怎样突破"卡脖子"技术？怎样实现"从0到1"的颠覆式创新？加快实现高水平科技自立自强，加快建设科技强国，正是我们借鉴"两弹一星"经验，弘扬"两弹一星"精神的关键时期。

今天我们在这里聚会，是为了传承"两弹一星"精神。传承首先要传播，要通过各种形式让这一精神被广泛认识，认识到"热爱祖国、无私奉献，自力更生、艰苦奋斗，大力协同、勇于登攀"的内涵，其中爱国是灵魂，这意味着将国家使命看作高于一切；自力更生、艰苦奋斗是攻坚克难的制胜法宝；大力协同、发挥集中力量办大事的优势，是我们攻坚克难、勇于登攀的最大底气。认识这些精神的载体——那些当年隐姓埋名的科学家邓稼先、于敏、王淦昌、朱光亚、陈能宽……要让更多的人知道。

传播就离不开传媒。近年来我们有很好的影视作品，比如《功勋》，我们在很多地方都修建了博物馆，参观的人也很多。但还不够，作为主流媒体，有责任更深地介入其中。第一，利用新的传播技术和载体；第二，采用新的传播手段，比如讲故事，吸引年轻人；第三，理论与实践相结合，既挖掘历史，又寻找现有践行精神的典范，而不仅仅停留在历史人物中；第四，主流媒体要联合起来，放大传播的声量。

做好青海红色基因传播的探索与思考

洛加才让 ①

红色基因是中华民族的精神纽带，也是中国共产党人的精神内核和政治标识。党的十八大以来，习近平总书记高度重视红色基因的传承，围绕传承红色基因发表了一系列重要讲话，多次强调"让红色基因代代相传""确保红色江山永不变色"，深刻阐释了红色基因为什么传承、由谁传承、如何传承等问题，为新时代传承红色基因、凝聚奋斗伟力提供了重要遵循和科学指引。青海日报社将以坚定的文化自信、高度的文化自觉、强烈的文化担当，自觉担负起"举旗帜、聚民心、兴文化、展形象"的使命任务，坚持以习近平文化思想为指引，自觉传承红色基因，书写新的时代华章。

一、站在文化自信的高度，做红色基因的"信仰者"

习近平总书记指出，"我们要从红色基因中汲取强大的信仰力量，增强'四个意识'、坚定'四个自信'、做到'两个维护'"。红色资源作为我们党艰辛而辉煌奋斗历程的见证和最宝贵的精神财富产生于革命战争年代，同时，随着时代的发展不断被赋予新内涵、增添新元素。作为不可再生、不可替代的珍贵资源，红色资源忠实记录了我们党走过的光辉历程、取得的重大成就，生动展现了我们党的初心使命与情怀担当。红色资源所承载的红色文化、红色精神，更为立党兴党强党提供了丰厚滋养，为全面建设社会主义现代化国家提供了精神支撑。红色文化根植于中华优秀传统文化，映照着古往今来无数仁人志士"天下兴亡、匹夫有责"的勇毅担当、"大道之行、天下为公"的高远追求，蕴含着党领导革命、建设征程上的宝贵经验和重要启示，闪烁着中国共产党人忠诚于党、忠诚于国家、忠诚于人民的不变坚守，奏响着自强不息、奋发图强、艰苦创业、无私奉献的时代最强音。当前，我国发展面

---

① 作者系青海日报社党组成员、副总编辑。

临新的战略机遇、新的战略任务、新的战略阶段、新的战略要求、新的战略环境。脚下的路不会是一马平川，必然会遇到各种风险挑战、艰难险阻甚至惊涛骇浪。因此，必须用好红色资源、弘扬红色精神、传承红色基因，弘扬以伟大建党精神为源头的中国共产党人精神谱系，继承和发扬吃苦耐劳、自力更生、艰苦奋斗的精神，不怕困难、不畏艰险，勇于斗争、敢于胜利，从革命历史中汲取智慧和力量，不断增强对中华民族的认同感和自豪感，振奋各族人民奋进新征程、建功新时代的精气神。

二、把握融媒发展大势，做红色基因的"传播者"

自 1994 年我国正式接入国际互联网近 30 年来，网络和信息化产业已经发生了翻天覆地的变化，媒体领域早就催发了一场前所未有的变革，传媒格局、舆论生态、内容生产方式、传播技术、受众行为乃至媒体经营业态都发生了深刻变化，新闻舆论生态日益呈现出分众化、差异化、个性化趋势。在媒体融合背景下，红色基因传承在传播主流价值、壮大主流舆论、创造主流文化中的作用更加凸显，媒体融合向纵深发展也为红色基因传播带来了历史机遇，有助于借助融媒体传播手段，传承红色基因，扩大红色文化的传播力、影响力。青海虽地处西北，但红色文化资源丰富，在革命战争时期、社会主义建设时期和改革开放建设时期均创造了一批内涵丰富又具有地域特色的红色文化资源，如：中国工农红军西路军纪念馆、红光清真寺、昂拉千户府、青藏公路建设指挥部旧址（将军楼）、青海原子城纪念馆等红色文化资源，其蕴含的热爱祖国、无私奉献，自力更生、艰苦奋斗，大力协同、勇于登攀的"两弹一星"精神；一不怕苦、二不怕死，顽强拼搏、甘当路石，军民一家、民族团结的"两路"精神；万众一心、众志成城，不畏艰险、百折不挠，以人为本、尊重科学的抗震救灾精神；挑战极限，勇创一流的青藏铁路精神等，均在青藏高原大地上熠熠生辉，青海日报社将继续扛牢"懂青海、爱青海、宣传好青海"的使命责任，宣传好青海的红色文化，让青海红色基因传播得更广、更远。

三、扛牢党报责任，做红色文化"践行者"

红色基因是中国共产党永远保持旺盛生命力的根本营养，是党永葆战斗力的精神密码，是永葆青春的活性因子。只有不断传承红色基因，党的伟大事业和中华民族伟大复兴的梦想才能实现，着力提升红色基因传播力、影响力是建设新型主流媒体的应有之义。

一是筑牢防火墙，严守"政治关"。习近平总书记强调，要从国家政治安全、文化安全、意识形态安全的政治高度，加强网络内容建设，使全媒体传播在法治轨道上运行。推进红色文化传播，必须把正确的政治方向、舆论导向、价值取向贯穿于策采编发全过程、各环节。坚持政治家办报、办刊、办网不动摇，实现红色文化传播、红色基因传承与媒体融合的有机统一，牢固树立大历史观、大文化观，切实提高政治敏锐性和政治鉴别力。严格落实"三审三校"制度，建立红色文化传播敏感信息审查机制，发挥网评员作用，强化新媒体平台的主体监督责任。加强舆论引导管控能力，增强工作主动性前瞻性，健全红色文化舆论专项应对处置机制，提升舆情监测处置水平，防止"低级红""高级黑"，传递正能量，持续巩固壮大主流舆论。

二是强化议题策划，扩大红色品牌"知名度"。强化议题设置能力，将传播红色基因纳入重点选题策划，发挥青海日报"中央厨房"功能，加强话题引导，开展专题式、集成式采访报道，多出正能量、正向性作品。要把握时间节点，加强主题宣传策划，系统性谋划、组合式呈现，形成传播叠加效应，掌握舆论战场上的主动权，做好"两弹一星"精神 25 周年、青藏公路通车 70 周年、"两路"精神 10 周年等主题宣传活动，在思想引领、舆论推动等方面发挥"中流砥柱"的作用。要发挥地域优势，提高传播辨识度。立足青海大地挖掘红色资源、把握本土历史文化、探寻红色基因是红色文化传播的切入点和突破口，策划推出主题突出、导向鲜明、内涵丰富、形式新颖的精品红色主题栏目，用好"脚力"，深入现场挖掘红色故事；用好"眼力"，发现有血有肉的故事；用好"脑力"，对历史事件、历史人物深入考究、严谨慎重；用好"笔力"，使红色故事更精彩、传播效果更佳，依靠青海历史文化的积淀和深厚的文化底蕴，通过有品格有意蕴的正能量传播，打造出特色鲜明的红色品牌，提高红色文化传播辨识度。

三是守正创新、内容为王，提升作品"关注度"。坚持"内容为王"，推动纸质媒体和新媒体深度融合，加强对红色故事的深度挖掘，完善红色基因传承话语体系，让红色故事从符号、理念、历史，变成青年听得懂、喜欢听的话语，诠释好红色基因的丰富内涵。发挥融媒体生动活泼、贴近受众等特点，推动 5G、大数据、人工智能、AR、VR 等技术的嵌入应用，让红色基因插上"数智"翅膀，更好扎根网络，融媒要讲好党为了人民矢志践行初心使命的故事，讲好党和人民血肉相连、鱼水情深的故事，讲好党带领人民进行伟大奋斗的故事，讲好英雄模范的故事，讲好中国式现代化的故事，以内容优势赢得传播强势，提升红色故事传播质量与传播效果，让红色文化"活起来""火起来""传下去"。

四是践行"四力"要求，聚集人才优势，培养"三支队伍"。人才是第一资源。培养一支红色基因全媒体传播人才队伍，加强人员专业素养和知识储备，多层次、多渠道、多举措育才、养才、用才，用当其时、用其所长。培养一支红色文化权威传播队伍，建设红色基因传播人才库，将党史党建专家、理论研究家、红色讲解员等各方面专家学者汇集到传播方阵中，充分发挥专家学者的专业作用，让权威及时发声。培养一支高质量网评员队伍，全媒体时代信息传播速度快，内容失真、观点表达极端、情绪泛化等不良现象频繁出现，要打主动仗，对互联网上的一些错误言论、不实历史、偏颇观点及时予以批驳、纠正，以主流的思想、公正的形象、权威的声音传播红色基因。

运用红色资源做好党媒宣传

蹇勇德 [①]

今天，我们聚集在"两弹一星"精神的孕育诞生地，热烈庆祝中华人民共和国成立 75 周年，老一辈科学家和科技工作者以身许国的身影从历史中迎面向我们走来，鲜活灵动。"两弹一星"精神是中国共产党人精神谱系的重要组成部分，是中华民族和中国人民伟大创造精神、伟大奋斗精神、伟大团结精神、伟大梦想精神的具体体现，是一代又一代中国共产党人"为有牺牲多壮志，敢教日月换新天"奋斗精神的生动诠释。作为党媒，我们不仅要继承好这笔宝贵精神财富，还要讲好党的故事，讲好"两弹一星"故事，讲好中国故事，把红色基因传承好。

甘肃是一片红色土地，在中国革命历史进程中发挥了不可替代的重要作用。甘肃日报社、甘肃日报报业集团以习近平新时代中国特色社会主义思想为指导，深入学习贯彻习近平文化思想，充分运用媒体深度融合发展成果，深入挖掘和运用丰富的红色资源，以重要节点主题宣传报道为抓手，不断创新探索传承好红色基因的有效路径。近 3 年来，甘肃日报社、甘肃日报报业集团各媒体平台围绕传承弘扬红色文化，累计发布各类稿件 6000 余篇，全网阅读量 6600 万 +。

一、强化思想引领，把传承弘扬红色基因融入重大主题宣传

以中国共产党人精神谱系为代表的红色文化，是我们党团结带领全国各族人民在革命建设改革的各个历史时期创造的宝贵精神财富，是马克思主义同中国具体实际相结合、同中华优秀传统文化相结合的典型代表，是"把鲜活的思想讲鲜活，把彻底的理论讲彻底"的现成素材。近年来，我们充分发挥"重要新闻线索定期研判策划""重要新闻全媒体小组报道""重要舆情定期研判引导""重要评论社长总编辑专班工作负责""时政报道提质增效"等新闻采编机制作用，将传承弘扬红色基因

[①]　作者系甘肃日报社总编辑。

融入重大主题宣传，让红色记忆和甘肃实践相结合，深入宣传阐释习近平新时代中国特色社会主义思想的真理力量和实践伟力，引导党的创新理论深入人心。其中，2021年我们精心策划，以32个版的篇幅推出了《风华百年奋进陇原》庆祝中国共产党成立100周年特刊，引起广泛关注。

二、强化统筹思维，把传承弘扬红色基因融入日常新闻宣传

我们以《甘肃日报》新一轮改版为契机，策划推出"党建"新闻版和"红色记忆"副刊版，把陇原大地深厚的红色文化作为新时期办好党报党媒可以依靠的丰富资源，努力做到出新出彩。2024年我们围绕庆祝中华人民共和国成立75周年这一主线，在"红色记忆"专副刊推出了《新中国成立初期甘肃国民经济的恢复》《最美奋斗者——王进喜》《在庆阳诞生的〈军民大生产〉唱响全国》《戈壁滩上筑"钢城"》等文章，充分展示了陇原大地取得的历史性成就、发生的历史性变革。

三、强化全媒传播，把传承弘扬红色基因融入新的传播格局

党的十八大以来，我们在省级党报中率先迈出以"主力军转战主战场"为主要标志的媒体融合发展改革步伐。截至目前，甘肃日报社、甘肃日报报业集团主管主办的各类媒体平台及运维的内外宣新媒体账号共有164个，形成了以"一报""两端""五网""七子报""一中心"为主的16个重点媒体平台、70个自有新媒体账号以及78个代运维新媒体账号组成的全媒体传播矩阵。我们充分运用这一成果，努力做到"人在哪就将红色文化弘扬到哪儿"。2023年，在"牢记嘱托感恩奋进"主题宣传中，新甘肃客户端推出《传播红色文化　传承红色精神》《总书记牵挂的人——朱德忠：深耕红色沃土传承红色基因》《红色高台正奋进》等新媒体产品，反映总书记视察过的陇原各地牢记嘱托昂扬向上发展的新面貌，并持续传承发扬红色文化。2024年，我们围绕"讲述诗意甘肃·丝路长风三千里——薪火相传·会宁诗会"活动，累计发布稿件63篇，推出49条短视频等报道和产品，开设2场次直播，阅读量512万人次。我们的"甘小白"工作室，以主播出镜的方式讲述红色故事，推出《追寻信仰之光》《致敬伟大长征》《耕耘甜蜜生活》等视频节目，很有吸引力、感染力。

在新的起点上继续推动文化繁荣、建设文化强国、建设中华民族现代文明，是我们在新时代新的文化使命。我们将深入学习贯彻习近平文化思想，立足中华民族伟大历史实践，不断深化对文化建设的规律性认识，以守正创新的正气和锐气，赓续历史文脉，谱写当代华章。

电视剧《激情的岁月》与"两弹一星"精神的双向建构

才让卓玛[①]

　　"两弹一星"精神是我国"两弹一星"事业征程中,广大科技工作者们身体力行,用爱国情怀、用忠诚、用行动演绎的宝贵精神,是爱国主义、集体主义、社会主义精神和科学精神的高度浓缩,是中华民族伟大复兴之路上的伟大民族精神的辉煌一笔。2011 年 1 月 26 日,习近平总书记在看望航天科技专家孙家栋院士时指出:"'两弹一星'精神激励和鼓舞了几代人,是中华民族的宝贵精神财富。"在新时代,"两弹一星"精神迸发出了新的价值,从中汲取中华民族伟大复兴的强大力量,是对"两弹一星"精神最好的弘扬。

　　众所周知,一种精神的弘扬本质上是一种文化活动,理应借助文化载体立体建构和广泛传播,在这种建构和传播中,精神因文化载体而得以弘扬,文化载体因厚重的精神内涵而成为经典之作。当下,新媒体技术的发展使信息平台和渠道多元化,各种文化信息交汇在传播场域中,在算法的裹挟下又分类推送给不同的受众,而青年一代人,更容易被众多良莠不齐的信息影响,同时对一些宣传色彩过浓或主旋律主题太突出的"硬传播"也表现出不同程度的抗拒。在这种情况下,"两弹一星"精神应该寻求一种"软传播"的文化载体,即通过相对休闲娱乐的方式进行建构和传播。在大众传播生态中,主旋律电视剧是重要的文化载体,在建构伟大民族精神和传播主流思想价值方面,具有独特作用,"它以形象、直观的符号、话语渲染主流价值观念,通过强烈的艺术感染力,润物细无声地完成对受众精神世界的浸染"。立足平民叙事的主旋律电视剧《激情的岁月》通过对"两弹一星"事业的讲述,将"两弹一星"精神根植于剧情的创作中,在新时代建构和传播"两弹一星"精神的同时,也被厚

―――――――――――

① 作者系青海师范大学新闻学院院长。

重的"两弹一星"精神建构了的自身的艺术生命力。

一、"两弹一星"精神与《激情的岁月》

（一）"两弹一星"精神

"两弹一星"精神是中华民族伟大精神的重要组成部分，是爱国主义、集体主义、社会主义精神和科学精神的体现，具有重要的时代价值。20 世纪 50 年代，国内外形势严峻，面对帝国主义的核威胁，党中央决定举全国之力研制原子弹、导弹、人造地球卫星。在"两弹一星"事业征程中，科研人员、技术人员、后勤保障人员等各行各业人员在极为艰苦的条件下，贡献了自己的全部力量，形成了崇高的"两弹一星"精神。1999 年 9 月，江泽民将"两弹一星"精神具体概括为"热爱祖国、无私奉献，自力更生、艰苦奋斗，大力协同、勇于登攀"，这种精神最终凝结为一种强大的精神动力，激励鼓舞了一代又一代中华儿女。

"两弹一星"精神源于中国挺直脊梁奋斗的历史，更属于努力实现中国式现代化、向中华民族伟大复兴迈进的新时代。当今世界正经历着百年未有之大变局，我国所处的国际环境面临巨大挑战，国内环境也在发生深刻变化，在这样的历史背景下，弘扬"两弹一星"精神显得必要且重要。

（二）电视剧《激情的岁月》

电视剧《激情的岁月》是一部当代献礼剧，它讲述了在特殊历史时期，一群怀着崇高理想、家国情怀的科研人员、军人、技术工人及各行业保障人员扎根戈壁，以艰苦卓绝的工作作风和顽强拼搏的精神研制出了原子弹和氢弹。全剧围绕"科研生产线、基建保障线、工艺铸造线"展开，书写了那段可歌可泣的激情岁月。

《激情的岁月》在 2019 年 9 月 23 日于中央电视台综合频道播出。开播 10 分钟，第一集的全国酷云系数破 1，在 9 月 23 日的全部频道的电视剧中排第一，在播时间段播出平台央视一套的市场占比率为 12.5624%。开播 20 天，该剧在央视网多终端直播、点播累计收视用户数 5371 万人次，累计收视次数 1.39 亿，在爱奇艺、腾讯、优酷等平台持续名列前茅，实时热度值突破 5000，知乎评分 7.4，相关话题多次登上微博热搜榜。该剧入选国家广电总局推荐的 2019 中国电视剧选集，获得第 32 届飞天奖优秀电视剧奖。

二、"两弹一星"精神对《激情的岁月》的建构

（一）奠定了《激情的岁月》的思想价值

近些年，我国电视剧创作在一定程度上表现出过度娱乐化、商业化、同质化等特点，电视剧传播主流文化的功能被部分程度地消解，电视剧在精神建构层面不同程度地走向低俗化。哪一类电视剧成为爆款，哪一类题材的电视剧就会扎堆出现、批量复制，缺乏思想价值和艺术生命力，在流量争夺中昙花一现。电视剧不仅是一种大众传播媒介，同时也是精神产品，并且相较于其他传播媒介，电视剧拥有受众广及传播效果强等优势，优秀的电视剧应该肩负起一定主流价值传递功能，集故事性与思想性于一身，在带给受众审美愉悦的同时，也能让受众获得精神满足和情感升华。《激情的岁月》回顾了研发"两弹"的重大历史事件，并巧妙地串起了献身我国核事业的人物群像，注入了以爱国、奉献、奋斗等为核心的"两弹一星"精神，使受众能够重温那段激情岁月，了解我国研发"两弹一星"的历史，点燃心中的家国情怀。"两弹一星"精神成就了电视剧《激情的岁月》的思想与灵魂，奠定了作品的思想价值，延长了作品的生命力。

（二）建构了《激情的岁月》的"高峰"

目前，我国在电视剧生产领域已经成为世界第一大国，但是数量第一的背后是低端剧目过剩、高端供给不足的现实。广电管理部门出台一系列政策"提质减量"。一方面去产能，限制低水平制作，加速行业供给侧结构性改革；另一方面限制一些题材剧的制作，同时鼓励优秀创作，引导行业树立以质取胜的理念。习近平总书记在文艺工作座谈会上指出，"改革开放以来，我国文艺创作迎来了新的春天，产生了大量脍炙人口的优秀作品。同时，也不能否认，在文艺创作方面，也存在着有数量缺质量、有'高原'缺'高峰'的现象，存在着抄袭模仿、千篇一律的问题，存在着机械化生产、快餐式消费的问题"，要"推动文艺繁荣发展，最根本的是要创作生产出无愧于我们这个伟大民族、伟大时代的优秀作品"。"两弹一星"事业中，有王淦昌、邓稼先、朱光亚、郭永怀等受众熟知的 23 位元勋的感人事迹，还有跟他们一起无私奉献在各行各业的平民英雄的默默付出，如技术工人、保卫干部、核辐射防护人员、后勤保障人员等，每一个人身上都体现着"两弹一星"精神。英雄和英雄背后的平民英雄构成的"两弹一星"群体被写入电视剧，伟大人物的精神、平凡人物的感动，使得《激情的岁月》在文艺创作和市场之间找到了平衡，在文化休闲与

精神建构之间架起了桥梁，既符合受众的审美，又有了崇高的精神内涵，"质量"和"高峰"不言而喻。

（三）让《激情的岁月》赢得了注意力

在注意力经济时代，大众文化占据了社会文化的主导格局，传统文化、主流文化不同程度地让位于大众文化，受众的关注点成了电视剧取材与创作的重要导向之一。此外，新媒体的发展对电视剧领域也产生了巨大冲击，一批 IP 电视剧正在分割传统电视剧市场，并获得了很高的注意力。如今的电视剧（网络剧）出品机构分布在三个领域：以中央电视台、山东影视制作股份有限公司等为代表的媒体机构和国有企业；以华策等为代表的发展迅猛的民营制作公司；以腾讯影业、爱奇艺、优酷等为代表的互联网视频平台。在"减量提质"的政策背景下，我国电视剧的产出量有所下降，但要想赢得注意力，仍然不易。根据电视剧受众理论，受众观看电视剧主要基于如下诉求：故事性的收视诉求、社会交际性的收视诉求、文化性收视诉求、表演性收视诉求以及感官性收视诉求。《激情的岁月》能迅速赢得注意力，故事性收视诉求和文化性收视诉求起了决定性作用，宏大的国家层面的"两弹一星"故事下的核事业群英的日常故事深深吸引了受众，"两弹一星"精神唤起了受众的文化精神诉求。

三、《激情的岁月》对"两弹一星"精神的建构

电视剧是我国政治经济文化的艺术缩影，它在某种程度呈现着当代中国的社会风尚以及价值观念。《激情的岁月》在讲述"两弹一星"故事的同时，也诠释着"两弹一星"精神，是"两弹一星"精神建构与传播的重要载体，使"两弹一星"精神从抽象的概念转变为具体的人和事，甚至一段对话、一个动作、一个眼神。

（一）《激情的岁月》对"两弹一星"精神的呈现

1. 热爱祖国、无私奉献的精神

爱国主义是最重要的核心内容，科研人员义无反顾地放弃了国外优越的生活条件，放弃了国外的科研条件与科研成果，回到祖国，参与到"两弹一星"的研发当中，用实际行动践行着自己的爱国之情。《激情的岁月》正是展现了研发"两弹一星"的科学家热爱祖国、无私奉献的精神。在方明将军找到钟培林问他是否愿意隐姓埋名投入原子弹的研究时，他毅然决定以身许国，坚定地为国家付出自己的所有，并改名为钟爱国。"国家有需要，我当然责无旁贷，我钟培林，愿意以身许国。"这是他一生的真实写照。王明山从朝鲜战场回来，便投身于戈壁荒漠之中，从未回家。他说：

"我们的爆塔不只是用钢材和水泥建成的，真正的材料是我们的血肉之躯，是我们的鲜血和骨肉。只有这样的高塔，才能够托起我们祖国自己的原子弹。"在《激情的岁月中》，爱国主义贯穿始终，通过强烈的爱国主义内涵，阐释了中华儿女对历史的责任感和强烈的爱国主义精神，激发了受众的民族性。

2. 自力更生、艰苦奋斗的精神

苏联单方面撕毁中苏合作发展核武器的协定，并撤走全部专家。在这种困境下，研发"两弹一星"只能依靠我们自己。主人公王怀民在墙上写道"自力更生、艰苦奋斗"，所有人一起高喊"自力更生，艰苦奋斗"的场景让人动容。在核武器的研发过程中，原子弹模型在运输中出现问题无法抵达、苏联专家隐瞒核心数据、钟培林一行在沙漠遇到沙尘暴、彭雄飞众人实验遭遇困难、黄凯华等人计算的枪式数据达不到预期效果……在面对一个个困难时，科学家们并没有放弃，而是"衣带渐宽终不悔"，该剧不仅让受众体验到彼时研发"两弹"的困难，也让受众深刻感受了科学家们的精神，为了祖国早日摆脱帝国主义的"核威胁"，所有人都在为这一项伟大的事业艰苦奋斗。

3. 大力协同、勇于登攀的精神

大力协同、勇于登攀是指在中国共产党的号召下，全国各部门各行业都在为"两弹一星"的研发贡献自己的力量。在中华人民共和国成立之初，我国工业基础十分薄弱，在这种条件下研发"两弹一星"，面临着种种困难。在剧中可以看到，在苏联单方面撕毁协议后，我国决定走自己的原子弹之路，林教授带着中央指示来到 A 所，告诉 A 所的科研人员，国家会为他们提供最大的财政保障和技术支撑，为原子弹的研发保驾护航。为了我国的核事业，全国上下各个部门大力协同，充分调动一切可以调动的力量，这是我国"集中力量办大事"的制度优势，也是科研人员勇于登攀的精神信念。陶志纲不懂物理研究，但誓死守护研究所里的一切，做好保障工作；陈佳蓉努力学习，研究核辐射防护。主人公王怀民有一句台词是"我们的实验和研究永远都不会停止"，最终，经过各行各业人员的协同合作，历经了海量数据计算，进行了千百次试验，终于迎来了罗布泊上空那朵巨大的蘑菇云。

（二）《激情的岁月》对"两弹一星"精神的建构方式

《激情的岁月》在讲述故事的同时，通过人物的抉择与命运来传递价值，潜移默化地使受众接受"两弹一星"精神的熏陶，从而完成对"两弹一星"精神的建构与传播。

1. 唤醒集体记忆，构建价值认同

　　"集体记忆"的概念由法国心理学家哈布瓦赫提出，他指出，集体记忆是"一个特定社会群体之成员共享往事的过程和结果，保证集体记忆传承的条件是社会交往及群体意识需要提取该记忆的延续性"。他特别强调记忆的当下性，"认为'往事'不是客观事实，而是在'往事'过后，由社会框架重新建构的，因此记忆是现在、过去和未来"，也就是说，"不同时期的人们可能对同一阶段的过去形成不同的想法，对过去的重塑很大程度上取决于当下的利益和需求。集体记忆不仅提供了对过去的准确论述，受不同政治和文化意图左右，同时对当下论述也是有效的"。因此，可以认为，重大历史题材电视剧在一定程度上起着这种重新建构的功能。

　　对于作为唤醒、激发、重构的主体传播者来说，历史是无法改变的，但是对于历史的集体记忆是可以通过重大历史题材电视剧等形式进行构建的。"大众媒介中集体记忆传播最核心的功能是连接现在与过去，通过将当下的影像、符号和地景与过去相联结，大众媒介使得社会的现在、过去乃至未来通过集体记忆的连续叙事得以整合。"《激情的岁月》通过讲述真实的历史情节，将公众带回到研制"两弹一星"的历史时期，比如在护送原子弹的过程中，战士们将自己绑在木杆上，举着信号灯，为载着原子弹的专车护航。这些情节都是当年研究原子弹过程中真实的经历，反映了受众所认可的历史经验，使受众在观看剧情的同时将自身特质与历史经验、与先验的"两弹一星"知识和国史结合起来，与各种大众传媒中的"两弹一昰"精神的报道等相勾连，唤醒受众的集体记忆和情感，并通过唤醒重构强化其价值认同，点燃其爱国情感，激发其自主创新使命，做到大力协同，心往一处想、劲往一处使，不断攀登，汇聚起实现民族复兴的磅礴伟力。

　　2. 注重感情升华，引起情感共鸣

　　"以人物之间的复杂情感为线索进行叙事是电视剧的惯有逻辑之一，因为拨弄观众心弦最后力量的还是情感"，"对每个具体的生命过程而言，浅层是人生的表象，而深层是人的情感世界。情感始终是电影电视剧创造的核心，对生命感觉的捕捉经常表现为情感的凝聚与剖析。电影电视剧叙事以人们的情感和心理方式为主脉，而将心比心，以情动情，是沟通创造作者和观众心灵的最有效途径。"剧中与王怀民事业形象并行的感情形象的塑造便是如此。这个只懂科研不懂生活、不愿参加团体活动的"科学怪人"，在妻子去世后发誓"用一个人的生命，活出两个人的成就"，他的真情让人感动。后来他爱上杨佳蓉，不顾杨佳蓉的特殊身份，执意与她结婚，而一直深爱王怀民的杨佳蓉却怕自己的复杂身份会影响王怀民的科研路，选择不辞而别，他俩的互相成全让人动容。在他生命最后阶段，他与杨佳蓉成为夫妻，虐心地成全了受众的情感期待。他的感情纯粹、纯洁，而且融入国家前途命运中，事业成就了凄美的感情，感情也成就了彼此事业的高度——杨佳蓉爱的撤退成全了王怀民的科研路，对王怀民的爱以及王怀民最终对感情的正视，也使杨佳蓉从一名护士成长为接受国家表彰的核辐射防护专家。如北京师范大学张智华教授所述，"创作者对情感分量的重视以及对观众渴望情感波动的心理期待的把握是电视剧荡气回肠、扣人心弦的主要原因之一"。剧中王怀民和杨佳蓉的感情升华正是引发受众情感共鸣的关键，也是构建"两弹一星"精神的重要的感情路径。

　　3. 塑造平民英雄，致敬平凡人物

　　《激情的岁月》聚焦的是群像式人物，没有刻意去塑造任何一个英雄人物，而是刻画了一群为祖国无私奉献的平民英雄。他们将个人的前途命运与国家命运凝为一体，每个人的心中都有一个共同信念，那就是让中华民族强起来。该剧通过王怀民真正成为社会主义科学家的历程，展现了平民英雄的可歌可敬。在王怀民的早期理念里，科学家才是强国的主力，他坚持的是"精英体制"，不相信群众的力量。但当他亲眼看见了基地官兵为保障科研进度省下粮食给科学家吃，而自己却喝树叶粥后，说出了"你们也是国家科技力量的一部分"的肺腑之言。质朴的李彩兰为解决基地粮食短缺问题在沙漠试种土豆、凭借生活智慧在大旱布网在大雨捞鱼改善伙食；陶志纲在地震中冒着生命危险抢救实验设备；全国各大军区慷慨解囊为科学家支援生活资料；老格勒和两名战士为了打黄羊给科学家吃而献出了自己的生命，杨佳蓉开导王怀民说："老格勒牺牲之前，挥刀砍下缰绳的那一刻，我相信给他力量的绝不是科学，而是共产主义信念，这样的信仰，你也应该有……"所有这些平民英雄的奋斗与拼搏，最终让王怀民明白了共产主义信仰的力量。除了有名有台词的平民英雄外，剧中的无名英雄也让人起敬。在确定原子弹内爆式的理论建构后，又一个难题摆在面前——A 所仅有的一台手摇计算机无法承担海量的数据计算。最终，"穷人有穷人的办法"，征调上百名大学生用算盘同科学家们一起完成了九次计算。创作者用无名的大学生们一起拨动算盘的场面，把"两弹一星"研发的不易呈现在受众面前，让受众在回顾中华人民共和国成立 70 周年的自豪与感动中完成对"两弹一星"精神的平民化的感知——每一个人都是贡献者。

4. 暗合社会心理，弘扬时代精神

《激情的岁月》是中华人民共和国成立 70 周年的献礼剧，2019 年，整个中国社会在致敬 70 年的奋斗与拼搏，喝彩 70 年的辉煌与成就，这样的社会心理背景无疑也是成就该剧的重要原因之一。研发"两弹一星"是影响国家命运的历史性事件，也是民族精神的催化剂。《激情的岁月》并非只是再现一段历史事件或是刻画几个历史人物，而是展现了在那个时代背景下，那一代人生活、情感的变迁，凸显的是他们面对国家大义与个人利益所做的非凡选择。钟培林的回国路毅然决然，尽管充满艰辛；一开始为了"名字与奇异粒子一起写进物理研究史"而反对父亲回国的钟心，最终也选择回到了祖国。钟心的名字最终没能与奇异粒子写在一起，她才真正理解了父亲回国前说的话："如果没有祖国，我们连名字都不会有。"此外，黄凯华也同样令人动容：他作为枪式组的负责人，在看到竞争组内爆式的数据和爆炸模式后公开表明"我国第一颗原子弹理论建构方向应该选择内爆式才能代表未来的方向"，并向之前为枪式付出大量心血的组员道歉，电视剧用他说出"内爆式"三个字之前的长时间的停顿反映了他内心抉择的艰难与坚定；他察觉出深爱的妻子姜水宁是特务后，他选择大义灭亲，在受尽老特务的折磨后，放弃生存机会，用密码写了《歌唱祖国》。电视剧用他迟疑地问"我能不能？"以及"那她，现在怎么样"表现了真相大白后对特务妻子极其复杂的情感。他的抉择或曲折、或各种权衡、或痛苦，但是他始终保持着与祖国同命运的爱国情怀。在中华人民共和国成立 70 周年之际，回顾共和国艰难创业的历史，无疑暗合了受众的社会心理，燃起了受众的家国情怀，使"两弹一星"精神在新时代焕发出了新的生命力。

四、基于双向建构的进一步思考

主旋律电视剧是我国社会主义核心价值观教育的重要载体，《激情的岁月》通过抒情与叙事方式赋予"两弹一星"精神以意义，使受众在审美的愉悦中潜移默化接受了其教育。"两弹一星"精神建构了《激情的岁月》的高度，而《激情的岁月》在新时代用艺术的形式建构了"两弹一星"精神，由此《激情的岁月》与"两弹一星"精神之间完成了双向建构，这也为主旋律电视剧与中华民族伟大精神的双向建构提供了方向。

（一）中华民族伟大精神是电视剧创作的源泉

上下五千年，中华民族历经荣辱，饱受沧桑，但始终以一种坚韧和顽强形成了伟大的民族精神，迸发出了强大的民族力量。2018 年 3 月 20 日，在第十三届全国人民代表大会第一次会议上，国家主席习近平讲述了伟大民族精神的强大力量——"中国人民的特质、禀赋不仅铸就了绵延几千年发展至今的中华文明，而且深刻影响着当代中国发展进步，深刻影响着当代中国人的精神世界。中国人民在长期奋斗中培育、继承、发展起来的伟大民族精神，为中国发展和人类文明进步提供了强大精神动力""有这样伟大的人民，有这样伟大的民族，有这样的伟大民族精神，是我们的骄傲，是我们坚定中国特色社会主义道路自信、理论自信、制度自信、文化自信的底气，也是我们风雨无阻、高歌行进的根本力量！"在中华民族伟大复兴的历史征程中，中华民族伟大精神总是以震撼的力量爆发出来、以新的形式建构起来，鼓舞着中国人民最终战胜艰难险阻，也激励着后人奋勇前行。习近平总书记在文艺工作座谈会上指出，"中国精神是社会主义文艺的灵魂"。红船精神、长征精神、"两弹一星"精神、载人航天精神、抗疫精神……无不为电视剧创作提供了丰富厚重的题材。

（二）平民叙事是电视剧建构中华民族伟大精神的重要手段

在现代社会，意识形态诉求与市场共同决定着电视剧的创作。而市场对于文化和价值的选择完全取决于个体的身份角色，因此，电视剧的创作需要在传统精神价值与现代文化之间建立深层联系，在坚持主旋律导向的同时，满足受众对大众文化的需求。"文化核心价值观应当成为一种'内置于'艺术作品的叙事情节而不是在叙事情节之外的精神旨义，它应当成为支撑艺术作品故事内容的文化根基""我们应当把和谐、仁爱、孝敬、忠诚作为核心的文化观念来整合不同艺术作品的精神图景，使中国的传统文化核心价值观念成为支撑不同叙事形态的共同根基，并且在此基础上升华出以爱国主义、集体主义、社会主义为核心的国家主流意识形态观念。"因此，电视剧需要通过受众喜闻乐见的叙述方式，讲述贴近生活的故事来吸引受众目光，即平民叙事。这种平民叙事在《激情的岁月》中体现得淋漓尽致：在人物的塑造上将科研线与感情线融合，主人公们不仅是科学家，更是有感情的人，个性鲜明，真实有趣，他们身上不仅有国家大义还有情感纠葛。在故事的讲述上将"两弹一星"故事与情感化、日常化的叙述方式相结合，《激情的岁月》中所讲述的感情，也是当代受众所经历的感情，是他们可以理解、羡慕或敬佩的。在日常生活中，一群年轻人也在经历着与普通受众一样又不一样的生活，一样的是科学家们也会日常互相调侃聊八卦，不一样的是他们的在面对国家大义时的坚定选择，在拉近与受众距离的同时也让受众为他们的历史抉择产生敬佩。因此，电视剧在建构与传播伟大民族精神时，要坚持平民叙事，兼顾精神价值与大众文化的平衡，通过平民生活化的方式挖掘伟大民族精神。

（三）伟大民族精神与电视剧的双重认同

媒介的"拟态环境"功能，会影响公众对于外部世界的判断，公众对于客观现实的认识一部分来源于媒介所传递的信息，而他们对一件事情或者一种文化的主观判断在一定程度上也是建立在媒介所展示的媒介现实基础上的。电视剧作为一种大众传播媒介，所传播的内容不仅影响着受众对事件的理解和判断，更在无形中传递着一定的价值观念。因此，在电视剧的创作中，应以塑造价值观为宗旨，实现文化效益与经济效益的双赢。"两弹一星"精神蕴含了科研人员为了国家命运甘愿牺牲奉献的崇高理想，其精神的力量能更好地指导受众感悟这种价值力量，更深刻、积极践行"两弹一星"精神所蕴含的价值观。《激情的岁月》以艺术的形式再现了那段研制"两弹一星"的峥嵘岁月，通过展示主人公为国家命运而前仆后继的故事，点燃了受众心中的家国情怀，他们敬佩为国家"两弹一星"事业无私奉献的无数英雄，并通过电视剧中人物的选择体悟到自己的人生价值，"两弹一星"精神由此得以建构和传播。因此，电视剧应该积极挖掘、阐释和弘扬伟大民族精神，同时伟大民族精神也将以此获得自己的艺术生命力，最终受众获得对伟大民族精神与电视剧的双重认同。

五、结语

电视剧《激情的岁月》与"两弹一星"精神的内在关联便是它们的双向构建关系："两弹一星"精神为电视剧《激情的岁月》注入了持久的艺术生命力；同时，《激情的岁月》也向受众建构了以"热爱祖国、无私奉献，自力更生、艰苦奋斗，大力协同、勇于登攀"为核心的"两弹一星"精神，塑造了受众的价值认同。如《激情的岁月》制片人梁仁红谈到的，"当中国'两弹一星'精神通过鲜活的事件与观众的情感联结在一起，并在广大受众间流传开来时，这一精神便成为一种具有传承意义的文化符号与标签，传递出中国朝着科技大国、科技强国奋进的宏大主旨，点燃观众澎湃的爱国热忱"。《激情的岁月》在网络播放平台中已经显现出的长尾效应也为中华民族伟大精神与电视剧之间的双向建构提供了发展方向。

正向发力融合创新让"两弹一星"精神的时代价值历久弥新

朱翔 [①]

　　"两弹一星"精神是中国共产党人精神谱系的重要组成部分，其中所蕴含的时代价值，会随着岁月的变迁历久弥新，并被赋予不同的时代烙印。跟随先辈足迹，追寻金银滩遗留下的光辉印记，笔者对于新时代传承弘扬"两弹一星"精神的意义有了更加具体、翔实的认识。

　　"两弹一星"精神充分彰显了中华儿女的爱国情怀和责任担当，充分彰显了中国人民艰苦奋斗、无私奉献的崇高境界，充分彰显了自强不息的民族精魂，充分彰显了社会主义制度的巨大优势。几十年来，"两弹一星"精神代代相传、生生不息，蕴含其中的中国精神、中国智慧、中国力量，指引感召着我们在推进中国式现代化建设中不断奋勇向前。

　　笔者认为："'热爱祖国、无私奉献，自力更生、艰苦奋斗，大力协同、勇于登攀'的'两弹一星'精神内核，是推进中国式现代化的宏伟蓝图的重要支撑、强劲驱动。"当下，推进中国式现代化建设，就需要发扬艰苦奋斗的工作作风，激发自力更生的内生动力。

　　推进好中国式现代化，不是几个人或是依靠某一个群体就能实现的，这需要我们充分协同配合，克服一个个艰难险阻，破解一个个工作难题。因此，谱写好中国式现代化新篇章，需要大力协同凝聚起强大合力，需要勇于登攀挑战一切的勇气。

　　"两弹一星"精神所展现的时代担当更是当下所需要的。党的二十届三中全会是紧紧围绕推进中国式现代化进一步全面深化改革召开的一次十分重要的会议。我们要围绕党的二十届三中全会安排部署，充分发扬"两弹一星"精神，在推进中国式

---

① 　重庆华龙网集团副总裁、副总编辑。

现代化的宏伟蓝图中抢抓新机遇，展现新作为。

作为宣传思想文化工作者，如何更好地展现"两弹一星"精神的时代价值？我认为，最重要的是要把我们的红色故事讲好讲活、讲深讲透。这就要求我们要着力做好语言的适配、技术的加持、充分的交互、传播生态的治理，来传播好"两弹一星"精神。

传播好"两弹一星"精神是时代赋予我们的职责与使命。"两弹一星"精神是中国科技自立自强史册上的伟大篇章，也是中华民族实现伟大复兴的力量源泉。宣传这一精神，就要宣传老一辈科学家坚守初心、不辱使命的坚定信念；宣传他们埋头苦干、舍生忘死的爱国情怀；宣传他们不计名利、无私奉献的崇高品德。

讲好"两弹一星"红色故事，关键在于把握分众化、社交化、移动化、可视化的传播新趋势，转换话语体系，突出新媒体传播语言的特点和风格，用群众听得懂、听得进、喜欢听的话语讲。在传播实践中，需要运用年轻态话语体系，根据年轻用户的需求和传播渠道的多元化，转变思路和策略，采用年轻人易于接受的形式，用年轻人熟悉的话语方式、表达方式增强贴近性、亲切感和说服力，让"两弹一星"精神看得见、传得开、记得住，吸引年轻受众接受并主动传播。

同时，我们可以通过新兴传播技术的加持，融入人工智能、大数据、AR、VR等技术，通过交互的方式，让青年群体融入红色场景、体验红色足迹，从而增强他们的爱国情怀，以此去完成红色故事的传播。

青海是"两弹一星"精神孕育地之一。青海应找准地方特色，回望来时路，眺望新征程，赋予报道历史纵深感，将历史与现实融合在一起，精选典型事件、挖掘典型人物、抓取典型细节，既有历史深度又有现实高度，才能让"两弹一星"精神的传承有灵魂、有思想、能共鸣。

红色故事作为主流意识形态报道领域之一，面对融媒体时代人人都有麦克风的现状，朱翔认为，我们也要做好传播生态的治理，强化舆情防控，避免以泛娱乐化方式解构历史场所严肃性，戕害红色资源。

迈步新征程，推进包括"两弹一星"精神在内的红色文化传播，要始终把"扬正"摆在首位，通过深入挖掘和广泛宣传，致力于讲好党的故事、革命的故事、英雄的故事，确保红色文化传播正向正行。

弘扬『两弹一星』精神
凝聚磅礴奋进伟力征文获奖论文

新时代"两弹一星"精神的弘扬路径

王延隆[①] 徐夏雨[②]

"两弹一星"精神历久弥新,是中华民族伟大复兴的精神伟力和新时代精神文明建设的精神指引,是伟大建党精神的丰富发展和中华民族宝贵的精神财富。2024年是"两弹一星"精神提出25周年,在新时代推进创新驱动发展战略的背景下,迫切需要加强"两弹一星"精神的阐释,通过融入场所精神,更好地激励鼓舞科研工作者矢志不渝、艰苦奋斗。

一、场所精神:弘扬"两弹一星"精神的重要视角

场所通常被定义为人活动的地方,也意味着特定的环境空间。挪威建筑学家诺伯格·舒尔茨(Christian Norberg-Schulz)认为"空间场所的集合决定了环境的特性,即为场所的本质——场所精神"[1]。场所精神指特定场所中蕴含的一种独特的气氛和情感体验,这种体验通常与该场所的历史、文化、地理环境和建筑设计等因素紧密相连,不同场所有不同的精神特点,可以通过感知、感觉和体验来感受和理解。它是理解人与环境的关系的理论,通过建构存在空间的具体化,以维持地方精神的独特性。每个地方的特定场所都有其独特的地理环境特点、历史文化特征和地方精神氛围。在许多革命老区,革命纪念场馆的保护、挖掘和建立,能够让人在深入此类建筑空间的时候,体验到强烈的历史感和文化感。这种独特性和个性化的体验,让纪念场馆拥有了自己的精神标识和独特魅力,让革命岁月的热血和辉煌得以重现,让历史现场成为人民群众力量源泉的精神家园。

---

① 王延隆,男,浙江中医药大学马克思主义学院教授、副院长,法学博士,南京大学雨花台红色文化研究院博士后,浙江省之江青年社科学者。
② 徐夏雨,女,浙江省习近平新时代中国特色社会主义思想研究中心、浙江中医药大学研究基地研究员。

（一）场所精神通过空间设计打造场景

场所精神强调的是某种地域氛围、历史生态、社会人文等意义空间的赋予，感受场所精神，可以从对一个地方的记忆、体验和情感联系中获得。以"两弹一星"精神的发源地——位于青海省海北藏族自治州金银滩草原的"原子城"为例，这里诞生了我国第一颗原子弹、第一颗氢弹，是一处具有重大纪念意义的场所。在这里挖掘和弘扬老一辈科技工作者"热爱祖国、无私奉献，自力更生、艰苦奋斗，大力协同、勇于登攀"的"两弹一星"精神，蕴含着特殊的意象性，深刻体现了场所的特殊性。可以看到，"两弹一星"精神虽然是在我国 20 世纪 60 年代独立研制"两弹一星"的过程中逐步形成的 [2]，但当下通过遗存物理保护、史料文化解析、组织管理服务等方式，对"原子城"进行的一系列旧址保护和开发，让"原子城"仍发挥着特殊纪念场所的核心教育功能。通过这种独特的物理和空间特性，激发民众的特定情感和集体记忆，实现了"两弹一星"精神意义的赋予和新时代场景的打造。

（二）场所精神通过空间建构铭记历史

特殊的赋予场所精神需要挖掘过去的文化传统和行为习惯，以营造特殊的精神氛围和文化特征，进而对人们的情绪、态度和行为产生一定的影响，潜移默化地塑造人们的心理状态和行为方式。安静、平和的自然景观可以让人感到放松平静，而回顾灾难、战争等苦难的历史遗迹则经常让人感到悲痛难抑，这种感觉通常在参观烈士纪念馆、革命旧址等场所后会更加深刻。因此，为了弘扬特定革命精神而建造的主题纪念建筑物，其实质是利用历史事件、人物、事迹源发地这个特殊场所，让人身临其境地体验和感受特定场所的精神引领。现代纪念空间的本质，是展现革命英雄和传递伟大精神这一特殊符号的特定场所。"这种符号所代表的场所精神结构脉络，不仅由设计者赋予它'第一意义系统'，更随着使用者反复的诠释解读产生了全新的意义。"[3]

（三）场所精神通过空间重组传递价值

现代社会技术革新所引发的变革使得社会关系的变迁、空间结构的重组和人的生存空间样态日益丰富。随着经济社会发展，国家有更多的经济实力建造烈士纪念建筑，但是如何丰富史料文化，发扬场所蕴含的精神，挖掘"两弹一星"精神成为当务之急。从人与技术的双重现代化的角度，科学认识烈士纪念设施的空间意义，创造共同的情感认同，显得尤为重要。烈士纪念的整体叙事是同时位于时间和空间之中的，"空间在以往被当作是僵死的、刻板的、非辩证的东西。相反，时间却是丰富的、多产的、有生命力的、辩证的。"[4]"原子城"从空间场域看，实际上是建构一种特殊的、蕴涵国家意识形态的场所空间，重在激发人们的情感，达到铭记历史和传递精神的目的。它不仅体现在建筑实物和景观生态等纪念空间的场所性上，也体现在历史知识和价值观念的习得与传递上。本文正是基于场所精神的新视角，分析空间场所的空间特征、场所精神的内在机理，以弘扬"两弹一星"精神为中心进行考察，分析其现实困阻，提出了问题、思考和建议。

二、场所精神的缺失："两弹一星"精神弘扬的困阻

场所是人的记忆的物体化和空间化，"场所感"通过实物或者符号再现了过去的某种特定记忆，使得人们在身处特定场所时，对该空间产生心理上和身体上的双重认可，这种由人与空间的情感互构所产生的归属感和认同感，即为场所精神。当下，对某一种中国共产党精神谱系的纪念，往往也是通过建设具体的纪念空间来实现的。如若缺失纪念场所，空间与情感的弱关联会导致人们无法产生相应的认同感，"两弹一星"精神的深刻记忆无法与时代保持同频共振，也无法与精神谱系产生意义连接，这也是当下弘扬"两弹一星"面临的困境。

（一）特定意义空间的营造缺位带来的场所秩序化缺失

特定纪念场景的纪念能力主要体现在意义传达、保存和弘扬纪念事物上，如历史事件的铭记、英烈事迹的弘扬等，它涉及环境对纪念活动的支持程度、人们对于纪念对象的认知程度，以及纪念设施的发展水平等多重因素。城市化进程带来的环境空间"碎片化"对纪念活动的有效展开提出了挑战。缺少总体性的纪念空间,对"两弹一星"精神阐释仅仅停留在教科书或者新闻报道、媒体宣传、主题展览等，教育效果是不够的。这类方式往往受限于特定的时空背景和受众范围，难以突破地域差异和职业特性,从而传播至更广泛的群体。"两弹一星"精神由于其独特的时代特性，宣传内容容易显得较为空泛、缺乏亮点，深入人心的真实案例故事通常已经在过去被反复宣讲，内容不足以引发民众的共鸣和兴趣。讲好新时代的"两弹一星"故事能够让"两弹一星"精神依然熠熠生辉，利用新媒体占据宣传主阵地，可以消除部分年轻群体对"两弹一星"历史和精神实质认识上的不足甚至误解，让更多的人了解那段峥嵘岁月。

（二）纪念空间符号的记忆缺位带来的场所归属感缺失

空间符号是场所中激发情感与归属的"原子"或称之为"内在基因"。在解读一个具体事件被赋予的特定意义时，往往涉及人们的理解、解释、评价，以及如何将这些事件纳入个体或群体的价值认同中去。"纪念空间"从形态逻辑看，是蕴含物理空间、社会空间和情感空间的多维空间共同体，纪念主体的客观活动与主观表达构成了红色文化的意义场域，这一空间生产过程具有很高的价值。[5]"两弹一星"精神作为一种纪念符号，不仅代表着一种特定的精神力量和信仰，也是对历史的重要传承，虽然其形成背景和环境与现代社会存在一定的差异，但其依旧有着不小的感召力和影响力。在社会发展加剧和信息化发展加速的进程下，人们更加容易受到新的文化和价值观的影响，对于纪念符号的关注随之减少，如果无法激发纪念空间符号的"唤醒记忆"功能，"两弹一星"的精神内涵和象征意义将在时间推移、文化变迁或其他因素的影响下日渐"边缘化"，相关的纪念活动在社会中的归属意义也随之淡化，人们无法在空间秩序中对其产生归属感。

（三）特殊情感空间的传播缺位带来的场所认同感缺失

空间不再被看作是凝固、封闭的场所，而是勾连了"回忆、现实与想象"，纪念空间作为激发情感空间的场所，能够通过物质空间体验、社会参与服务、情感认同帮扶等途径实现场所功能的拓展，帮助人们了解特定场所的精神使命。然而，现代教育体系缺少特定场所这一特殊情感空间，重技能轻实践的教育方式，使得"两弹一星"精神与教育耦合不够，融入教学的路径较为单一，教学内容缺乏针对性、创新性和实效性。由于缺乏有效的推广机制和教育平台，使得"两弹一星"精神难以在现代教育中得到广泛传播和应用，"两弹一星"精神的育人价值没有被较好地挖掘和传播。特定场所中的"两弹一星"红色资源基因库尚未建成，革命文物背后的革命史料、红色故事、革命情怀的梳理转化尚不成熟，深厚的红色教育价值没有被释放，无法使个体对自身与场所关系的认同感推向深入。"两弹一星"精神的传播，大多停留在表面的宣传和纪念层面，未能深入挖掘其精神内涵和价值意蕴，加之操作指南和实施路径的空白，也让"两弹一星"精神难以得到有效传播与弘扬，从理论维度、历史维度和时空维度加强"两弹一星"纪念空间的文化传承积淀、文化结构梳理、文化脉络厘清和文化资源夯实，通过人和场所的交互行为实践，确立认同感建立的基础。

三、场所精神的运用：打造弘扬"两弹一星"精神的纪念空间

习近平总书记曾多次称赞"两弹一星"精神及其时代价值与现实意义："在中国特色社会主义进入新时代这个关键历史阶段，应当大力弘扬和传承'两弹一星'精神，深入发掘并凝练其时代价值，主动肩负起历史重任，把科学追求融入全面建设社会主义现代化国家的伟大事业中去，为中国特色社会主义现代化建设和中华民族伟大复兴提供不竭的精神动力。"[6]"两弹一星"精神，跨越时空、历久弥新，已经深深融入中华民族的血脉之中。可以看到，所谓的场所精神实际上是打造一个场所空间，在这里可以实现特定的教育意义和知识传授，让学生能够建构正确的时空秩序，形成精神共鸣，并且与环境融为一体。这个过程就是从物境到情境的叙述表达的过程，它体现了人们对物理空间、情感空间、价值空间的整体塑造的过程。我们需要构建弘扬"两弹一星"精神的场所空间，塑造场所精神，更好地融入民族复兴伟大事业之中，融入人民创造历史的伟大奋斗之中。

（一）打造"扩张性"的地景场所，营造场所精神的体验感

要建造一个特定的物理空间场所，可以为民众提供最熟悉和最方便接受的载体空间，让他们能够聚集在一起怀念过去，憧憬未来。扩张性是优化物质空间配置的重要方向。"扩张性是任何地景独特的品质，而地形条件决定了地景扩展的情形；相应地，包被是任何聚落（人为场所）的品质特征。"[7]"扩张性"的地景场所要实现：一是坚持整体性打造。文化遗产是连接过去与未来的桥梁，保护好与"两弹一星"相关的文化遗产，是传承精神的重要途径。要保护好"原子城"的历史文化遗产，包括对相关历史文献、科研设施、实验基地等进行保护和修复，建立专题博物馆，让公众能够直观地了解"两弹一星"的历史和成就。利用"两弹一星"相关人物、事件的历史资源，建立整体性顶层设计，谋划一批纪念馆，建成特定的资料数据库，然后有选择、有针对性地配置各个区域的资源，形成纪念矩阵。二是坚持集中性设计。要打造纪念建筑和景观一体化设计，作为整体的纪念场馆包含了自然景观和文化景观等内容，也包括标志性建筑、还原性的历史遗迹和广场、绿化等。自然与人工是共生关系的环境要素，在地景场所设计中要融合自然地景与人工聚落，激发复合式的归属感。在尊重外在客观环境的前提下，合理优化选址与规模，坚持保护和开发并重，利用原址进行建设，增强其辨识性，明确空间上的"方向感"。设施布置上，注意艺术性与实用性的结合，换位思考民众的视听感觉。同时，通过举办纪念活动、

学术研讨会等，深化对"两弹一星"精神内涵的挖掘和研究，使其在新时代背景下得到更深刻的理解和认识。三是坚持符号化运作。在仪式中的纪念符号扮演着凝聚社会共鸣的角色，代表着团结、合作和共同努力的意义。在仪式现场应该加强社会凝聚力，增加纪念符号的互动性，使参与者更深度地参与到仪式中，增强集体认同感。例如，可以设计互动式展示，让人们能够触摸、亲身体验符号所代表的历史和情感，激发个体的情感共鸣，加深对纪念对象的归属感。还应该巧妙布置场景，强调纪念符号的象征意义。在仪式中精心布置国旗、党旗、红色花卉等符号，营造浓厚的爱国氛围，使用红色装饰物品、横幅、标语，以彰显爱国主义在烈士纪念中的象征意义。

（二）强化"互动性"的公众参与，丰富场所精神的认同感

场所精神强化人对场所特性的认同感，这种认同感需要强化身体、场馆和地景等要素，进而建构出"我愿意置身于此"的认同感。纪念空间作为空间与人的交互对话的场所，需要重新建构个体知觉空间、场所空间和历史文化空间的三重空间秩序，充分发挥其空间符号承载的功能，让民众在参与中实现了心灵的"定居"。一是遵循身体的秩序化演进。要关注参观者身体的感知，以此确立纪念情境建构的基本原则，从人们对空间的自我感知，到人与场馆、场馆与所在地等三个层次实现空间秩序的延展。关注人的身体知觉边界，善于利用各类数字化、网络化手段，开发相关的在线教育课程、VR 全景虚拟现实体验等，使"两弹一星"精神以更加生动、立体的方式呈现在公众面前，打造从互动体验、视觉感受到文化浸润一体化的路径。定期在"两弹一星"精神诞生地开展理论研讨会和纪念活动，利用各类媒体宣传纪念空间，经常性地报道"两弹一星"信息，充分利用数字化和互联网手段，搭建志愿服务平台、学习教育平台和思想沟通平台，延伸纪念活动的空间纵深感。二是增强场馆的结构化表达。空间是"会说话的"，具有可读性，这体现为空间的设计者与观众对空间解读的一种互动。空间的设计可以根据时间序列而递进设计，由远及近让纪念性空间意义不断延展，运用叙事话语，丰富提炼展陈内容，包括在空间设计的时间先后和空间事物的排列，让空间设计师与解读者在互动交流中体悟纪念意义，进而使整个纪念过程价值提升，提高纪念空间表征的认同感。也就是说，要创新空间处理手法，把握纪念性空间中的秩序感，强化建构一种精神联动机制，丰富场所精神的认同感。三是加强场所的文化融入。青海原子城纪念馆就是利用当年的场所，建成了占地面积 12.2 公顷的园林式纪念场所，无论是建筑设计还是地理特征，都融入了原子城当

年的文化气息,建立起"以实在地景为前提的地理特性与传统文化要素的互文关系",成为承载革命精神和传统文化等的重要载体。同时,要努力打造"两弹一星"精神的群众文化,注重与社会生活密切联系的导向,着眼于人民群众的文化需求,才能保持原创感和生命力。与"两弹一星"精神相关的文化艺术作品,不仅仅包含文学作品、音乐美术、电影电视、戏剧舞蹈等多种艺术形式,更要体现来源自现实的生活题材,深入挖掘当代已经解密的国防科技工作者如黄旭华等的先进典型,增强宣传的现实感和时代感。广大文艺工作者深入挖掘"两弹一星"精神的内涵,通过拍摄主题电视剧,艺术化地展现"两弹一星"精神,增强其吸引力和感染力。

(三)强化"方向感"的价值体验,提升场所精神的归属感

场所精神强化人在空间中的方向感,在对场所特性认同感建立的基础上,才能更好实现对场所的归属意义的找寻。"方向感"实际上是要求场所设计中表达"我置身何处"的隐喻,对"两弹一星"精神的纪念活动,需要明确纪念的方向感。红色空间场所不仅仅是单一纪念的地方,而是人们接受教育、游览休闲、生活居住的新空间,他的经济价值、生态价值、社会价值、文化价值有待进一步凸显。一是突出人本价值。所有的场所建设的根本是为了人民群众,有人参与的环境空间才称得上是场所。从社会空间的构成来说,人就是最核心的要素。场所的设置应该以人民满意作为重要的评判标准。习近平总书记提出,"要建立和规范一些礼仪制度,组织开展形式多样的纪念庆典活动,传播主流价值,增强人们的认同感和归属感"[8]。纪念场所既需要自然赋予的景观存在,也需要通过运用仪式庆典、规范等,最终的目的是释放场所的教育价值、文化价值,通过鲜活的形式实现对公众的情感认同。二是建立普遍价值。要重视纪念空间的价值性,将突出的普遍价值作为一个重要的文化坐标和导向。"整体价值、本土价值和精神价值,成为对人类的代际团结及可持续发展的支持。"[9]这正是纪念空间的意义所在。纪念空间是将我们的记忆移植于我们的脑海中,进而形成正向的集体意识。纪念空间不仅是民众完成社交连接的重要纽带,还是公众建立对历史知识的学习和建立社会认同感的重要载体。纪念空间作为个体、家庭与社会的媒介场所,通过实践活动和多样服务,尽可能减轻民众的孤独感,让其感受到特定的精神追求与成就感,这种现实价值体现出来的场所精神便是社会凝聚力和自我存在的归属感。[10]比如开展"两弹一星"主题实践活动,展示"两弹一星"事业的辉煌成就,可以增强民族自豪感和自信心,激发全民族的爱国热情。不

仅要强调科技成果本身，更要突出这些成就背后的精神价值，即自力更生、艰苦奋斗、协同攻关的精神。通过举办展览、编撰图书、制作纪录片等形式，让"两弹一星"的成就和精神得到广泛传播和认同。运用现代传媒手段，如网络视频、社交媒体等，以更加贴近现代人接受习惯的形式，让"两弹一星"的故事传播得更广、更远。三是深化国家记忆。"红色文化空间是社会主义国家空间的重要组成，担负着呈现民族国家形成和发展的任务，是国家历史和社会文化整合作用的结构。"[11] 要讲好"红色根脉"空间叙事，充分挖掘革命文化的内涵特质，梳理文化元素清单，讲好文物背后的故事，摸清特定地域文化的整体脉络，加快"解码"革命文化。"两弹一星"精神的传承，首先需要从学习"两弹一星"人物开始。这些人物，如邓稼先、钱学森等，他们不仅以卓越的科技成就为国家作出了巨大贡献，更以其坚定的爱国情怀和无私的奉献精神，成为后人学习的楷模。通过教育、媒体和公共讲座等多种渠道，广泛宣传他们的故事，营造"两弹一星"精神价值传承的社会氛围。[12] 在讲述"两弹一星"故事时，应注重情感的传递和价值的引领，通过怀旧的方法让公众重新建构自我认知，将"两弹一星"精神与个人命运、国家发展紧密相连，展现其跨越时空的时代价值。

"'两弹一星'是中国在现代科技发展历史上取得的一项重大成就，其成果不仅体现在先进国防科学技术带来的中国国防硬实力的夯实上，而且蕴涵在其丰富的创新精神和实践成果中，其深远影响延续至今。"[13] 然而，如何激发这种经验，迫切需要运用场所精神的思维来推进。场所精神理论强调将空间的方向感、对场所的认同感作为激发场所精神、激发场所归属感的重要前提。因此，需要进一步运用场所精神，保持对"两弹一星"精神核心价值的坚守，与时俱进地探索新的传承方式和宣传渠道，建构更具吸引力和时效性的纪念空间，使"两弹一星"精神在新时代焕发出更加耀眼的光芒。

注释：

[1] 诺伯舒兹 . 场所精神 : 迈向建筑现象学 [M]. 施植明 , 译 . 武汉 : 华中科技大学出版社，2010-7:22.

[2] 习近平 . 在纪念毛泽东同志诞辰 120 周年座谈会上的讲话 [M]. 北京 : 人民出版社，2013 : 24-25.

[3] 张四维.城市纪念性空间的功能整合与空间套叠——雨花台烈士陵园江苏公安英烈纪念墙及纪念广场剖析 [J].现代城市研究,2008(09):71—75.

[4] 张之沧.再论空间的生产、建构和创造——回应王金福教授的"质疑"[J].学术月刊.2012,44(01).

[5] 王延隆.多维空间生产：烈士纪念的空间形态、建构模式与实践进路 [J].湖北社会科学，2023(10)：139—145.

[6] 习近平.习近平在科学家座谈会上的讲话 [N].人民日报，2020—09—12.

[7] 龚敏.贵州侗族聚落场所精神探析 [J].贵州师范大学学报 (社会科学版)，2014(06):75—78.

[8] 习近平.把培育和弘扬社会主义核心价值观作为凝魂聚气强基固本的基础工程 [N].人民日报,2014—02—26(001).

[9] 史晨暄.世界遗产"突出的普遍价值"评价标准的演变 [D]. 北京:清华大学，2008:127.

[10] 赵琨.基于场所精神理论的城市社区图书馆漂族老人服务策略研究——以北京市社区为例 [J].图书馆,2023(07).

[11] 李孟舜.红色文化空间的功能构建与创设路径 [J].中州学刊,2022(07):166—172.

[12] 杨玢，任聪.中华民族共同体视域下"两弹一星"精神传承与践行的时代指向 [J].青海民族研究，2023，34(04)：74—78.

[13] 孔庆蓉.新媒介视域下"两弹一星"精神阐释路径探究 [J].高原文化研究.2023,1(02).

"两弹一星"精神融入青海大中小学
思政课一体化的教学设计与实践研究

刘畅①　方立江②

引言

习近平总书记在学校思想政治理论课（以下简称"思政课"）教师座谈会上强调，"要把统筹推进大中小学思政课一体化建设作为一项重要工程，推动思政课建设内涵式发展"[1]，并在党的二十大报告中明确提出，要完善思想政治工作体系，推进大中小学思想政治教育一体化建设[2]；指明了新时代大中小学思政课改革创新的前进方向。以"热爱祖国、无私奉献，自力更生、艰苦奋斗，大力协同、勇于登攀"为核心的"两弹一星"精神是青海可利用的本土红色教育资源[3]，是激励广大学子茁壮成长的宝贵精神财富，亦是推动青海大中小学思政课一体化建设的重要助力。

1 "两弹一星"精神融入青海大中小学思政课一体化的教学原则

教学原则是有效进行教学必须遵循的基本要求，它既指导教师的"教"，也指导学生的"学"，应当贯穿大中小学教学过程的各个方面。

1.1 小学阶段——直观性原则

立足于全国教学情况，小学阶段的学生思维逻辑性还有待提升，但是喜欢形象直观的画面、实物或者语言，教师可以运用模像直观、实物直观、言语直观等直观性教学原则，使得思政课堂更加生动有趣，提升小学课堂教学效果。例如带领学生观看"两弹一星"历史视频、参观功勋事迹展览、用生动的语言讲述英雄故事等，能更有效地促进教学开展。

---

① 刘畅，男，硕士研究生，青海两弹一星干部学院专职教师。

② 方立江，男，青海师范大学马克思主义学院院长、教授、博士生导师。

1.2 初中阶段——巩固性原则

初中阶段的学生对于思政课堂中的"两弹一星"知识已经有了一定的了解及掌握，但是要想取得成效，必须将巩固性原则贯彻课程教学的始终，切实体现到初中阶段的课程教学。根据夸美纽斯的经验并结合青海地方特点，教师在这一阶段要帮助学生理解"两弹一星"精神的内涵、价值及意义，应当鼓励学生将自己所掌握的知识与其他同学、父母进行分享，使得学生扎扎实实地巩固所学，真正产生学习行为，迸发创造力。

1.3 高中阶段——实践性原则

高中阶段的学生认知能力已经有了极大提升，作为认知主体的学生，在学习过程中对于知识的学习有着很大的能动性，教师应当注意学生不同的个性特点，将主导作用放在指导学生独立学习上，使学习行为的实践环节得到强化；鼓励学生自己去分享"两弹一星"历史事迹，自己去体会精神实质，走出读本，迈出课堂，归于生活，才能形成学习技巧、具备较强的能力和良好的素质。

1.4 大学阶段——启发性原则

大学期间的教学，最重要的在于对学生的积极性、主动性、创造性能力进行激发，而启发性教学原则无疑是最好的方式；教师可以通过讨论模式进行教学，在学习之后组织对"两弹一星"相关知识的讨论，提高知识的掌握程度、增进同学间友谊、活跃课堂氛围，教师通过与同学们的交流更好地实现学生自我成长，在提高学生积极性的同时进一步提高课堂效率。

应当注意的是，不同阶段的教学也应当采用整体性的教学原则，教师对于"两弹一星"精神的相关知识应当注意逻辑联系，在大中小思政课堂上注意前后一致性，恰当联系过去学习过的知识，分阶段重点把握，在掌握纵向逻辑的前提下尽量避免重复；同时也关注横向，加强系统统筹。更好地将"两弹一星"精神的核心内涵融入青海大中小学思政课一体化教育教学的全过程。

2 "两弹一星"精神融入青海大中小学思政课一体化的教学目标

为了更好地将"两弹一星"精神融入青海大中小学思政课，我们就要确保教学目标坚持系统性与渐进性的统一，把握住思政课教学的总体目标，同时立足不同学段的教学目标，承前启后、构成序列[4]。

2.1 小学阶段——培养道德情感

小学生的道德情感是由狭隘的、模糊的表现发展为初步加深和较为稳定的表现，因此，思政课教师应当注意自身的道德修养从而潜移默化地影响学生；可以充分利用"两弹一星"相关事迹所蕴含的丰富情感因素培养学生的情感，带领学生多说多做，使学生在实践活动中建立道德准则，增强道德免疫力；教师多从"情"入手，打动其心、以情激行，完成好小学阶段的教学目标。

2.2 初中阶段——夯实思想基础

初中生是一个比较特殊的群体，面对较为复杂的学情问题，教师应当积极开发思政课学科内容的育人思想[5]，利用好红色文化资源，全面突出政治理论的思想内涵，达成夯实思想基础的教学目标；根据新课改要求，教师应当全面开发利用有利于培养学生学科素养的重要资源，"两弹一星"精神内容作为优秀教学素材，可以帮助教师整合课程知识，帮助学生优化意识行为，切实发挥思政课学科的思想政治教育作用。

2.3 高中阶段——提升政治素养

高中生处于思想即将走向成熟的阶段，这一时期思想观念逐渐形成，教师对学生的思想政治教育应当着重放在政治方向上的引导，增强学生政治认同感；现阶段，高中生政治素养的培养是高中政治教学的主要内容，我们可以提升学生政治参与度，例如带领学生参观"两弹一星"展览并发表演讲等，重视理论联系实际，让学生去学习英雄们的精神并回归于现实生活，引导树立正确的世界观、人生观、价值观。

2.4 大学阶段——增强使命担当

新时代高校思政课教学的职责所在和目标定位，重在增强大学生的使命担当，通过"两弹一星"精神融入青海大中小思政课一体化的途径，可以更好地增强大学生实现国家富强的时代责任，增强实现民族振兴的历史使命，增强实现人民幸福的现实重托。将教学目标更好地契合高校思政课课程属性的内在规定，把握住其课程性质，同时也是引领大学生健康成长成才的现实所需。

新时代推进大中小学思政课一体化建设，在进行教学目标设置、内容安排的时候，需要把握不同学生的特殊身心特点、成长需求、接受规律，同时也应当体现对于前一学段所学知识的升华和深化，循序渐进、螺旋上升。

3 "两弹一星"精神融入青海大中小学思政课一体化的教学内容

教学内容是思政课教学的重要载体，整合大中小学思政课教学内容是教学一体化不可或缺的环节,下面将阐释各个学段思政课教学与"两弹一星"事迹的有机结合,确保各学段教学内容的连贯性与层次性。

3.1 小学阶段:以故事、人物和图案贯穿教学始终

3.1.1 讲述"两弹一星"感人事迹

习近平总书记指出,教育好、培养好青少年,必须"从学校抓起、从娃娃抓起";可以给小学生讲述生动的英雄事迹,帮助小朋友更直观地去了解史实,例如"两弹一星"元勋郭永怀烈士因空难英勇牺牲的感人事迹,应当在小学教材中细致叙述,并且结合影片的播放,能够更加深入人心。

3.1.2 认识"两弹一星"元勋人物

可以利用图卡、视频的方式,让小学生去认识"两弹一星"元勋,告诉同学他们便是当年为研制核弹、导弹和人造卫星作出突出贡献的 23 位国宝级科学家,也可以讲述他们的人生经历以及获得的荣誉,播放颁奖视频,激发小学生从小养成良好习惯,激发爱国情感,锻炼坚毅品格。

3.1.3 刻画"两弹一星"图形标志

小学阶段,学生的思维和动手能力需要启蒙,手工做"两弹一星"图形标志,对于开发其综合素质有良好作用[6],教师可以提前备课,在课上展示原子弹、人造卫星等图形,随后让学生自主设计有关"两弹一星"的标志,或者自主添加色彩,开发学生的思维创造能力与动手实践能力,提高学生学习思政课的兴趣;也可以锻炼其独立自主的能力,增强学生自信。

3.2 初中阶段:以历史、爱国和纪律意识强化思想

3.2.1 讲解"两弹一星"历史意义

在初中教学阶段,可以在之前同学们了解相关"两弹一星"的史实基础上,为学生讲解其历史意义及时代价值,充分让同学了解其历史脉络,夯实思想基础;主要讲解"两弹一星"精神丰富了中国共产党人精神谱系、肩负着保卫国防安全的历史使命,是引领"科教兴国"战略的开篇巨制、彰显了社会主义制度优越性等,是实现中华民族"伟大复兴"的力量之源,具有联结大中小学思想政治教育和坚定国民理想信念等时代价值。

3.2.2 体悟"两弹一星"爱国精神

初中生应当从小明确"爱国主义"是一种崇高的思想品德,并帮助其培养爱国

之情，"两弹一星"科研工作者们始终坚守这种高尚品德，心怀强烈的报国之志；教师可以依托典型事例帮助学生明晰爱国主义精神所蕴含的内容，主要包含"鞠躬尽瘁、死而后已"的奉献精神，"义无反顾、不谋名利"的忘我精神，"艰苦拼搏、锐意进取"的坚持精神和"高效协同、奋勇争先"的担当精神，从而丰富学生的精神世界，为培育合格社会主义接班人奠定思想基础。

3.2.3 了解"两弹一星"保密制度

对于正处于青春期的初中生来说，纪律意识教育非常重要，教师可以借助"两弹一星"事业的保密制度来为学生讲述一代科研工作者们的保密历史，以此强化学生纪律意识；对于"两弹一星"事业来讲，真正做到保密就是保生命，保密便是保国家安全；当时无论是厂址选择、研究基地选择、人员调遣还是产品研发过程及产品型号等都是保密事项，根据一些科学家们的回忆，当时会临时接到"出差指令"，但并不知晓此行目的。

3.3 高中阶段：以制度、集体和奋斗精神增强认同

3.3.1 阐述"两弹一星"社会主义精神

对于高中阶段的同学们来讲，冲刺高考是他们人生的转折点，更是价值观形成的关键时期，而远大的理想和坚定的信念则是高中生们的精神支柱与动力源泉，思政课教师应当为同学阐述社会主义精神，加强马克思主义信仰教育，树立社会主义信念，向同学们讲解清楚个人理想信念与国家前途命运的关系，让同学们坚持社会主义制度、坚持中国共产党的领导，树立为实现中国梦而努力奋斗的理想信念。

3.3.2 学习"两弹一星"集体精神

在新的形势下，加强高中生思想政治教育的重点内容之一就是加强集体主义教育，同时社会主义核心价值观的基本内容也贯穿着集体主义价值观；"两弹一星"精神中团结互助的集体主义事例便是最好的素材，使学生了解"两弹一星"事业中广大科研人员为什么会有这样的团结协作精神与力量，引导学生从"小我"中走出来，逐渐融入"大我"的集体当中，为祖国建设贡献力量。

3.3.3 传导"两弹一星"奋斗品质

"两弹一星"精神中的自力更生、艰苦奋斗品质，是"两弹一星"事业取得成功的关键要素，凭借这种精神力量，广大同志才能不畏狂风巨沙、不惧酷暑严寒；我们要用这种精神品质教育高中生，让其传导这种艰苦创业的意识，引导其敢于正视

困难、迎难而上，树立社会责任感；更有利于培养他们自立自强、不屈不挠的坚毅品格，坚持学好高中课程，拼搏自己的光明未来。

3.4 大学阶段：以背景、创新和革命传统践行担当

3.4.1 剖析"两弹一星"时代背景

在小学与中学学习阶段，学生对于"两弹一星"事业的基本概况有所了解，要想使得学生产生共鸣、激发正义情感，需要带领学生进一步剖析"两弹一星"事业的时代背景，铭记历史；在中华人民共和国成立之初，中国面临西方国家的全面封锁以及核威胁、核讹诈的严峻国际形势，为了捍卫国家和民族的根本利益、保卫国家安全，"两弹一星"事业被提上议程。

3.4.2 讲授"两弹一星"科学精神

当今中国正在实施"科教兴国""人才强国""科学发展观"等重大发展战略，新时代大学生作为祖国未来的希望，更应当充分发扬科学精神，坚守正确的科学态度；"两弹一星"精神中的"大力协同、勇于登攀"直接体现了社会主义制度下协同合作的大科学精神和锐意进取、勇于创新的科学精神；普及这种精神迫在眉睫，只有学生充分发扬科学精神，社会才能托起中华民族伟大复兴的希望。

3.4.3 探索"两弹一星"革命精神

"中国共产党革命精神是党在革命、建设和改革的伟大实践中铸就的体现党的性质、宗旨和初心使命的精神理想信念"[7]，"两弹一星"精神作为百年精神谱系的重要组成部分，蕴含着传统革命精神，思政课教师可以引导学生探索其革命精神。

4 "两弹一星"精神融入青海大中小学思政课一体化的教学方式

大中小学思政课教学中，抽象性、理论性的内容占据很大篇幅；因此，要以"两弹一星"精神融入课程内容为契机，对教育方式进行改进；尝试融入多种方式的教学技巧和方法，调整单一的教学手段，充分吸收新课改理念，创新互联网教育方式，使得大中小学教育更加具有创新性、发展性。

4.1 小学阶段

4.1.1 以故事贯穿教学始终

故事教学是小学教育中的一种重要方式，教师应当根据小学思政课课堂环境，创设一种引人入胜的故事意境，讲述生动感人的"两弹一星"历史故事，吸引学生关注教学活动，参与教学互动；也可以设计互相分享、敢说愿说的故事语境，鼓励

大家用语言表达情感，进行思想交流；故事教学的方式有助于培养学生想象能力、激发创造性的学习品质，有助于未来教学活动的展开。

4.1.2 以漫画穿插教学环节

小学生对于枯燥的理论知识难以理解，依托漫画载体可以更好地提高学生学习的兴趣和效率，有利于抽象知识的讲授；"两弹一星"漫画的融入，展现了特殊类型的教学方式；通过这种视觉艺术形式，呈现出简洁明了的画面、诙谐幽默的风格以及蕴含思政教学的哲理，创设轻松愉悦的课堂氛围，让小学生能够更加理解课堂内容，预留想象空间的同时加深对于思政课的印象。

4.1.3 将游戏寓于教学阶段

课堂游戏对于小学生来说，应顺应其心理特点，充满趣味和活力，像"磁铁"一样吸引着学生满怀兴趣地学习；课堂游戏应该由思政课教师为学生"量身定制"，力求内容丰富有趣、形式活泼多样。例如看谁反应快的游戏，在规定时间内说出对应"两弹一星"时间的标志性事件；还有击鼓传纸片，边播放音乐边传递纸片，音乐停止时，手拿纸片的学生说出纸片上"两弹一星"词条的含义等游戏。

4.2 初中阶段

4.2.1 以灌输形式传授知识

初中教学阶段，教师应当通过一定的路径进行积极的宣传教育，将"两弹一星"精神事迹、政治觉悟和道德规范传输给学生，帮助同学树立坚定的政治信仰；除了课堂讲授外，可以利用校园文化进行灌输，通过物质建设和精神传递进行影响，例如举办"两弹一星"主题画展等文化活动；还可以利用互联网技术传播"两弹一星"内容，注重直接灌输与间接灌输相结合。

4.2.2 以情景形式深化体验

在新课程改革的要求下，思政课教师应当根据自身实际的教学经验、教学目标、教材以及初中生学习特点设置合理的教学情景，这样的情景教学能够为课堂营造特殊的学习气氛[8]，更加引起学生的情感共鸣；首先教师应当将"两弹一星"实例与初中政治教学相结合，深入思考其历史意义和爱国精神，提高学习效果；其次教师应当在情景教学中提出合理的问题，引导学生树立问题意识；最后可以结合"两弹一星"案例与时事热点拓宽学生视野，引导学生进入特色情景。

4.2.3 以 VR 式造就情感沉浸

VR 技术作为一种新型的教学媒体，利用计算机仿真系统信息技术创建虚拟体验模式。初中道德与法治课程兼备德育性与实践性，较为抽象，通过 VR 可以让学生真实体验、深化经历，丰富道德情感体验；教师应当转变教学观念，提升 VR 技术应用于体验式教学的重视程度，合理利用体验资源，应符合教学实际，最后教师应当详细记录学习数据、监控学习行为、评价学习效果。

4.3 高中阶段

4.3.1 以议题丰富教学过程

高中思想政治课教师应当以培养学生思想政治学科核心素养为教学目标，结合"两弹一星"精神价值与学科内容，确定教学议题，围绕议题进行活动设计，引导学生讨论辩论；教师可以采用让学生角色扮演元勋英雄的方式开展情景剧活动，让学生切身体会历史事迹，感受精神的力量；通过活动引入议题，让同学分享情景剧观后感，分组辩论议题，培养思维能力与表达能力，层层深入探讨过程，促进议题教学的有效展开。

4.3.2 以辨析深化教育实效

辨析式教学可以为学生创设问题情境，同时给予学生参与实践的机会，使得学生主体地位发挥实效，强调学生独立思考的能力；教师应当把握住高中思政课学科属性以及教学原则，结合"两弹一星"精神，合理设计辨析点，坚持思想性与思辨性相结合、时代性与趣味性相结合，德育性与探究性相结合的原则；加强辨析式教学在高中思政课堂的实施，这有助于探究活动型课堂的建立。

4.3.3 以活动增强课堂参与

在新课标的指导下，教师应当通过精心设计的开放式教学活动将知识融入进教学中，建立活动型课堂，引导学生主动发现和提出问题、分析并解决教学重点难点，增强学生课堂参与度；教师可以在遵守学校相关规定的前提下，带领学生实地考察原子城、二二一厂，也可以通过参观纪念展览、文献展、烈士陵园等场所加强教育；课堂上举办知识竞赛等活动，加深学习印象，并考核学习效果；这种开放式的活动教学方式能有效提升教学效果，提高学生主动参与课堂的积极性。

4.4 大学阶段

4.4.1 以讲座学习强化兴趣

讲座教学是目前比较热门的大学生教育途径，在高校教学中，学校应当广泛邀请思政课相关知名学者进行学术报告，给予学生更多机会聆听教育理论、方法；通过"两弹一星"系列主题讲座，本校学生可以了解相关知识以及新的研究情况，例如青海师范大学在 2021 年小学期开展的"两弹一星"精神主题系列讲座，学生在讲座中可以更好地进行学术交流、拓宽视野、产生灵感，无论是对于教师的教学能力还是学生的学习能力都有良好的促进作用。

4.4.2 以探究学习深入研究

在大学思政课堂上，探究性学习可以让学生拥有更多的学习时间和机会，充分尊重学生的主体性，满足大学生的探究求知兴趣，促进学生探究能力和智力的提高；首先教师可以创设优质的教学情境，将抽象的、深刻的理论知识融入感性的"两弹一星"精神材料中，引起学生情感共鸣；其次教师应当注重学生探究技能的提高，强调基础知识掌握的同时注意探究方法的训练；最后教师可以鼓励学生在合作探究、交流研讨中深化体验，让学生享受成功探究的成果，增进教学实效。

4.4.3 以调研学习推进实践

大学教育中，课堂教学是一种方式，提升大学生调研实践能力更加重要；学校及教师应当组织学生走出校门，通过社会实践的方式收集主题信息并进行研究分析；可以通过访问"两弹一星"事业中的退休职工等人员，也可以调研二二一厂等企业史料，更好地了解"两弹一星"事业的时代背景、真实人物故事，获得更好的思想政治教育效果。

5 "两弹一星"精神融入青海大中小学思政课一体化的教学评价

教学评价是教学的晴雨表，能够非常及时地反映和调控教学实际的进展情况，"两弹一星"精神融入青海大中小学思政课一体化是四个学段构成的系统教学过程，同时亦是某一具体学段的实施过程[9]；因此需及时进行教学评价，力求在科学的过程性评价中实现教学的有效衔接。

5.1 小学阶段：以日常行为习惯为导向

小学课堂教学评价环节是提升小学教学质量的重要一环，教师在这一阶段要以真诚的目光交流、期盼的目光注视、宽容的态度容忍，去激发学生学习兴趣、挖掘学生发展潜能；教师应当时刻关注小学生的日常行为，关注学生在思政课堂上的具体表现；通过对学生的知识掌握程度、技能掌握程度、学习方法掌握程度进行评价，尤其重视学生的情感变化、态度变化以及三观思维的变化情况，教师在此期间占据主导地位，应时刻注意完善评价机制。

5.2 初中阶段：以良好思想品德为标准

初中思想品德课堂教学目标是"五爱"情感培养、良好行为习惯的定型、辨别是非能力的提升和崇高理想与责任感的培育。因此，初中阶段的教学评价应当贯彻发展性原则，将教学目标作为教学评价的标准。"两弹一星"元勋们提供了良好的示例典范，其影响着学生的内心感受，引导学生做出积极的行为，因此评价标准应当全面，评价方法应具有针对性，帮助学生达成教学目标。

5.3 高中阶段：以坚定政治认同为定向

高中思想政治课堂的教学评价，一定要有明确的评价目标，注重教师以及学生的能力培养，帮助学生形成正确的人生观、世界观、价值观，坚定政治认同感，为以后的全面良好发展打下思想政治素质基础；政治认同是个体对于某种政治体制机制的承认与称赞，是高中思想政治课程核心素养的重要部分；教师应当基于我国人才培养的基本诉求及高中思想政治课程改革要求进行教学评价，以"两弹一星"精神为依托，拓宽高中生政治认同宽度、加强政治认同深度、筑实政治认同厚度。

5.4 大学阶段：以合格社会主义事业接班人为评判

新时代思想政治教育要以培养担当民族复兴大任的时代新人为目标[10]，具体来说，担当大任的时代新人就是"德智体美全面发展的社会主义建设者和接班人"[11]；大学时期的思政课教学评价一定要坚持知识考核合格、实践考核过硬、情感态度考核达标的原则，充分发挥"两弹一星"精神作用，考核学生德才兼备，表里如一；提前设计整体考核方案，明确评价标准，积极引导评价主体，要注重采用过程性评价模式。

"两弹一星"精神融入青海大中小学不同学段思政课的德育效果应当形成系统性的评价机制，教师及学生须坚持短期评价与长期评价相结合、自我评价与他人评价相一致、过程性评价与终结性评价相统一，保障各个学段学生作出全面而系统的评价结果。

6 "两弹一星"精神融入青海大中小学思政课一体化的师资队伍建设

"两弹一星"精神融入青海大中小学思政课一体化作为一项建设工程，其中师资队伍作为这一建设工程的绝对发起者、依靠者兼实施者，其队伍建设更是主要环节[12]；大中小学思政课教师队伍一体化建设是高质量办好新时代思政课的重中之重；也对"培养什么人、怎样培养人、为谁培养人"这一根本问题有着极强的理论意义及现实价值。

6.1 加强教师一体化理念树立

要想加强师资队伍建设，首先要厘清一体化理念问题；基于思政课的独特性质与大中小学思政课教师一体化呈现出的相应特征，首先是思想观念一体化建设，不同学段的不同教师应当具有相同的政治信仰，承载相同的"为党育人、为国育才"的教学任务；其次是教师队伍一体化建设，大中小学思政课教师是一个教学和科研整体，但有着不同且相互联系的教学目标和要求，应当衔接有序、相互配合；第三是教学科研与社会实践一体化建设，教师要走好教学与科研"两条路"，时刻关注时代、社会、学生的问题，将其有效结合起来。

6.2 依托一体化协同中心集体备课

学校应当积极搭建大中小学思政课教师沟通交流的平台，教育行政部门也可以建立集体备课机制，鼓励教师依托青海省学校思想政治理论课协同创新中心进行集体备课；学校支持思政课教师参加一体化发展活动，借此使得不同学段的思政课教师增强一体化意识，提高全局观念，也可以了解不同阶段的教学目标、主要内容以及教学方法与教学评价机制；通过建立沟通交流的信息平台，加强彼此沟通，互相学习促进，从很大程度上可以避免所教内容重复，帮助教师根据学生认知水平将知识分梯度型讲解，系统化、全面性地讲解知识。

6.3 以"两弹一星"精神强化师德建设

毋庸置疑，思政课教师的师德一定需要严格把握考核，思政课教师的道德认识、道德情感、道德行为等都会深深地影响学生行为，"身正为范"始终是思政课教师的基本要求；弘扬"两弹一星"精神中所蕴含的爱国主义、集体主义、社会主义和科学精神，是加强师德建设的重要途径与方式，思政课教师可以加强继续教育，聆听专家主题讲授、实地参观原子城和"两弹一星"纪念展览，将精神教育融进"三进"教育，以此来提升自身素养。

6.4 开展专业教育培训和绩效考核

当前青海省存在思政课教师缺口较大以及教学质量问题，因此，全省马克思主义学院应当适当增加本科生与研究生的录取数量，实行严进严出的培养机制；高校应给予在校师范生及高校教师更多的听讲座报告的机会，加强学术熏陶；教育部门也应利用课余时间请省外知名专家对中小学思政课教师加强培训，教师们也可以利用网络和名家工作室等途径进行专业的教育培训学习[13]。大中小学也应当建立健全绩效考核制度，对于专业素质低下、师德师风不良、教学水平不高等问题进行严格考核，保证思政课教师队伍的质量与水平。

从"社会主义核心价值观的种子在学生们心中生根发芽"到把学生培养成为合格的社会主义接班人[14]，任何学段都不可能独立完成，需要形成思想政治教育共同体；一体化培养不仅有利于增强大中小学思政课教师队伍的共同体意识，更是激励思政课教师不断提升自己、锐意进取的重要措施。

7 "两弹一星"精神融入青海大中小学思政课一体化的教研平台建设

为了让"两弹一星"精神更好地融入青海大中小学思政课一体化建设，青海各级教育行政部门应搭建好本地区思想政治教育先进教研平台，不断加强师资队伍建设、教学经验更新交融，打造思政课教师师资队伍共同体，为一体化建设提供强有力保障。

7.1 推动全国"数字化"马克思主义学院建设

当今世界信息技术创新与时俱进，思政课教学应当紧跟时代潮流，青海助推思政课教学同信息技术高度融合是大势所趋。青海区域应当大力利用国家政策，结合本区域地方实际情况，树立"公益为本、精准服务、整合创新、循序渐进、共建共享"的"数字化"马院建设理念[15]，完善教师应用平台、学生应用平台、管理服务平台建设，优化各项功能。各高校大力推动"数字化"马克思主义学院建设，为思政课教师备课提供服务；开发管理工具，优化思政课课堂管理水平；扩大交流合作，促进马克思主义学院师生成长。

7.2 打造信息共享型的一体化平台

青海应以教师为中心，努力构建激励教师分享信息资源的体制机制；打造一体化平台，探索建设由大中小各学段思政课教师共同组成的不同层级的理论探究中心、信息交融平台、协同创新中心，将分散在各学段的思政课教师聚集起来进行具有分享经验、衔接教学内容意义的互动交流活动，使得大家对教学中所产生的问题可以及时提出、畅所欲言、有效解决[16]；建设信息资源共享平台，实现线上、线下长效充分的思政课教师学习研修目的。

7.3 完善思政课教学经验交流建设

在青海思政课一体化建设委员会的指导下建立教学交流合作机制，成立起由教育部牵头、青海省教育部门负责、青海各高校马克思主义学院及中小学思政课教师实施的具体交流机制，重点把握纵向学段与横向学段两个方面的经验交流；应当建立与思政课教学经验交流相关的管理部门，例如成立指导委员会，成立思政课一体化建设研究的领导小组；学校领导班子带头做好工作，充分鼓励利用"互联网＋教育"的优势，完善交流平台建设。

7.4 促成名师工作室以点带面平台

思政课名师作为优秀的教学资源，名师工作室具有专业性高、引领性强、实践性优等特点，青海应当更加重视其以点带面的重要作用，各学段学校应当大力帮助解决名师工作室建设目的与实际差距较大、基础设施及管理制度落后等问题，青海区域内"思政课名师工作室应发挥辐射效应，以工作室为载体推动思政课改革"[17]，学校应大力给予政策上的支持，相关部门还应当有充足的经费保障，大力促进名师工作室的作用尽力发挥。

建设好青海区域特色鲜明的思政课优质教研平台，解决好已有的思政课共享平台普遍存在的问题，是青海地区有效提升区域内思政课教学质量，真正落实立德树人目标的有效举措和重要途径。

8 "两弹一星"精神融入青海大中小学思政课一体化的保障机制建设

"立德树人，思政铸魂"是建设思政课的重要价值导向，多措并举推进"两弹一星"精神融入大中小学思政课一体化建设是必行之策，而构建协调高效的保障机制则是推进一体化的有力支持。

8.1 制度政策保障

现有的思政课一体化建设教学管理相关规章制度有待进一步升级完善，在坚持党对思政课建设的全面领导的政治前提下，首先应加强顶层设计并制定完善的相关规章制度，青海教育部门应当制定好"规范合理的实施细则、指导纲要与课程标准"[18]；其次完善思政课建设领导决策一体化机制，各级学校领导班子须主动承担领导职责，落实省内文件要求，督促执行各项举措；最后建立健全思政课建设主体权责一体化机制，各级党委协调运作，各职能部门人员配备齐全、分工明确，保证事有人做，责有人担。

8.2 经费资金保障

思政课教学无论是理论教学还是实践教学，都对教学保障条件有着明确的要求；首先是物质基础保障，涵盖教学经费、教学场所、教学设备、实践基地等；其次是师资力量保障，高素质的思政课教师及相关实践教学管理人员亦需要优惠政策引进；教研平台的建设、教学素材的购入，包括"两弹一星"读本、绘本、视频等等，皆需要教育主管部门每年划拨专项经费；同时应当鼓励各级学校多渠道多方面向社会争取捐助、公益基金，用于一体化建设。

8.3 组织协调保障

在青海现行的教育管理体制下，"两弹一星"精神融入大中小学思政课一体化建设离不开党委和教育主管部门的领导与组织协调；青海地区需要协调不同层级教育单位的思政课教学，实现跨教学单位、跨地域的教学统筹；坚持在党委的领导下，充分发挥教育管理部门的组织协调作用，提升制度供给与政策保障能力，逐渐形成党委负责、政府协调、大中小学配合的保障机制。纵向上，针对各学段的思政课政策应有效衔接；横向上，教育系统内部的思政课教学政策应与省内政策相匹配，以此加强教育合力。

8.4 协同育人保障

在学校层面，一体化建设过程需要从顶层设计着手，建立完善的协同育人保障机制，采用定点合作的教学模式，实现各学段间的有效融合。中小学思政课教师可以深入大学教学实际，开展观摩调研，详细分析出大学课堂所涌现的问题，引申到中小学语境中进行回顾反思，提前采取预防举措；大学马克思主义学院教师可以为中小学教学给予指导帮助，介绍分享教学与管理经验；各级教师间开展课题合作、学术研讨活动等，产出思政课学术成果，共同为协同育人提供理论支撑。

保障机制建设是大中小学思政课高质量发展的关键环节，为一体化建设常态化、规范化提供制度保障，既是各学段思政课教学管理部门上下联动、有效循环的组织保证，又是大中小学思政课教学资源协同育人的物质保证。

新时代下，习近平总书记多次谈到"两弹一星"精神及其时代价值；将"两弹一星"

精神融入青海大中小学思政课一体化建设，有助于针对性、实效性地提升思政课育人效果，推进立德树人根本任务的完成；同时也应当看到，青海地区推进此项建设仍存在有待完善之处，须以马克思主义辩证法为方法论指导，贯彻习近平总书记关于教育的重要论述，多方共同携手推进一体化建设。

注释：

[1] 习近平主持召开学校思想政治理论课教师座谈会强调：用新时代中国特色社会主义思想铸魂育人，贯彻党的教育方针落实立德树人根本任务 [N]. 人民日报 ,2019-03-19.

[2] 习近平 . 高举中国特色社会主义伟大旗帜为全面建设社会主义现代化国家而团结奋斗——在中国共产党第二十次全国代表大会上的报告 [N]. 人民日报 ,2022-10-26(1).

[3] 江泽民 . 江泽民论"两弹一星"精神 [J]. 中国核工业 ,1999(5):4.

[4] 王立仁 , 白和明 . 关于大中小学思想政治理论课课程内容一体化建设的构想 [J]. 思想政治教育 ,2019(11):11-16.

[5] 黄雪雅 . 初中政治学科核心素养初探 [J]. 当代教研论丛 ,2018(9):79.

[6] 李倩 . 美术手工课教学的问题及对策研究 [J]. 价值工程 ,2013(7):224-225.

[7] 迟成勇 . 艰苦奋斗：中国共产党革命精神谱系的内在品质 [J]. 东方论坛——青岛大学学报 (社会科学版),2021(4):70-81.

[8] 吴海霞 . 情景教学法在初中政治课堂教学中的应用 [J]. 中国培训 ,2016(02):280.

[9] 佘双好 , 张琪如 . 高校思想政治理论课课程评价的特点及改革路径 [J]. 思想理论教育 ,2021(03):14-28.

[10] 骆郁廷 . 论新时代思想政治教育创新发展的基本逻辑 [J]. 思想政治教育 ,2018(01):4-9.

[11] 习近平 . 决胜全面建成小康社会夺取新时代中国特色社会主义伟大胜利——在中国共产党第十九次全国代表大会上的报告 [N]. 人民日报 ,2017-10-28.

[12] 石书臣 . 关于大中小学思想政治理论课教师队伍一体化建设的思考 [J]. 思想政治教育 ,2019(11):17-22.

[13] 郭亚红,张洪霞.大中小学思政课教师一体化建设路径 [J].思想政治课教学,2021(2):82-85.

[14] 习近平谈治国理政:第 1 卷 [M].北京:外文出版社,2018:184.

[15] 彭庆红,刘明言.数字马院建设的意义·理念与方案 [J].思想教育研究,2020(8):135.

[16] 王庆军.思政课一体化建构的哲学思考 [J].中学政治教学参考,2020(16):7-10.

[17] 王树华,曹群.第二届全国高职思政课名师论坛暨全国高职院校思政课信息化智慧课堂推广交流会综述 [J].思想教育研究,2020(1):158-159.

[18] 李能华,谭吉华,白玲.机制是推进大中小学思政课一体化建设的有力保障[J].教育教学论坛,2021(11):6-7.

"两弹一星"精神的思想内涵、形成来源及其当代价值

贾关青[①]

"两弹一星"精神是中国共产党人的宝贵精神财富。20 世纪五六十年代，为抵御帝国主义的武力威胁，打破大国的核讹诈、核垄断，一大批科研工作者满怀为国争气的雄心壮志，参与了以研制导弹、原子弹和人造地球卫星为主要内容的重大国防工程。在这一过程中孕育形成的"两弹一星"精神，成为凝聚中华民族精神的重要动力和宝贵财富。新时代，深入做好"两弹一星"精神研究，不仅能为社会主义现代化建设提供强大的精神动力，还能为实现中华民族伟大复兴提供强大的精神支撑。

一、"两弹一星"精神的思想内涵

一百多年来，在中国共产党的正确领导下，中华民族正在一步步实现从站起来、富起来到强起来的伟大飞跃，在这一过程中，"两弹一星"精神发挥的作用尤为重要，它不仅是中华民族强起来的重要标志，更是社会主义核心价值观在国防领域的具体体现，具有丰富的思想内涵。

（一）"两弹一星"精神之基：热爱祖国、无私奉献的爱国情怀。"两弹一星"精神高度强调爱国情怀。正是在这一情怀的感召下，中华人民共和国成立之初，虽然百废待兴，但是以钱学森、钱三强、邓稼先、王淦昌、朱光亚等为代表的科学家们，毅然放弃国外优厚的待遇，怀着"科学强国"的梦想，冲破重重阻碍，义无反顾地回到祖国的怀抱，投身于崭新的社会主义建设事业中。据统计，在 23 位"两弹一星功勋奖章"获得者中，中华人民共和国成立前后学成归国的就多达 19 位。多年后，有人问"两弹一星"元勋之一、国家科技进步奖特等奖获得者彭桓武当初为什

---

① 贾关青，男，焦裕禄干部学院办公室副主任、焦裕禄精神研究院研究员，研究方向：党史党建。

么回国时，他非常生气地回答："你应该问为什么不回国？选回国不需要理由、不回国才需要理由？选学成回国是每一个海外学子应该做的，学成不回国才应该问个为什么。"[1] 这段掷地有声的话语，充分体现了老一辈科研工作者一切为了祖国、为了人民的赤子情怀。在"两弹一星"事业成功的背后，有无数科学家、工程师、工人、军人在无私奉献。他们干着惊天动地的事，却甘愿做隐姓埋名的人，把自己的理想与国家的命运紧密相连，在茫茫戈壁和深山峡谷，默默地燃烧着自己的青春和生命。他们的精神闪耀着爱国主义的光芒。

（二）"两弹一星"精神之核：自力更生、艰苦奋斗的开拓精神。"两弹一星"伟业是建立在自力更生、艰苦奋斗基础上的。1945 年 8 月 6 日和 9 日，美国分别在日本的广岛和长崎各投下了一枚原子弹，1946 年 8 月，毛泽东在接受美国记者采访时说："原子弹是美国反动派用来吓人的一只纸老虎，看样子可怕，实际上并不可怕。当然，原子弹是一种大规模屠杀的武器，但是决定战争胜败的是人民，而不是一两件新式武器。"同时毛泽东又强调，"它们又是活的铁的真的老虎，它们会吃人的。从这点上，建立我们的策略思想和战术思想。"[2] 然而，受制于当时的条件，这一想法根本无法实施。直到 1949 年 8 月 29 日，苏联第一颗原子弹试爆成功后，中国共产党人开始寄希望于苏联，1956 年 8 月 17 日，双方签署《关于苏联援助中国建设原子能工业的协定》。但是，1959 年 6 月，中苏关系破裂后，苏联单方面撕毁援华办议，撤走了全部专家和关键技术，几乎所有的国家都认为我国无法短时间内独立完成核武器的研制。面对经济极度贫穷、科技极度落后、物资极度匮乏的情况，广大"两弹一星"建设者和创业者们没有被困难吓倒，他们满怀不蒸馒头争口气的决心，扎根戈壁荒原，克服了各种难以想象的艰难险阻，经受住了生命极限的考验，充分运用有限的科研资源和试验手段，发奋图强，锐意进取，突破了一个个技术瓶颈和难关，终于让东方巨响震惊寰宇。

（三）"两弹一星"精神之柱：大力协同、勇于登攀的优良传统。大力协同、勇于登攀不仅是"两弹一星"伟业参与者们的科学态度，更是他们的优良作风。"两弹一星"工程是中华人民共和国成立后规模最为空前、综合程度最高的一项科技工程，体系非常庞大，涉及领域众多。项目启动伊始，毛泽东就指示要"大力协同做好这件工作"。周恩来更是强调："我们发展尖端事业不同于资本主义国家，我们要发扬社会主义制度的优越性，要组织全国大力协同，从科研一开始就组织协作，要拧成一股绳，共同攻克技术难关。"[3] 在党中央的领导下，成千上万的科技工作者们汇聚在了一起分工合作、群策群力，全国上下也形成了科研攻关、大型试验、物资材料等多个协作网，最大限度地调动了能够调动的所有人力、物力和财力，全力支持项目建设，大大加速了研制进程。据统计，当时全国先后有 26 个部（院），20 个省、区、市的 900 多家工厂、科研机构、大专院校参加攻关会战，参与的各方面人员超过 100 万。可以说，原子弹研制中的"九次计算""草原大会战"，氢弹原理突破中的"群众大讨论""上海百日攻坚战"，小型化研究中的"五朵金花""多种外源"方案等，都是群策群力、集体攻关的结果，这是中国共产党人集体主义精神和团结协作传统的集中体现。

二、"两弹一星"精神的形成来源

在"两弹一星"事业的发展过程中，我国广大科研工作者和参与者们始终将中华优秀传统文化与民族精神贯穿其中，在铸造辉煌成果的同时，形成了具有鲜明时代特征的"两弹一星"精神。作为国防事业发展实践的产物，"两弹一星"精神也是对我国国防科研人员精神面貌的集中体现，是对其工作精神的高度凝练。

（一）根植于中华优秀传统文化和民族精神。中华文化自诞生以来，虽然多次与其他国家和民族的文化交融碰撞，但却始终没有中断，彰显出了强大生命力。习近平总书记强调指出："为什么中华民族能够在几千年的历史长河中生生不息、薪火相传、顽强发展呢？很重要的一个原因就是中华民族有一脉相承的精神追求、精神特质、精神脉络。"[4] "两弹一星"精神是在我国国防事业发展过程中形成的宝贵精神财富，其自力更生、艰苦奋斗等优秀品质，正是对中华优秀传统文化的继承和发展，也是社会主义核心价值观的集中展现。同时，任何一个伟大的民族都有其独特的精神特质，这也是其生命力和凝聚力的重要体现。中华民族在长期的发展过程中，形成了以爱国主义为核心，团结统一、爱好和平、勤劳勇敢、自强不息的伟大民族精神。"两弹一星"精神融于伟大民族精神，祖国需要就是行动指南，众多科研工作者爱国如家，积极投身于国防建设，担负起了时代所赋予的重任，为国防事业的发展作出了巨大贡献，正是我们民族精神的完美呈现。

（二）发展于中国国防建设事业的伟大实践。第二次世界大战之后，有一种观点认为，谁掌握了核武器，谁就拥有国际上的话语权。我国之所以要大力发展核武器，不是为了称霸，而是为了打破美苏等少数国家的核垄断，反对核威胁，最终目的是消灭核武器，保卫国家的独立和安全，维护世界繁荣与和平。经过几十年的发展，在广大科研工作者的努力下，我国不仅拥有了足以自卫的核武器和运载工具，还在原子能和平利用方面取得了举世瞩目的成就。伟大的事业孕育伟大的精神，"两弹一星"精神正是随着国防事业的伟大实践而不断丰富发展，我国国防事业的发展史、奋斗史，就是"两弹一星"精神的力量源泉。如今，经过一代代科研工作者艰苦卓绝的努力，我国的国防事业取得了长足发展，不仅实现了第四代核武器的重大突破，而且各种型号的导弹也是层出不穷，导航卫星和载人空间试验站等建设更是捷报频传，极大地增强了我国在全世界的影响力和话语权。所有这些无不证明，"两弹一星"精神始终蕴含在国防工程建设的历史进程中，蕴含在中国国防人的优良传统中，发展于国防和建设事业的伟大实践。

（三）形成于国防科技工作者工作精神的凝练。中国的国防事业走到现在，凝结了几代科技工作者的心血。从第一颗原子弹爆炸到第一颗氢弹试验成功，从第一枚火箭腾空而起到第一颗卫星顺利入轨，再到如今的"探月工程"，一系列伟大成就的实现，都离不开广大国防科技人员的无私奉献。他们中的很多人，甚至为此奉献了自己的一生。如享有"中国航天之父""中国导弹之父""火箭之王""中国自动化控制之父"等称号的钱学森，早在美国工作期间就已在航空航天领域享誉世界，美国人说他的价值能抵5个师的兵力，但他却甘愿放弃这一切，冲破重重阻力，义无反顾地投身于国家的国防建设，成为我国现代航空航天科技的重要奠基人，直到90多岁高龄还在为这一事业呕心沥血、培育新人。中国国防科技工作者们崇高的奉献精神，是"两弹一星"工程取得成功的重要保障，正是一代代科技工作者甘当人梯，用自己的实际行动与才智培育新人，才使我国的国防事业一次次取得历史性突破，不断向前发展。"两弹一星"精神正是对国防科技工作者们工作过程中表现出来的优秀品质的概括与总结、凝练与升华，它成为激励一代代国防人创造新的伟大成就的精神力量。

三、"两弹一星"精神的当代价值

当前，中国特色社会主义建设已经进入新时代，习近平总书记强调要"继承和发扬老一辈科学家胸怀祖国、服务人民的优秀品质，弘扬'两弹一星'精神，主动肩负起历史重任，把自己的科学追求融入全面建设社会主义现代化国家的伟大事业中去"[5]。这就需要我们大力传承弘扬"两弹一星"精神，担负起新的历史使命。

（一）培育时代新人，勇担时代重任。青年是国家的未来，民族的希望。习近平总书记强调："年轻一代要继承和发扬吃苦耐劳、自力更生、艰苦奋斗的精神，摒弃骄娇二气，像我们的父辈一样把青春热血镌刻在历史的丰碑上。"[6] 当前，中华民族正处于实现民族复兴的关键时期，各种机遇和风险挑战并存，为实现党的二十大确定的目标任务，中国共产党人迫切需要新时代的广大青年能够继承和发扬老一辈革命者的优良传承作风，切实担负起实现民族复兴的历史重任。在这一背景下，"两弹一星"精神的重要性就很好地体现了出来。"两弹一星"精神在高度强调家国情怀的同时，还高度强调责任意识。责任是使命的召唤，中国的国防科技工作者们强烈的责任意识不仅对国防事业的发展极为关键，而且对中国式现代化建设极为关键。因为，任何一个时代，只有每一个人牢固树立强烈的责任意识，才能自觉肩负起应该承担的历史使命。"两弹一星"工程的参与者们，用他们的实际行动书写了属于他们的功勋。新时代，实现中华民族伟大复兴，是历史赋予时代青年的责任和使命。责任担当既是一种积极的人生态度，更是一种崇高的价值取向，是检验时代青年的标杆。当今社会，随着物质文明的快速发展，精神文明建设被一定程度忽视，从而导致了个人主义和功利主义盛行，这就需要在新时代以"两弹一星"精神为指引，强化个人尤其是青年人的责任意识和价值取向，才能培育更多像老一辈国防科技工作者们那样的时代新人。

（二）展现文化魅力，树立文化自信。中华优秀传统文化源远流长、博大精深。习近平总书记指出："文化是一个国家、一个民族的灵魂。文化兴国运兴，文化强民族强。没有高度的文化自信，没有文化的繁荣兴盛，就没有中华民族伟大复兴。"[7] 然而，近代以来，曾经有很长一段时期，由于长期积贫积弱，中国遭受到了百年屈辱，一些人把责任归咎于我们的文化，开始崇洋媚外。甚至即便是现在，仍还有一些人认为西方的文化都是好的，中国的文化不及西方。这种错误思想的存在一定程度上动摇了国家发展的根基。因此，中华人民共和国成立后，中国共产党人在大力开展经济建设的同时，高度重视文化建设，并将优秀传统文化作为先进文化的根基，进行了大力传承与弘扬。现如今，随着我国综合国力的大幅提升，中华优秀传统文化也得到了越来越多的认可，中华民族也比历史上任何时期都显得更加自信和笃定。但是，社会主义先进文化既需要吸收世界各地的优秀文明成果，更需要在传承中华优秀传统文化的基础上对其进行创造性转化和创新性发展。只有这样才能更好地抵御西方对我国的文化渗透。"两弹一星"精神就是中华优秀传统文化与社会主义先进文化相结合的产物，是对中华优秀传统文化的继承和发展。新时代，充分发挥"两弹一星"精神的作用，不仅对于弘扬中华优秀传统文化，彰显社会主义先进文化的魅力，教育引导广大群众明辨是非，自觉抵制各种错误的思想观念十分关键，而且对于树立文化自信具有重要的价值意义。

（三）增强创新意识，加快创新步伐。创新是人类发展的第一动力，没有创新就没有发展，也只有不断创新，国家才能兴旺发达。工业革命以来，人类社会之所以能够用一两百年的时间就积累起比以往几千年都要多的物质财富，归根到底就是靠创新。党的十八大以来，习近平总书记多次在重要场合谈及科技创新的重要性，并将其摆在了国家发展战略的全局地位，明确提出了创新驱动发展战略。他强调指出："我们要靠自己的努力，大国重器必须掌握在自己手里。要通过自力更生，倒逼自主创新能力的提升。"[8]我国国防事业的发展充分证明，关键核心技术是买不来的，只能依靠自主创新，"两弹一星"精神所展现出来的创新力量，更是我们取之不尽用之不竭的宝贵财富。新时代，随着科技发展的日新月异，对创新能力有了更高的要求，尤其是大数据、人工智能、算力等方面的科技前沿更是受到了越来越多的关注，可以说，谁能够抢占科技的制高点，谁就能引领人类社会未来的发展潮流，这就需要我们继承和发扬老一辈"两弹一星"科技工作者们的光荣传统，坚持自主创新，不断提高我国的核心竞争力，只有这样，才能够将国家和民族的命运牢牢地更好地掌握在自己手中。

（四）彰显精神之光，铸造复兴之魂。人无精神则不立，国无精神则不强。习近平总书记强调："实现中国梦必须弘扬中国精神。这就是以爱国主义为核心的民族精神，以改革创新为核心的时代精神。这种精神是凝心聚力的兴国之魂、强国之魂。"[9]梦想是激发活力的源泉，一个人只有拥有自己的梦想，才会有实现自身价值的期望；一个国家只有拥有自己的梦想，才会汇聚起持久的追梦力量；一个民族只有拥有自己的梦想，才能在心理上尤其是文化心理上拥有自己的方向。近代以前，中华民族之所以能够长期处于世界领先地位，是因为我们有千百万勤劳的人民，有长期稳定的社会环境，更有传承不息的优秀文化。但是，这一切在近代以后被西方列强的坚船利炮击得粉碎，中华民族也开始在民族精神的激励下，从苦难中走上了探索实现民族复兴梦想的征程，这一走就是一百多年，直到中华人民共和国的成立，才看到希望。尤其是在特殊困难时期，中国人民几乎完全依靠自己的力量，成功完成"两弹一星"的研制，才让中华民族真正挺起了腰杆，再也不怕列强的讹诈和欺辱。"两弹一星"精神是中华民族精神的具体体现，更是中华民族伟大复兴的重要支撑。当前，中国特色社会主义建设已经进入重要阶段，中华民族伟大复兴也已进入关键时期，建设具有世界领先地位的科技强国，是中华民族伟大复兴的基础工程，"两弹一星"精神的价值意义不言而喻。此外，作为社会主义精神文明建设的重要成果，"两弹一星"精神是中华民族精神的延续和体现，是中国精神的重要组成部分，新时代，大力传承弘扬"两弹一星"精神，不仅可以更好地鼓舞士气、激励人心，而且能够更好地推动实现中华民族伟大复兴。

总之，"两弹一星"工程从启动之初，就肩负着实现中华民族伟大复兴的重任，在中国共产党的正确领导下，一代代国防科技工作者们不忘初心、牢记使命，隐姓埋名，扎根戈壁，为国铸剑，谱写了一曲曲感天动地的壮丽赞歌，凝练出了内涵丰富且具有中国特色、时代特征的"两弹一星"精神，不仅捍卫了国家主权和安全，而且激励和鼓舞了亿万人民。"两弹一星"精神是对中华优秀传统文化的继承与创新，随着中国国防建设事业的发展而升华，是中国共产党人精神谱系的重要组成部分，更是激励全国人民在实现民族复兴的征程上，不断开拓进取的强大精神动力。面对当前百年未有之大变局，中华民族要想屹立于世界民族之林，就必须深入研究"两弹一星"精神的思想内涵，深入挖掘其当代价值，切实将"两弹一星"精神内化于心、外化于行，才能在全面建成社会主义现代化强国、实现中华民族伟大复兴的过程中，立于不败之地。

注释：

[1] 王珊."两弹"元勋彭桓武下完了生命中最后一盘棋 [N].老年文摘报,2011-12-22.

[2] 彭学涛、郑瑞峰.苏联援助中国研制核武器始末 [J].文史精华,2012（6）.

[3] 李文."两弹一星"精神是中华民族的宝贵精神财富 [N].光明日报,2020-04-29.

[4] 陈志刚.坚定文化自信增强做中国人的志气骨气底气 [N].光明日报,2022-07-13.

[5] 张畅 . 弘扬"两弹一星"精神建设科技强国 [N]. 天津日报 ,2021-09-17.

[6] 朱基钗，黄玥，董博婷，齐琪，张研 . 总书记心中的新时代好青年 [N]. 中国纪检监察报 ,2023-05-04.

[7] 习近平 . 决胜全面建成小康社会夺取新时代中国特色社会主义伟大胜利 [M]. 北京 : 人民出版社 ,2017:113.

[8] 周跃辉 . 大国重器必须掌握在自己手里 [N]. 学习时报 ,2018-07-20.

[9] 习近平 . 在十二届全国人民代表大会第一次会议上的讲话 [M]. 北京 : 人民出版社 ,2013:4.

新质生产力下"两弹一星"精神融入思想政治教育路径探析

肖珊 [①]

一、新质生产力下"两弹一星"精神融入思想政治教育的时代价值

新质生产力是马克思主义生产理论在中国的创新和发展，不仅是推动中国经济建设和社会生产力发展的新观点和新力量，同时新质生产力对于构建高质量教育体系，推动中国教育现代化，建设拥有"高科技、高效能、高质量"的"新质高校"具有重大意义。中国式现代化建设下，以新质生产力赋能高校思想政治教育建设与改革具有重大意义。党的十八大以来，习近平总书记把思想政治工作提升至前所未有的战略高度，提出"思想政治工作是学校各项工作的生命线"这一重大论断，强调"推动思想政治工作贯通人才培养体系，发挥融入式、嵌入式、渗入式的立德树人协同效应"。思想政治教育作为上层建筑与生产力的各要素密切相关，二者相辅相成。新质生产力在推动思想政治课程的高质量建设与创新发展的同时，以高质量思想政治教育为新质生产力的发展提供教育、科技与人才的支撑。

中华人民共和国成立后我们面临着内忧外患的国情，国家召唤老一辈科学家和科研人员加入研制开发，突破技术难关，最终实现了原子弹爆炸成功、导弹核试验成功以及人造卫星发射成功。在我国人民艰苦创业、自强不息的奋斗中，我们形成了以"热爱祖国、无私奉献，自力更生、艰苦奋斗，大力协同、勇于登攀"为核心的"两弹一星"精神。2020 年 4 月 23 日，习近平总书记给参与"东方红一号"任务的老科学家回信，向他们致以诚挚的问候。信中提道："新时代的航天工作者要以老一代航天人为榜样，大力弘扬'两弹一星'精神，敢于战胜一切艰难险阻，勇于攀登航天科技高峰，让中国人探索太空的脚步迈得更稳更远，早日实现建设航天强

---

① 肖珊，女，青海大学 2022 级中国近现代史基本问题研究方向硕士研究生。

国的伟大梦想。"

高校开展思想政治教育时，也须牢记习近平总书记对于"两弹一星"时代价值的高度评价，在深挖"两弹一星"精神内涵、特征与时代价值过程中与学校的思想政治教育相结合。一方面，"两弹一星"精神作为人类文化精神的产物，应将其融入高校思想政治教育之中，发挥其培育人、塑造人、引导人的积极作用。将"两弹一星"精神融入思想政治教育，以其强大的影响力和号召力，对于大学生理性的政治价值培育、爱国主义精神培育、理想信念培育以及创新精神与集体主义精神培育都具有重要意义。另一方面，"两弹一星"中蕴含着独特的科学创新精神。在"两弹一星"精神的指引之下，学生不仅在人文素质方面有了一定的提升，而且对于他们理性科学地看待和观察世界具有一定的积极作用。在思想道德素质提升的同时，对于学生创造力的培养以及科研能力的提升具有积极作用。

二、新质生产力下"两弹一星"精神融入思想政治教育的实践路径

新时代，特别是中国式现代化建设过程中，教育的现代化建设也是十分重要的一环。高校作为传承与弘扬"两弹一星"精神，建设社会主义核心价值观的主流阵地，在发挥"两弹一星"精神育人功能的过程中，与高校思想政治教育相结合，构建高质量、高水平、高效能的思想政治教育课程，以"新质生产力"的理论与实践推动"两弹一星"精神与思想政治教育的融合发展，推动新时代思想政治教育的深化改革与创新。

（一）创造新联系，延伸课程的广度和深度

"两弹一星"精神融入思想政治教育课堂之中应不局限于内容、特征、时代价值等具体知识的讲授，而是应该以课堂为主渠道、为核心、为统领，进一步将"两弹一星"精神辐射出去，进而拓宽思想政治课程的深度与广度。

首先，加强学生与资源的联系。课堂作为思想政治教育的主阵地，学校作为学生生活的主要地区，要想推动"两弹一星"精神与思想政治教育的高度融合与高质量发展，就必须使"两弹一星"精神进课本、进课堂、进校园，为思想政治课程的拓宽与延伸打下坚实的基础。"两弹一星"内容融入思想政治教育课程教材之中，使"两弹一星"精神全面化、理论化、系统化地与中国特色社会主义理论相融合，与当代思想政治教育内容相融合，为思想政治教育的拓展与延伸打下坚实的理论基础。要将"两弹一星"内容融入思想政治教育课堂之中，发挥教师的主导作用，结合"两弹一星"的时代背景讲解"两弹一星"人物、事迹、精神，结合中国特色社会主义理论丰富其理论内涵，结合时代发展和社会热点问题解读其时代价值，进而强化思政课的育人效果，使"两弹一星"精神在融入人文素养教育与思想政治教育的过程中实现学生的价值认同，将"两弹一星"精神融入大学生的血脉之中。将"两弹一星"精神融入高校校园建设之中，通过物质载体来进行思想教育，在学校的校园建筑、基础设施之中，发挥物质建筑巨大的潜在教育意义。同时，通过校园广播、标语、公众号等宣传平台进行宣传教育，使"两弹一星"精神融入学生的学习生活之中，与课堂教育教学进行互补，进一步巩固和加强对"两弹一星"精神的理解、感悟，使其内化于心，经过长时间的陶冶，学生会慢慢适应并接受校园环境传递出来的人文气息，促进其修身立德的自觉性养成。其次，加强学生与社会的联系。"两弹一星"精神融入高校思想政治教育课的最终目的是实现对于"两弹一星"精神的知行合一，使学生能够"内化于心、外化于行。"因此必须坚持"课堂教学"与"实践教学"相融合。一方面，加强各部门之间的联系与合作，为学生提供更加广泛的学习时间和学习空间。教育部门、学校应加强与青海原子城、"两弹一星"研究院、"两弹一星"展览馆等红色教育基地的交流与联系。通过实践参观使学生沉浸式了解历史，在此基础上，开展联合宣讲活动、主题教育活动、红色征文活动、理论辩论活动等多种实践活动，激发学生的认知兴趣，不仅有利于学生在活动中增强对于"两弹一星"精神的学习，还有利于培养学生的爱国主义精神、集体主义精神等。而且，对于"两弹一星"精神的宣传，促进新时代红色文化的发展与创新具有重要的意义。另一方面，加强学生与社会的联系。除了学校、教育基地等接受思想政治教育的主流阵地外，社会同样对于学生的思想政治教育具有重要作用。举办特色文化宣讲活动向社会科普"两弹一星"精神，通过志愿服务活动践行"两弹一星"精神，组织开展大学生"三下乡"暑期社会实践志愿者服务、节假日志愿服务，通过创新创业活动体会"两弹一星"精神等方式，让学生向社会输出"两弹一星"精神的同时，通过与社会各界人士的实践交流过程，拓宽对于"两弹一星"精神的理解，培养学生不畏困难、敢于挑战、勇于创新、协同合作的精神。最后，构建立体化的教学体系。学校将"两弹一星"精神融入思想政治教育课程的过程时，要保证课程的全面、创新、高质量构建。因此，在学校的统筹协调之下，必须构建立体化的教学体系，从教学内容的融合、教学实践的安排、教学目标的确定、教学时间的安排等都要统筹协调。同时，学校作为学生与社会联系的中介，在落实教学实践活动的过程之中必须把握好度，做好学生、学校与社会的统筹兼顾。

（二）构建新场景，突破课程的限制与约束

移动互联网时代，传统的生活和行为模式发生了根本性的变化。教育部部长怀进鹏指出，"要把人工智能技术深入到教育教学和管理全过程、全环节"。用互联网思维来重构教育新模式，借用大数据来支撑教学，将技术革新带入教育教学过程之中，用智能产品构建新时代教育教学新场景是新时代中国式现代化下推动"新质"思政教育的重要举措之一。以科技赋能高质量教学模式成为新时代推动思想政治教育模式转型与发展的重要方式，新时代在推动深度而系统的教育转型中，学校要积极配合教学工具技术的革新，实现以最少的耗能产生最大的效果，通往高效能创新的"任意门"。运用新时代新载体，构建新场景新体验，使"两弹一星"精神更好地与高校思想政治教育课程相融合，最大化发挥"两弹一星"精神在大学生思想政治教育中的育人效果。

第一，借物寓意来弘扬"两弹一星"精神。青海省海北藏族自治州海晏县的金银滩草原上拥有中国第一个核武器研制基地二二一厂，是"两弹"的诞生地，也被称为"原子城"，是高校进行思想政治教育的宝贵物质财富。在金银滩这片 1170 平方千米的草原上，老一辈革命先辈和科学家留下了丰富的革命文物遗迹。将"物"与"意"相连接，借"物"立"意"，基地倾注了毛泽东、周恩来等老一辈无产阶级革命家和邓稼先、王淦昌等中国第一代科学家的心血。以"物"说历史，在参观与浏览中进一步丰富和深化，形成有深度、有意义的教育基地。第二，在进行"两弹一星"精神教育过程中，不仅可以借"物"，其背后蕴藏的"历史虚体"同样重要。运用现代化虚拟技术实现"两弹一星"历史场景重现，在个性化体验中生动形象地将革命文物所蕴含的内在文化与价值展示出来。第三，创新"两弹一星"宣传教育。新质生产下推动"新质教育"建设，就必须进行功能"更新、创新"。这就需要思想政治教育进行"跨界融合"，将"两弹一星"的历史故事、经典文物与学生的生活相结合、教育与娱乐生活相结合，利用身边一切可以利用的场景。例如：食堂、咖啡店、体育馆等场地，文具等日常用品，将碎片化的空间与时间紧紧把握起来，跳出线上与线下相结合的传统教育模式，使"两弹一星"的历史故事与宝贵精神在潜移默化中融入学生的思想观念之中。第四，通过场景互动来增强"两弹一星"认知教育。跳出以"教师教授""多媒体放映"为主的教育模式，加强场景的互动与联系。让学生成为历史故事的"主人公",通过情景剧、古今人物"视频"等实践活动,让学生加深对当时的历史发展的认知,在同理心的引导下,加深对于"两弹一星"精神的深度认知,进而在"两弹一星"精神与思政教育高度融合的过程中达到真正的育人功能。

（三）营造新生态,推动"大思政课"教育生态重建

新质生产力下,从根本上推动思政教育现代化建设,就必须推动教育的高质量、高效能、高科技建设。因此,创新是必由之路。学校站在新时代的十字路口上应该以全方位、多层次的创新需要从根本上重构"大思政课"的教育生态。将传统思想教育模式下的旧内容、旧方法、旧技术营造出的形式化、模式化的教育形式推翻重建,构建新时代符合当代大学生认知水平的教育沃土与生态环境。

一方面,以学生为主体,促进新时代学生的自由成长。互联网时代下,传统文化与新兴文化、国内文化与国外文化的交流碰撞使新时代大学生知识面更加广泛,思想更加成熟,理解能力更加强。同时,互联网带来的信息碎片化、差异化在一定程度上也会影响学生对于主流思想的认知。因此,在将传统教学手段运用到当代大学生教育中,要注重与时俱进、创新发展。教师在坚持主导地位,引领正确方向的基础之上,坚持因材施教,和而不同。在和学生进行沟通交流的过程中以"两弹一星"故事、人物为教育素材及时引导学生,倾听学生的观点,促使其进行反思,帮助其解决思想上和认识上的困惑,自觉向正确的价值观靠拢。另一方面,突破地域限制,构建虚拟现实教育课堂。将"两弹一星"精神融入高校思想政治课程之中,不仅仅是融入当地或邻近高校的教育之中,而是融入全国思想政治教育之中。突破地域的限制,形成区域化、整体化的教育教学生态。新质生产力下"高科技"为我们带来突破时空的可能性,运用现代化虚拟技术,运用专业化的技术手段和平台,使之真正服务于课堂,让学生身临其境地了解"两弹一星"的故事、人物、精神等。同时,让学生成为课堂的主人公,培养学生通过虚拟现实技术、视频剪辑技术,动嘴、动脑、动手将"两弹一星"精神铭记于心,通过内化于心、外化于行来构建思想政治教育的"新质教育"模式。

三、结语

面对百年未有之大变局,面向2035更高水平的育人目标,"高科技、高效能、高质量"也是教育现代化的内涵要求。"两弹一星"精神作为中国共产党精神谱系中

的重要组成部分，必须对其进行传承与发扬。将"两弹一星"精神与思想政治教育通过"新方法、新技术、新模式"进行创造性发展与建设，使其成为大学生思想政治教育中的重要推动力，为新时代高校培养新时代青年提供崭新的视野。

参考文献：

[1] 习近平给参与"东方红一号"任务的老科学家回信强调敢于战胜一切艰难险阻勇于攀登 [EB/OL].(2020−04−24)[2021−09−09].https://baijiahao.baidu.com/s?id=1664810219047854432&wfr=spider&for=pc.

[2] 闫志利，王淑慧.职业教育赋能新质生产力：要素配置与行动逻辑 [J].中国职业技术教育,2024,(07):3−10.

[3] 周文,许凌云.论新质生产力：内涵特征与重要着力点 [J].改革,2023,(10):1−13.

[4] 蒲清平，黄媛媛.习近平总书记关于新质生产力重要论述的生成逻辑、理论创新与时代价值 [J].西南大学学报（社会科学版）,2023,49(06):1−11.

[5] 刘静如.基于场景体验的革命文物旧址旅游活化研究 [D].云南师范大学,2022.

[6] 胡卫星,黄政文.内涵、内容与模式：数字时代的场景化教育探析 [J].辽宁师范大学学报（社会科学版）,2021,44(05):102−107.

[7] 戚静.高校课程思政协同创新研究 [D].上海师范大学,2020.

[8] 季海菊.新媒体时代高校思想政治教育研究 [D].南京师范大学,2013.

当代青年传承"两弹一星"精神的现实意义与行动路径

张郑武文 [①]

　　习近平总书记明确指出："'两弹一星'精神激励和鼓舞了几代人,是中华民族的宝贵精神财富。"当代青年肩负着实现中华民族伟大复兴的历史重任,而"两弹一星"精神对于当代青年的成长和国家民族的发展具有重要意义。"两弹一星"精神是指在研制原子弹、导弹和人造卫星的过程中,我国科学技术人员所展现出的爱国主义情怀、科学探索精神、艰苦奋斗作风和团结协作品质的总和,其内涵可总结为"热爱祖国、无私奉献,自力更生、艰苦奋斗,大力协同、勇于登攀"。事实上,"'两弹一星'精神不仅鼓舞着科技工作者,更滋养着一代又一代的中国人",不仅代表了我国科技人员的崇高精神风貌,更是我国社会主义事业发展的重要精神支柱,其"孕育、产生于中国人民'站起来'的时代,总结、提出于 20 世纪末的'富起来'时期。如今,中国进入'强起来'的新时代,'两弹一星'精神仍旧具有重大的价值"。"两弹一星"精神虽然源于科学技术人员群体,然而随着时代变迁和社会发展,已经超越了原有的外延范畴而具备了更加普遍的指导意义。置身于新时代的背景下,引导当代青年认识、了解和传承"两弹一星"精神便尤为必要。

一、当代青年传承"两弹一星"精神的内涵价值

(一)极其丰富的思想内涵

　　马克思认为,精神生产作为"人的自由的有意识的活动",是人的本质的充分体现。"两弹一星"精神是中国人民在 20 世纪中叶自主研发原子弹、氢弹和人造卫星过程中形成的宝贵精神财富,体现了中国人民不畏艰难困苦、追求自立自强、敢于攀登世界科技高峰的坚强信念,也展现了中国共产党领导下全国各族人民团结协作、

---

① 张郑武文,男,南京师范大学新闻与传播学院博士研究生,主要研究方向为政治传播。

勇立时代潮头和世界民族之林的坚定意志。其中,"热爱祖国、无私奉献"是"两弹一星"精神的核心。在面临严峻国际时局和严重技术封锁的困境下,科学技术人员凭借爱国精神和奉献情怀,舍小家、顾大家,不惜牺牲自己的青春乃至生命,为国家和民族的繁荣富强作出了巨大贡献。"自力更生、艰苦奋斗"是"两弹一星"精神的体现。在资源有限、条件艰苦的情况下,中国人民依靠自身力量,发扬奋斗精神,完成了"两弹一星"的研制任务。这种创举不仅为中国科技事业的独立发展奠定了坚实基础,也锤炼和彰显了中国人民的勤劳品质和智慧品性。"大力协同、勇于登攀"是"两弹一星"精神的特点。在研制过程中,全国各地的科研人员、技术工人、解放军指战员等紧密协作,形成强大合力。这种协同攻关的精神,展示了中国人民团结一心、共克时艰的强大力量。可以说,经过时光洗练、岁月沉淀,"两弹一星"精神的思想内涵逐步深化、逐渐丰富,完成了从实践到精神的伟大跃升。当代青年具有特殊的群体心态,一方面,他们崇敬英雄、信仰科学、追求真理,坚持自己的主观意志,另一方面,他们对社会议题有着无限的热情,对国际形势有着敏锐的观察,长期关注科学技术前沿信息。成长环境中,社会教化、学校教育和家庭教养让当代青年对"两弹一星"人物和故事耳熟能详,因而"两弹一星"精神可以在爱国情怀、探索精神、奋斗作风和团结品质等各个层面引领当代青年成长成才。

（二）跨越时空的传承价值

"两弹一星"精神的产生和发展具有深刻的历史背景。20 世纪中叶,成立不久的中华人民共和国面临着复杂的世界形势,为了保卫国家安全、维护民族尊严,中国决定自主研发原子弹、氢弹和人造卫星。在此过程中,"两弹一星"精神逐渐形成并不断发展壮大,其历史作用表现在多个方面。其一,它极大地提升了中国国际地位和国际影响。我国通过自主研发"两弹一星",打破了大国的技术垄断和"核讹诈"笼罩,为争取国际社会尊重、提升国家建设水平创造了有利的内外条件。其二,它有效促进了中国国防现代化事业的进步与发展。"两弹一星"的研制成功,标志着中国逐步掌握了独立探索核心科技的能力,为国防现代化事业提供了强大的技术支撑和坚实的物质保障。其三,它持续鼓舞着全国人民的爱国热情和民族自豪感。在"两弹一星"精神的激励下,全国各族人民学习科学技术人员的精神,团结一心、共克时艰,接续投身社会主义事业建设的伟大实践之中。"两弹一星"精神不仅对当时的国家安全产生了深远影响,也为后来的国家发展奠定了重要基础,更激励着当下的全国人民不断为实现中华民族伟大复兴的中国梦而努力奋斗,"在新时代,新形势和新任务要求我们传承好、发扬好'两弹一星'精神。""两弹一星"精神作为一种凝聚了民族智慧和毅力的伟大精神,对于当代青年而言,它不仅是一段历史记忆,更是一种跨越时空的价值导向和行动指南,可以帮助他们确立正确的职业方向和人生追求,引导他们在实现个人梦想的同时,不忘承担社会责任、报效祖国。因此,"两弹一星"精神历久弥新,对于培养有理想、有能力、有担当的新一代具有深远意义,也是激励当代青年不断进取、勇攀高峰的不竭动力。在"两弹一星"精神的感召下,当代青年将成为推动社会向前发展的中流砥柱,为国家乃至人类的美好未来作出卓越贡献。

二、当代青年传承"两弹一星"精神的时代方位

(一)在全球化的浪潮中把握正确方向

置身于全球化的时代浪潮之中,各国之间沟通与联系仍频、合作与竞争并存,当代青年需要堪承大任,将自身成长与国家前途、民族命运结合起来,"两弹一星"精神展现出了其独特的价值和意义。这一精神不仅代表着中国的科技实力和国家精神,更成了中国在国际舞台上的一张名片,特别对于第三世界国家探索独立自主发展道路具有启示价值。全球化意味着各种文化、思想和价值观念的交流与融合,而"两弹一星"精神则为中国在这个博弈的场域中提供了一种坚定而自信的声音。其一,它体现了中国坚持自主创新、自力更生的立场。当今世界,有的国家追求抱团取暖,有的国家谋求脱钩断链,然而,中国始终坚持自主创新的道路,这不仅体现了民族自信,也展示了中国对于维护国家安全和主权的坚定决心。而"两弹一星"精神正是这种自信精神的最好诠释。其二,它展现了中国履行自身责任、大国义务的形象。中国作为一个负责任的大国,在全球化的进程中不仅需要关注自身发展,更需要承担起相应的国际责任。通过传播"两弹一星"精神的经验和价值,中国提供了利用科技服务于人类社会的智慧方案,从而推动了构建人类命运共同体的整体进程。其三,它彰显了中国弘扬和平、增进合作的主张。在全球化的浪潮中,各国之间的文化交流与碰撞日益频繁,如何在这样的背景下坚持国家意志,成了每个国家都需要面对的命题。通过传播"两弹一星"精神,中国不仅增强了整个民族的凝聚力和向心力,也通过科学技术捍卫了自身对于和平和合作的主张。"传承好、弘扬好'两弹一星'精神,对于坚定理想信念之基、提振勇敢担当信心、汲取求实创新滋养、汇聚协同

攻坚伟力具有重要意义",当代青年只有牢牢把握"两弹一星"精神的方向,清晰认识国际局势,正确把握国际关系,坚持开放、合作、共赢的原则,反对打压、遏制、争霸的思维,才能勇立全球化的时代浪潮之上。

（二）在信息化的背景下锚定自身坐标

在信息化的时代背景下,各种信息纷繁复杂、各类思潮交织碰撞,当代青年面临着来自思想层面上的冲击和考验。作为国家的未来和希望,他们传承和弘扬"两弹一星"精神,对推动国家的科技进步、文化繁荣和社会发展具有重要意义。在信息化时代背景下,"两弹一星"精神也展现出了新的价值。信息化的发展使得信息的传播速度、广度和深度与日俱增,人们可以通过互联网快速获取各种知识。一方面,信息化背景下的"两弹一星"精神强调了知识与创新的重要性。在信息化时代,知识和创新成了推动社会发展的主要动力。而"两弹一星"精神所强调的自力更生、自主创新的精神,正是知识和创新的最好体现。这种精神鼓励当代青年在面对困难和挑战时,要勇于探索、勇于创新,不断寻求解决问题的新思路和新方法。另一方面,"两弹一星"精神在信息化背景下也强调了团队合作和集体主义的价值观。在信息化时代,大量工作需要团队协同才能完成,而"两弹一星"精神所强调的团结协作、无私奉献的精神,正是团队合作和集体主义的最好诠释。这种精神鼓励当代青年在工作中相互支持、彼此帮助,共同应对复杂问题的挑战。此外,"两弹一星"精神在信息化背景下还强调了勇于担当和敢于胜利的精神。在信息化时代,面对各种挑战,需要当代青年秉持智慧与魄力予以解决。而"两弹一星"精神所强调的勇于担当、敢于胜利的精神,正是这种勇气和决心的最好体现。"大力弘扬'两弹一星'精神,将为民族复兴提供更持久、更深沉、更有力量的精神支撑","两弹一星"精神鼓励着当代青年在面对困难和挑战时,敢于迎难而上、敢于取得胜利。当然,信息化时代也意味着信息的繁芜、庞杂和零碎,享乐主义、拜金主义和极端个人主义甚嚣尘上,"工具理性"开始膨胀。当代青年需要应对负面信息的裹挟,抵抗错误信息的干扰,澄清谬误、坚持真理,避免"劣币驱逐良币",这就更加需要依靠"两弹一星"精神的滋养,从而在信息化的背景下锚定自身坐标。

三、当代青年传承"两弹一星"精神的挑战机遇

（一）做勇于探索真理的当代青年

当前,随着越来越多的当代青年走上工作岗位、从事科研工作,发起科技攻关、解决科技难题的重任将会逐步落在当代青年肩头。随着信息技术飞速发展，知识更新速度加快，新的科技、产品和工具层出不穷，当代青年需要不断学习和掌握新技术，应对快速变化的内外环境，解决困扰良久的"卡脖子"问题。为此，当代青年应该抓住机遇，积极参与科技创新，锻炼自己的科技素养和创新能力，努力成长为科技领域的领军人才，为国家的科技进步做出贡献。践行"两弹一星"精神，需要多学科知识的融合和交叉，当代青年可以加强跨学科学习，拓宽知识面，提高综合素质，培养创新思维和解决问题的能力；积极培养创新思维，勇于突破传统束缚，敢于探索未知领域，通过学习和实践，不断积累知识和经验，提高自己的综合素质和创新能力。创新能力的培养离不开实践锻炼。当代青年可以积极参与各种科研项目、社会实践、创新赛事、国际交流等，提高自己的实践能力，将理论知识转化为实际操作能力，培养自己的创新精神和创新能力，为推动国家发展和实现个人价值做出积极贡献。

（二）做勇于创新文化的当代青年

在全球化的背景下，文化的多元化和交融已是时代趋势，当代青年是文化交流和创新的生力军，然而在接触到不同文化的同时，当代青年也面临着文化冲突、误解和折扣的挑战，因而应当以开放的心态和批判性的思维，积极学习、理解和尊重多元文化，形成更加全面和均衡的世界观，促进不同文化间的对话与共生。同时，文化创新也为当代青年提供了展示自己的舞台，他们可以通过各种文化活动展示自己的才华和创意，推动文化的发展和创新。作为国家未来的建设者和接班人，当代青年更应当积极投身于"两弹一星"精神的实际应用中，积极参与文化活动，丰富自己的文化内涵，成为文化传承和创新的重要力量。"青年中蕴藏着的创造潜能，一经开发就能成为巨大的增殖资源"，文化创新能力是推动国家发展的重要动力，也是当代青年实现个人价值的重要途径，当代青年应当将"两弹一星"精神中的创新意识付诸实践，培养自己的创新能力和实践能力，为推动中华优秀文化的传播和弘扬作出更大贡献。

（三）做勇于担当责任的当代青年

新时代的当代青年肩负着社会责任和历史使命，社会责任感的提升也是衡量当代青年个人成长和发展的重要指标。在承担社会责任的过程中，当代青年面临着各种挑战，他们需要平衡个人利益和社会利益，处理好个人与社会的关系，也需要不断提升自己的综合素质和能力，以更好地履行社会责任。然而，社会责任感的提升也为他们带来了机遇。通过参与社会实践和公益活动，他们可以深入了解社会，增强社会责任感，同时也能够锻炼自己的组织和协调能力，提升自己的综合素质。这些经历和能力将成为他们未来发展的重要资本，为他们在社会上的成功打下坚实基础，并且通过实际行动，为社会的进步和发展贡献自己的力量，实现个人价值与社会价值的统一。当代青年首先要树立正确的价值观，坚定理想信念，将个人发展与国家需求相结合。通过学习和宣传"两弹一星"精神，当代青年能够深刻理解到科学技术是国家发展的重要支撑，从而激发他们投身工作、矢志创新的热情。

四、当代青年传承"两弹一星"精神的行动路径

（一）在日常的学习生活中感悟精神

"两弹一星"精神激发了当代青年的爱国情怀和社会责任感，需要在日常学习中"加强'两弹一星'精神等红色资源的挖掘、整合、运用"，当代青年在日常的学习生活中感悟"两弹一星"精神，是一个循序渐进的过程。这需要他们不仅从书本上获取知识，更要从历史的纵深和现实的挑战中汲取智慧和力量。首先是通过对"两弹一星"精神的系统学习，理解其背后所蕴含的自力更生、艰苦奋斗等价值观，并思考如何将其与自己的学习目标和生活规划相结合，如何在自己的专业领域和人生道路上予以践行。其次是要关注现实生活中的挑战和问题，以"两弹一星"精神为指引，通过参与科研项目、社会实践等活动，培养自己的创新意识和实践能力，将学到的知识和技能应用到实际问题中，为国家的发展和社会的进步贡献力量。最后是要时刻保持对国家和人民的深厚感情，不能切断自身与时代和群众的血肉联系，可以通过参与志愿活动、社会服务等方式，增强自己的责任感和使命感，让"两弹一星"精神成为激励自己不断前行的动力源泉。在这个过程中，青年不仅能够深刻感悟"两弹一星"精神的丰富内涵和时代价值，更能够在实践中不断磨砺自己、提升自己的能力和素质，并与"两弹一星"精神产生内心上的真正共鸣。

（二）在复杂的社会情境中践行精神

实际行动是将理论转化为实践的关键步骤，只有将"两弹一星"精神真正融入日常的学习、工作和生活中，才能真正体会到这一精神的内涵和价值。"弘扬传承'两弹一星'精神必须是真实的、全面的、有感情的、有温度的宣传"，社会之所以被认为是复杂的，就是由于它是一个由众多相互作用的要素所构成的动态系统，其中的

运行逻辑通常不是简单的线性因果关系，社会事件中所带有的不可预测因素，使得随机发生的事件可以对社会运行造成显著影响。因此，当代青年践行"两弹一星"精神要求他们需要将其作为自身融入社会的根本遵循，以不变应万变。首先，当代青年应当持续学习和自我提升，以适应不断变化的社会环境，这是"两弹一星"精神中自力更生和勇于探索的体现。其次，当代青年应树立正确的价值观念，坚持正确的人生方向，抵御来自各方面的诱惑与侵蚀，追求有意义的生活目标。最后，当代青年应坚定理想、坚守信仰，身体力行地将"两弹一星"精神运用于自身社会实践之中。我们认为，当代青年可以通过不断学习和实践"两弹一星"精神，不断提升自己的抗压、抗挫和抗突变能力，从而解决多元的社会问题、适应复杂的社会情境。

（三）在漫长的人生征途中发扬精神

人生百年，征途无限，生命历程是当代青年发挥创造力、实现自我价值的精彩舞台，也是传承和弘扬"两弹一星"精神的广阔场域。作为当代青年，"要克服成长道路上盲目探索的自发状态，遵循人才成长规律制定职业规划"。在漫长的人生征途中，当代青年发扬"两弹一星"精神是一种对理想和道德的高尚追求，需要他们深刻理解这一精神的核心价值，并将之内化为个人成长的持续动力和长久指南，通过学习科学技术人员的人生发展模式，结合自己的兴趣和禀赋，制定明确的生涯规划路径。在日常生活中，当代青年应持之以恒地学习新知，不断提升自身的科学素养和专业技能，这是实现自我突破和创新的基础。同时，面对生活和工作中的各种困难挑战，当代青年要培养坚韧不拔的意志，保持乐观向上的心态，以勇攀高峰、中流击水的决心，将"两弹一星"精神的实践转化为推动自己不断进步的力量。此外，当代青年还要积极参与社会事务，展现团结协作的精神风貌，以实际行动服务于社会、贡献于国家，让爱国情怀和个人成就相互辉映，从而在人生不同阶段和各种情境中，使"两弹一星"精神成为激励自己不懈进取的精神力量。

五、结语

"'两弹一星'精神由所有参与那场伟大事业的人们共同铸就，是激励广大人才建功立业新时代的宝贵精神财富"，其对当代青年的意义重大、影响深远，不仅可以从个人层面形塑当代青年的理想、强化当代青年的意志，激励他们在学习和生活的各个领域追求卓越、不断进取，而且可以从国家和民族层面推动当代青年将爱国热情转化为具体行动，把个人理想与时代背景紧密联系起来，积极投身于科技创新和社会服务之中。为了真正使得"两弹一星"精神在实践中得以发扬光大，当代青年应该从自身做起、从现在做起、从点滴做起，让"两弹一星"精神贯穿于日常的学习、工作和生活中，以实际行动来推动中华民族伟大复兴，为实现这一历史伟业贡献出自己的青春智慧和青年力量。

"两弹一星"精神的生成逻辑

杨志霞 [①]

一、"两弹一星"精神生成的理论逻辑

任何一种精神的生成都离不开理论的滋养，"两弹一星"精神的生成亦是这样，爱国主义、集体主义、社会主义、科学家精神为"两弹一星"精神的生成提供了深厚的理论基础。

（一）爱国主义的浸润

从马克思、恩格斯、列宁到毛泽东，马克思主义经典作家和我们党的中央领导核心在不同时期都对爱国主义作了深刻论述。马克思、恩格斯生活在资本主义经济迅速发展的时代，这一背景也决定了马克思、恩格斯所倡导的爱国主义思想是为争取国家民族独立和解放而斗争的爱国主义。在长期革命和建设实践中，毛泽东继承了马克思、恩格斯和列宁的爱国主义思想，并结合中国实际对其作了进一步的完善和发展。毛泽东的爱国主义思想将"爱国"与"爱民"联系在一起，是与拯救中华民族的危亡和实现民族复兴的伟大事业紧密结合在一起的。

在中华民族发展的历史长河里，"爱国"一词始终是无数优秀的中华儿女矢志不渝的精神追求和崇高的理想信念，爱国主义精神是中华民族虽饱经磨难但却仍然能够以昂扬雄伟的姿态屹立于世界民族之林的关键所在，其中包含着人民对国家强烈的归属感和认同感。近代以来，中国人民在经历了抗日战争的深刻洗礼后，始终表现出更为强烈的爱国主义思想和民族自尊心，"两弹一星"事业的经历者们更是如此。"两弹一星"事业的背后，是无数深深爱着祖国的科学家们的无私付出："两弹"元勋邓稼先，他抱着"做好了这件事，就是为它死了也值得"的热血信念，不仅为国

---

① 杨志霞，女，青海大学 2023 届法学硕士，现为门源县浩门镇人民政府四级主任科员。

家解决了原子弹理论设计的难题，更是为此献出了自己宝贵的生命；"两弹"元勋郭永怀，为了"两弹"事业的发展争分夺秒，把生命献给了国家的尖端科学事业；还有"活着就要为人民服务"的钱学森；愿以身殉国的王淦昌；一辈子只干一件事的朱光亚；许身为国的陈能宽；摘下星光的王大珩；中国的"居里夫妇"钱三强、何泽慧夫妇；"导弹之胆、神剑之魂"黄纬禄；"国家需要，我就去做"的孙家栋；"国家需要我，我一定全力以赴"的于敏等。中国核事业所创造的辉煌和荣光不属于任何一个具体的人，但是，却属于这个群体中的每一个人。铭记历史，缅怀英雄，镌刻过去、展望未来。为了祖国国防事业的发展，我们可以在无数个科学家身上看到他们的拳拳爱国之心。热爱祖国体现着中国人民内心深处最深厚的家国情怀，体现着老一辈革命家以国至上、赤心奉国的价值追求，是无数科研工作者我将无我、忠诚报国的生动写照。这些科研工作者把自己的志向与祖国民族复兴大业结合在一起，全身心投入到为民族谋复兴的大业中，中国人民的家国情怀是深入人民骨子里的血脉传承。除了专家学者，还有用实干成就事业的"两弹一星"领军人物、用拳拳爱国之心为国奉献的无数无名英雄，还有成千上万一心为国的普通建设者，正是他们在背后隐姓埋名、默默奉献，正是他们不计得失，将青春奉献给了祖国，才写就了一部为祖国为人民鞠躬尽瘁、死而后已的壮丽史诗。也正是爱国主义的深沉品格浸润了"热爱祖国、无私奉献"的"两弹一星"精神内涵。

（二）社会主义的浇灌

对于社会主义，马克思认为，社会主义是一个允许人得以通过克服自己的异化而实现自己的本质的社会。恩格斯提出了工人阶级理论，社会主义在由空想变成科学的过程中，恩格斯发挥了非常重要的作用。毛泽东在社会主义的发展上致力于探索一条独特的社会主义建设道路。社会主义具有丰富的内容体系，它完整的理论体系、多元的内容结构、厚重的精神底蕴、宽广的情怀视野，为"两弹一星"精神的生成与发展提供了丰厚的生命力。社会主义具有集中力量办大事的制度优势，"积力之所举，则无不胜也；众智之所为，则无不成也。"中华人民共和国成立以来，我国之所以攻坚克难，实现一个又一个不可能，创造一个又一个奇迹，一个重要的法宝就在于社会主义集中力量办大事的制度优势，在于坚持党的统一领导。在党的统一领导下，全国上下一盘棋，集中攻关。无不体现着在党的领导下，社会主义集中力量办大事的制度优越性。除了在经济上举力支持原子弹事业，在"两弹一星"研制过程的机构设置上，也特别能体现集中力量办大事的优势。对于建立我国原子能工业，我国成立了以周恩来同志为主任的专门委员会。1962 年，毛泽东在关于我国原子弹爆炸设想的报告上批示："要大力协同做好这件工作。"周恩来强调要树立全国一盘棋的思想，组织全国大力协同攻克难关，发扬社会主义制度的优越性。在中央的统一协调和领导下，全国相关部门，有人出人、有力出力、给技术、给设备，心往一处想，劲往一处使，同心协力攻克了许多无法攻克的难关，破解了许多技术性难题。据"两弹一星"功勋钱学森回忆，在当时，对于中央专委作出的决定，任何单位任何人都是没有二话的，专委决定要你在什么时间里干好什么事……大家都是按着命令照办！我国的国防科技事业曾被人形象地比喻为"千人一杆枪，万人一颗弹、一颗星"的事业，也是实至名归。概括而言之，如果没有社会主义集中力量办大事的制度优势作为浇灌，作为厚实的根基支撑，就无法产生国家举国之力去研制"两弹"的伟大奇迹，也就不用说产生影响几代人且始终具有育人价值的"两弹一星"精神。正是社会主义理论体系以其强大的生命力浇灌了"两弹一星"精神的形成。

（三）集体主义的锻造

在马克思恩格斯的著作中，并没有专门提及集体主义的概念，但是谈到了"真实的集体"与"虚假的集体"两种概念。在马克思恩格斯对集体主义的论述中，最根本的问题是实现每个人自由而全面的发展。毛泽东的集体主义强调团结一切可以团结的力量，要坚持民族统一战线，克服困难，最终建设新中国。

"两弹一星"事业是在各种力量集体协作下完成的。核武器研制是集现代科学之大成的综合科学，原子弹的研制和试验涉及各行各业，如果缺乏党中央集中统一领导，全国人民的协作和支持以及科技人员贡献出的集体智慧，原子弹事业就难以完成。一方面，在建国初期，我国科研专家极其缺乏、技术条件差、物质基础薄弱，加上国外反华势力的技术封锁，在这种情况下，要进行"两弹一星"研制工程，难度可想而知。因此，只有将国家有限的科研、人才、技术、物质等资源统筹在一起，进行有效协调，才能保证"两弹一星"工程的实施。另一方面，研制原子弹、氢弹等都是技术性极其复杂的战略性工程，涉及众多行业，这就要求身在不同岗位的技术专家，在研制"两弹一星"共同目标的引领下，分工协作、集智攻克技术难关。在"两弹一星"精神研制中，广大科研者将集体利益放置在首位，精诚合作，一致团结，充分发扬了集体主义精神。"两弹一星"的研制在当时来说是个涉面广、规模宏大且系统的科学工程，需要数千个单位、上千万的人员相互协同，我们能在当时工业技术极其落后的条件下成功研制出"两弹一星"并投入使用，靠的就是这些科研工作者同甘共苦、友爱互助的集体主义精神。这种精神促使广大科研工作者战胜重重困难，凝聚起强大的向心力，创造出举世瞩目的丰功伟绩。在"两弹一星"这项庞大又复杂的系统工程中，充分体现了集体主义，也孕育和锻造了"自力更生、艰苦奋斗"的精神内涵。

（四）中华民族精神的支撑

对于民族精神，马克思恩格斯对此并没有进行过专门的研究，但是从他们创立的唯物史观上看，"精神"是属于社会意识范畴的，"民族精神"也是社会意识的范畴，我们要从社会存在出发去解释"民族精神"。马克思主要是从民族解放和斗争实践来谈这种精神的，更多地是从意义的角度出发强调"民族精神"对民族、对国家、对社会的推动作用。毛泽东对民族精神的理解主要体现在对祖国大好河山和祖国人民的热爱。

"两弹一星"精神与中华民族精神在内容上有着共通性，伟大的民族精神是中华民族凝聚起强大力量的根基，正是这样一种精神造就了这个国家遇难不惧的定力和转危为机的魄力。经过五千年的沉淀，经过血与火的淬炼，我们的民族精神才得以传承下来，它以其强大的生命力，成为全民族团结统一、共赴劫难的强大精神支柱。中华民族于危难中发展，遭受着外族的侵略，正是这种恶劣的环境，培养了这个民族自强不息的韧劲。而伟大的民族精神的精华也在我们党领导广大人民进行革命、建设和改革的实践中得到进一步发扬，并赋予其新的时代内涵，比如"两弹一星"精神等都已转化为中华民族的宝贵精神财富。"两弹一星"精神在中国共产党人为民族命运做抗争、为民族复兴而拼搏的艰难历程中得以形成，它传承了中华民族精神的精华，是民族精神的恢宏演绎。因为中华民族精神的支撑，"两弹一星"精神传给我们坚定不移的崇高信仰、精忠报国的赤子情怀、自强不息的奋斗精神，最终又融于民族精神的宝库。

二、"两弹一星"精神生成的历史逻辑

（一）朝鲜战争中国家安全事业面临威胁

1950年6月25日，朝鲜战争爆发，美国迅速组成联合国军出兵朝鲜，快速打过三八线，准备在一个月之内拿下朝鲜。10月初，美军无视我国政府的多次声明与警告，把战火烧到我国东北边境，严重威胁我国的安全。当年日本就是由东北入侵中国，然后南下侵占了大半个中国，由此可见东北地位于中国之重要，东北一旦出事，整个中国就会面临巨大威胁。那么，二战才刚刚结束不久，中华人民共和国也才刚建立，而且还浑身是伤，其实当时的中国并不能对美国构成什么威胁，美国为何还要借朝鲜战争之手来束缚中国？这正与二战结束后的世界格局有关，美国这个想要称霸全球的"白头鹰"，在第二次世界大战结束后，与苏联形成了两极局势，以苏联为首的社会主义阵营和以美国为首的资本主义阵营平分天下，这使得美国在亚欧大陆上的势力削减了一半，而苏联也正是美国成为全球霸主的最大阻碍。那么，如何击溃苏联的社会主义阵营？这就要从中国下手，当时中苏建立了同盟关系，且中国领土广阔，若假以时日发展起来，必将是美国的一大威胁，也会成为社会主义阵营中的中流砥柱。所以美国才要在此时借助朝鲜内战的名头，打着联合国军的旗号，迅速拿下朝鲜，再逼近中国，将中国这头雄狮扼杀在摇篮里。所以朝鲜战争爆发不久后，美国丑恶的獠牙就露了出来，把战火烧到了中国东北地区——美国的飞机飞到了我国东北领空，甚至对边境地区进行扫射轰炸，这已经伤害到了中国人民。敌人都快打到家门口了，我国自然不能有丝毫松懈，正好此时求援信从朝鲜传到了北京，朝鲜政府请求中国派兵支援。不过，虽然我国明确知道美国此战的意图，但是面对如此强大的敌人，不得不认真考虑一下利弊，毕竟敌人具有现代化的军事武器，有着强大的后勤力量，而中国当时还停在小米加步枪的水平，"一化三改造"还没开始，中国的工业也还停在制造绣花针的阶段，一切还百废待兴。究竟是否要打，这是一个非常艰难的决策。

第二天，毛泽东同志召开中央书记处会议，讨论支援朝鲜的问题。当时我们面临国内建设和国外外交问题，如若再发动战争，无疑给中国增加了巨大的负担和战争开销。可是，如果不打，如今美国已经开始对中国东北虎视眈眈，而且已经越过雷池，恶魔的手掌已经伸到中国境内，若是等到美国拿下朝鲜以后，中国可能会迎来更大的威胁，或许比之前经历的任何一场战争都要可怕。中华人民共和国才刚成立，一切还百废待兴，百姓好不容易才从战火中逃离，我们要誓死保卫这来之不易的和平。如果退让一步，接下来的中国又会被人当成待宰的羔羊，所以只能打，这不仅是在帮助朝鲜，更是在维护我们自己的领土主权。

朝鲜战争是继第二次世界大战之后规模最大的"热战"，也是我军发展史上一次重大的历史跨越。可以说，正是毛泽东同志在建国初期确立的国际战略联盟和坚决抗美援朝的举措，为保卫国家安全和拓展发展空间带来了历史机遇。

（二）西方国家对中国的军事威胁

20 世纪 50 年代初，帝国主义除了在经济技术上对中国进行全面封锁外，还在军事上严重地威胁着我国的安全。1945 年 8 月 6 日和 9 日，二战结束前夕，美国向日本接连投掷了两枚原子弹，核恐怖的阴影开始笼罩在人类头上。1949 年 8 月 29 日，苏联爆炸了自己的核武器装置之后，军事力量逐步增强，与美国之间的力量对比也逐渐平衡。在此之后，美苏这两个核武器大国对中国进行多次核威胁。据史料记载，当时的中国曾遭受过四次核威胁：

第一次，美国在朝鲜战争期间要往中国扔原子弹。早在 1950 年 7 月，美国政府在一份秘密研究报告中提出，如果苏联或中国参战，美国就会结合战争形势决定是否使用原子弹，这样可以迅速取得战争的决定性胜利。1950 年 11 月 30 日，杜鲁门召开新闻发布会，一位记者问他：“总统先生，你现在对朝鲜的战事有何打算？”杜鲁门回答说：“我们将采取一切必要的措施来应对不断变化的战争形势”。记者继续追问：“这是否包括使用原子弹？”杜鲁门的回答是肯定的：“我们一直在积极地考虑，这是我们的一种武器。”由此，我们能推断出在整个的朝鲜战争中，美国一直在考虑、策划在危急时刻对中国使用原子弹。当然，美国也采取了一系列措施，包括运送核部件、进行公开的核战演习等，在他们看来，采取这些行动将会严重削弱中国进行战争的能力，进而来保障“联合国军”在朝鲜战场中的胜利。

第二次，1955 年金门马祖危机。1955 年 1 月 18 日，在我军解放一江山岛时，美国认定金门和马祖会遭到中国大陆的总攻，不想因此卷入战争中。于是，美国总统艾森豪威尔、国务卿杜勒斯相继对中国发出核威胁，表示：他们会在台湾海峡战争爆发的情况下使用战术核武器。

第三次，1958 年炮击金门危机。国民党虽然退到了台湾，但一直叫嚣着要反攻大陆，为了打击其嚣张气焰。1958 年 8 月 23 日，解放军对金门等附近岛屿进行了猛烈的炮火攻击。根据解密文件《1945 年 7 月至 1977 年 9 月：核武器部署与监护历史》，1958 年，美国参议院和联邦曾计划对中国进行核打击；在 9 月 2 日召开的会议上，美国参联会主席特文宁曾提出过核打击战略；9 月 4 日，杜勒斯曾强烈要求对中国使用核武器。

第四次，1964 年罗布泊核试爆，美国秘密破坏中国核实施。在第一次金门马祖危机期间，中国就萌生了研制原子弹的想法，经历过几次核威胁后，中国开始奋发图强，自己研发核武器。但是美国最早在 1961 年 2 月就对中国发展核武器的计划开始予以关注。在 1964 年 10 月中国成功进行第一次核爆炸试验后，美国政府惊慌失措，赶紧敦促有关官员商讨采取"直接"的行动，部分官员还迫不及待地跳出来向中国叫阵。12 月 14 日，也就是中国核试验成功后两个月，美国军备控制和裁军署的官员乔治·拉特延斯叫嚣说："为长远计，有必要消灭中国的核研究力量及研究人员。"美国曾多次派侦察机探查我国的核武器研究基地，并暗中计划在这些地方投掷原子弹。也就是在那时，美国还曾经考虑过帮助印度发展核武器以作为牵制中国的手段。根据美国总统的指示，美国官员进一步研究了对中国采取军事行动的可能性，参谋长联席会议曾奉命拟订军事行动计划。

在此后的岁月中，蘑菇云的阴影一直在中国的大门口游荡。比如，1969 年，当中苏边界发生冲突时，苏联领导人也企图对中国进行核打击。核威胁已经赤裸裸地摆在中国人面前。作为国家最高领导者，不能不考虑核武器的战略意义。一个刚出生的国家，百废待兴的国家，在面对核威胁时，如何保障和维护国家的主权和尊严？毛泽东同志的回答是要有原子弹。为此，中国必须下定百分之百的决心发展导弹、原子弹技术。

（三）党中央三线建设的战略决策

20 世纪 50 年代中期，美国凭借着手中的原子弹，对中国进行核威胁和核讹诈，加之后期苏联在中苏发生冲突时，也企图对中国进行外科手术式的核打击，两个超级大国动不动就要对我国"动手术"，饱经战争灾难的中国需要和平，但和平需要武器来保卫。我们要想自立自强，不受别人的欺负，就得靠自己。为此，中国针对当时国际国内的条件，下定决心要研制以原子弹、导弹为主要内容的国防尖端技术。

三线建设是基于对当时国际国内形势变化的研判，以毛泽东同志为核心的党中央集体决策进行的一场以战备为中心的大规模经济建设。当时，我国面临严重的战火威胁，周边形势严峻。党中央从民族存亡、国家发展的高度，动员全国上下展开全面、积极的备战。

20 世纪六七十年代，国家在中西部地区投入大量资金和人力，开展了大规模国防、科技、工业和交通基础设施建设，范围覆盖 13 个省、自治区。当时，中国的人口和工业、交通设施主要集中在东部沿海地区，西部地区的工业化严重薄弱，缺乏足够纵深的战略，一旦敌人入侵东部沿海，我国工业化将遭受重大损失，将会失去支持反攻和打持久战的工业基础。于是，党中央从沿海、边疆地区向内地收缩，将全国分为三类地区，即一线、中线和后方地区，简称一线、二线和三线，并提出要大规模建设三线。

从 1964 年起，三线建设成为全国共识。为建成一个布局合理、有持久备战荒能力、不可战胜的中国，党带领国家和人民再次踏上了艰苦的长征路。在接下来的十几年建设中，社会主义制度集中力量办大事的优越性不断地彰显，国家将繁华大城市的建设者向西部输送，并投入数以千亿计的资金。按照"靠山、分散、隐蔽"的布局原则，在崇山峻岭中一批各具特色的工业基地和新兴工业城市迅速生长起来，我们在这些地方建成了众多的工业基地和产业，形成了完整的工业体系。这些工业基地和新兴工业城市成为我国雄厚的战略后方生产基地，为我国筑起了牢不可破的战略大后方。

"能战方能止战。"三线建设的决策速度、动员规模、建设范围和时间，堪称中华民族建设史乃至整个世界工业建设史上的奇迹。三线建设的战略抉择，改变了建国初期我国工业布局不平衡的状况，使在周边局势不安定的情况下我国的国家安全得到有力保障。可以说，这是一个经济落后的大国维持国家和平与自主发展的成功战略。

（四）新的政权的建立提供了基础条件

中华人民共和国成立后，国家依然面临着十分严峻的考验：一方面，国民党的残余势力还在垂死挣扎，并未清除干净，广大解放区的土地改革也尚未开始进行；另一方面，国民经济可谓是千疮百孔、通货膨胀、物价飞涨，财政经济面临着严重困难。但是，新政权的建立，为"两弹一星"的研制奠定了基础，提供了可能。

中华人民共和国成立后，为了在较短时间内恢复国民经济，在党中央的正确决策下，我国实行了社会主义改造和第一个五年计划。经过三年的恢复和"一五"计划的实施，我国的综合国力相较之前有了大幅提高。1952 年，国家接管了帝国主义在华企业，没收了国民政府的财产和官僚资本，建立了社会主义的国营经济，完成了土地制度的改革，合理调整了私营工商业，中国财政经济根本好转，国民经济迅速恢复。

这一时期，工农业生产得到恢复与发展，1952 年工业总产值为 343.3 亿元，农业总产值为 483.9 亿元，工农业总产值 827.2 亿元，已达到或者超过历史最高水平，比 1949 年增长 77.5%。同时，国家财政收支平衡，市场物价稳定，从根本上解决了国民党时期造成的通货膨胀、物价飞涨。在国民经济结构方面，社会主义国营经济有了飞跃式的发展；在商业方面，基本形成了以国营商业为主导的以合作社商业为助手的新贸易网；在民生方面，交通运输、文化教育、卫生等各项事业有了很大的发展，为研制"两弹一星"奠定了坚实的物质基础。

另外，中国当时的人才政策为国家导弹事业的发展提供了一大批优秀的、高水平的科学技术专家。比如：吸引、留用知识分子，对留学在外的中国科学家和留学生，则争取他们能够回国参加工作，为祖国的事业添砖加瓦。对于归国的专家学者，国家组建了专门的科研机构。同时，千方百计精心安排，帮助希望回国的学者和留学生归来。而"两弹一星"研制工作者也响应国家的召唤，怀着一颗无比炽热的赤子之心，在祖国最需要的时候挺身而出。对于回国，物理学家彭桓武说道："回国不需要理由，不回国才需要理由"，也正是这些学者和科研人才，为"两弹一星"的研制提供了人才保障。

三、"两弹一星"精神生成的实践逻辑

（一）国防建设的实践需要

1945 年 8 月 6 日、9 日，美国在日本投爆了两颗原子弹，使得原子弹走进了中国人民的视野。这也自然而然引起以毛泽东同志为核心的第一代党中央集体的关注。

第一，在战场上同帝国主义军队交手并取得战争的胜利，就必须要有现代化的武器装备。1959 年，苏联支持中国搞原子弹事业仅仅不到 2 年时间，中苏关系就降到了冰点。当时中苏之间爆发了"长波电台""联合舰队""炮击金门"等一系列事件，使得两国之间的关系快速恶化，而苏联也撤走了支持中国的所有技术专家。1959 年 6 月，中国决定，在没有苏联支持的情况下继续搞核武器研制，并且将其命名为"596 计划"。现在我们难以想象，当时一穷二白的中国，要搞出原子弹有多难。但是开国元勋们的决心是非常大的，早在抗美援朝战争中，毛泽东同志就提到了原子弹，他说"你打原子弹，我打手榴弹"，战略上藐视敌人。但是同时，毛泽东同志也深刻认识到了"要想战胜帝国主义的军队，没有现代化的武器装备是不行的"。于是，在抗美援朝战争期间，我们就在军事工业上努力发展不断进步。

第二，要使我们自己不受外人欺负，就必须要有"这个东西"。"没有那个东西，人家就说你不算数。"不得不说，毛泽东同志作为一代伟人，对原子弹的看法高瞻远

瞩，这是我们最终做出大搞原子弹决策的决定性因素。在与外宾的会谈中，毛主席这样讲："谁也没有原子弹是上策，他们有、我们也有是中策，只有它一个国家有是下策。"在面对苏联撤走支持的技术专家、拿走重要的图纸资料、停止提供重要紧急的设备及关键部件时，毛泽东同志提出要自力更生搞尖端技术。在遭遇经济困难时期，毛泽东同志作出批示，对于尖端武器的研制，要进行，不能放松或者下马，要上马。也正是在以毛泽东同志为核心的党中央领导下，中国先后成功研制出导弹、原子弹、氢弹，大大提升了我国的国际地位。

第三，原子弹是我们用来防御的武器。在毛泽东同志看来，原子弹所具有的巨大的破坏力会给人民带来难以预料的损失和灾难，所以，一贯反对打原子弹，也曾多次提出全面禁止原子武器的思想。毛主席在与外宾会谈的契机中，也向世界人民清晰阐明了中国对原子弹的立场以及中国防御性的国防政策。中国第一颗原子弹爆炸成功之后，国务院总理周恩来致电各国首脑，阐明中国对于核武器使用的立场，并承诺中国政府在任何时候、任何情况下都不首先使用核武器。

从"打手榴弹"到"发展原子弹"，可以看出，中国领导人始终从战略高度衡量中国原子弹研制问题，理性全面认识原子弹的作用和重要性，再果断决策研制原子弹，这是毛泽东同志在武器装备不济的情况下，主动转变努力打赢战争，追赶先进技术，制止战争的重大战略思想。"两弹一星"精神正是源于第一代党领导集体建设国防事业的实践需要。

（二）艰苦研制条件下的伟大斗争实践需要

意识来源于实践，中国共产党一个又一个伟大精神不是凭空生成的，而是源于共产党人艰苦卓绝的伟大斗争实践。"两弹一星"精神正是生成于科研工作者在艰苦研制条件下的伟大斗争实践。"两弹一星"的研制离不开无数优秀的科研工作者在戈壁荒滩风餐露宿，披星戴月，艰苦奋斗。位于青海北岸的金银滩草原，成为中国第一个核武器研制基地。1958 年 8 月，西藏军区副司令员兼参谋长李觉带领 20 多人开始了头顶蓝天、脚踏荒原的艰难创业之路，当时的他们只有三顶帐篷，四辆卡车和四辆吉普车。之后与来自全国各地的转业干部、战士、农民工、建筑工人等一起组成了万人施工大军。他们冒着风雨，昼夜不停地来到金银滩草原上，在他们面前，没有住房，没有帐篷，看到的就是一片无边无际的草原，在一无所有的情况下，他们的一切都得从零开始。刚开始，创业者们要面对的是基本生活必需品匮乏的问题，为了解决问题，创业者们用背背，用手提，用肩挑的方法，用两个月的时间，修好简易公路，为基地初期的建设提供了便利的交通条件。但是，金银滩草原处于青藏高原，海拔高，平均海拔 3000 多米，缺氧，在这样的条件下，烧水达不到沸点，煮饭煮不到全熟，加之高原气候多变，风雪冰雹、飞沙走石都是常有的，创业者们一年当中八九个月都是穿着大棉袄，即使是夏季，昼夜温差大，气候条件也很恶劣，创业者们过着接近原始人的生活。但是他们凭借着坚强的意志，硬着头皮在这片土地上扎根，安家，为了祖国的事业奋发图强。

"两弹一星"研制的条件是异常艰苦的，但是"两弹一星"研制工作者们艰苦奋斗、奋发图强，攻克理论难题，攻破技术难关，发扬了我党艰苦奋斗的革命精神和优良传统。正是无数科研工作者在气候干旱、水源缺乏、生存艰难的大漠戈壁中进行的艰苦卓绝的伟大斗争实践，才使得我们战胜了前进路上的一个又一个难关，最终取得了"两弹一星"事业的成功，展现了中华民族屹立于世界民族之林的坚强决心和强大毅力。也正是他们在烧水达不到沸点，煮饭煮不到全熟的荒滩戈壁的种种伟大实践孕育铸就了伟大的"两弹一星"精神。

（三）追求科技独立与创新实践的需要

毛泽东同志在朝鲜战争中与美国进行较量时对发展核武器的必要性和迫切性有了更进一步的认识，他意识到在核武器威胁下，必须掌握核武器，发展核武器，抢占战略制高点，才能获得战略上的有利地位，最终消灭核战争。中国发展核工业，前期主要援助是来自苏联的。1959 年 6 月，中苏之间的关系出现分歧并破裂。随后，苏联不顾签订的协定，拒绝向中国提供原子弹的教学模型和图纸资料。1960 年 8 月，苏联停止供应原子能研究所需要的设备和材料，撤走所有在华支援的技术专家，并带走关键性的图纸资料，这对处于刚刚起步阶段的中国核工业无疑是一次严重的打击。面对美国等西方国家的封锁，面对苏联政府的背信弃义，毛泽东同志下定决心自己搞尖端技术。1964 年 10 月 16 日，我国首次原子弹试爆成功。又经过两年多的研发，1967 年 6 月 17 日，我国成功进行氢弹空投试验。自此，中国不但有了原子弹，而且制造出了氢弹。中国坚持独立自主、自力更生的方针，使得中国从一个贫穷落后的国家成为一个独立掌握核技术，拥有强大军事国防能力的国家。"两弹一星"的研制源于推动国防科技创新发展、经济腾飞的需要。"两弹一星"精神培育和造就了更多的创新人才，为国防科技发展、经济腾飞提供了强大人才支撑。千秋基业，人才为本。在"两弹一星"的研制过程中，党和国家自始至终把人才的组织与培养作为一个国家的战略性问题，充分信任来自祖国各地的科技专家，充分调动人才的积极性、主动性、创造性，造就了以钱学森、邓稼先、王淦昌等人为代表的国防科研队伍。"通过在政治、思想、管理等方面采取激励机制，对广大人才采取信任、依靠、关怀的政策，鼓励广大科研者在艰难困苦中树立技术过硬、作风顽强、勇于献身的精神风貌，并在实践中磨炼和提高。""两弹一星"是中国勇攀科技高峰的伟大实践，是科技自主创新的典范，由此也带动了我国诸多领域的科技事业的发展。"两弹一星"精神是在我国追求科技独立与自主创新的实践中生成的，由此淬炼了独立自主、勇攀高峰、敢于超越、敢于创新的精神品格。

参考文献：

[1] 青海省委讲师团.传承红色基因铸就精神高地——记青海原子城（海北）"两弹一星"精神宣讲团 [J].青海党的生活,2016（12）:61.

[2] 江泽民.江泽民论"两弹一星"精神 [J].中国核工业,1999（5）:4.

[3] 顾龙生.毛泽东经济年谱 [M].北京：中共中央党校出版社,1993:381.

[4] 司德鹏.弘扬"两弹一星"精神自主创新勇攀高峰 [M].北京：党建读物出版社.2006:118.

[5] 陶德麟,何萍.马克思主义哲学中国化：历史与反思 [M].北京：北京师范大学出版社,2007.

[6] 刘德铭."两弹一星"精神的生成逻辑与育人价值 [J].青海师范大学学报（社会科学版）,2022,44（02）:15-20.

[7] 孙正聿《资本论》哲学思想的当代阐释 [M].北京：北京师范大学出版社,2022.

[8] 宋春丹.1962：在"两弹一星"的"至暗"时刻 [J].协商论坛,2020（05）:51-54.

[9] 党文阁.马克思主义集体主义观研究 [D].华中科技大学,2019.

[10] 张亚男.毛泽东集体主义思想研究 [D].贵州师范大学,2020.

"两弹一星"的人文精神和科学精神探析 [1]

马存孝 [2]

每一个国家都需要不断的精神激励，才能获得持续的进步。中华民族在 5000 年历史长河中，面对重重危险，经历种种磨难，传承和凝聚了今天的中国精神。习近平总书记指出："实现中国梦必须弘扬中国精神。这就是以爱国主义为核心的民族精神，以改革创新为核心的时代精神。这种精神是凝心聚力的兴国之魂、强国之魂。"我国的"两弹一星"事业，就是在危险和磨难中，不断取得胜利的事业；在这一事业不断取得胜利的过程中，形成了伟大的"两弹一星"精神。"两弹一星"精神是中国精神的重要组成，是中华儿女传承至今的精神财富。20 世纪 90 年代，党中央将"两弹一星"精神概括为"热爱祖国、无私奉献，自力更生、艰苦奋斗，大力协同、勇于登攀"的精神。2011 年，习近平在看望航天科技专家孙家栋院士时指出："'两弹一星'精神激励和鼓舞了几代人，是中华民族的宝贵精神财富。""两弹一星"精神彰显了中国精神的精髓——以爱国主义为核心的民族精神和以改革创新为核心的时代精神，具有人文精神和科学精神的鲜明特点，是人文精神和科学精神的融会贯通。

一、"两弹一星"精神的形成背景和主要内涵

"两弹一星"精神的形成，有着十分深刻的历史和时代背景。20 世纪 50 年代中期，中华人民共和国刚刚建立，国内百废待兴，生产建设的任务繁重，国际安全形势日益复杂严峻，尤其是美国的核讹诈，对中国的安全和发展带来了严重的威胁和挑战。面对这样的国内国际形势，毛泽东主席毅然作出发展"两弹一星"，突破国防尖端技术的战略决策，这是中国共产党站在新的历史阶段，做出的重大战略决策。

① ［基金项目］本文系青海师范大学 2020 年度"两弹一星"精神科研项目"'两弹一星'的人文精神和科学精神研究"（项目编号：LDYX20s21）成果。

② 马存孝，男，青海师范大学副教授，博士，研究方向：马克思主义理论。

（一）"两弹一星"精神的形成背景

首先，党的领导是近代历史上中国人民战胜艰难险阻的制胜法宝。习近平总书记指出："在国家治理体系的大棋局中，党中央是坐镇中军帐的'帅'，车马炮各展其长，一盘棋大局分明。"中国共产党带领人民成功应对重大挑战、抵御重大风险、克服重大阻力、解决重大矛盾，不断推动中国特色社会主义从胜利走向新的胜利，在这一过程中，必须坚持党对一切工作的领导。"两弹一星"工程的实施和精神凝练过程，离不开党的坚强领导。如果没有 20 世纪 50 年代，以毛泽东主席为代表的老一辈革命家站在全局和战略的高度，高瞻远瞩，未雨绸缪，以巨大的革命勇气和战略决心做出发展"两弹一星"的重大决策和部署，动员全国力量支持"两弹一星"工程，今日中国怎能以大国姿态屹立于世界？正是在党的领导下，"两弹一星"事业创造了人类科学技术发展史中的一个又一个奇迹，"两弹一星"精神成为中国人民永远的宝贵财富。

第二，20 世纪 50 年代特殊的国内环境，是"两弹一星"精神形成的物质基础。中华人民共和国成立后，在党的领导下，我国进行了七年社会主义改造，初步建立起社会主义政治、经济和文化的基础。虽然当时的中国还不是十分的富裕和强大，但社会主义改造建立的政治、经济和文化基础，是"两弹一星"工程能够实施和顺利推进的重要基础。当时，举国上下信心百倍，各项建设热火朝天，正是乘势而上，推进包括"两弹一星"工程在内的重要国计民生大战略的时期。

第三，中华人民共和国成立初期错综复杂的国际环境，也是"两弹一星"精神形成的外部因素。中华人民共和国成立后，以美国为首的帝国主义势力采取敌视、封锁中国的政策，20 世纪 50 年代中后期，苏联也逐步限制和取消对中国的各项援助计划。在这样极端艰难的国际环境下，激发了全国人民在中国共产党的带领下，发扬"艰苦奋斗、自力更生"的优良作风，坚持"勒紧裤腰带也要把原子弹搞出来"的必胜信念，用了短短几年的时间，在完全依靠我国自身科技力量的基础上，成功研制出原子弹，后来又成功研制出氢弹，成功发射人造卫星。

（二）"两弹一星"精神的主要内涵

"两弹一星"精神就是"热爱祖国、无私奉献，自力更生、艰苦奋斗，大力协同、勇于登攀"的精神，这种精神从 20 世纪 50 年代开始形成，经历了社会主义建设、改革发展的历史时期，今天，这种精神已经成为中国人民宝贵的精神财富，是中国人民实现中华民族伟大复兴中国梦的精神源泉和动力。这种精神无论在历史上，还是在现实中，都具有极其丰富的思想内涵和重要的启示作用。

第一，"两弹一星"精神是"热爱祖国、无私奉献"的爱国主义精神。中华人民共和国刚刚成立，一大批蜚声海内外的科学家和立志报国的大学生、解放军汇集到大西北，通过艰苦卓绝的工作，终于在 1964 年 10 月 16 日下午 3 时，成功地爆炸了第一颗原子弹，紧接着我国又在较短的时期内，取得了研制氢弹和人造卫星的成功。中华民族伟大的爱国主义精神，是"两弹一星"事业取得伟大胜利的重要保证，是激励中国人民战胜艰险、取得成功的精神基础。习近平总书记在谈到"爱国"时强调指出："在中华民族几千年绵延发展的历史长河中，爱国主义始终是激昂的主旋律，始终是激励我国各族人民自强不息的强大力量"；"爱国，是人世间最深层、最持久的情感"。

第二，"两弹一星"精神是"自力更生、艰苦奋斗"的自强不息精神。中华人民共和国成立初期，我国各项工作百废待兴，国民经济还比较落后，物质财富基础不是很强，面对的国际环境十分复杂。在这样严峻的局面下，"两弹一星"的建设者们，在极其艰难的自然条件下，在极端短缺的物质条件下，在极度困难的国际环境下，发扬自力更生、艰苦奋斗的精神，最终取得了举世瞩目的成就。这种自强不息的精神，是中华民族在漫长的历史发展过程中形成的，是中华民族生生不息的强大精神动力。这种精神尤其在中国革命和社会主义建设时期，成为中国共产党领导全国各族人民不畏艰险、夺取胜利的重要精神支柱。习近平总书记强调指出："不管条件如何变化，自力更生、艰苦奋斗的志气不能丢。"今天，这种精神更是共产党员和全国各族人民需要铭记和践行的重要精神财富。

第三，"两弹一星"精神是"大力协同、勇于登攀"的锲而不舍的精神。伟大的事业，需要伟大的团队，更需要伟大的精神。"两弹一星"工程之所以取得成功，是无数中华优秀儿女共同奋斗的结果。从中央到省区，从北京到戈壁，从部队到地方，科学家、解放军战士、大学生、各族群众，都投身到这一伟大的事业中。大家在党中央的领导下，团结一心、协同互助，通过一次次实验，经历一次次挫折，坚忍不拔、锲而不舍，终于取得了辉煌的胜利。

二、"两弹一星"精神融汇了人文精神和科学精神

"两弹一星"从其本身言，无疑是一项伟大的科学研究事业，这一伟大的科学研究事业，是由一大批以科研人员为主体的人来完成的。人文精神是"两弹一星"精神的重要组成部分，人文精神的彰显和激励，是"两弹一星"事业取得成功的重要保障。人文精神是人类历史进程中人文知识不断积累、内化于心的精神成果，是人类的关怀、担当、使命和责任的升华和体现。"两弹一星"事业之所以取得成功，与"两弹一星"精神之中的人文精神密不可分，这种人文精神就是"爱国忧民、公而忘私"的精神。

在中国传统文化中，历来推崇"爱国忧民、公而忘私"的人文精神。从儒家经典《礼记·儒行》中的"苟利国家，不求富贵"，到诸葛亮《后出师表》中的"鞠躬尽瘁，死而后已"，再到范仲淹《岳阳楼记》中的"先天下之忧而忧，后天下之乐而乐"，以至周恩来"为中华之崛起而读书"，字里行间浸润着中华先辈们的爱国情怀和初心使命，折射出中国仁人志士以天下为己任，勇于担当的名节骨气和人文精神。在"爱国忧民公而忘私"的人文精神感召下，中华人民共和国成立之后，怀着对祖国的赤子之心和对"两弹一星"事业的执着追求，无数中华儿女放弃了国外先进的科研条件和优厚的生活条件，毅然回到祖国，报效国家，服务人民。习近平总书记深情地指出："在中华民族几千年绵延发展的历史长河中，爱国主义始终是激昂的主旋律，始终是激励我国各族人民自强不息的强大力量。不论树的影子有多长，根永远扎在土里；不论留学人员身在何处，都要始终把祖国和人民放在心里。"在"爱国忧民、公而忘私"的人文精神激励下，在科研条件艰苦和生活物资匮乏的条件下，"两弹一星"事业的开拓者们，响应党和国家的号召，隐姓深山，埋名戈壁，深耕科学，精研国器。他们践行着"时时国家至上，处处公而忘私"的人文精神，以坚忍的毅力和巨大的牺牲，完成了党和国家交付的使命，留给了历史和人民永远的怀念。

科学研究的生命在于不断探索，在对这种探索活动的深入思考中产生了指引人们进一步学习、工作和生活的科学精神。科学精神是"伴随近代科学的诞生，在继承人类先前思想遗产的基础上，逐渐发展起来的科学理念和科学传统的积淀，是科学文化深层结构（行为观念层次）中蕴涵的价值和规范的综合。""两弹一星"精神的科学精神，就是"不断求真勇于创新"精神，这一"不断求真勇于创新"精神，是辩证唯物主义和历史唯物主义一以贯之的科学精神，是马克思主义科学世界观和

方法论的本质属性和必然要求，集中体现了马克思主义认识论哲学的精神实质。

中国传统文化历来重视"求真"和"创新"，儒家经典著作《礼记》在谈到治学时说："博学之，审问之，慎思之，明辨之，笃行之。"其中"笃行"便是"求真"，是做学问的初心和归宿；在谈到创新进取时，《礼记》中说："苟日新，日日新，又日新。"习近平总书记反复强调"求真"和"创新"，指出"求真务实是共产党人的重要思想和工作方法。我们一定要在实践中认识真理、把握规律，……敢于直面矛盾，敢于较真碰硬""科技发展的方向就是创新、创新、再创新。""求真"是科学精神的本意和目的，"创新"是科学精神的核心和灵魂。"两弹一星"事业的开拓者们，秉持"不断求真勇于创新"的科学精神，边干边学，不断总结，响应毛泽东主席"向科学进军"的号召，以一股"核潜艇，一万年也要搞出来"的勇气和毅力，不断探索求真，超越创新。从 1956 我国"两弹一星"事业起步，到 1964 年第一颗原子弹爆炸成功，再到 1966 年第一颗装有核弹头的地地导弹飞行爆炸成功，成功实现"两弹"首次结合，再到 1967 年第一颗氢弹空爆试验成功，再到 1970 年用"长征一号"运载火箭成功发射第一颗人造地球卫星"东方红一号"。曾经有人断言"（中国）20 年也搞不出原子弹"，但"两弹一星"事业的开拓者们，在中国共产党的领导下，用了 14 年的时间，原子弹、氢弹、导弹、人造地球卫星陆续研制成功，迅速奠定了我国科学技术大国的基础。"两弹一星"事业的开拓者们在科学求真的道路上不断迈进，在科学创新的征程上不断跨越，填补了一个又一个科学的空白，实现了一次又一次科学的飞跃。完美地诠释"不断求真勇于创新"的"两弹一星"精神的科学精神，为历史留下了宝贵的精神遗产，成为今天中国科学技术迈向世界强国行列的精神财富和思想激励。

三、"两弹一星"科学家是彰显人文精神和科学精神的典范

榜样的力量是无穷的，身教胜于言传，毛泽东曾说："典型本身就是一种政治力量。""两弹一星"科学家是人文精神和科学精神的集中体现，彰显了"爱国忧民公而忘私"的人文精神和"不断求真勇于创新"的科学精神。

有"中国航天之父"美誉的钱学森，是"两弹一星"杰出科学家的典型代表。中华人民共和国成立后，钱学森怀着无比强烈的爱国之情，毅然放弃美国优越的工作环境和优厚的生活条件，回到当时一穷二白、百废待兴的祖国，全身心地投入到"两弹一星"的相关研究和工作之中。"爱国忧民"的家国情怀和"公而忘私"的奉献精神，是钱学森一生为国为民奉献的人文精神激励。作为科学巨匠，钱学森长期担任中国

"两弹一星"工程的主要技术领导人，对中国航天技术、系统科学和系统工程作出了巨大的开拓性的贡献，科学成就声名远扬、学术著作影响深远。钱学森一生共发表专著多部，论文 300 余篇，主要科学研究集中在应用力学、航天技术、工程控制论、系统科学等方面，代表性的著作有《工程控制论》《物理力学讲义》《星际航行概论》《论系统工程》《关于思维科学》等。但是，科学与人文，从来就是鸟之两翼，天生就是孪生兄弟。没有人文精神濡染的科学，是冰冷的理性和闲置的工具；没有科学照亮的人文，则是虚妄的想象和平庸的说教。钱学森晚年曾说："艺术上的修养，不仅加深了我对艺术作品中那些诗情画意和人生哲理的深刻理解，也让我学会了艺术上大跨度的宏观形象思维。我认为这些东西对启迪一个人在科学上的创新是很重要的。科学上的创新光靠严密的逻辑思维不行，创新的思想往往开始于形象思维，从大跨度的联系中得到启迪，然后再用严密的逻辑加以验证。"钱学森之所以能在科学上有大贡献，学术上有大成就，成为中国"两弹一星"的重要奠基人之一，名垂青史，这与他刻苦钻研科学，珍视人文精神，热爱文学艺术有着密切关系。钱学森为中国科学工作者树立了榜样，从他的身上体现了人文精神和科学精神的交融，堪称典范。

伟大的理想只有经过忘我的斗争和牺牲才能胜利地实现。在"两弹一星"伟大工程取得胜利的过程中，无论是科学家，还是普通的工作人员，为了完成祖国和人民的重托，献出了自己宝贵的生命。郭永怀，就是其中为"两弹一星"殉职的人民烈士。1956 年，响应祖国和人民的召唤，郭永怀放弃美国的优越的工作条件和优厚的生活环境，毅然回到了百废待兴的祖国怀抱。一回到国内，郭永怀就和钱学森等人积极投身到教学、科研和人才培养的工作中，郭永怀曾说过："我们回国主要是为了为国家培养人才，为国内的科学事业打基础，做铺路人。我们这一代，你们以及以后的两三代，要成为祖国力学事业的铺路石子。"面对美国的核讹诈和苏联的突然毁约，郭永怀临危受命，成为当时我国核武器研究的核心组织者和研制者。1968 年 12 月，郭永怀携带绝密材料赴北京汇报，为了节约时间乘坐夜航飞机，但飞机在降落时发生故障，不幸坠毁，郭永怀和警卫牟方东壮烈牺牲。事后在整理飞机残骸时，工作人员发现郭永怀和警卫紧紧抱在一起，被飞机坠毁的大火烧成一体，但郭永怀携带的绝密材料完好无损地被他们死死地捂在胸口。在烈火吞噬飞机的那一刻，郭永怀和警卫牟方东用生命保护了国家秘密，以身许国，壮烈殉国。习近平总书记指出："不忘初心，方得始终。中国共产党人的初心和使命，就是为中国人民谋幸福，为中华民族谋复兴。"郭永怀和警卫牟方东在生命的最后一刻，没有忘记一名共产党员的初心和使命担当。见贤思齐，学习先烈，在新的历史时期，才能在习近平新时代中国特色社会主义思想的指引下，奋力实现中华民族伟大复兴的历史伟业。

四、结语

在新的历史时期，研究和传承"两弹一星"精神，需要不忘初心、牢记使命、勇于担当，在新时代不断创新"两弹一星"精神，使之成为中国人民在改革开放新时代不断取得胜利的精神源泉和思想动力。"两弹一星"精神内涵了伟大的爱国主义人文精神，内涵了不断求真创新的科学精神，是人文精神和科学精神的交融贯通。见贤思齐，学习榜样，只要我们以老一辈的"两弹一星"功臣们为榜样，学习他们的思想和品格、情怀和精神，那么，在民族复兴的伟大征程中，我们一定能践行自己的初心和使命，完成时代赋予我们的责任和担当，在习近平新时代中国特色社会主义思想的指引下，实现中华民族伟大复兴的中国梦。

中国航天初创时期"神仙会"的实践逻辑及其演绎

汪长明①

习近平总书记在给孙家栋、王希季、戚发轫等 11 位参与"东方红一号"任务的老科学家的回信中指出："老一代航天人的功勋已经牢牢铭刻在新中国史册上。"[1] 吃水不忘挖井人，在以航天梦助力中国梦的新征程中，我们要时刻牢记以钱学森为代表的老一辈航天科技工作者为我国航天事业建立的丰功伟绩，"以老一代航天人为榜样，大力弘扬'两弹一星'精神"[1]，踔厉奋发、笃行不怠，早日实现建设航天强国的伟大梦想。本文从中国航天初创时期以钱学森为发起者、创造者、践行者和倡导者的"神仙会"这一微观视角，探讨航天技术民主决策机制的实践逻辑、历史流变及其对新时期航天强国建设的启示意义。

一、中国航天初创时期"神仙会"的文本溯源

中国航天事业创业伊始，需要攻克的难关接踵而至、层出不穷，这在当时可谓数不胜数，而由于建国伊始科技人员严重缺乏、国家科技教育体系很不健全、中苏关系破裂苏联撤走全部在华工作专家等原因，拥有相关领域专业知识储备、具有真正参加过航天工程实践经验的专家非常匮乏，可谓凤毛麟角。在开创中国航天事业历程中，为突破航天型号研制面临的重大技术瓶颈，钱学森作为技术主帅，借鉴留美期间组织开展学术民主讨论的成功实践，充分发扬技术民主，最大限度地发挥专家的专业优势和技术特长，激发专家精神动力，做到研制效能与管理效能（技术与行政）、技术民主与集中决策（民主与集中）的辩证统一，为中国航天事业攻克技术难关、突破技术壁垒积累了宝贵经验。据钱学森回忆，在"两弹一星"研制攻关阶段，他每个星期日下午便把"任屠黄梁"（指任新民、屠守锷、黄纬禄、梁守槃四位

---

① 汪长明，男，上海交通大学钱学森图书馆学生研究部副部长、副研究馆员，主要从事钱学森研究。

元老级总设计师，中国航天界一般尊称他们为"航天四老"），以及庄逢甘、林爽等专家召集到自己位于航天大院的家里，以茶话会形式讨论导弹研制过程中遇到的重大技术问题，研究解决方案（图一）。对此，忆及这段往事，钱学森曾在一篇文章中写道，这样的会议包括"求同""存异""纠偏"三个层次。所谓"求同"，即"有什么问题，大家提出来，共同研究解决"；所谓"存异"，即大家有"不同的意见要尽量发表，但议定的事都要执行"；所谓"纠偏"，即"执行中发现有什么差错，要尽快改正。"他不无感慨地说道："我们中国的导弹就是这么干出来的！"[2] 而钱学森的家则成为"神仙会"的发祥地，睹物思人，他说道："直到今天我仍住在这几间房子里，它使我常常回忆起那个时代每星期天下午的会。"[3]

钱学森将各路航天"神仙"请到自己家里，除了技术背景因素外，还有一个"地理背景"因素。当时国防部五院下属航天一院（全称国防部第五研究院第一分院，中国运载火箭技术研究院前身，1957 年 11 月 16 日成立，现隶属中国航天科技集团有限公司）位于北京丰台区南苑，下属航天三院（全称国防部第五研究院第三分院，我国第一个综合性的导弹专业培训机构，1961 年 9 月 1 日成立，现隶属中国航天科工集团有限公司）位于北京丰台区长辛店，但因"两院"刚刚成立，"家属宿舍都未盖好，科技人员们只好每星期六上午坐班车回阜成路大院的家，星期一早上又乘班车去上班"，据钱学森回忆，"于是我想了一个办法，每个星期天下午把各个型号的技术负责人请到我宿舍去讨论问题。""这对明确许多问题、解决问题起了很大作用。"[3] 创业维艰、同甘共苦，航天初创时期工程研制任务的困难与紧迫由此可见一斑，正是这样的战友情谊铸就了"神仙会"留给中国航天的丰功伟绩。

此外，钱学森倡导的"神仙会"还是中国科学院全院系统"神仙会"的一部分，既有原创性（个性），又有一致性（共性）。据时任中国科学院党组书记张劲夫回忆，中国科学院当时每半个月就会将本院著名科学家召集起来，召开一次"神仙会"，"学森同志在五院的工作虽然很忙（钱学森当时还是国防部第五研究院院长——笔者注），但'神仙会'他总是参加并积极发言。"钱学森对科学院的"神仙会"这种技术议事的方式非常赞许，并向张劲夫提出，"可以作为经验介绍出去。"[4] 由此不难发现，钱学森组织的航天"神仙会"很大程度上是受了中国科学院系统"神仙会"的启发（他当时兼任中国科学院力学研究所所长），他将科学院系统的"神仙会""介绍出去"的实践形式既是一种自觉传承，也是一种发扬光大。

钱学森热情倡导并在工作中付诸实践的"神仙会"并非一般意义上的民主讨论会或学术研讨会，而是一项基于国家重大战略需求导向、关乎"两弹一星"工程型号研制的政治任务，稍有不慎就有可能带来重大技术风险。此外，作为中国航天事业初创阶段一种攻克重大技术难关的成功经验，"神仙会"还是国防部第五研究院科学技术委员会（简称"五院科技委"）的"母体"和肇端。钱学森基于"神仙会"的技术决策模式，曾向主管航天事业的国务院副总理聂荣臻提议成立五院科技委，让更多"神仙"（科技专家）参与进来。1962 年 2 月 2 日，五院科技委成立（图二）。钱学森任主任委员，任新民、屠守锷、梁守槃、庄逢甘、吴朔平、蔡金涛任副主任委员。科技委聘请 149 名院内外各专业的专家学者为委员，其中包括郭永怀、陆元九、卢庆骏等特邀委员。五院科技委成立后，充分发挥领域专家对重大技术问题的决策咨询作用，对"两弹一星"研制顺利推进起着技术上掌舵定向的重要作用。五院科技委七位"常委"中，"神仙会"成员就占了五位（钱学森、任新民、屠守锷、梁守槃、庄逢甘），可以说是沿袭了"神仙会"的班底。

二、"神仙会"的实践逻辑

这一技术讨论会具有当下的科研论坛性质，其实践逻辑包括三个方面：一是学术权力，坚持话语权平等。作为组织者和实施者，钱学森请每位总师就技术问题充分发表意见。专家发言不分主次（即身份平等）、不论对错（即不设立场）、不受限制（即表达自由），大家畅所欲言，各抒己见、各显"神通"，将枯燥的学术讨论会开成了集思广益、心情舒畅的"神仙会"，体现了学术话语自主和学术人格平等原则。当时这种"技术议事"会议被形象地描述为具有历史浪漫主义色彩的"神仙会"。二是决策模式，坚持"程序正义"。"神仙会"的决策模式包括三重假设：讨论过程中，专家们如果意见一致，则现场定案，由钱学森果断决策确定，决定技术方案（即形成定案）；如果意见不一致，则无须现场定案，留待下周继续讨论（有充裕时间预留给选择和决策），争取专家意见统一的最大化，用现在比较流行说法就是求得"最大公约数"；如果事情紧迫，有决策时间限制，则由钱学森在综合大家意见基础上，结合他自己的理论分析与经验认识，做出"终极判断"，形成最终方案，并遵照该方案执行。三是风险责任，坚持首长负责制。"两弹一星"研制是一项充满风险和不确定性的国家级大科学工程，"决策最优"成为"技术最优"进而实现"工程最优"的重要保障。钱学森提出，按照经民主讨论形成的方案，如取得成功，功劳归大家，体现了成果认定的客观性原则；如果失败，责任由作为决策者的他本人承担，体现了风险评估的科学性原则。对此，钱学森的学生、中国第一颗人造地球卫星技术总负责人、总设计师的孙家栋院士深有感触：钱学森"勇于负责、善于听取群众意见的工作作风""让我丢掉了许多顾虑"。实践证明，这种做法实际上是将党的民主集中制议事决策制度创造性移植到"两弹一星"（行政管理→工程管理）这一国家大科学工程研制之中，做到了集体即航天科研组织的最大发言权与个人即航天技术主帅最终决策权的最佳配置；敢于放权（博采众长、兼收并蓄）与勇于担责（领导胸怀、技术远见）的有机结合；技术民主化（发扬民主）向决策科学化（坚持集中）的合理转化；对于攻克工程研制过程中遇到的重大而紧迫的技术难题、规划工程技术发展方向、积累和储备航天系统工程管理经验等发挥了不可替代的作用。[5] 这一做法堪称学术民主运用于航天实践的典范。

　　从"神仙会"的成功实践可以看出，这种工作方式方法体现了钱学森作为中国航天事业奠基人的大师风范和战略眼光。时为国防部第五研究院二分院第一设计部主任的黄纬禄回忆说："钱学森同志是技术权威，但他在工作中非常相信和尊重群众意见。"（图三）时为五院一分院研究室副主任的戚发轫回忆说："在导弹和原子弹结合过程中，钱老非常民主，广泛征求大家的意见，集中大家的智慧，同时满足了导弹试验和安全性检测的多项要求，对以后的工作起到了很好的启发作用。"在时为五院自动控制研究室主任、曾任七机部总工程师的梁思礼看来，钱学森既很谦虚，又很民主。在钱学森直接领导大家搞航天工程的岁月里，"他的技术民主传统发扬得特别好，很多问题跟大家一起讨论商量。"他的这种工作作风"奠定了中国航天技术民主决策的优良之风"。

三、"神仙会"的历史源流及其演绎

　　从历史维度看，"神仙会"这一民主决策机制并非无中生有，而是渗透着中国共产党人治国理政的政治基因，注入在中国共产党自我革新的红色血脉之中。据考证，"神仙会"发端于抗日战争时期毛泽东在延安整风时期一次会议上的讲话，旨在通过和风细雨的会议形式，勉励大家抛弃顾虑，自由交谈、讨论和辩论，旨在达到全党范围内提高认识、统一思想的目的。据曾任政协第五届全国委员会副主席的李维汉回忆，大约在 1942 年秋季，毛泽东邀集陈云、博古、凯丰、李维汉等人谈话时说，老干部也要整风，学习《六大以来——党内秘密文件》（中共中央书记处编印，1941

年12月出版）《六大以前——党的历史材料》（中共中央书记处编印，1942年10月出版）两本书（均由毛泽东亲自组织编辑）。一是联系党的路线斗争的历史进行学习，学习形式主要靠自学；二是成立一个小组，通过开小组会的形式互相交换意见，通过和风细雨开展批评与自我批评，达到弄清是非、团结同志的目的。毛泽东在会议结束时指出："我们这个会，也可以说是个神仙会。"这是中国共产党历史上首次明确提出"神仙会"，体现了毛泽东的革命浪漫主义情怀和在整风运动中驾驭复杂政治局面的伟人气概。[6]

中华人民共和国成立之初，我国各民主党派和工商联在召开中央会议及全国代表大会时（1959—1962年），也曾成功运用"神仙会"议事决策方式，既在党派内部通过发扬民主、公开讨论和自由交谈，做到了提高认识、统一思想；又通过对党和国家方针政策及各项工作提出批评建议、献计献策，促进了国家各项事业顺利发展。"神仙会"在当时得到了毛泽东的高度赞扬。在此期间，"神仙会"形成了"自己提出问题、自己分析问题、自己解决问题"的"三自"方针和"不戴帽子、不打棍子、不抓辫子"的"三不"主义，用"三不"保证"三自"，用"三自"达到敞开思想、提高认识这一目的的工作模式。这一会议模式在被人民政协采纳后，成了我国政治协商的一种民主精神和制度模式，对于中国共产党统战工作开展和民主政治建设，发挥了重要的历史作用。在1962年的全国科学工作会议（2月16日至3月12日在广州召开，简称"广州会议"）上，陈毅受周恩来嘱托，代表党中央作了为知识分子"脱帽加冕"的讲话，宣布为知识分子摘去"资产阶级知识分子"的帽子，戴上"劳动人民知识分子"的桂冠。[7]彼时，中国知识分子在思想上消除了资产阶级的精神顾虑和思想疙瘩，活跃了当时的思想氛围。

20世纪60年代，随着中国民主建国会和全国工商联的全国代表大会的成功召开，"神仙会"这一民主议政形式受到了与会人员一致肯定。会议结束后，代表即赶赴各地，积极宣传中央精神，并将"神仙会"这种具有中国特色和时代特征的会议组织形式推介到各地，成为统战系统、工商界、知识界（尤其是学术界）、各民主党派及政协系统等领域开展民主协商、建言献智的基本范式（图四）。今天看来，其时代意义与历史价值日益彰显，尤其在调动包括民主党派在内全国各种社会力量参加国家建设的积极性，对中国顺利度过三年困难时期（1959—1961年）和进行社会主义建设产生了积极影响。

四、中国航天"神仙会"的理论本质与时代价值

回到中国航天事业筚路蓝缕的初创阶段,如前所述,钱学森热情倡导的"神仙会"本质上是党的民主集中制原则成功运用于中国航天事业初创的经典案例,性质上属于航天系统技术民主集中制。而就这一技术决策机制本身而言,宏观上,从中国航天"两条指挥线"组织管理体制维度进行考察,"神仙会"决策机制属于技术指挥线下的微观范畴(案例实践)。就本质意义而言,"两条指挥线"是行政权力与学术权力的相对分离,既合中有分,责任明晰;又分中有合,统一于整体性的"两弹一星"工程研制之中。在"合中有分"与"分中有合"的辩证互动中,实现行政层面的组织与管理体制向技术层面的技术赋权。这要求极强的综合性、系统性和专业性,以"两弹一星"为标志的大科学工程管理实践中的"跨界移植"无疑已取得具有历史意义的成功。

回溯航天科技发展中国模式的历史经验及其话语体系,客观而论,这既离不开聂荣臻等主管航天事业政治领导人在领导决策过程中的政治气度和人格魅力,也离不开作为技术领导人的钱学森在处理工程研制重大技术难关时的技术魄力和科学视野。在政治与科学的亲切对话中,"两弹一星"工程所取得的辉煌成就成为举国体制应用于航天领域的成功典范,饱含着共和国领导人对科技作为认识世界和改造世界的工具的应然敬畏、对科技事业在中国各项事业发展中所处地位的高度重视,以及对中国科学家爱国情怀和创新精神的本色尊重。在此意义上,"神仙会"称得上是"两条指挥线"体制的"代际次生"(即从宏观组织领导层面向微观技术实践层面转移),也是航天精神的技术表达及其在研制实践中的辐射。随着中国航天事业不断发展,"神仙会"的历史意义和时代价值必将在建设航天强国的新征程中不断得到彰显。

注释:

[1] 新华社.习近平给参与"东方红一号"任务的老科学家的回信 [EB/OL].中国政府网:http://www.gov.cn/xinwen/2020-04/24/content_5505620.htm.

[2] 钱学森.一切成就归于党归于集体 [N].人民日报,1989-08-08.

[3] 钱学森.在授奖仪式上的讲话 [N].人民日报,1991-10-19(1).

[4] 张劲夫.让科学精神永放光芒——读《钱学森手稿》有感 [N].人民日

报 ,2001-09-24.

[5] 汪长明 . 钱学森为什么能成为战略科学家 [N]. 学习时报 ,2020-12-30.

[6] 李祥营 . 人民政协历史上的"神仙会"[J]. 政协天地 ,2008(9):47.

[7] 中国中共党史学会编 . 中国共产党历史系列辞典 [M]. 北京 : 中共党史出版社 ,党建读物出版社 ,2019.

"两弹一星"精神赋能新质生产力发展的
理论基点、价值支点与实践瞄点

石浩 [①]

"赋能"一词，一般认为是对西方管理学中"empower"或"enable"概念的中文翻译。但其实早在中华传统文化典籍中，已经有如"天之赋能于人也，不齐""而吾志不能，是天之所赋能是，而吾自为功不能是，诚可慨也"的表述。在中文语境中，"赋能"更接近于英语世界中的"给能、使能"（enable）的含义，而非"赋权、授权"（empower）之义，这一点也在中文学术界的广泛使用中得以验证。"赋能"即"赋之以能"或"赋使之能"，是指一种持续地为组织及个人注入能量的行为。这里的"能量"，可以参考丹尼斯·舍伍德的理解，他认为其至少包括"环境的、思维的、行为的、情绪的"等内容。由"赋能"的含义出发，在一种事物向另一种事物"赋能"的逻辑展开中，我们就势必需要回答：这种赋能何以可能、为什么需要这种赋能以及怎样实现这种赋能。因此，当我们认为"两弹一星"精神赋能新质生产力发展时，我们就需要讲清楚这种由此向彼的"赋能"的理论基点、价值支点与实践瞄点。基于此，我们也能够在大力发展新质生产力的当下，深刻理解习近平总书记强调的"把'两弹一星'精神一代一代传下去，使之变成不可限量的物质创造力"所具有的经久不衰的精神力量与指导意义。

一、理论基点：生产力的精神性

思想是行动的先导，理论是实践的指南。讲清楚"两弹一星"精神赋能新质生产力发展的理论依据，不仅是理解这种"赋能"何以可能的要求，也是从理论上，

---

① 石浩，法学博士，青海大学马克思主义学院教师，曾在《思想理论教育导刊》《马克思主义理论学科研究》《思想理论教育》等刊物及《中国民族报》《中国环境报》《中国青年报》《解放日报》等发表学术文章多篇。

深入理解"两弹一星"精神、新质生产力以及二者之间的逻辑关联的关键。而任何逻辑都会有一个"基点"存在，只有把这个"逻辑基点"找到，围绕着基点去推进、纠偏、优化迭代，才能符合事物的发展逻辑。因此，理论基点，也就是思考事物发展规律的基准点，考虑问题的出发点。"两弹一星"精神的本质是"精神"。新质生产力的本质是"先进生产力"，也就是一种"生产力"。因此，"两弹一星"精神赋能新质生产力发展，在其本质规定上，其理论基点就是要找到"生产力"与"精神"之间的关联。如果"生产力"与"精神"之间没有任何逻辑关联，那"赋能"就无从谈起。

在马克思的生产力理论中，"精神"是一个一直在场的范畴。1845 年，在《评弗里德里希·李斯特的著作〈政治经济学的国民体系〉》一文中，27 岁的马克思，第一次表述自己关于生产力的理解。一方面，如他在 1844 年撰文时所自述的，"从国民经济学的各个前提出发的""采用了它的语言和它的规律"；另一方面，他从批判李斯特把生产力仅仅看成"精神本质"出发，"破除美化'生产力'的神秘灵光"。

马克思指出，在国民经济学家虚伪的唯心主义式的遮掩中，当资产者表明"他猎取的不是非精神的物质财富，不是恶的有限的交换价值，而是精神本质，无限的生产力"时，"当然，这种精神本质会导致以下情况：'市民'借此机会把世俗的交换价值装满自己的口袋。"与此同时，马克思也看到了"精神"在何种状况下成了一种生产力，"在现代制度下，如果弯腰驼背，四肢畸形，某些肌肉的片面发展和加强等，使你更有生产能力（更有劳动能力），那么你的弯腰驼背，你的四肢畸形，你的片面的肌肉运动，就是一种生产力。如果你精神空虚比你充沛的精神活动更富有生产能力，那么你的精神空虚就是一种生产力，等等，等等。"此后，在同年马克思、恩格斯合著的《德意志意识形态》中，将"精神生产"范畴重新置于历史唯物主义基础之上进行考察，明确了属于自己的而非前人唯心主义的"精神生产"概念并阐发了基本思想，指出"思想、观念、意识的生产最初是直接与人们的物质活动，与人们的物质交往，与现实生活的语言交织在一起的。"而后，到《1857—1858 年经济学手稿》，马克思更是明确提出"精神生产力"概念。从马克思关于"货币不但决不会使社会形式瓦解，反而是社会形式发展的条件和发展一切生产力即物质生产力和精神生产力的主动轮。"的论述可知，"精神生产力"被视为与"物质生产力"，平行、并列且相对应的范畴，两者共同构成了社会生产力系统。

"精神生产力",是将"精神"与"生产力"组合而成的概念,也是最能彰显"生产力"之精神性的概念。但由于马克思主义经典作家对此的着墨并不太多,引发了学界诸多分歧。其核心分歧,就在于精神生产力是否属于马克思主义认为的生产力范畴。这也就牵扯到如何理解马克思主义的生产力,其是否只是一个物质性的概念?其实这种理论上的分歧,如果将其置于马克思主义的实践唯物主义观念中就会有所解惑。马克思早就明确指出,"要研究精神生产和物质生产之间的联系,首先把这种物质生产本身不是当作一般的范畴来考察,而是从一定的历史形式来考察。……如果物质生产不从它的特殊的历史的形式来看,那就不可能理解与它相适应的精神生产的特征以及这两种生产的相互作用。从而也就不能超出庸俗的见解。"马克思坚持的是二者的"相适应"及"相互作用",而绝非对立而存的"庸俗的见解"。因此,在实践的维度上,马克思主义的生产力就是一个社会生产力或整体生产力意义上的概念,是物质生产力和精神生产力的统一和平衡,二者缺一不可。

但笔者认为,即便在狭义的物质生产力中,马克思主义生产力理论也是认为,"劳动者……是生产力诸因素中最重要和最活跃的要素",也是"生产力要素中唯一能动因素"。这也就是由马克思主义理论的基本出发点决定的,"它的前提是人,但不是处在某种虚幻的离群索居和固定不变状态中的人,而是处在现实的人可以通过经验观察到的在一定条件下进行的发展中的人。"也就是说,抛开狭义、广义之分,单从作为生产力主体的劳动者的角度来看,其并不是"抽象的人",而是"现实的、活生生的人",人的精神性存在是人的一种根本性存在。如马克思所言,"人是有意识的存在物"。劳动者在生产力中的"最活跃""唯一能动因素",绝不是因为自然属性所赋予的本能状态,而是因为人是自然属性和社会属性的综合体,是具有自我意识的、精神性的存在。因此,缺少精神性的生产力,没有人作为"主观生产力"及其观念导向生产力,将是"死的生产力",不能成为"劳动的社会生产力"。

聚焦于新质生产力。习近平总书记指出,新质生产力,"以劳动者、劳动资料、劳动对象及其优化组合的跃升为基本内涵,以全要素生产率大幅提升为核心标志"。可见,在习近平总书记的重要论述中,"劳动者"仍是新质生产力排在第一位的要素,而且强调三要素之间的"优化组合的跃升"。"劳动者"本身是精神性的存在,新质生产力所要求的高素质的劳动者,更是指拥有创新精神、科学精神的劳动者。而在现实生活中,我们也深知,要实现"劳动者、劳动资料、劳动对象及其优化组合的跃升",也需要一定"精神"的赋能与加持。劳动资料、劳动对象如果抛开人和人的精神(意识)支配,也就无法进入生产过程而成为生产力要素,因为只有人是生产过程中的"活的有意识的物"。更何况,"优化"和"跃升",就需要扬弃旧的组合、生成新的关联模式,这除了需要更大的物质力量来推动,也无疑需要更强的精神力量来调谐。

二、价值支点:精神的能动性

马克思认为,价值这个普遍性的概念是从人们对待满足他们需要与外界的关系中产生的。延此认知,赋能的价值,就是要讲清楚,这种赋能,能够满足被赋能之事物的何种"需要",以及这种需要是怎样在"与外界的关系中产生的"。简言之,就是这种赋能,有什么价值,价值是怎样发挥出来的?而在逻辑思维中,逻辑支点是支撑逻辑主线、维持理论体系平衡的关键联结点,价值支点,既可以被视为是其动力支点,也可以被视为是其保障支点。"两弹一星"精神赋能新质生产力发展,在其价值认知维度,其支点就是要把握"精神"之于"生产力"的能动性,进而展现"两弹一星"精神对于新质生产力发展的能动作用。

在整个哲学体系中,"精神"包括思维、意志、情感等有意识的方面,也包括人的一般心理活动等无意识的方面,是与"物质"相对的概念。而在唯物主义哲学中,"精神"常常是被当作"意识"来使用。"精神"的作用或价值,一开始是被置于至高无上的地位的。在柏拉图看来,精神与物质二元,以精神为理念,由不变的理念与变的物质相结合构成了变化着的现象世界。亚里士多德则是认为,存在着没有物质的纯粹形式,而纯粹的精神就是上帝。到黑格尔,其所强调的精神就是绝对精神,绝对精神与绝对理性同义,而人的精神只是绝对精神的一种表现形式。与这种将"精神"作用置于"天国"中考察不同,马克思将之拉回"人间",以现实的人的实际社会生活过程来理解"精神"。在强调物质决定精神的同时,也强调精神对物质具有能动的反作用。

辩证唯物主义认为,每一个社会都有和它相适应的社会意识即精神。社会的精神现象一经产生就具有相对独立性,并反作用于社会存在,对社会的发展起着巨大的能动作用和反作用,促进或阻碍社会发展。人的一切行为和活动都是在精神的支配下进行的。精神的变革对于社会的变革常常起着先导的作用。需要用科学、革命的精神来武装头脑,指导实践,抵制和战胜一切腐朽的精神。同理,在生产力理论中,马克思主义也认为，物质生产力决定精神生产力，精神生产力反作用于物质生产力。其能动性，主要彰显于对生产力三要素的不同程度的影响。精神生产力的水平，精神参与物质生产的程度，直接影响劳动者的心智开发、素质修养及受教育程度，影响生产工具的革新，以及劳动对象的开发和运用率。当然，它也直接影响与生产力相适应的生产关系的转型与重塑。

在推进经济社会发展中，中国共产党人历来高度重视精神的能动作用。在革命战争年代，毛泽东曾指出，"人是要有一点精神的。""在大混乱的现局之下，只有积极口号积极精神才能领导群众。党的战斗力的恢复也一定要在这种积极精神之下才能有可能。"在推进中国特色社会主义建设中，邓小平更是强调，"不加强精神文明的建设，物质文明的建设也要受破坏，走弯路。光靠物质条件，我们的革命和建设都不可能胜利。""没有一点闯的精神，没有一点"冒"的精神，没有一股气呀、劲呀，就走不出一条好路，走不出一条新路，就干不出新的事业。"进入新时代，习近平总书记更是始终强调"精神力量"，不仅凝练提出了包括"两弹一星"精神在内的中国共产党人精神谱系，强调"人无精神则不立，国无精神则不强"。而且在党的二十大报告中，更是指出中国式现代化是物质文明和精神文明相协调的现代化，"物质富足、精神富有是社会主义现代化的根本要求"。与西方式现代化造就的财富积累始终伴随着社会撕裂与精神危机不同，中国式现代化始终注重物质财富的增长和精神生活的富有间的协调互促，以此破除西方现代化的弊病。

"两弹一星"精神赋能新质生产力发展，正是精神能动性的深刻彰显。"两弹一星"精神是在"两弹一星"这个勇攀科技高峰的壮举中形成的精神，是爱国主义、集体主义、社会主义精神和科学精神的体现，是中国人民在 20 世纪为中华民族创造的新的宝贵精神财富。新质生产力，其"特点是创新"，是摆脱传统经济增长方式、生产力发展路径，具有高科技、高效能、高质量特征的先进生产力质态。二者，共同聚焦于科技创新，共同致力于中华民族的自立自强，共同彰显着党的领导和社会主义制度的巨大优势。"两弹一星"精神赋能新质生产力发展，正是要发挥其能动的反作用，在"两弹一星"精神的激励和鼓舞下，在向投身"两弹一星"事业的功勋前辈们的学习中，激发出新时代广大中华儿女的主观能动性，在新的时代条件下，以新质生产力的发展推进中国式现代化强国建设。这也正是马克思主义生产力理论强调的，精神生产对物质生产力的发展、物质生产率的提高以及生产关系的改善和变革，有着巨大的能动作用。

三、实践瞄点：以"两弹一星"精神助推新质生产力发展

马克思主义是实践的理论，认为实践是认识的目的，是人类社会发展的普遍基础和动力。因此，"两弹一星"精神赋能新质生产力发展，最终要瞄定于实践，以期给实践以具体的启示与指引。这也就是习近平总书记指出，"'两弹一星'精神激励和鼓舞了几代人，是中华民族的宝贵精神财富。""一定要一代一代地传下去，使之转化为不可限量的物质创造力。"亦即"两弹一星"精神的"激励和鼓舞"，要通过"一代一代"的传承与发扬，瞄定于将其"转化为不可限量的物质创造力"。在新时代新征程中，这种"不可限量的物质创造力"，就可被视为"新质生产力"。而这种"转化"，也就是在实践基础上的转化和统一。这也是以新时代的"物质创造力"——"新质生产力"的发展，不断激活、赋予"两弹一星"精神新的时代生命力的关键。

（一）"热爱祖国、无私奉献"：担起新质生产力发展的时代重任

"两弹一星"精神的底色是爱国，"热爱祖国、无私奉献"是"两弹一星"参与者的爱国主义热情和爱国主义行动的真实写照。在 20 世纪 50 年代，"两弹一星"是在面对帝国主义对中国发起的核威胁、核讹诈的背景下，既是"迫不得已"，也是审时度势作出的战略决定。当时，正如毛泽东所言，"我们还要有原子弹。在今天的世界上，我们要不受人欺负，就不能没有这个东西。""没有那个东西，人家说你不算数。"而后，"两弹一星"的成功之于国家和民族的意义，也就是邓小平指出的，"如果六十年代以来中国没有原子弹、氢弹，没有发射卫星，中国就不能叫有影响力的大国，就没有现在这样的国家地位"。正是面对如此的国家需要、民族利益，无数科研工作者和普通群众不顾条件艰苦、不怕流血牺牲投入了这场伟大事业，展现了中华儿女赤诚的家国情怀。

由此，以"两弹一星"精神赋能新质生产力发展，首先就是要充分认识到在新时代新征程中发展新质生产力之于国家、民族的重大意义，以昂扬的爱国主义热情，积极投身于新时代的科技报国之中。新质生产力的出场，一方面是因为在实现中华民族伟大复兴已进入不可逆转的历史进程的同时，我国仍是一个发展中大国，仍处于社会主义初级阶段，"改革发展稳定面临不少深层次矛盾躲不开、绕不过"；一方面是因为随着世界格局"东升西降"态势与"西强东弱"格局的并存与演进，西方发达资本主义基于资本逐利的天性，奉行霸权主义和例外论，不断对我国"讹诈、

遏制、封锁、极限施压"。要推动国内经济的持续发展，要破除"中等收入陷阱"、向国际分工"微笑曲线"的两端攀爬，最终实现和平崛起与民族复兴，就需要大力发展新质生产力。因此，也就需要社会各界，特别是广大科技工作者，以强烈的报国之志，自觉把个人志向与民族振兴联系在一起，不断提高自身的各项能力，积极投身于新质生产力所需的科技创新事业之中。这也就是习近平总书记所强调的"要进一步增强科教兴国强国的抱负，担当起科技创新的重任"，进而"培育发展新质生产力的新动能"。

（二）"自力更生、艰苦奋斗"：破解新质生产力发展的创新难题

在"两弹一星"的研制过程中，一方面是技术探索之苦。面对美西方国家的层层阻挠和封锁，面对苏联单方面撕毁协议、取消一切援助的不利条件，中国在发布的声明中言辞坚决，"即使一百年也造不出原子弹，中国人民也不会向苏联领导人的指挥棒低头，也不会在美帝国主义的核讹诈面前下跪"。中国的科学家们更是愤然而起，"中国已经改朝换代了。尊严和骨气再也不是埋在地层深处的矿物"。"做好了这件事，就是为它死了也值得。"一方面是环境条件之苦，实验基地在大西北的戈壁滩上，不仅需要住帐篷、睡地窖、喝苦水、战风沙，而且还经历了三年困难时期的物资紧缺。而正是"自力更生、艰苦奋斗"，延续并继续书写、凝结成了自强不息的民族品格和自立自强的精神气节。

在当前新质生产力的发展过程中，如"两弹一星"般"独立自主、艰苦奋斗"的科技创新愈发重要。进入新时代，中国与美西方国家之间的科技关系日益发生转折，科技竞争也日益凸显其在国际竞争中的重要性，2018 年迄今，美西方国家在科技创新领域对我国实施"八面埋伏"式的围堵行动，不仅意图造成我国相关机构和企业与美西方国家在创新链、供应链、资金链、人才链和关系链方面的脱钩，也一直试图以数字技术等冲击我国科技安全。因此，习近平总书记多次指出，要"把科技的命脉牢牢掌握在自己手中，在科技自立自强上取得更大进展，不断提升我国发展独立性、自主性、安全性"。这就要求我们继承发扬"两弹一星"精神，向"两弹一星"元勋等科学家们学习，不断增强做中国人的志气、骨气、底气，树立强烈的创新责任和创新自信；正确对待科研中的失败和挫折，恪守学术道德、践行科研诚信，保持科研原动力和幸福感，增强科研上的斗争精神，敢于试错、学会试错，善于总结、勤于反思，甘坐冷板凳、敢干惊天事。

（三）"大力协同、勇于登攀"：注重新质生产力发展的系统优化

"大力协同、勇于登攀"，是"两弹一星"精神中科学精神与智慧力量的集中体现。若从中国的科学发展史来看，"两弹一星"是中国大科学发展链条上最早，同时也是最重要、最成功的一环。钱学森就曾颇有感慨地谈道，"中国过去没有搞过大规模科学技术研究，'两弹'才是大规模的科学技术研究，那要几千人、上万人的协作，中国过去没有。"有学者从技术层面探究，认为这种"大力协同、勇于登攀"体现出的成功经验为主体依靠：科学至上；方法采用：技术民主、分解问题；途径选用：多方探索；情报服务：跟踪先进等。

从科学规划和管理的视角来看，在"两弹一星"研制过程中，其管理机构也被分为三大类：领导与协调类，核心研制类与技术辅助类，各类下面又根据每个工程的任务再行细分，这样就确保了在规划与管理中的各司其职又协同发力。而在更深的维度，前辈学者王德禄、孟祥林、刘戟锋等就认为，这种"大力协调"体现了不同科学专业共同体之间的开放、互动与整合，并认为其内在的动力来自一种集体主义式的对内、对外的高度认同。当然，也彰显了中国共产党的坚强领导与社会主义制度的巨大组织优势。

新质生产力的发展也是一项系统工程，"两弹一星"精神中的"大力协同、勇于登攀"，依然对其起着重要的示范性作用和导向性作用。新质生产力的形成，不仅需要深入诸要素的功能、结构、组合方式层面，充分发挥科技创新的组织协调及催化融合作用；也需要不断探索建立与新质生产力相匹配的新型生产关系，需要紧密联系经济制度、经济体制和上层建筑等展开。因此，就要发挥"两弹一星"精神的示范引领作用，坚持从系统观念出发，坚持做到"大力协同、勇于登攀"。其关键就是，基于系统的要素构成与协同性，深刻把握新质生产力与传统生产力之间的关系，深刻把握新质生产力之于传统生产力的质态跃迁，协同推进传统产业升级与新质产业培育，推动"技术—经济"范式与社会调节系统相耦合；基于系统的局部优化与整体最优，深刻理解发展新质生产力要防止一哄而上，坚持因地制宜，从局部最优推出整体最优。特别是对于中国来说，各省区由于地理位置、资源禀赋、历史条件等，呈现出不同的区域分工和产业分工特点。因此，就必须从实际出发，统筹传统产业的改造提升，有选择地推动新产业、新模式、新动能发展。以先立后破和特色引领探索出新质生产力的不同发展模式，既为"一域"争光，也形成"全局"合力。

参考文献：

[1] 马克思恩格斯文集：第 1 卷 [M]. 北京：人民出版社,2009:155、524、525.

[2] 马克思恩格斯全集：第 42 卷 [M]. 北京：人民出版社,1979:250、261.

[3] 马克思恩格斯全集：第 46 卷（上）[M]. 北京：人民出版社,1980:173.

[4] 王丽娟,刘同舫.精神生产力：历史唯物主义不可或缺的范畴 [J]. 天府新论,2011(05):22-26+45.

[5] 马克思恩格斯全集：第 26 卷（上）[M]. 北京：人民出版社,1972:296.

[6] 林岩.马克思精神理论及其当代视域 [M]. 北京：人民出版社,2018:10.

[7] 王小锡.再谈"道德是动力生产力"——答周荣华同志 [J]. 江苏社会科学,1998(03):177-180.

[8] 习近平在中共中央政治局第十一次集体学习时强调加快发展新质生产力扎实推进高质量发展 [N]. 光明日报,2024-02-02(01).

[9] 马克思恩格斯全集：第 23 卷 [M]. 北京：人民出版社,1972:229.

[10] 马克思恩格斯全集：第 19 卷 [M]. 北京：人民出版社,1963:406.

[11] 金炳华,等,编.哲学大辞典(修订本)[M].上海：上海辞书出版社,2001:674.

[12] 王圆圆.马克思政治经济学批判语境中的精神生产规律探析 [J]. 江淮论坛,2021(04):68-73.

[13] 毛泽东选集：第 1 卷 [M]. 北京：人民出版社,1991:102.

[14] 邓小平文选：第 3 卷 [M]. 北京：人民出版社,1993:144、372.

[15] 习近平.高举中国特色社会主义伟大旗帜为全面建设中国特色社会主义现代化国家而团结奋斗——在中国共产党第二十次全国代表大会上的报告 [M], 北京：人民出版社,2022:26.

[16] 邓小平文选：第 3 卷 [M]. 北京：人民出版社,1993:279.

[17] 习近平在看望参加政协会议的民革科技界环境资源界委员时强调积极建言资政广泛凝聚共识助力中国式现代化建设 [N]. 光明日报,2024-03-07(01).

[18] 彭继超.东方巨响——中国核武器试验纪实 [M]. 北京：中共中央党校出版社,2005:91、94、100.

[19] 叶振宇,崔志新,武海波.我国科技创新面临美方的"八面埋伏"与应对之策 [J].发展研究,2021,38(06):39-45.

[20] 习近平在湖北武汉考察时强调把科技的命脉牢牢掌握在自己手中不断提升我国发展独立性自主性安全性 [N]. 光明日报 ,2022-06-30(01).

[21] 刘戟锋、刘艳琼、谢海燕 . 两弹一星工程与大科学 [M]. 济南 : 山东教育出版社 ,2004: 前言 .

[22] 王德禄 , 孟祥林 , 刘戟锋 . 中国大科学的运行机制 : 开放、认同与整合 [J]. 自然辩证法通讯 ,1991(06):16-24.

中国共产党历史主动精神的三重维度探析
——基于"两弹一星"事业

南锐浩 [①]

党的十九届六中全会审议通过的《中共中央关于党的百年奋斗重大成就和历史经验的决议》突出强调了中国共产党的历史主动精神。历史主动精神是中国共产党百年来筚路蓝缕的宝贵精神财富。党的历史是最生动、最有说服力的教科书，而正是在这一过程中，中国共产党形成了包括伟大建党精神、井冈山精神、延安精神、大庆精神、"两弹一星"精神、改革开放精神、抗疫精神等伟大精神在内的精神谱系。这些精神犹如一个又一个的时代印记，在不同的历史阶段，散发着不同的时代内涵与韵味，但是这些精神都不断地推动着时代的发展，映照着中国共产党的使命与担当。其中，"两弹一星"精神作为新中国建设时期创造的光辉业绩，就是伟大精神谱系之中最闪耀的一颗流星，是党带领中国人民铸就民族之魂，是砥砺我们不忘初心、牢记使命的不竭动力。"两弹一星"精神是历史主动精神的重要组成部分，它的理论逻辑与历史主动精神交相呼应，它的历史构建过程映衬着历史主动精神的蓬勃发展，它的实践方法随着时间的检验而愈加深邃厚重。因此，在新时代变化发展的进程中，我们以"两弹一星"事业的视角回望历史主动精神，对于我们抓住机遇，迎接挑战，冲击第二个百年奋斗目标，进而实现中华民族伟大复兴，具有重要意义。

一、理论应然：在科学的方法论下认识历史主动精神

中国共产党在百年奋斗的历史过程中始终秉持着敢于担当，勇于探索，善于实践的优秀品格，锻造形成了属于中国共产党人所特有的历史主动精神。然而，任何一种科学系统的思想理论形成，都不是凭空产生的，否则就变成了无源之水、无本

---

① 南锐浩，男，青海大学马克思主义学院硕士研究生，马克思主义基本原理专业。

之木。历史主动精神是马克思主义基本原理与中国具体实际相结合，与中华优秀传统文化相结合的果实，是科学方法论下的结晶。作为一种共产党人所特有的精神品质，历史主动精神始终坚信马克思主义的真理价值，在辩证唯物主义的引领中，在唯物史观的框架下，促使中国共产党人不断坚定选择，认准方向。作为一种在中国土壤中所孕育的产儿，历史主动精神不断接受中华优秀传统文化的滋养，指引着中国共产党人不断坚持道路。

（一）马克思主义的真理价值是历史主动精神的理论源泉

历史主动精神作为一种催人奋进的社会意识，是在中国共产党人坚持马克思主义的唯物史观，尊重社会历史的客观规律的基础上呈现出来的。我们在历史领域坚持唯物史观就意味着要始终坚持一个准则：所有在历史领域的意识形态都要服从于物质生产。马克思主义唯物史观也认为，不是人们的意识决定人们的存在，相反，是人们的社会存在决定人们的意识。"两弹一星"事业作为中国共产党百年来砥砺奋斗的一块重要基石，同样映衬着马克思主义真理的光芒。在社会主义建设时期，面对错综复杂的国际环境，千疮百孔的国民经济，中国共产党领导人民在中国一穷二白的基础上努力探索符合中国国情的社会主义建设道路，形成了具有那个时代所特有的历史主动精神。在"两弹一星"事业的探索过程中，中国共产党团结带领人民进行核武器的研发，而在这一历史进程中，面对人才缺失、技术领域的空白，远在海外享受相对优渥待遇的中国人民，选择与祖国同行，毅然决然地投身于祖国的怀抱，去开疆扩土，发挥自身的技术才能。面对苏联的单方面毁约，孤立无援的中国人民自立自强，在失去他国技术支持的境况中，选择相信自己，勇于创新，开创了一片属于中国大地的核武器。面对艰难困苦的研发环境，一穷二白的中国人民秉持着不怕苦、不怕累的精神，去艰苦创业，用双手成就了属于中国人的梦想。面对研发人员数量众多，所需物质材料纷繁复杂的尴尬处境，服从纪律的中国人民在党的领导下大力协同，有组织有纪律地完成了艰巨任务，创造了属于那个时代的伟大神话。虽然这些精神的内涵不同，发展阶段也不同，但是它们都应运于当时的历史条件，顺应于当时的历史规律。

在尊重社会历史的客观规律的过程中，我们的历史主动精神各具特色，底蕴丰富，但是，我们要反对只强调规律的客观性，否认人的主观能动性的形而上学观。因为尊重客观规律，按照客观规律办事离不开主观能动性的发挥。马克思也强调了"自由的有意识的活动恰恰就是人的类特性"因为在唯物史观的维度下，无论是生产力还是生产关系的变化，都离不开人的作用，是"交往形式与个人的行动或活动的关系"。所以，无论是社会的发展，还是历史主动精神的延续，都离不开当时客观条件的制约，更离不开人的主动价值而孤立存在。所以，在无产阶级的革命实践中，在中国共产党团结带领人民进行的历史探索进程中，中国共产党始终主动承担起其中的历史使命和历史责任，深刻把握了共产党执政规律和人类社会发展规律，将马克思主义的理论价值转为现实价值，始终抓住主要矛盾，及时调整战略布局，将主观能动性发挥到了新的理论高度。在"两弹一星"事业的抉择时期，中国共产党人面临着严峻的国内外形势，以美国为首的西方国家对我国实行军事上包围，经济上封锁，对我国进行核威胁、核恐吓。同时，国内的形势也不容乐观，人民生活极其苦难。但是，以毛泽东同志为核心的党中央领导集体毅然决然地在原子能到来的时代，在国内一穷二白的境地中，举全国上下的一切物质资料和人员资源，开始研发核武器，这极其生动地展示了人的主观能动性。在"两弹一星"事业的探索过程中，面对缺少相关性技术人员的支持，失去苏联在技术领域的帮助，应对艰难困苦的研发环境，处理纷繁复杂的资源协调等众多问题，中国人民在党的带领下依然是主动出击，照旧是迎难而上。在"两弹一星"事业成功后，中国共产党始终秉持着和平发展的理念，始终站在历史正确的一边与全人类同行。所以，在"两弹一星"事业的历史进程中，中国共产党始终坚持马克思主义的真理价值，在尊重客观规律的基础上发挥主观能动性，掌握国家发展方向，将主动精神的光辉洒遍在历史的征途上。

（二）中华优秀传统文化是历史主动精神的内在基因

中华优秀传统文化博大精深，源远流长，蕴含着丰富的历史底蕴和高尚的人文精神。随着历史长河的冲刷洗礼，它的价值旷日持久，它的品格历久弥新，而这便成了铸就历史主动精神辉煌成长的文化沃土。中国共产党人在发扬历史主动精神的过程中就传承了中华优秀传统文化的基因，尤其是在新中国建设时期显得尤为突出，"两弹一星"事业的发展历程使得历史主动精神彰显出浓厚的中国智慧。

首先，中华优秀传统文化强调要尊重客观规律，在自然对人作用的同时，人也能利用并影响自然，正如儒家思想中所强调的"天时、地利、人和"思想以及"制天命而用之"的观念，中国共产党就是秉持着这样的文化理念。随着 1945 年世界上第一颗原子弹试验成功，核武器发展的不断推进，人们看到了核能利用的广阔前景，核能与核技术在军事、国民经济各个领域被广泛应用。敏锐的中国共产党人察觉到原子能时代的到来，由此便顺应时代大势，尊重客观规律，开始了原子能的探索与应用。正如毛泽东同志所说："我们进入了这样一个时期，就是我们现在所从事的，所思考的，所钻研的，是钻社会主义工业化，钻社会主义改造，钻现代化国防，并且开始要钻原子能这样的历史的新时期。"其次，中华优秀传统文化中"变则通，通则久"的主动求变思想，也被我们中国共产党人所继承发扬，"变则通，通则久"。随着苏联单方面毁约，撤离了所有在华援助的苏联专家，使得大部分原子能项目停滞不前，面对这样的历史境地，中国共产党人积极地发扬历史主动精神，自主研发，开拓进取，锐意创新。最后，"天行健，君子以自强不息"的自强精神以及"愚公移山""精卫填海"的拼搏精神促使中国共产党人团结带领人民群众在恶劣的戈壁滩上创造出了属于新中国建设时期的神话故事，将属于中国共产党奋斗拼搏的原子弹光芒刺进了每个中国人民的眼里，照在那段专属于中国历史的长河中。需要指出的是，固然中华优秀传统文化有其深厚的根基、雄厚的沃土，但是如果没有中国共产党人艰苦卓绝，适时传承的勇气与担当，将历史主动精神融入中华优秀传统文化的血液中，那么中华优秀传统文化也会随着时间的逝去而渐渐地沉沦于历史的记忆之中。中华优秀传统文化造就着历史主动精神的同时，也被历史主动精神所滋养、所弘扬。

二、历史实然：在浩荡的发展中创新历史主动精神

历史主动精神的价值在不同的历史时期彰显着各具特色的历史韵味，它的内涵因历史的发展而不断丰富，它的底蕴因时代的冲洗而历久弥新。"两弹一星"事业作为中国共产党百年奋斗过程中的时代产儿，在浩荡的发展中创新了历史主动精神。在社会主义建设时期，面对错综复杂的国际环境，千疮百孔的国民经济，中国共产党领导人民在中国一穷二白的基础上努力探索符合中国国情的社会主义建设道路，"两弹一星"事业孕育而生，并且日趋成熟。在新时代的发展脉搏下，随着科学技术推动生产方式、社会结构和生活方式发生深刻变革，国际格局和国际体系的不断变化，"两弹一星"事业所彰显的魅力也被再次展现出来。总之，"两弹一星"事业作为中国共产党人砥砺奋斗的历史进程，在发展中丰富了历史主动精神的内容，为中国共产党人提供了取之不尽、用之不竭的精神力量。

（一）在"两弹一星"事业的抉择时期，历史主动精神显现新契机

在中华人民共和国成立时期，"两弹一星"事业正面临着要不要建设的艰难抉择问题，而正是在这一历史过程中，我们中国共产党人坚定地把握了时代的脉搏，选择了正确的方向，将"两弹一星"事业提上了日程，彰显了中国共产党的历史主动精神。饮水方知开源不易，"两弹一星"事业的抉择问题有多重的影响因素。当时，中国共产党人面临着复杂而又严峻的国内外环境。一方面，以美国为首的帝国主义侵略势力并不甘心在中国的失败。他们对中国采取政治上不承认、经济上封锁和军事上包围的政策，拒绝承认中华人民共和国，阻挠恢复中国在国际组织中的合法席位，由于中国革命胜利对亚洲产生的重大影响，美国一直把中国共产党视为在亚洲面临的最为复杂和严重的问题，朝鲜战争爆发后，美国由不承认中国转变为敌视中国。另一方面，当时全国尚未完全解放，国民党虽然已经溃败至台湾，但其反动派残余势力还在负隅顽抗。但是，就科学技术发展来说，原子能的时代已经到来，人们看到了核能利用的广阔前景，核能和核技术在军事、国民经济的各个领域都得到了广泛应用，它正在并将继续为科学进步、经济繁荣和世界和平发挥巨大作用。毛泽东同志也指出，我们"不但要有更多的飞机、大炮，而且还要有原子弹"。在这样的历史背景下，以毛泽东同志为核心的党的第一代中央领导集体，不畏强权，审时度势，从保卫国家安全、维护世界和平的战略高度，作出了发展核工业、研制核武器的战略决策，拉开了中国发展国防尖端科学事业的帷幕。本着"我们只要有人、又有资源，什么奇迹都可以创造出来"的决心，中国共产党人面对着诸多困难，毅然决然地选择了"两弹一星"事业，选择了站在历史长河的上游。所以，"两弹一星"的艰难抉择是中国共产党历史主动精神的重要体现，彰显出中国共产党人在新的历史条件下，能够不畏强权、审时度势的历史主动和历史担当。

（二）在"两弹一星"事业的研究过程中，历史主动精神再创新

随着"两弹一星"事业的相继开展，广大科技人员和干部职工怀揣着光荣与梦想奔赴基地，扎根高原，以钢铁般的意志和信念，造出了"争气弹"，又在很短的时间内成功研制核航弹、核导弹和氢弹。而正是在这一研发过程中，中国共产党带领人民形成了一系列的历史主动精神，包括"热爱祖国、无私奉献"的爱国奉献精神、"自力更生、艰苦奋斗"的自强创业精神和"大力协同、勇于登攀"的协同创新精神，使得历史主动精神再次展现出新的生机与活力。首先，"热爱祖国、无私奉献"的爱国奉献精神丰富了党的历史主动精神。中国的科学家们怀着强烈的爱国之心，包括像钱学森、王淦昌、邓稼先等在内的 23 位作出突出贡献的科技专家，以及广大的研

制工作者，在祖国的召唤下义无反顾排除万难地回到中国，不负党的重托和人民的期望，扎根高原，忘我工作，为我国"两弹一星"事业作出卓越贡献。其次，"自力更生、艰苦奋斗"的自强创业精神发展了党的历史主动精神。在"两弹一星"研发初期，我国面临技术空白、人才短缺、经济落后、环境恶劣等严峻形势。苏联与我们签订技术协定表示支持，但就在我国开始研制的关键时刻，苏联单方面地撕毁了协议。"社会主义是个大家庭，有一把核保护伞就行了，不需要大家都来搞"，赫鲁晓夫曾这样回答道。现实使中国人明白，想依靠外援来铸造强大核盾牌的可能性不复存在，所以广大建设者以"三顶帐篷"起家，本着一不怕苦、二不怕死的信念，凭着"死在戈壁滩、埋在青山头"的誓言，在高原牧区盖厂房，修铁路，修公路，唱响了一曲自强创业的赞歌。最后，"大力协同、勇于登攀"的协同创新精神创新了党的历史主动精神。"中国过去没有搞过大规模科学技术研究，'两弹'才是大规模的科学技术研究，那要几千人、上万人的协作。"在这一过程中，中央成立十五人专门委员会，秉持着社会主义制度的巨大优势，集中力量办大事，使中国科研综合实力得到了质的飞跃。

（三）在"两弹一星"事业的辉煌成就后，历史主动精神又发展

"两弹一星"事业的辉煌成就具有划时代的里程碑意义，显著提升了中国的国际地位。但是，一切向前走，都不能忘记走过的路，不能忘记为什么出发。"两弹一星"事业取得辉煌成就后，我国化剑为犁，始终坚持总体国家安全观，构建人类命运共同体。在新时代的发展进程中，"两弹一星"事业的初心和使命，促使我们一路向前，将历史主动精神的光辉照向人类和平，照亮中国梦。1995 年 5 月 15 日，中国第一个核武器研制基地全面退役，成为了世界上第一个自主退役的核武器研制基地，而这也预示着中国共产党和平发展的志向和理念。习近平总书记指出："不论国际形势如何变化，我们要保持战略定力、战略自信、战略耐心，坚持以全球思维谋篇布局，坚持统筹发展和安全。"在"两弹一星"事业的旗帜下，我们本着面向世界科技前沿，面向经济主战场，面向国家重大需求，面向人民生命健康的理念，坚持天下为公、天下大同的思想。始终把握好新时代的历史主动精神，构建人类命运共同体，基于人类生活在同一个地球村，顺应和平与发展的时代主题，为"建设持久和平、普遍安全、共同繁荣、开放包容、清洁美丽的世界"而贡献出中国智慧和中国方案，始终同世界人民一道，推动人类命运共同体建设，共同创造人类美好的未来。

所以，党的历史是最生动、最有说服力的教科书。"两弹一星"事业是党在新中国建设时期创造的光辉业绩，丰富了历史主动精神的内涵，有助于党带领中国人民不忘初心、牢记历史、砥砺前行。

三、实践必然：在生动的实践里运用历史主动精神

我们深入探讨历史主动精神的科学内涵与历史过程，是为了增强对历史主动精神的了解和认识，以便能动自觉地提升对历史主动精神的继承与弘扬。在新的历史条件下，我们以"两弹一星"事业的成功经验为实践依据，坚持党的领导，尊重人民主体地位，把握时代发展规律。这有助于我们党更好地发挥历史主动精神，有助于我们党团结带领人民踏上实现第二个百年奋斗目标的赶考之路。

（一）坚持党的领导是历史主动精神的重要支撑

中国共产党是中国工人阶级的先锋队，同时是中国人民和中华民族的先锋队，是中国特色社会主义事业的领导核心，发扬历史主动精神，必须始终坚持党的领导。在我们党的革命、建设和改革的百年奋斗历程当中，我们党始终坚持统揽全局、协调各方的核心作用。从组织规划到协调各方再到严守纪律，这就是在"两弹一星"事业的生动实践中最鲜明的体现。从组织规划来说，我们党高瞻远瞩，审时度势，在 20 世纪 50 年代作出研制"两弹一星"的重大决策。周恩来总理指出："过去几年其他事情很多，还来不及抓这件事。现在到时候了，该抓了。"于是，成立了中央三人小组，负责导弹事业的发展。我们党统揽全局，协调各方，为导弹事业提供坚实的人力、物力和财力保障。从组织纪律来说，有一对夫妻接到命令后互相隐瞒出发，来到通往罗布泊途中的一棵树下等车时才发现都是为了同一个任务。当原子弹爆炸的消息发布时，厂里的一个工作人员才知道自己生产的对象。所以，"两弹一星"事业之所以能够取得辉煌的成就，离不开中国共产党的领导。我们要继承和弘扬"两弹一星"精神，以便更好地理解历史主动性，不断提高党的执政能力和执政水平，在新时代的发展中，始终做到统揽全局，协调各方，为时代的进步提供强大动力。

（二）尊重人民主体地位是历史主动精神的坚实基础

唯物史观认为，人民群众是社会历史的创造者，是推动社会变革的决定力量。在党的百年奋斗历程中，我们继承和弘扬党的历史主动精神，一方面要坚持中国共产党的领导，另一方面就是要尊重人民的主体地位。所以，人民性是历史主动精神的风向标。在"两弹一星"事业的进程中，我们需要指出的是，人民发挥了不可替

代的伟大作用。在党中央成立三人小组，开始研发导弹事业的整个过程中，面对我国科学技术领域的空白，工业生产的瘫痪，广大科研人员和技术工人将眼光瞄准世界科学技术前沿，自力更生，善于创新，艰苦奋斗，注重发挥每个人的聪明才智，注重各方面人员的优势特点，将干部、技术人员和工人有机结合，营造出了浓厚的科研学术氛围，为导弹事业的发展打下了坚实的基础。与此同时，为顺利建设中国第一个核武器研制基地，处于青海省金银滩草原的牧民舍小家为大家，在3天之内，金银滩草原的1279户牧民，6700余人，赶着15万余头牲畜，没有提出任何条件就离开了祖祖辈辈繁衍生息的土地，为共和国作出了不可磨灭的贡献。中国共产党最大的政治优势是密切联系人民群众，党执政后的最大危险是脱离群众。我们党在新的历史征程上，要善于从"两弹一星"事业的成功辉煌中汲取经验，密切联系人民群众，尊重人民主体地位和首创精神。新时代，面对我国主要矛盾"人民日益增长的美好生活需要和不平衡不充分的发展之间的矛盾"，我们党及时调整战略布局，满足人民需要，回应人民需求，彰显中国共产党始终依靠人民、始终为了人民的历史主动精神。

（三）把握时代发展潮流是历史主动精神的现实根基

当今世界是一个紧密联系的整体，面对世界百年未有之大变局，中国共产党必须在弘扬历史主动精神的过程中，立足于中国，放眼于世界。主动顺应历史发展的潮流，在马克思主义真理的指引下，把握国家发展大势是历史主动精神的重要体现。我们党要始终站在历史长河的上游，准确把握国际新形势和新变化，在危机中育先机，在变局中开新局。"两弹一星"事业有条不紊地开展就体现出了我们党审时度势的大局观，顺应时代潮流的主动性。20世纪50年代，面对以美国为首的西方国家对我国的核威胁、核垄断和核讹诈，面对我国严峻的安全环境，我们党毅然决然地开启了"两弹一星"的伟大事业。新时代的航天工作者要以老一代航天人为榜样，大力弘扬"两弹一星"精神。实践证明，只有坚持融入大局，守正才能坚持正确方向，创新才能勇挑时代重任。当今世界百年未有之大变局加速演进，我国发展面临的国内外环境发生着深刻复杂的变化，科技创新成为国际战略博弈的主要战场，"十四五"时期以及更长时期的发展对加快科技创新提出了更为迫切的要求。把握大势、抢占先机，直面问题、迎难而上，加快建设科技强国，实现高水平科技自立自强，积极抢占科技竞争和未来发展制高点，发挥新型举国体制优势，努力实现关键核心技术自主可控，推动科技创新力量布局、要素配置、人才队伍体系化与协同化，勇攀科技高峰，服务国家发展大局，牢牢把握创新发展主动权。

参考文献：

[1] 马克思恩格斯文集：第 2 卷 [M]. 北京：人民出版社,2009,597.

[2] 马克思恩格斯选集：第 1 卷 [M]. 北京：人民出版社,1995,634.

[3] 毛泽东文集：第 6 卷 [M]. 北京：人民出版社,1995,46.

[4] 毛泽东文集：第 7 卷 [M]. 北京：人民出版社,1999,27.

[5] 江泽民在表彰为研制"两弹一星"作出突出贡献的科技专家大会上的讲话 [N]. 北京：人民日报,1999-09-19.

[6] 中国空间技术研究院,编.赵小津,主编.精神力量：航天精神引领中华民族探索浩瀚宇宙 [M]. 北京：人民出版社,2022,124.

[7] 习近平谈治国理政：第 2 卷 [M]. 北京：外文出版社,2017,382.

[8] 习近平谈治国理政：第 1 卷 [M]. 北京：外文出版社,2014,28.

[9] 习近平.中国梦必须靠人民实现必须为人民造福 [N]. 人民日报海外版,2013-03-18（01）.

[10] 中共中央、国务院、中央军委在人民大会堂召开大会,表彰曾为"两弹一星"研制作出突出贡献的 23 位科技专家 [N]. 人民日报,1999-09-19（01）.

[11] 人民网.习近平亲切看望著名科学家 [EB/OL].http://www.xinhuanet.com/politics/2014-09/21/c_1112564804.htm,2011-01-27/2020-12-22.

[12] 本报评论员.准确把握国家治理的关键和根本 [N]. 人民日报,2019-11-04（04）.

[13] 习近平.在欧美同学会成立 100 周年庆祝大会上的讲话 [N]. 中国青年报,2013-10-22（02）.

[14] 习近平.在北京大学师生座谈会上的讲话 [N]. 人民日报,2018-05-03（02）.

[15] 新华网.传承精神奋勇前行——习近平总书记给参与"东方红一号"任务的老科学家回信激励航天工作者勇攀高峰 [EB/OL].http://www.xinhuanet.com/politics/2014-09/21/c_1112564804.htm,2020-04-24/2021-02-22.

[16] 李醒民 . 科学精神的特点和功能 [J]. 社会科学论坛 ,2006(2):5.

[17] 习近平 . 在纪念刘华清同志诞辰 100 周年座谈会上的讲话 [EB/OL].http://www.xinhuanet.com//politics/2016-09/28/c_1119642521.htm,2016-09-28/2020-12-24.

[18] 习近平 . 在中国科学院第十七次院士大会、中国工程院第十二次院士大会上的讲话 [N]. 人民日报 ,2014-06-10（02）.

[19] 新中国成就档案第一颗原子弹爆炸成功 [EB/OL].http://www.xinhuanet.com/photo/2014-10/07/c_127068795.htm,2014-10-07/2021-02-23.

[20] 人民日报评论员 . 用好榜样的力量 [EB/OL].http://opinion.people.com.cn/n/2013/0809/c1003-22498941.html,2016-09-28/2021-02-23.

[21] 集大成得智慧——钱学森关于培养科技创新人才的教育构想 [EB/OL].http://www.moe.gov.cn/s78/A08/gjs_left/moe_742/s5631/s7970/201210/t20121010_166826.html.2012-10-10,2012-10-10/2021-02-25.

[22] 人民科学家郭永怀：以身许国 , 他是那么的"唯一" [EB/OL].http://www.kepuchina.cn/person/jcrs/201909/t20190927_1122867.shtml,2019-09-27/2021-04-10.

[23] 习近平 . 决胜全面建成小康社会夺取新时代中国特色社会主义伟大胜利——在中国共产党第十九次全国代表大会上的报告 [N]. 人民日报 ,2017-10-28（01）.

邓小平领导中国核科技工业创建发展的历史贡献、重要意义和深远影响

——纪念邓小平 120 周年诞辰

李建强[①]　范植开[②]

邓小平同志作为党的第一代中央领导集体的重要成员和第二代领导核心，他对核科技工业的创立和发展作出了历史性贡献。回顾我国核科技工业发展历程，我们深感邓小平同志的深切关怀与高度重视，他的智慧和远见为这一领域的蓬勃发展奠定了坚实基础，对于新时代核科技工业发展具有重要意义和深远影响。

1988 年 10 月 24 日，邓小平同志在视察北京正负电子对撞机工程时指出："如果六十年代以来中国没有原子弹、氢弹，没有发射卫星，中国就不能叫有重要影响的大国，就没有现在这样的国际地位。这些东西反映一个民族的能力，也是一个民族、一个国家兴旺发达的标志。"[1] 这是对核科技工业的最高赞誉，同时也是对 30 万核科技工业人员辛勤付出、顽强拼搏和无私奉献的最高认可。这一论断体现了邓小平同志对核科技工业战略地位及其重要性的深刻洞察和高度关注。

一、邓小平直接参与中央决策，领导核科技工业的创建与"两弹"研制

邓小平同志亲自参与中央决策，领导和指挥核科技工业的创建以及"两弹"的研制工作，这体现了他对核科技工业的高度重视。小平同志的战略思想强调核科技

---

① 李建强，男，中国工程物理研究院党校党建专家、副教授、中国科学家精神宣讲团专家成员、四川省科学家精神宣讲团成员。现主持国家社科基金项目一项。主研完成国家社科基金项目一项、省社科规划项目二项。

② 范植开，男，中国工程物理研究院党校副校长，中国工程物理研究院培训中心主任、博士、研究员，博士生导师，享受国务院颁发的政府特殊津贴。曾获于敏数理科学奖 1 项、"两弹"元勋邓稼先青年科技奖 2 项，军队科技进步奖共 10 项。

工业在国家安全和国家发展中的重要性。这种重视反映了核科技工业在国家全局中的重要战略地位和作用。

1955 年 1 月 15 日,邓小平同志出席了由毛主席亲自主持的中央书记处扩大会议,参与了关于我国原子能事业创建的重大战略决策。随后,在 1956 年 1 月,邓小平当选为中央委员会总书记不到一个月,就亲自前往国防部大楼,观看了关于原子弹构造、原子弹与氢弹爆炸原理,以及苏联原子弹和氢弹爆炸实况的影片,这表明了他对我国原子能事业发展的高度关注和坚定决心。当他亲眼看见研制原子弹、氢弹所需的复杂技术与尖端设施时,内心深受触动,感慨万分地说道:"核武器确实是属于尖端科学的产物,没有现代化的工业和先进的核技术,没有核科技力量和人才,是制造不出核武器的,所以国家一定要现代化,一定要大力发展科学技术,要注重人才的培养,在这方面,我们要迎头赶上去。"[2] 观影结束后,邓小平坚定地说:"我相信,我们中国的原子弹、氢弹也一定能够制造出来。我看,中国地大物博,铀矿资源不会少的。我们要学习苏联制造原子弹、氢弹的先进技术,当然,我们要以自力更生为主,争取外援为辅,这是毛主席的一贯思想。另外要大力建立我们自己的核科技工业和综合性核科技研究设施,更要大力培养我们自己的核科学家和核技术人员,为我们自己能够制造核武器打下坚实的基础和造就大批科技专家和科技人才。"[3]

1958 年 5 月,邓小平同志以中央委员会总书记的身份正式批准了核科技工业的首批创建项目,这些项目涵盖了铀矿山、水冶厂、铀浓缩厂、堆化厂以及核燃料元件厂等原子能领域的核心企事业单位选址方案。同年 8 月,邓小平同志又对此作出重要批示,明确指出:"发展原子能尖端科学和工业已经成为势在必行之事,我们应当加快其发展的步伐。"[4] 这一批示,标志着中国核科技工业发展的正式开始。在面临苏联政府的技术援助中断的困难局面下,邓小平同志在 1961 年 7 月签署了中央《关于加强原子能工业建设若干问题的决定》,这一决策对于推动我国核科技工业在自力更生的基础上稳步前行具有重要意义。该决定的签署反映了中国政府和人民在困难条件下坚持发展自主核科技工业的坚定决心和意志。通过加强原子能工业建设,我国逐渐掌握了核技术的核心知识,提高了自主创新能力,为后来的核武器研制和核能利用打下了坚实的基础。同时,这也体现了邓小平同志高瞻远瞩的战略眼光和卓越领导才能。在"两弹"研制的紧要关头,小平同志始终保持着高度关注,为我国核事业的蓬勃发展提供了坚强的领导与支持。

1963 年 4 月，毛主席、周总理、邓小平一起亲切接见核科技工作者，体现了国家对核科技工作者的重视和支持。邓小平同志说："研制原子弹的计划，党中央和毛主席已经批准了路线、方针、政策已经确定现在就是你们去执行。你们大胆去干，干好了是你们的功劳干不好，出点问题由我们书记处负责。"[5]1964 年 4 月，小平同志视察某铀浓缩厂对该厂领导说："你们辛苦了，这个工厂建得不容易啊，你们为人民立了大功。"[6]1965 年 1 月，小平同志亲自前往某核燃料厂进行实地踏勘。同年 5 月，小平同志与周总理接见参与核试验的代表。这一行动体现了他对国家核能发展的高度重视和直接关注。

在氢弹研制攻关的关键阶段，邓小平与李富春、薄一波等人，在时任二机部常务副部长刘西尧的陪同下，于 1966 年 3 月 30 日专程赴西北核武器研制基地进行了实地考察。小平深入各实验厂区，细致地观察了实验环境和设备，还特地前往七厂区的次临界实验厅，认真听取了关于核材料次临界实验情况的详细汇报，与基地的领导和科技骨干代表共同合影，留下了一份珍贵的纪念。考察中，小平豪情满怀地挥笔题词："遵照毛主席指引的方向，奋勇前进，别人已经做到的事，我们要做到，别人没有做到的事我们也一定要做到。"[7]这种敢为天下先的精神，深深地感染了核武器研制基地的全体同志，极大地鼓舞了研制基地全体同志，为氢弹研制注入了强大的动力。

正是在邓小平同志的深切关怀和直接领导下，中国的核科技工业从无到有，不断发展壮大。铭记那激动人心的历史时刻，1964 年 10 月 16 日，我国成功引爆了第一颗原子弹，宣告我国正式跻身核大国行列。仅仅时隔两年零八个月后，即 1967 年 6 月 17 日，我国再次取得重大突破，第一颗氢弹成功爆炸，这一成就早于法国，使我国在五个核大国中位列第四。1971 年 8 月，我国第一艘核潜艇顺利下水，这一里程碑式的事件标志着"两弹一艇"研制工作的圆满成功。这一成就不仅巩固了我国在世界核大国中的地位，更是有力地打破了帝国主义和霸权主义的核垄断与核讹诈，极大地提升了我国的军事实力和国际地位。

经过数年如一日的艰苦奋斗，我们终于建成了世界上仅少数国家所具备的完整核科技工业体系。这一伟大成就不仅为国家的安全提供了坚实保障，更为提升国家地位和国际影响力作出了不可磨灭的重大贡献。这一系列的成就，都凝聚着邓小平同志的智慧和心血，也展示了中国人民不畏艰难、勇于攀登科技高峰的坚定决心和强大力量。

二、邓小平提出实施军民结合的方针，支持核科技工业发展核电

在党的十一届三中全会之后，小平同志具有远见卓识地提出了"军民结合、平战结合、军品优先、以民养军"的 16 字方针。这一方针体现了邓小平对于国防科技工业发展的深刻思考和科学决策，不仅构成了邓小平理论的重要支柱，更是国防科技工业改革发展的指导性方针，为我国的国防建设和经济建设注入了新的活力。1984 年 11 月，小平同志曾明确要求，国防科技工业应当实现军民结合，深度融入国家建设之中，这无疑是利国利民之举，为国防科技工业的发展开辟了广阔的前景。

谈及我国核电站建设的历程，从酝酿到实际起步，这一过程历经曲折。早在 1957 年，苏联援建的酒泉军用核反应堆就已有发电设想，但因种种原因未能实现。随后，在 1970 年，周恩来总理三次提出建设核电站的构想，并在 1973 年正式批准了 30 万千瓦压水堆核电站的建设方案，命名为 728 工程。然而，受"文革"影响，这一工程迟迟未能动工。"文革"结束后，核科技界的前辈们开始积极行动。1978 年 10 月，王淦昌等核科学家联名致信小平同志，建议加快核电站建设步伐。小平同志对此高度重视，要求相关部门认真听取专家意见，并开展深入调查和研究。终于，在 1983 年 6 月 11 日，我国第一座核电站——秦山核电站，在浙江破土动工。这一历史性的时刻，标志着我国正式开启了原子能的和平利用之路，加速了军工技术服务于经济建设、造福人民的进程。第一座核电站不仅推动了军工技术更快更好地服务于经济建设、造福广大人民，而且标志着我国核科技工业迈向军民结合、保军转民的战略性转变，为我国核科技工业的发展注入了新的活力，开启了全新的发展篇章。

在社会主义改革与现代化建设的崭新阶段，民族核电的发展及核电建设的自主化、国产化目标，都离不开核燃料工业这一坚实后盾。核燃料工业，作为核电工业发展的基石，其重要性不言而喻。我们国家在核燃料工业的发展上，始终坚持一条基本方针和政策，那就是立足国内，同时结合进一步对外开放。立足国内，不仅是为了保障资源的自给自足，更是为了更好地开发和利用国内外两种资源、两个市场，实现资源的优化配置。

经过数十载的不懈努力，我国核燃料工业已经建立起一套完备的核燃料循环工业体系。这一体系涵盖了从铀矿勘探、开采，铀的提取及同位素分离的关键步骤，再到核燃料元件的精细制造，以及乏燃料后处理的复杂环节，每一个环节都凝聚着科研人员的智慧和汗水，共同构成了核科技工业发展的完整链条。同时，我们也高

度重视核安全防护、环境保护以及三废处理等方面的工作，以确保核工业发展的可持续性。

在国家创新驱动发展战略的有力推动下，我国通过坚定的自主创新以及引进、消化、吸收、再创新的策略，迅速攻克并掌握了世界先进的核电技术。我们已经形成了从 10 万到 150 万千瓦级核电技术的全面开发能力，实现了从"二代"到"三代"核电技术的成功跨越。特别值得自豪的是，"华龙一号"和"国和一号"（CAP1400）的成功研发，不仅彰显了我国在核电领域的强大实力，更使我国跻身美国、法国、俄罗斯等核电强国之列，成为少数几个掌握自主三代核电技术的国家之一。这一重大成就不仅彰显了我国核电技术的实力与潜力，更为我国在全球核电领域赢得了举足轻重的地位。

2022 年 9 月 14 日，中国核能行业协会发布的《中国核能发展报告（2022）》蓝皮书中进一步指出，截至目前，我国商业运行的核电机组总装机容量已达到 5559 万千瓦 [8]。此外，还有 23 台核电机组正在建设中，总装机容量为 2419 万千瓦。这一数据表明，我国在建机组的装机容量持续保持全球领先地位，而在运和在建的核电机组总数也位居全球第二。这些成就不仅体现了我国在核电领域的快速发展，也彰显了我国在全球核电市场中的重要地位。

正是在邓小平同志的深邃洞察力和明智决策的指导下，核科技工业才拥有了如今广阔的发展空间。

三、邓小平领导核科技工业创建与发展的重要意义和深远影响

邓小平的核科技工业建设思想深邃且内涵广泛，不仅具有深远的理论价值，更在实际应用中展现出强大的指导意义。实践成果充分证实，这一思想正是推动中国特色核科技工业实现现代化的核心指导理念。这一结论的得出，源于对数十年来核科技工业发展历程中宝贵经验的深刻总结。邓小平关于核科技工业发展的重要论述和实践经验，不仅内涵丰富、理论深邃，而且指向明确、实践性强，在推动新时代我国核防科技工业发展、引领国家科技创新方面，具有重要的时代价值和深远影响。

（一）坚持"科学技术是第一生产力"[9]，独立自主发展中国高科技

邓小平科技思想的核心在于强调科学技术作为第一生产力的根本地位，这一深刻见解凸显了科学技术在社会经济发展和国防建设中的核心作用。在邓小平的视野中，科学技术不仅是筑牢国家安全防线的基石，更是提升综合国力和增强国防力量

的必要条件。面对全球高新技术迅猛发展的浪潮、广泛应用的趋势以及现代战争形态的革命性变革，我们务必确立以提升科技实力为核心的战略目标，加大资源投入力度，持续加强国防科技工业的基础建设，尤其要聚焦高技术核心项目，推动国防科技工业实现高质量发展。通过不断创新的科研成果，推动国防现代化建设的步伐，确保国家安全与战略利益的稳固。

邓小平同志曾明确指出，独立自主、自力更生是我们过去、现在和未来始终坚守的立场。早在 1975 年 4 月 14 日，邓小平同志就明确提出了科研先行、自力更生的理念。他指出，科研应走在前沿，不仅限于尖端武器，常规武器同样需要科研的支撑，哪怕是减轻战士装备重量这样的小细节，也蕴含着科研的智慧。在 1978 年 3 月 18 日的全国科学大会上，邓小平同志再次强调了依靠自身的努力来发展科技，坚定不移地贯彻独立自主、自力更生的方针。这表明，邓小平高度重视自主创新在国家发展中的关键作用，认为只有通过自主研发和技术创新，才能推动我国的科技进步和经济发展。1985 年 6 月 4 日，他又重申了自主科研的重要性，指出我们可以从外国购买武器装备，但更重要的是要依靠自己的力量进行科学研究，设计出具有竞争力的飞机、海军装备和陆军装备。此外，邓小平同志对基础研究给予了高度关注。他明确指出，无论哪个领域，都离不开基础研究的支撑，基础研究不扎实，长远的发展动力就会受到影响。因此，我们必须高度重视基础研究，为国防科技的持续发展奠定坚实基础。邓小平同志的这些重要论述，为我们指明了国防科技发展的方向，也为我们提供了宝贵的思想指导。我们必须深入领会并贯彻落实这些思想，为实现国家的繁荣富强和长治久安而不懈努力。

邓小平支持国家决策实施技术研究发展计划。1986 年 3 月，四位杰出的功勋科学家——王淦昌、王大珩、陈芳允和杨嘉墀，联名向邓小平同志提出了关于加速我国战略高技术发展的建议。他迅速作出回应，强调此事必须尽快决策，不容拖延。在邓小平的关心支持下，经过国务院和中央领导组织的专门小组讨论，最终决定实施这一军民结合的高技术研究发展计划即"863 计划"。该计划的实施有力地推动了我国高科技的进步和发展，取得了丰硕的成果。这也是我国科技领域的一个重要里程碑，标志着我国在高科技领域开始走上自主创新的道路。

1988 年 10 月 24 日，邓小平同志在北京正负电子对撞机考察期间，深刻洞察了科技发展的未来趋势，他明确指出，即将到来的新世纪将是高科技蓬勃发展的时代。

他强调，不论过去、现在还是未来，我们都必须坚定不移地发展自己的高科技，努力在世界高科技领域占据一席之地。1991 年，邓小平同志再次为"863"计划工作会议题词，强调了发展高科技、实现产业化的重要性。这些重要思想不仅为我国的科技事业注入了强大的动力，而且对加快国防高科技发展具有深远的指导意义。

习近平总书记多次强调："创新是引领发展的第一动力。"[10]我们必须高度重视科技创新，集中力量攻克关键核心技术，推动科技创新从"跟跑者"转变为"领跑者"。党中央确定的"高水平科技自立自强"战略，不仅是对我国应对全球深刻变革的积极回应，也为我国科技创新指明了方向，提供了根本遵循。国防和军队的现代化，是我们坚持走中国特色强军之路的核心目标，它不仅是国家安全的坚强后盾，更是实现中华民族伟大复兴的坚实保障。科技创新作为提升社会生产力和综合国力的关键支撑，其重要性不言而喻。

（二）尊重人才，关心知识分子，培养造就大批德才兼备的国防科技人才

邓小平同志一贯强调，我们党内必须树立起尊重知识、尊重人才的良好风气。早在 1977 年，他就明确指出，实现国家现代化的关键在于科学技术的进步，而这离不开教育和人才的培养。他深知，空谈无法达成现代化的目标，真正需要的是知识和人才。他曾用一句名言表达了对科技工作者的深情关怀，那就是"我愿当大家的后勤部长"[11]。这种关怀并不仅仅局限于对科技人员物质待遇的关心，更重要的是对科技人员政治上的充分信任和工作上的坚定支持。

在 20 世纪 70 年代初，邓小平同志恢复领导职务后，他坚决主张恢复知识分子的名誉，并强调知识分子的价值和贡献。1975 年，在整顿国防工业时，他明确强调要充分发挥科技人员的积极性，强调科技人员的重要性，不能让他们离开岗位。他更是亲自批准为在三线地区辛勤工作的科技人员和工人增加生活补贴，确保他们能够在艰苦的环境中安心工作。同时，他积极呼吁社会各界要千方百计地解决科技人员的后顾之忧，为他们提供一个良好的工作环境，使他们能够充分发挥自己的才能和创造力。

邓小平同志还以聂荣臻元帅为例，强调了如何有效培养和造就一支卓越的科技队伍。他提出了培养和使用人才的两点明确要求。首先，每年都要为知识分子实实在在地解决一些问题，确保这些措施能够真正见到实效。其次，要营造一种有利于人才脱颖而出的环境，让优秀人才能够充分发挥他们的潜能。

1986 年，时任中央军委主席的邓小平签署命令任命中国工程物理研究院院长邓稼先为国防科工委科技委副主任。7 月,国务院授予邓稼先全国劳动模范称号和奖章。1987 年 7 月，邓小平在北戴河接见参加中央组织部安排疗养的中物院院长、核物理学家胡仁宇。这体现了党中央对核科学家重要贡献的高度重视和充分认可。在邓小平同志的指示下,核科技工业部门重视人才建设，培养了一支素质优良、专业能力强、作风过硬、善于攻坚克难的科技队伍。这支队伍不仅在核科技工业领域取得了显著成就，也为国家的科技进步和现代化建设作出了重要贡献。

1992 年 1 月 25 日，在珠海市视察高科技企业时，邓小平充满深情地讲道："大家要记住那个年代,钱学森、李四光、钱三强等老一辈科学家们,在那么困难的条件下,把'两弹一星'和好多高科技搞起来。"[12] 邓小平同志特别将钱学森和钱三强作为"两弹一星"高科技领域的杰出代表进行赞扬，这充分表明了他对包括老一辈科学家在内的广大科技人员的深深敬意与肯定。他深知，正是这些科技人员的辛勤付出与不懈努力，才使得"两弹一星"事业取得了如此辉煌的成就。他以此鼓励在场的科技工作者们，继续发扬不畏艰难、勇于创新的精神，为国家的科技进步和国防建设贡献自己的力量。

自党的十八大以来，以习近平同志为核心的党中央高度重视科技人才队伍建设。习近平指出："要把科技创新搞上去，就必须建设一支规模宏大、结构合理、素质优良的创新人才队伍。"[13] 创新的事业需要创新的人才。人才是科技创新的一项极为关键的因素。新时代是在奋斗中成就伟业、造就人才的时代。习近平总书记强调，我们要激励更多科学大家、领军人才、青年才俊和创新团队勇立潮头、锐意进取，以实干创造新业绩，在推进伟大事业中实现人生价值，不断为实现中华民族伟大复兴的中国梦奠定更为坚实的基础、作出新的更大的贡献。

（三）充分发挥社会主义"举国体制"优势，强调集中力量办大事

我们要充分发挥社会主义"举国体制"的独特优势。相较于资本主义的分散与局限，社会主义的"举国体制"更能集中力量办大事，更能整合资源显优势，更能发挥国家的综合实力，为科学技术的快速发展提供坚实的体制支撑。正如邓小平同志在谈话中所强调的那样："现在我们国内条件优越，国际环境有利，再加上社会主义制度集中力量的优势，我们完全有信心也有能力在现代化建设中，创造出若干个快速发展且效益显著的阶段。我们应有这样的雄心壮志！"[14]

回溯我国国防科技工业艰辛与曲折的发展历程，小平同志始终为其指引正确的前行方向。当聚焦军队装备与科研议题时，他明确指出，科研工作务必汇聚众力，采取歼灭战的策略，集中优势兵力攻克科技难关。他再三强调，资金的调配必须集中投向关键领域，确保武器装备的迭代更新。他坚持"少而精"的方针，简化型号，提升质量，力求用有限的资源投入实现军品研制生产效益的最大化。

在 1978 年和 1979 年的两次中央专委会上，小平同志与其他领导同志共同主持会议，遵循"少而精"的原则，对核武器装备攻关计划项目进行了全面梳理。这进一步明确了我国核武器的发展方向。正是在这样的科学指导思想引领下，我国核武器事业成功实现了投入最小化、效益最大化、效费比高的特色发展。回顾这段历史，小平同志所强调的缩短战线、集中力量、突出重点、办大事的思想，对于国防科技工业乃至整个国家科技事业的发展，仍然具有非常重要的现实意义和指导作用。

为了推动创新型国家的建设，我们必须努力打造"新型举国体制"优势。2019年 2 月，接见"嫦娥四号"科研团队时，习近平总书记指出："嫦娥四号的成功发射与执行任务，正是我们探索并实践新型举国体制的一个生动范例。"[15]"两弹一星"的辉煌成就，正是源于社会主义制度所独具的"集中力量办大事"的显著优势。这一优势使得我们能够汇聚各方力量，共同应对重大挑战，推动事业不断向前发展。

数十载春秋，正是有小平同志的悉心指导、倾力支持和深情关怀，核科技工业才取得了辉煌成就。他为核科技工业的建设与发展所立下的不朽功勋，将永远镌刻在历史的丰碑之上。在新时代中国特色社会主义的壮阔征程中，我们应深入领会邓小平同志关于核科技工业发展的深刻论述，坚持"科学技术是第一生产力"，准确把握科技创新与事业发展的紧密联系，持续推进科技创新的深化，充分发挥社会主义新型"举国体制"优势，加强科技人才队伍的建设，激发科技人员创新的活力，努力为实现高水平科技自立自强而不懈奋斗。

注释：

[1] 中共中央文献编辑委员会 . 邓小平文选第三卷 [M]. 北京 : 人民出版社，1993:279.

[2][3] 孙立忠 . 忆邓小平观看苏联机密军事影片 [J]. 湘潮 ,2009(10):18-20.

[4] 中国核工业集团公司 . 高举邓小平理论伟大旗帜促进核工业快速协调发展 [J]. 中国核工业 ,2004(8):14-15.

[5] 高举邓小平理论伟大旗帜夺取国防科技工业改革发展新胜利——国防科工委主任张云川在"国防科技工业系统纪念邓小平同志诞辰 100 周年座谈会"上的讲话 [J]. 中国军转民 ,2004(9):5.

[6] 李凤明 , 宋传富 . 邓小平与三线建设 [J]. 军事历史 ,2012(3):12.

[7] 中共中央文献研究室 . 邓小平年谱第三卷 [M]. 北京 : 中央文献出版社 , 2020:570.

[8] 林楚 . 中国核电成功实现由"二代"向"三代"技术跨越 [N]. 机电商报 ,2019-10-14.

[9] 中共中央文献研究室 . 邓小平年谱第五卷 [M]. 北京 : 中央文献出版社 , 2020:546.

[10] 唐国军 ."创新是引领发展的第一动力"——习近平与创新发展理念的提出 [J]. 党的文献 ,2017(2):26.

[11] 中共中央文献研究室 . 邓小平年谱第四卷 [M]. 北京 : 中央文献出版社 , 2020:282.

[12] 中共中央文献编辑委员会 . 邓小平文选第三卷 [M]. 北京 : 人民出版社 , 1993:378.

[13] 习近平 . 为建设世界科技强国而奋斗——在全国科技创新大会、两院院士大会、中国科协第九次全国代表大会上的讲话 [J]. 科协论坛 ,2016(6):49.

[14] 闫博 . 邓小平南方谈话中关于科技发展的重要论述及时代价值 [J]. 产业与科技论坛 ,2020(9):6.

[15] 习近平会见探月工程嫦娥四号任务参研参试人员代表 [J]. 国防科技工业 ,2019 (3):2.

发挥海北精神高地资源优势
在传承弘扬"两弹一星"精神中守正创新

郑榕 ①

"两弹一星"精神,是经党中央批准第一批纳入中国共产党人精神谱系的伟大精神,是爱国主义、集体主义、社会主义精神和科学精神的集中体现。党的十八大以来,习近平总书记多次谈到"两弹一星"精神,对我们成功研制"两弹一星"的重要意义和传承弘扬"两弹一星"精神进行了深刻阐述,为发挥"两弹一星"精神的凝聚、教育、激励和熏陶功能提供了理论遵循和实践指南。海北州作为中国第一个核武器研制基地,是"两弹一星"精神的孕育地,具有丰富的红色资源,更应该集聚海北自身发展各方优势,把"两弹一星"精神传承好、弘扬好、践行好,以更高的觉悟、更高的追求、更高的境界在打造"高地",建设"四地"中提供源源不断的精神动力。

一、海北精神高地形成的背景意义和时代价值

精神高地是对某种现实或观念抱有深刻信任感的精神状态和阵地。精神高地的形成,往往是无数构筑者在特殊的时代背景下,演绎可歌可泣、惊天动地、气壮山河历史篇章的过程。海北作为中国第一个核武器研制基地,在历史地位上有独特的资源优势和民族文化,在发展进程上有光辉的红色印记和先进事迹,在时代价值上更有巨大的精神财富和宝贵资源。因此,海北精神高地的形成有其特殊的背景意义和时代价值。

(一)从历史的角度看,建设海北精神高地意义深远

1. 海北是精神高地的发源地。海北因地处青海湖北岸而得名,经典名曲《在那遥远的地方》从海北金银滩草原风靡海内外。20 世纪 50 年代中期,面对美苏两个

---

① 郑榕,女,青海原子城纪念馆馆员。

霸权主义的核威胁和核讹诈，面对核武器研制已经成为国际斗争、军事抗衡、贸易竞争、科技较量的敏感领域，毛泽东、周恩来等老一辈革命家作出建立中国核基地的战略决策。1957 年开展核武器研制基地的选址工作后，经四川省、甘肃省、青海省三省对比后，选址专家对海北州海晏县境内的金银滩草原的水文、气象、地理、地质、居民分布等因素综合分析后，认为此地适合建立核武器研制基地，核武器研制基地的选址成功是海北成为精神高地的重要因素之一。

2. 海北是移民精神的实践地。金银滩草原是环青海湖地区最为丰腴的牧场，草原儿女在这里一代代生息繁衍。然而，为了响应国家的号召，1279 多户住户、6700 多名牧民备鞍打马，在 10 天之内为共和国核工业事业无偿让出了世居之地。在这场浩浩荡荡的大迁徙中，这些淳朴的草原人，遵从号召，没提任何要求，远离故土。在这个过程中形成的顾全大局、舍家为国、吃苦耐劳、自力更生的移民精神成为具有鲜明时代特征和地域特点的新青海精神，充分体现了搬迁牧民以国家、民族大义为重的宽广胸襟和高尚情操，也成了海北精神高地不可或缺的宝贵精神财富。

3. 海北是"两弹一星"精神的孕育地。221 基地建立之初，正值国家经济困难时期，广大基地建设者和科研人员顶着风雪，克服高寒缺氧的恶劣自然条件，住帐篷、喝雪水、啃窝头，在艰苦的条件下盖厂房、修道路、搞科研，用短短 4 年的时间，建成了中国第一个核武器研制基地。钱学森、邓稼先、王淦昌、郭永怀等老一辈革命家、科学家，胸怀强国梦想，甘当无名英雄，以"我愿以身许国"的豪言壮志投身中国的核事业，在艰苦卓绝的环境和条件下，研制第一颗原子弹和氢弹，从爆炸第一颗原子弹到爆炸第一颗氢弹，仅仅用了 2 年 8 个月的时间，"热爱祖国、无私奉献，自力更生、艰苦奋斗，大力协同、勇于登攀"的"两弹一星"精神是爱国主义、集体主义、社会主义精神和科学精神的体现，是中国人民在 20 世纪为中华民族创造的宝贵精神财富。

（二）从现实的角度看，打造海北精神高地势在必行

1. 开展红色宣传教育是建设海北精神高地的精神传承。"两弹一星"精神是中华民族实现中国梦的精神图腾。2009 年 5 月 26 日青海原子城纪念馆建设运行，成为国人缅怀历史、传承文化、振奋精神、凝聚力量的精神高地。2012 年海北州依托原子城纪念馆成立"两弹一星"精神宣讲团，升华了新时期继承和弘扬"两弹一星"精神的重大意义。10 多年来，青海原子城纪念馆在传承红色基因、赓续红色血脉、

厚植家国情怀、弘扬社会主义核心价值观、培育民族精神和时代精神等方面发挥了强大的思想引领作用，逐步成为"全省一流、全国知名"的爱国主义教育基地、理想信念教育基地、党史党性教育基地、红色文化展示基地和新青海精神高地。2021年 6 月，青海原子城纪念馆坚持"展示精神、真实准确、新颖独特、直观艺术"的展陈原则和"尊重历史事实、突出海北特色、体现时代特征"的展陈要求，全面完成改陈布展工作并恢复开放，成为延伸"两弹一星"精神教育主题，创新爱国主义教育载体的生动实践。纪念馆自开放以来，累计接待公众 370 万人次，年均 30 万人次，凸显出爱国主义教育不可替代的强大功能和价值传承。"两弹一星"精神宣讲教育报告团先后走进国家有关部委、央企及北京、山东、江苏、上海、天津、浙江等援青6 省市宣讲，宣讲团累计外出宣讲 370 余场次，受教育党员干部人才达 37 万余人次，广大党员干部的思想、党性作风得到浸润洗礼，与党中央政治上同向、思想上同心、行动上同步更加坚定。

2. 打造教育培训基地是建设海北精神高地的发展必要。近年来，党中央高度重视干部教育培训工作，习近平总书记多次对党员干部教育培训工作作出重要指示。海北作为第一个核武器研制基地，有着独特的干部教育培训优势资源和开放办学的条件。2019 年青海省委做出省州共建"两弹一星"理想信念教育学院的决策部署，确立"建设和打造一个立足全省、面向全国的一流干部人才教育学院"的目标，学院建设以来海北州委、州政府将其作为"1 号工程"统筹全州之力苦干实干，学院于 2020 年 9 月正式揭牌运行。学院自建设以来充分发挥弘扬精神的"主阵地"；锤炼党性的"大熔炉"；增强自信的"充电场"作用，设置"习近平新时代中国特色社会主义思想、'两弹一星'理想信念、国防安全、生态文明、民族团结进步"五大教学模块 90 多门特色课程，开发了原子城纪念馆、纪念碑、上星站、一分厂、二分厂、四分厂、爆轰试验场、民族团结进步教育中心等 10 处现场教学点，"'两弹一星'精神永放光芒"被评为全国优秀精品课程，学院讲师队伍建设工程入选全省优秀人才项目，学院成为青海省唯一纳入中组部干部党性教育基地备案目录的教育学院。同时，学院高质量承办了中组部高层次人才国情研修班，中央统战部归侨侨眷知识分子国情考察班，青海省委党校第 59 期、60 期中青年干部培训班等国家级、省州级培训班，班次达 100 余期，达 10000 余人次，发挥了党性教育、爱国主义教育基地的职能作用，亮出了海北精神高地的亮丽名片。

3.挖掘宝贵精神资源是建设海北精神高地的时代所需。"十三五"以来，党中央先后组织开展"两学一做"学习教育、"不忘初心、牢记使命"主题教育、党史学习教育，青海持续以"两弹一星"精神教育引导各级党员干部守初心、担使命，按照省委铸就"青海精神高地"的总体部署，充分挖掘和运用"两弹一星"等本地丰富的精神资源，形成"打造一套精品课程、拍摄制作一套慕课、编辑出版一套音像图书、编辑一套教育培训读本、建设一所理想信念教育学院、建设一处主题教育展馆"六位一体架构的"青海精神高地"，牵头打造了《"两弹一星"精神永放光芒》《青藏公路之父——慕生忠将军"开路"精神》《牧民省长尕布龙"赤子"精神》《玉树抗震救灾"奋斗"精神》《可可西里保护区巡山队员"坚守"精神》5堂精品党课。截至目前，5堂党课宣讲团走进中央、援青省市和省内各地各单位、培训机构巡回宣讲400余场，得到8万余名各界观众的一致好评，掀起了传承弘扬新青海精神的热潮。以"两弹一星"精神为题材的优秀纪录片《代号221》《东方巨响》在全国公映后引起了全社会的高度关注和强烈反响。同时，海北州启动实施兼职讲师"百人计划"，组织专职教师开展了221基地"第一代"干部人才口述历史资料的抢救性专访、收集工作，围绕身边的典型榜样廉福章、尕布龙、宽卓太主动修好党性修养，使海北精神高地的内容越来越丰富，越来越厚重。

（三）从长远的角度看，铸就海北精神高地任重道远

1.开展基地旧址保护关乎根本。国营二二一厂，是我国首批进入"国保"名录的工业文化遗产，1993年海北藏族自治州委州政府迁址于此。1995年基地全面退役整体移交海北藏族自治州，更名为西海镇。2001年6月被国务院公布为第五批全国重点文物保护单位，2005年11月被中央文明委正式确定为第三批全国爱国主义教育示范基地。基地旧址内现有二二一厂总指挥部、图书科技楼、科技档案馆、地下指挥中心等重点文物保护点22处，有丰富的开发和利用价值，但随着时代更迭、年久失修、自然残损等问题，基地部分遗址破坏较为严重。2020年7月份习近平总书记和中央有关领导对第一个核武器研制基地旧址保护利用工作作出重要指示批示，海北州铸剑为犁，结合基地旧址保护设立了第一个核武器研制基地旧址保护利用工作办公室（筹），颁布了青海省第一部加强红色文化保护传承的地方性法规——《海北藏族自治州中国第一个核武器研制基地旧址保护管理条例》，争取各类项目资金实施了本体修缮、安防、基础设施建设等重点项目，取得了一定成效。加强基地旧址

保护，对建设海北精神高地，开展红色教育、红色旅游，助力海北打造全域旅游示范区，推进地区经济社会转型发展有着十分重要的现实意义，也将为传承和弘扬"两弹一星"精神起到积极的推动作用。

2. 建立教育培训体系事关长远。海北精神高地建设是新形势下创新干部教育培训工作，建设高素质干部队伍的必然要求。近年来，海北州以学习贯彻习近平新时代中国特色社会主义思想为主线，以打造"践行新青海精神的高地"为目标，"两弹一星"理想信念教育学院、尕布龙"时代楷模"精神事迹展馆、青海原子城纪念馆航天馆相继揭牌运行，《"两弹一星"精神永放光芒》和《尕布龙"赤子"精神》2门课程入选全省党性教育精品课程，《"两弹一星"精神永放光芒》入选全国干部教育培训好课程。同时，海北州把党员教育基地建设工作纳入年度党建工作的重要内容，认真组织落实，门源县以提升党员致富带富能力、祁连县以西路红军革命精神、刚察县以党员干部"双语"培训、海晏县以尕布龙同志"赤子"精神为区域特色打造的党员教育培训基地入选全省"一县一基地"，为引导党员干部进一步坚定理想信念、增强党性观念、提升服务能力夯实了工作基础。同时，按照促进党员教育阵地资源互联互通、共享共用的工作要求，原子城纪念馆、西海郡博物馆、时代楷模纪念馆、门源县泉口镇民兵连、海北州民族团结进步教育中心、红西路军解放军二军纪念苑 6 个阵地入选省级"党支部组织生活共享阵地"首批目录，面向各领域党支部开放共享，不断增强组织生活的吸引力和感召力。随着海北各类教育资源的深入挖掘和精心培育，总体形成了较为充实、完善、系统的红色精神和历史文化特色培训教育体系，也为海北精神高地建设奠定了坚实基础。

3. 加强对外合作交流意义重大。加强地区对外交流合作是整合各方优势，切实增强"造血"功能，实现合作共赢、共同发展的必要措施和手段。近年来，海北州积极探索跨地区、跨部门、跨院校的合作培训模式，先后在包头、长沙、苏州、山东和西北政法大学、青海大学等挂牌建立海北干教基地，储备了布局合理、功能完备的优质培训资源，确保广大干部受益于全方位、立体化、多渠道的培训体系。海北精神高地形成以来，海北州根据课程研发需要派专职教师到焦裕禄干部教育学院、恩来干部学院进行专业培训，每年选调"两弹一星"理想信念教育学院教师、州委党校教师和原子城纪念馆讲解员参加教育师资能力提升专题研修班，不断提升专职教师和讲解员队伍的专业素质和理论素养。特别是对口援建工作开展以来，依托省州共建"两弹一星"理想信念教育学院的有利契机，培育会培产业，投入援建资金5745万元，全力做好"两弹一星"理想信念教育学院硬件建设，选派山东省委党校1名主管教学工作的副处长和4名骨干教师赴学院开展工作，在教学课程设计和现场教学点打造方面出谋划策，为学院软件建设贡献了山东力量。在"两弹一星"理想信念教育学院建设上，学院主动与延安干部学院、井冈山干部学院、北京大学马克思主义学院等一流干部学院和国内知名的专职红色教育培训机构交流合作，在开展师资培训、打造特色课程等方面达成了合作协议。原子城纪念馆与中国工程物理研究院科技馆、山东荣成郭永怀事迹陈列馆、"两弹一星"梓潼纪念馆开展了专业研讨，助力讲师队伍能力提升。随着对外合作交流力度的不断提升，海北举办承办省内外各类培训班次，提升了海北高地的知名度和影响力。

二、发挥海北精神高地资源优势，传承和弘扬"两弹一星"精神的思考

丰富的红色资源，锻造了鲜艳的精神底色。作为我国核武器发展的"摇篮"、中国人民自主创新的"源头"、我国核工业发展的"基点"、"两弹一星"精神的重要孕育地，发掘海北精神高地资源优势，传承和弘扬"两弹一星"精神，更好滋养各族干部群众的精神家园，是海北义不容辞的责任和使命，是海北贯彻落实习近平总书记关于弘扬爱国奋斗精神的重要指示和全国宣传思想工作会议精神的具体行动。因此，必须充分认识海北精神高地形成的背景意义和时代价值，发挥自身发展优势，以实际行动担当新使命，建功新时代。

（一）思想是行动的先导，要贯彻新思想，加强思想政治教育力度

海北精神高地建设是贯彻落实习近平总书记关于传承和弘扬"两弹一星"精神重要论述的具体行动，是弘扬党的优良传统、加强理想信念教育的现实需要，是进一步加强各级党员干部人才思想政治引领的重要载体。因此，要聚焦"两弹一星"精神的时代价值，自觉做"两弹一星"精神的研究者、传播者和实践者，要以习近平新时代中国特色社会主义思想为指导，进一步发掘"两弹一星"精神的思想政治教育资源，把传承和弘扬"两弹一星"精神作为践行习近平新时代中国特色社会主义思想的价值所在，引导各级党员干部厚植爱国情怀，以心传心，以心印心，推动弘扬爱国奋斗精神往实里走，往深里走，往心里走。要立足建设海北精神高地的现实意义，做好理想信念教育和爱国主义教育、国防教育、民族团结进步教育、生态文明建设教育等课程的开发，大力发展"菜单式"和"订单式"教学，叫响红色教育

基地品牌。充分发挥"两弹一星"精神宣讲团和原子城纪念馆讲解员队伍的作用，采取"请进来"参观培训与"走出去"宣讲弘扬相结合的方式，广泛宣讲"两弹"伟业，不断增强"两弹一星"精神在全国的传承力和影响力。要坚持发挥海北自身发展优势，充分运用好全国爱国主义教育示范基地、全国重点文物保护单位、全国青少年教育基地的示范带动作用，切实让"中国原子城"成为党员干部了解历史、加强党性锻炼的重要场所，成为广大群众增强爱国情感、培育民族精神的重要阵地，成为青少年学习革命传统、陶冶道德情操的重要课堂，进一步坚定人民群众对社会主义和共产主义的信念，坚定对中国特色社会主义道路、理论、制度、文化的自信。

（二）要立足新方位，加强基地旧址保护力度

革命遗址是革命先辈活动的物质载体，凝结着光荣的革命历史，是不可再生的红色资源，也是各级政府义不容辞的政治责任。

2020 年 7 月，习近平总书记和中央有关领导对第一个核武器研制基地旧址保护利用工作作出重要指示批示，对我们做好基地遗址保护利用指明了方向和目标，也是我们加快把红色文化优势转化为发展优势的一次重大机遇。基地旧址保护利用工作是"国之大者"，因此，我们要切实提高政治站位，把基地旧址保护利用工作作为"一号工程"来抓，充分发挥第一个核武器研制基地旧址保护利用工作办公室（筹）的作用，贯彻落实《海北藏族自治州中国第一个核武器研制基地旧址保护管理条例》，统筹政府、社会、个人等多方力量，压实工作责任、明确工作措施、强化担当作为，确保各项工作有序推进。协调宣传、文化、党史、旅游、民政、城建等部门，整合各部门的管理职能，进一步理顺管理体制，为做好基地的长期保护利用奠定坚实基础。要切实强化统筹推进，围绕"十四五"规划和 2035 年远景目标，围绕红色文化挖掘、红色文物保护、红色教育培训、红色展馆建设、红色风貌改造等重点，做好基地旧址保护的长期规划和管理条例修订完善工作，全力抓好代表性遗址和主要场区、重点设施保护修缮等各项工作，争取国家和上级部门最大限度的支持，大手笔谋划、高水平建设、全领域打造、多维度展示原子城"大博物馆"建设。要切实加强宣传引导。基地旧址所赋存的大量革命历史文化遗产，是进行爱国主义和革命传统教育的生动教材，要结合各类主题教育、学习宣传等活动，发挥原子城纪念馆、"两弹一星"理想信念教育学院等主阵地的作用，通过理论宣讲、专题研讨、现场教学、媒体宣传等多种方式，宣传基地旧址的历史背景，突出其历史地位和现实意义，挖

掘其内涵，提升基地遗址的影响力和知名度，使全社会对基地旧址保护有更深的认知度，增强大家保护基地旧址的责任感、使命感。

（三）要聚焦新使命，加强培训体系建设力度

近年来,海北州强力推动红色高地建设工作,把牢"做实、做新、做强"的主导措施,有效激发了全州教育培训工作的内生动力。

中组部高层次人才国情研修班、青年英才论坛的成功举办，更是为提升海北精神高地知名度和影响力，打造多元化、立体化、精细化的干部教育培训体系夯实了基础。因此，我们要持续打造规模化教学体系。充分运用好"两弹一星"理想信念教育学院、尕布龙"时代楷模"精神事迹展馆、青海原子城纪念馆、各级党校、四县"一县一基地"、党支部组织生活共享阵地等已有的教育培训资源，运用好《"两弹一星"精神永放光芒》《尕布龙"赤子"精神》等精品课程的舆论影响、运用好上星站、爆轰试验场、纪念碑、民族团结进步教育中心等现场教学点，探索建立更加符合青海和海北发展实际的教育教学体系，把一个个教学点串联起来，把一堂堂精品课程铺展开来，把一段段感人故事鲜活起来，多层面解读"两弹一星"研制的丰功伟绩、多维度研究"两弹一星"事业背后的底层逻辑、多方位阐释"两弹一星"精神的永恒价值，弘扬伟大精神、为各级干部人才补"钙"强"肌"，建设系统完备、科学有效的培训教学体系。要持续打造特色化教学课程。大力开展习近平新时代中国特色社会主义思想教育培训，组织聘请北京大学、复旦大学、省委党校等各类高校科研机构的专家教授以现场或网络的方式进行授课，加深各类学员的知识素养和政策水平。要完善"过去＋现在，精神＋能力，线下＋线上"的课程构架，采用课堂教学、专题教学、现场教学、影视教学、激情教学、体验式教学等丰富多彩的培训方式，融"看、听、思、悟、行"为一体，丰富教育教学形式。围绕上星站、一分厂、二分厂、四分厂等现场教学点挖掘人物工作事迹，打造优质精品课程，同时组织专职教师进一步加大对221基地"第一代"干部人才的口述历史资料的整理和抢救性专访工作，建立健全"一人一档"并不断充实到课程研发之中，打造一批富有时代特征、实践特色的全省、全国好课程。要持续打造功能化教学品牌。认真借鉴井冈山干部学院、中国延安干部学院等学院的先进经验和教学模式，总结吸收《代号221》《在那遥远的地方》《永怀之歌》等文艺作品的辐射带动作用和品牌影响力，继续加大"中国原子城"精神的研究开发力度,利用红色旅游文化资源,通过影视创作、

文学创作和舞台精品剧目创作，塑造一批思想深刻、艺术精湛、制作精良的红色文化精品，打造红色资源现场教学基地和流动宣讲阵地，将红色资源和红色故事融入各类展览、展演和主题活动之中，以最适合的表达方式和传播手段，讲好红色文化遗址遗迹故事，扩大海北精神高地的感召力和吸引力。

（四）要彰显新作为，加强人才队伍培养力度

人才是第一要务，人才是第一资源。海北精神高地建设以来，我们通过智力引进、对口帮扶、远程辅导、专题培训等各种方式加大专业技术人才培养力度，建立了一支政治强、业务精、作风正的专兼职师资队伍，取得了较为明显的成效，然而人才引进难、培养难的问题依然是制约海北精神高地建设的因素。因此，我们必须强化师资队伍建设。坚持专业精湛、特色鲜明、专兼共有的导向，加快构建以资深教授为品牌、省内外知名专家为骨干、本土型优秀教师和现场教学讲解人员为支撑的"专业型"师资队伍，夯实海北精神高地的教育教学基础，最大限度地满足省内外各级各类党性教育培训的师资需求。同时，认真贯彻落实"领导干部上讲台"制度，依托教育学院、各级党校储备一批政策理论功底扎实、实战经验丰富、群众工作方法多的兼职教授，把握"组团式"赴省外引才机遇，积极组织开展硕博士招聘工作，提升师资队伍整体教学水平。一是必须强化专业知识培训。选派从事"两弹一星"精神研究的优秀教师、讲解员队伍、教学科研和管理人员到省内外知名干部学院、培训机构、研究学会等进行学习锻炼、专题培训、跟岗进修，就课程设计、教学管理、理论研究等方面工作进行交流学习。积极争取省内外各方力量，定期举办各种形式的师资力量培训班、能力提升培训班等培训班次，加快提升师资队伍的理论功底和专业素养。同时，聘请国内长期从事"两弹一星"精神研究的学者，参与过"两弹"研制工作的科学家、科技工作者，二二一厂老干部、老职工、老科技工作者等，为红色教育专业人才开展专业知识集中授课，着力提升红色教育人才的专业素养。二是必须强化人才政治引领。将海北精神高地的时代价值、"两弹一星"精神积极融入主题教育学习，积极采取精品党课、任职第一课、入党必修课等多种形式，面向各级党员干部人才、援青干部人才、藏区青年人才、高校大学生等重点人才群体传承弘扬"两弹一星"精神，分层分类做好人才政治引领工作，激励引导广大人才树立远大理想、传承红色基因、担当时代之责，矢志爱国奉献、勇于创新创造，谱写无愧于祖国、无愧于人民、无愧于时代的人生篇章。

（五）要找准新目标，加强对外合作交流力度

汇聚全国资源携手建设海北精神高地，弘扬"两弹一星"精神，加大对海北精神高地的宣传推介力度，全力搭建与省内外其他智库、科研院所、知名院校的合作共建平台，不断拓宽海北对外合作交流的渠道，互通有无、优势互补，增强建言资政能力，努力推动海北精神高地建设实现新的发展、开创新的局面、再创新的辉煌。因此，要聚力推进开放合作办学。坚持"走出去、引进来"，主动加强与国家"两弹一星"历史研究会、中国核工业集团等知名机构，清华大学、北京大学等知名高校，延安干部学院、井冈山干部学院等干训机构的交流合作，既学习借鉴成功做法、有益经验，又开展课程开发、课题研究、教师培养、师资共享，搭建对外开放合作的平台，在讲深、讲活、讲全"两弹一星"精神的同时，展示"海北特色""海北实践""海北路径"。要聚力提升教育培训层次。积极协调中组部、中央党校、对口支援省市，争取全国高层次人才国情研修班、博士服务团国情研修班、中物院党校党员干部培训班等省内外更多的高水平、高层次班次来海北培训办班，引导从事"两弹一星"精神研究的学术精英、行业专家、科研人员以及原二二一厂的技术工人等开展多学科、宽领域、多维度的深入交流，带动身边的专家、学者和各个层面的干部群众，让全社会共同参与到构筑海北精神高地，传承和弘扬"两弹一星"精神的热潮中去，汇集起同心共筑中国梦的强大合力。要聚力搭建学术交流平台。围绕传承和弘扬"两弹一星"精神，依托"两弹一星"理想信念教育学院组织搭建专题研讨、英才论坛、学术讲座、主题征文等高规格、高水平、高密度的学术交流平台，重点解读"两弹一星"红色资源的有效运用、"两弹一星"精神的传承与践行、"两弹一星"精神的时代价值等重点问题，以现场观摩、影视教学、议题发言、大会交流等弘扬"两弹一星"精神的做法、经验、模式和理念，帮助各行业、各领域专家学者之间交流合作，切实让学术交流成为发现优秀人才的赛场、广纳富民兴荣良策的平台、宣传青海人才对外开放形象的窗口。

总之，一代人有一代人的长征，一代人有一代人的担当。"两弹一星"精神是中华民族在历史发展的艰难探索中形成的宝贵财富，是民族精神和时代精神在海北精神高地扎根发芽、开花凝结的精神宝库，具有多重价值，它不但契合了社会主义核心价值观要求的内涵，而且为建设新青海提供了精神支撑，其中涌现出的典型人物和先进事迹，是广大党员干部理想信念教育学习的重要资源。发挥海北精神高地资源优势，大力弘扬"两弹一星"伟大精神，深刻领悟"两弹一星"精神的思想内涵和时代价值，汲取"两弹一星"精神的丰厚滋养，必将为我们深入实施"五四战略"，奋力推进"一优两高"、推动"243"发展新格局提供源源不断的精神动力。

参考文献：

[1] 伍鸿亮.新青海精神高地建设的时代价值 [N].青海党的生活,2019（8）.

[2] 唐洲雁，杨雪纯."两弹一星"精神的深厚意蕴 [N].光明日报,2020-10-14(06).

[3] 中共海北州委宣传部,中共海北州委党校,海北州关心下一代工作委员会,海北州延安精神研究会,编.原子城探秘 [M].内部资料,2012-6.

[4] 李成君,杜文林,主编.红色印记221[M].内部资料,2012-8.

[5] 张海旺.充分发挥学院在理想信念教育中的主阵地作用 [N].青海党的生活,2020（11）.

[6] 省委讲师团.传承红色基因铸就精神高地——记青海原子城（海北）"两弹一星"精神宣讲团 [N].青海党的生活,2016（12）.

[7] 王永昌.传承红色基因打造精神高地 [N].青海日报,2019-01-14.

[8] 青海省委组织部,北大马列主义学院联合课题组.让"两弹一星"精神在青年人才中传承弘扬 [N].中国人才,2020（4）.

"两弹一星"精神的丰富内涵与当代价值研究

张海旺 [①]

习近平总书记强调："'两弹一星'精神激励和鼓舞了几代人，是中华民族的宝贵精神财富，要一代一代传下去，使之变成不可限量的物质创造力。"当前正处在全面推进中国式现代化的关键时期，深刻理解"两弹一星"精神的内涵，深刻把握弘扬"两弹一星"精神的重大意义和当代价值，必将激发更多的干部群众自强不息、创新进取，把伟大精神转化为不可限量的新质生产力。

一、"两弹一星"研制的历史背景与精神内涵

（一）"两弹一星"研制的历史背景

20 世纪 50 年代，中国面临着以美国为首的帝国主义国家在政治上的孤立，在经济上实施对我国的贸易禁运和制裁等措施的封锁，在军事上由美国主导组成的所谓"联合国军"直接介入朝鲜战争后把战火烧至鸭绿江边直逼我国东北边防的威胁，并从朝鲜战争开始，美国就多次叫嚣要对我国使用原子弹，还直接介入台湾问题，蛮横地把其第七舰队摆进台湾海峡。面对这样的核威胁和核讹诈，以毛泽东同志为核心的第一代党中央领导集体清醒地认识到，拥有自己的核武器才是保卫国家独立和安全、维护世界和平的唯一出路。

同时，第二次世界大战结束后，世界形成了以美国和苏联为首的资本主义与社会主义两大阵营，双方在政治、经济、军事和意识形态等多个领域展开了激烈的对抗，因而社会主义的中国也得到了苏联一定时期的帮助，加之我国在 1954 年发现了铀矿资源，并且经过三年恢复和第一个五年计划的实施后，中国综合国力有了一定的提高，研制核武器有了一定的基础，但与已经拥有核武器的国家相比，我国的经

[①]　张海旺，男，青海省海北州工业商务和信息化局干部。

济水平、工业基础、科研能力、人才支撑等都有着巨大的差距。就是在这样的背景下，1955 年 1 月毛泽东主席主持召开中共中央书记处扩大会议，审时度势、把握历史主动作出了发展我国原子能事业的战略决策，并特别指出："我们只要有人，又有资源，什么奇迹都可以创造出来。" 1958 年 5 月，毛泽东主席在中共八大二次会议上说："我们也要搞人造卫星。"此后，我国相继于 1960 年 11 月 5 日成功发射第一枚导弹，1964 年 10 月 16 日成功爆炸第一颗原子弹，1967 年 6 月 17 日成功爆炸第一颗氢弹，1970 年 4 月 24 日成功发射第一颗人造地球卫星"东方红一号"。

历史已经证明并将继续证明，研制"两弹一星"对推进中国式现代化、实现中华民族伟大复兴具有重大而深远的影响。邓小平同志在 1988 年深刻指出："如果六十年代以来中国没有原子弹、氢弹，没有发射卫星，中国就不能叫有重要影响的大国，就没有现在这样的国际地位。这些东西反映一个民族的能力，也是一个民族、一个国家兴旺发达的标志。"

（二）"两弹一星"精神的主要内涵

1999 年 9 月 18 日，党中央、国务院、中央军委隆重表彰为研制"两弹一星"作出突出贡献的科技专家，并授予 23 位科技专家"两弹一星功勋奖章"，明确提出了"热爱祖国、无私奉献，自力更生、艰苦奋斗，大力协同、勇于登攀"的"两弹一星"精神，指出"两弹一星"精神是爱国主义、集体主义、社会主义精神和科学精神的活生生的体现，是中国人民在 20 世纪为中华民族创造的新的宝贵精神财富。"两弹一星"精神的表述虽然仅有 24 个字，但其内涵却极其丰富。

"热爱祖国、无私奉献"是"两弹一星"事业所有参与者们最坚定的信念和最闪光的品质，在"两弹一星"研制期间有着最为充分的体现。仅从中国第一个核武器研制基地（221 基地）来研究，基地从开始创建到完成历史使命退役，这种精神在数万名奋斗者身上都有充分展现，邓稼先、朱光亚、郭永怀、陈能宽等蜚声海内外的知名科学家放弃国外优厚的待遇和已经拥有的学术研究平台、专业发展优势，毅然决然回到祖国投身原子能事业，特别是在这项事业发展的最重要阶段，又放弃学术圈、远离大城市，隐姓埋名来到青海的草原，心甘情愿奉献自己的智慧、健康乃至全部，用实际行动诠释了"祖国利益高于一切"的坚定信念。"两弹一星"功勋王淦昌到基地工作时，已经 50 多岁了，化名"王京"的他铭记"我愿以身许国"的郑重承诺，克服严重高原反应等身体不适，忘我地投入到攻克原子弹、氢弹难题的试验探索之中，用一次次成功表达了对祖国的无限热爱。"两弹一星"功勋、著名空气动力学家、我国核武器事业开拓者之一的郭永怀在牺牲前夜还奋斗在基地一分厂的科研一线，无暇顾及自己家庭遇到的重大变故。同样，还有许许多多的解放军指战员、科学技术人员、工程建设人员、行政管理人员、后勤保障人员，他们把党的号召放在首位、把国家需要放在心中，从全国各地来到基地，从事基建、科研、管理、保卫、保障等各项工作，经受生命极限考验，无惧创业时的一无所有，奉献了青春、心血、智慧乃至生命。

"自力更生、艰苦奋斗"是"两弹一星"事业所有奉献者们最笃定的价值和最自觉的行动，在 221 基地，从搭建"三顶帐篷"起步，在 7 年多的时间里，数万人，最高峰时近 10 万人参与基础设施建设，至 1965 年时建成了总面积 42.5 万平方米的核武器研制、生产厂区，其中有生产建筑 14.8 万平方米，还有总长 40.16 千米的专线铁路、总长 77.44 千米的沥青公路等等。特别是基地创建之初，又逢三年困难时期，基地的生活保障同样艰难，所有的奉献者们都是在饿着肚子、缺着营养的情况下以坚定的毅力进行建设和科研的，当时为渡过难关，基地开展了开荒种地、放牛养羊、打鱼补给等方式进行生产自救。221 基地作为国防尖端科技的研制基地，因 1959 年 6 月苏共中央单方面终止中苏两国签订的《国防新技术协定》，使得基地正在建设的工号和将要配置的科研、生产线等都受到了严重影响，没有相关图纸和流程资料，基地的各领域设计人员和专业人才只能从"零"开始研究，在一步一步摸索中完成相关科研活动。

"大力协同、勇于登攀"是"两弹一星"事业所有奋斗者们最成功的实践和最不竭的动力，在 221 基地，从基地建设时的材料、器械供应到基地建成后的仪器、设备协作，从第一颗原子弹、第一颗氢弹的研制生产到原子弹、氢弹的武器化实现，这种精神都有充分体现。核武器研制生产是集综合性、复杂性、精密性、可靠性等诸多特性于一体的系统工程，仅从综合性上讲，它包括了核物理、中子物理、爆轰波与冲击波物理等 8 个主要学科，在此基础上它又包括实验、材料科学、诊断技术等 7 大类 30 多个领域的主要工程技术，需要汇集的力量来自方方面面。对此，毛泽东主席于 1962 年 11 月在关于建议成立加强对原子能工业领导的中央专门委员会的报告上作出"很好，照办。要大力协同做好这件工作"的批示，之后党中央成立了由周恩来总理任主任的 15 人中央专门委员会来组织全国层面的大协同，全国先后有

26 个部委和 20 个省、自治区、直辖市的 900 多家工厂、科研机构、大专院校参与了"两弹一星"事业。"两弹一星"功勋钱学森曾经深有感触地说："中国过去没有搞过大规模科学技术研究，'两弹'才是大规模的科学技术研究，那要几千人、上万人的协作，中国过去没有。"

二、"两弹一星"精神体现的重要基因

（一）"两弹一星"精神体现了伟大建党精神的时代精华

2021 年 7 月 1 日，习近平总书记在庆祝中国共产党成立 100 周年大会上的讲话中提出："一百年前，中国共产党的先驱们创建了中国共产党，形成了坚持真理、坚守理想，践行初心、担当使命，不怕牺牲、英勇斗争，对党忠诚、不负人民的伟大建党精神，这是中国共产党的精神之源。"一百多年来，一代又一代中国共产党人弘扬伟大建党精神，在顽强拼搏、不懈奋斗中构建起了中国共产党人的精神谱系。2021 年 9 月 29 日，党中央批准了中央宣传部梳理的第一批纳入中国共产党人精神谱系的伟大精神，伟大建党精神和"两弹一星"精神都在其中。伟大建党精神是中国共产党团结带领中国人民进行一切奋斗、一切创造的精神动力，是"两弹一星"精神的根脉所在。"两弹一星"研制之所以能在短时间内取得成功，最根本的原因就是中国共产党的集中统一领导，形成了"全国一盘棋"。以毛泽东同志为核心的第一代党中央领导集体高度重视"两弹一星"工程，从机构上先后成立了第二机械工业部、国防科委、国防工委、国防工办、中央专委等，从规划上集思广益制定了《1956—1967 年科学技术发展远景规划纲要》等，在感召国外科学家回国的基础上通过建立机构、广泛吸引、精准选调、定向培养等多种方式汇集了各行业高素质科技人才和综合性管理人才，加强了党中央对"两弹一星"研制工作的集中统一领导，迅速集中了全国有限的人力、物力和财力形成"拳头"，特别是参与"两弹一星"工程的共产党员在各自的岗位上发挥先锋模范作用，把爱国情怀、忠诚立场、使命担当、斗争意志、创新精神体现在了实际行动中，团结和带动全体成员形成了具有伟大建党精神基因的"两弹一星"精神。没有中国共产党的坚强统一领导，我国就不会取得"两弹一星"研制的全面胜利，这是"两弹一星"精神最根本的形成逻辑。"两弹一星"精神与伟大建党精神都是在特定的历史背景下形成的，两者的精神内涵高度契合、价值追求高度一致，"两弹一星"精神是伟大建党精神在社会主义革命和建设时期形成的为了国家和人民根本利益、不屈不挠勇攀尖端科技高峰的时代精华。

（二）"两弹一星"精神体现了马克思主义的立场观点方法

马克思谈道："批判的武器当然不能代替武器的批判，物质力量只能用物质力量来摧毁，但是理论一经掌握群众，也会变成物质力量。""两弹一星"研制的过程中处处体现了马克思主义的立场观点和方法。人民性是马克思主义最鲜明的品格，人民立场是马克思主义的根本立场。马克思说，"历史活动是群众的活动"。我们国家研制"两弹一星"就是为了保障中国人民的根本利益，始终是以造福中国人民为价值依归的，在研制过程中始终做到了尊重人民主体地位，为了人民、团结人民、依靠人民。实践性是马克思主义最本质的特征，实践的观点是马克思主义认识论的基本观点。马克思说，"全部社会生活在本质上是实践的"。我们国家在研制"两弹一星"的过程中，在决策时立足于当时中国面临的国际国内形势，是着眼于国家和民族的实践做出的决定；在研制时根据理论设计成果，坚持以问题为导向，循着提出理论、指导设计、试验总结再修正理论、改进设计、试验验证的科学思路，最终完成了各种结构定型和各种材料制作，这些都充分体现了实践、认识、再实践、再认识的马克思主义认识论。唯物辩证法是马克思主义的科学世界观和方法论，既坚持了唯物主义对客观世界存在性和决定性的基本立场，又说明了客观世界是普遍联系的、不断发展的。恩格斯说，"辩证法不过是关于自然、人类社会和思维的运动和发展的普遍规律的科学"。我们国家在研制"两弹一星"的过程中，广大科技人员就是把握了现象和本质、内因和外因、偶然和必然、量变和质变等辩证关系，抓住了主要矛盾和矛盾的主要方面，从而在短时间内创造了科技奇迹。"两弹一星"功勋于敏谈道，"当时，提倡学习毛主席的《矛盾论》《实践论》。我们以'外因是变化的条件，内因是变化的根据，外因通过内因而起作用'作为指导思想，研究了高温高密度等离子体状态下的许多基本物理现象和规律，诸如各种形式能量的相互转换、耗损、输运和弛豫过程，各类波的产生、发展和相互作用，热核材料点火和燃烧的规律等等，得到了许多有关热核燃烧的内因和外因的重要现象和规律。"

（三）"两弹一星"精神体现了中华优秀传统文化

"两弹一星"是由中国共产党领导的中国人民在社会主义革命和建设时期创造的奇迹，"两弹一星"精神蕴含着中华优秀传统文化的基因。习近平总书记在纪念五四运动 100 周年大会上的讲话中指出："历史深刻表明，爱国主义自古以来就流淌在中华民族血脉之中，去不掉，打不破，灭不了，是中国人民和中华民族维护民族独立和民族尊严的强大精神动力。""天下兴亡、匹夫有责""常思奋不顾身，以殉国家之急"等深厚的爱国主义情怀和民族气节在中华民族代代相传。我国在研制"两弹一星"的全过程中，时时、处处体现着爱国主义精神，不管是为了 221 基地建设迅即搬迁的海北金银滩草原牧民、为了核基地建设与保卫的人民解放军指战员，还是为了祖国强大奔赴"两弹一星"研制工程一线的全国各行各业骨干，他们都把国家利益放在第一位，不计得失、抛却名利、无私奉献，汇成了攻克"两弹一星"研制任务的强大力量，可以说"两弹一星"研制史就是一部爱国史，"热爱祖国、无私奉献"精神就是对中华优秀传统文化的传承与弘扬。自强不息是中华民族的传统美德。"胜人者有力，自胜者强""天行健，君子以自强不息"等信念、意志是中华民族历经沧桑而不衰、备经磨难而更强的关键所在。研制我国"两弹一星"的所有奋斗者身上都体现了自强不息的精神气质，在 221 基地建设初期，所有奋斗者们坚持"先生产、后生活"的原则，没有建成标准的试验场地，就在临时场所里因陋就简地进行科研；没有熬炸药锯炸药的专门用具，就"土法上马"手工操作；没有加工核部件的专门工具，就自己动手设计制造；没有住宿楼可住，就住在四面漏风的"地窝子"里；这种没有条件就创造条件的坚强意志涵养了"自力更生、艰苦奋斗"的精神，这种精神继承与发展了中华优秀传统文化。团结协作是中华民族战胜艰难困苦和前进道路上一切风险挑战的重要保证。"人心齐，泰山移""革故鼎新"等处世之道让中华民族虽经千难万险但仍屹立不倒，豪迈地自立于世界民族之林。我国在研制"两弹一星"的过程中，全国人民认准目标、团结协作、群策群力，形成了全国范围内的专业人员调配协作网、科研难题攻关协作网、物资材料供应协作网、爆炸试验开展协作网，集中力量攻克一道道难关，实现了一个又一个"从 0 到 1"的创新突破和"从 1 到 N"的标准生产，进而凝结了"大力协同、勇于登攀"的精神，这是对中华优秀传统文化的传承与提升。

三、传承弘扬"两弹一星"精神的当代价值

精神是一个民族赖以长久生存的灵魂，唯有精神上达到一定的高度，这个民族才能在历史的洪流中屹立不倒、奋勇向前。"两弹一星"精神是社会主义革命和建设时期最具代表性的中国共产党人精神与中华民族精神，在当代推动中国式现代化、实现科技自立自强、发展新质生产力都需要大力传承弘扬"两弹一星"精神。

（一）推动中国式现代化需要传承弘扬"热爱祖国、无私奉献"的精神

中国式现代化是中国共产党领导的社会主义现代化。中国共产党的领导，是中国特色社会主义最本质的特征，是中国特色社会主义制度的最大优势，也是实现社会主义现代化的根本保障。当前，世界百年未有之大变局加速演进，新一轮科技革命和产业变革深入发展，国际力量对比深刻调整，世界进入新的动荡变革期，我国改革发展稳定面临不少深层次的矛盾和问题，我国发展进入战略机遇和风险挑战并存、不确定难预料因素增多的时期，只有全社会坚持和加强党的全面领导，坚决维护党中央权威和集中统一领导，高举爱国主义旗帜，牢记习近平总书记强调的"当代中国，爱国主义的本质就是坚持爱国和爱党、爱社会主义高度统一。"把党的领导落实到党和国家事业的各领域各方面各环节，传承弘扬"热爱祖国、无私奉献"精神，处理好祖国需要与个人价值之间的利益关系，在党的坚强领导下以全面建成社会主义现代化强国为己任，自觉把个人理想志向与民族复兴、祖国命运联系在一起，拼搏奉献，才能确保我国社会主义现代化建设的正确方向，汇聚全社会的力量、资源推进中国式现代化。

（二）实现高水平科技自立自强需要传承弘扬"自力更生、艰苦奋斗"的精神

实现高水平科技自立自强，是推动高质量发展的必由之路。纵观人类发展史，创新始终是一个国家、一个民族发展的不竭动力和生产力提升的关键要素，"自力更生、艰苦奋斗"精神更是贯穿于我国"两弹一星"工程的始终，是我国能在世界高科技领域占有一席之地的立足基点。"两弹一星"的实践也告诉我们，关键核心技术是要不来、买不来、讨不来的。当前，我国关键零部件、核心技术等受制于人的局面还没有根本改变，我们要开辟发展新领域新赛道、塑造发展新动能新优势，根本上还是要依靠高水平的科技自立自强。科技自立自强不仅是发展问题更是生存问题，因而全体建设者特别是科技工作者必须坚持"四个面向"，传承弘扬"自力更生、艰苦奋斗"的精神，扎实推进科技体制改革，大力培育创新文化，加快健全科技评价体系和激励机制，牢牢抓住新一轮科技革命和产业变革的战略机遇，坚持以自主创新能力建设为主体，推动产学研深度合作，推进创新链、产业链、资金链、人才链深度融合，突破关键核心技术，不断提高科技成果转化和产业化水平，把国家和民族发展放在自己力量的基点上，把我国发展进步的命运牢牢掌握在自己手中。

（三）发展新质生产力需要传承弘扬"大力协同、勇于登攀"的精神

新质生产力是创新起主导作用，以劳动者、劳动资料、劳动对象及其优化组合的跃升为基本内涵，以全要素生产率大幅提升为核心标志，符合新发展理念的先进生产力质态，相比传统生产力，其技术水平更高、质量更好、效率更高、更可持续。"两弹一星"研制就是当时围绕自主创新展开的全国大力协同、不断登攀科技高峰的成功实践。当前我国还面临着一系列的问题和矛盾，如：原始创新能力不强和创新体系效能不高等，加之已进入"大科学"时代，多学科多专业多领域交叉群集，技术集成融合交汇的复杂性特征日益凸显，必须在全社会传承弘扬"大力协同、勇于登攀"的精神，引导激励全体建设者特别是科技工作者自觉处理好个人利益与集体利益的关系、经济利益与综合利益的关系、当前利益与长远利益的关系，把握好"新型举国体制优势"的重要机遇，敢于创新、协作创新，着力攻克基础前沿难题和关键核心技术，特别是原创性、颠覆性科技创新，合力打造自主创新的重要源头和原始创新策源地，推动实现以科技创新为核心的全面创新，培育发展新质生产力的新动能。

参考文献：

[1] 王浩 ."两弹一星"精神的内涵及价值研究 [N]. 古田干部学院学报 ,2023-09-19（3-2）.

[2] 赵菁奇 ."两弹一星"精神：生成逻辑、科学内涵与时代赓续弘扬 [N]. 中共云南省委党校学报 ,2023（5）.

[3] 董仲磊，郭灵 ."两弹一星"精神形成与发展的四维逻辑 [J]. 红色文化学刊 ,2023-12（4）.

青海优秀传统文化与"两弹一星"精神的契合性

阿小雯[①]　钟晶[②]

引言

"人类的发展史就是文化发展史的缩影。克鲁伯和克莱德克拉克洪两位美国人类学家列举了 164 种有关文化的定义。"[1]梁漱溟在《中国文化要义》中说道:"文化,就是吾人生活所依靠的一切。"[2]因此,文化对人类发展有着至关重要的作用。"2023年 6 月 2 日,在文化传承与发展座谈会上,习近平总书记用连续性、创新性、统一性、包容性、和平性五个关键词,对中华文明的基本属性和突出特点进行科学总结和精辟概括。"[3]我们青海的优秀传统文化与"两弹一星"精神文化都是中华优秀传统文化中的一部分。

青海在长期历史发展进程中,构成了多元一体的格局,形成了爱国、团结、奉献、创造、斗争、进取等优秀传统品质,而这些与"两弹一星"精神具有高度的契合性。

"溯源历史,审视新时代,传统文化不仅是历史的确证,更是连接过去、现在和未来的因素和力量,它承载着中华民族的共享价值,凝聚共通情感与身份认同。"[4]换言之,我们青海优秀传统文化中包含的爱国主义、集体主义等核心精神与"两弹一星"精神的内涵是高度契合的。

一、青海优秀传统文化

(一)青海历史沿革

人类在青海活动的相关记载,最早可以追溯到公元前 221 年至公元前 210 年的秦始皇时期,有记载道:"兵不西行,故种人得以繁息。"[5]到了汉宣帝时期,青海

---

① 阿小雯,女,硕士。青海两弹一星干部学院专职教师。
② 钟晶,女,硕士。青海两弹一星干部学院专职教师。

东部的河湟一带就纳入了中央王朝的版图之中，这一点我们也可以从青海省海北藏族自治州海晏县三角城内出土的虎符石匮上面篆刻的字眼中得到论证。

此后，少数民族相继统治青海河湟一带。而到了我们熟知的唐、宋时期，青海大部分时间及大部分地区都处在吐蕃的统治之下。到了元代，青海处在元政府管辖之下。之后的明、清两朝，青海也基本属于两个王朝的统治范围之内。1912 年，民国政府成立，1928 年，青海建省，一直发展到今天依旧是省级地区。因此，"青海拥有悠久的发展历史，出土文物众多，历史文化内涵丰富多彩，资源独具特色。青海拥有 6411 处不可移动文物遗址，其中包括 51 处国家重点文物保护单位、466 处省级重点文物保护单位以及 1439 处市县政府文物保护单位。此外，还有 3788 处古遗址、967 处古墓群、819 处古建筑群、524 处近现代重要历史遗迹及标志性建筑物、99 处洞窟寺庙和石刻，以及 214 处其他出土文物。……移动文物总数达到 31 万件（共69960 件套）"[6]。

（二）青海优秀文化

青海拥有丰富的文化资源，而文化在发展中具有重要的作用。《文化论》中说道："文化是直接的或间接的满足人类的需要。"[7]因此青海独特的文化也是基于现实的需求，而青海优秀的文化有河湟文化、牧民草原文化、民俗文化、藏传佛教文化等。

1. 河湟文化

河湟文化是黄河流域的古文明。在历史的演进过程中，河湟地区多民族、多元文化相互碰撞交融，中原文明为主干，不断吸收融合游牧文明、西域文明共同构建出多元并存、交融互补的文化特质形态。河湟文化，一方面是黄河文化四大分支之首，是人类悠久活动史的重要标志，是人类文明进程的一种证明；另一方面，河湟地区是多元文化的聚居地，有草原文化与农耕文化的结合，是一个多民族多元多样文化繁荣发展、交融并存的沃土。河湟文化具有深厚的历史底蕴和强大的创新力与活力，也是青海传统文化的重要载体，是青海省的主体文化，更是中华文明的重要组成部分。

2. 牧民草原文化

青海高原有着雄奇壮美的自然风貌，许多牧民在这片土地上扎根，形成了独特的草原文化。他们的生活方式和传统技艺，呈现出众多的特色，如藏式骑马、牦牛奔跑、草原唢呐等，这些都是青海牧民特有的文化元素。而这种由青海游牧民族创造的青海多元的游牧文化、牧民草原文化，正是源自不同历史时期青海各族人民不同的民族文化形态，在历史发展的长河中，各族人民不断交流交往交融，在发展融合中创造出了独特而富有内涵的牧民草原文化。"草原文化具有了民族的融合性、文化的多元性和创造主体的多元性、文化遗存的多样性等特点。"[8]

3.民俗文化

青海由于独特的地理位置和多种民族的特性在早期就已经形成了交流交融、互动共享、和谐发展的多元一体的民俗文化格局。在多民族间交流交往交融中逐渐形成了青海的民俗文化，虽然在发展过程中偶有排斥和隔阂，但是主流是相互影响、相互借鉴吸收，"各个民族的民俗文化既有自己的本民族特色，又吸收借鉴其他民族优秀文化"[9]。在这种过程中，形成了青海的民俗文化。此外，青海民俗文化分布广泛特色鲜明，被分为"河湟、青海湖、江河源、昆仑、热贡五大板块。"[10]是一种中华民族多元一体文化的体现。

4.藏传佛教文化

青海的藏传佛教文化是青海的重要文化遗产之一，青海省藏传佛教寺院数目，仅次于西藏，位列全国第二。以塔尔寺、瞿昙寺等著名寺庙为代表。这些寺庙建筑较为宏伟，装饰华丽，其中蕴含着丰富的宗教文化和精神内涵，具有较高的历史、文化价值。且藏传佛教文化覆盖整个青海，同其他文化也有着密不可分的联系。

青海，这片位于中国西部的土地，是多个民族和文化的交汇之地。在这里，独特的人文地理和历史背景共同形成了独特又富有魅力的青海文化。青海这个美丽的地方，不仅拥有壮阔的自然美景，更有着人文荟萃的传统文化。充分了解青海的传统文化，可以让我们更好地领略这块土地的魅力和特色。

二、"两弹一星"精神

"两弹一星"精神是党带领中国人民在研制核弹、导弹和人造地球卫星的伟大实践中形成的宝贵精神。1999年9月18日，江泽民"将'两弹一星'精神概括为'热爱祖国、无私奉献，自力更生、艰苦奋斗，大力协同、勇于登攀。'"[11]2021年9月，"两弹一星"精神被纳入中国共产党人的精神谱系中，具有十分重要的地位和价值。新时代在青海乃至全国继续大力弘扬"两弹一星"精神，赓续"两弹一星"精神，我们要砥砺其强国之志，敦勉其报国之行，在传承发展上下功夫，在弘扬实践上见行动，赓续精神血脉。

（一）热爱祖国、无私奉献

爱国是我们每个人必备的责任与义务，习近平总书记深刻指出："爱国，是人世间最深层、最持久的情感，是一个人立德之源、立功之本。"[12]而爱国主义也是"两弹一星"工程建造的起点和最终归宿。"'两弹一星'的研制者高举爱国主义旗帜，怀着强烈的报国之志。"[13]将自己和国家命运紧密联系起来。正是因为拥有爱国和奉献的精神，我们的广大科研人员、科技工作者才能创造"两弹一星"的伟大事业和成就，"甘以土屋帐篷为家、愿与戈壁黄沙作伴。"[14]现今我们要传承"两弹一星"事业中科研工作者、科技人员们的爱国无私奉献精神，牢固树立爱国奉献意识，加强自己的爱国奉献行为，让爱国和奉献成为一种烙印在灵魂深处的思想和行动。

（二）自力更生、艰苦奋斗

核武器的研制、事业的进步、国家的发展必须依靠自身的能力和本领，而我们自古以来就拥有创造和斗争精神，我们的研制者们更是在艰难困苦的环境下"克服了各种难以想象的艰难险阻，经受住了生命极限的考验"[15]。他们有惊人的毅力和顽强的意志，能够在极限的环境和有限的科研、试验手段中经受住考验。其中"两弹一星"精神中的自力更生、艰苦奋斗构成了"两弹一星"精神的核心要义。我们应在具体的实践工作中奋勇前行，砥砺创造精神，增强斗争精神，进而不断增强我们自力更生、艰苦奋斗的志气。

（三）大力协同、勇于登攀

习近平总书记指出："两弹一星的成功，有赖于一批领军人才，也有赖于我国强有力的组织系统。"[16]"两弹一星"事业是在国家处在一穷二白的困难情况下开始实施的，而"两弹一星"工程取得成功，其中一个因素就在于我们的团结协作。在我国社会主义制度下，拥有强有力的组织系统，才能"集中力量办大事"，让"两弹一星"工程能够顺利开展并取得成功。

在研制过程中，与之相关的部门、人员都团结协作起来，"突破了一系列关键技术，使中国科研能力实现了质的飞跃"[17]。在此期间，"先后有 26 个部（院）、20 个省区市包括 900 多家工厂、科研机构、大专院校成千上万人参加攻关会战，形成了全国一盘棋干事创业的强大合力"[18]。正是因为有国家强有力的领导组织，全国上下人民的共同努力，团结协作，不断进取，我们才能下好"两弹一星"这盘棋，实现伟大事业的成功。在新时代我们要继续发扬团结进取的精神，敢于担苦、担难、担重、担险。

三、二者的契合性

习近平总书记强调："一百年来，中国共产党弘扬伟大建党精神，在长期奋斗中构建起中国共产党人的精神谱系，锤炼出鲜明的政治品格。"[19] 其中"两弹一星"精神就是我们中国共产党人精神谱系的重要构成部分，而我们青海优秀传统文化中同样蕴含着和"两弹一星"精神一样爱国、奉献、创造、斗争、团结、进取的精神。

（一）爱国、奉献的契合

首先，在青海的历史长河中，"爱国、团结、互助"始终贯穿于青海各民族传统文化中。在古代，生活在青海土地上的各民族通过长期的交往交流交融，深刻认识到民族多元一体的概念。

习近平总书记指出："一个民族，一个国家，必须知道自己是谁，是从哪里来的，要到哪里去。"青海自古以来就有各民族在这里繁衍生息，"青海地处青藏高原的边缘地带，同时又是黄河的发源地，这里自古就孕育着远古时期的人类文明。"[20] 而青海民族众多，文化也不尽相同，如"青海东部河湟地区的汉族、土族等以农业文化为主；西部和南部的藏族、蒙古族主要以牧业文化为主；生活在河湟地区的回、撒拉民族兼有农业文化和商业文化。从宗教文化类型上来看，藏族、蒙古族、土族及一部分汉族主要信仰藏传佛教；回族、撒拉族主要信仰伊斯兰教；汉族人又较为推崇儒家文化。"[21] 长期以来，青海各民族大杂居、小聚居，形成了民族文化的多元化。"青海民族族源丰富，长期融合杂居形成青海特色文化圈。"[22]

历史上处在不同政权更迭统治之下的青海，有着较为丰富的族源，历史上频繁的人口迁徙、商业活动造就了今天多民族和平共处的青海。经过长期发展，文化、信仰以及生活习俗具有显著不同的农耕与游牧民族，依托迁徙、战争、和亲、互市等交往媒介，使两种截然不同的民族文化之间实现了经济文化互补和各族人民交流融合。

在中国的各个历史时期，青海各族人民充分发扬休戚与共的品质。尤其是在1959 年"海北金银滩草原上 1279 户各族农牧民集体搬迁"[23]。在民族迁徙、民族交融过程中，体现出了各族人民热爱祖国，无私奉献的品格与精神，虽然历史的长河在前进，但是"消散的蘑菇云，却是永远的爱国心"[24]。当时的科研工作者及其他人员与祖国同呼吸、共奋进，才能够谱写出中华人民共和国奋斗史上可歌可泣的感人篇章。而青海拥有独特的多民族文化，我们的文化之间相互交融、互动共享、和美共荣，最终形成了今天的美丽青海。

（二）创造、斗争的契合

历史上青海各民族间的迁徙重组，伴随着历史的潮流形成了今天多民族融合杂居的局面，不同地域的人来到青海。青海处在青藏高原的边缘地带，大部分属于高海拔地区，气候寒冷，宜居的地方算不上多，所以一直是地广人稀，"青海湖环湖地区和河湟流域等地是青海最主要的居住区。人口大部分集中在这片区域内"[25]。而青海湖周边是被游牧民称为"素号乐土"[26] 的天然牧场。

环湖一带海拔高，天气寒冷，生活在此地的人们，"虽有城郭而不居，恒处穹庐，随水畜牧"[27]。在中华人民共和国成立之前，"主要为羌、汉、吐谷浑、吐蕃、蒙古所居"[28]。随着历史的进程，"族群的消长、民族的互动、社会的交流、文化的融合一直在默默进行"[29]。经过时代的变迁，历史的发展，各族群间互动交融，此地多民族共聚共生格局已经形成。多民族选择在此地生根世居，繁衍生息，不断创造奇迹，不断斗争，创造了今天的大美青海。就像我们"两弹一星"中的工作人员、科研工作者，不断斗争，不断创造奇迹，立足于国内外双重艰难困境下果断做出自己动手的决定。我们就是要敢于同天、地、人斗争，并且善于进行斗争。自力更生，艰苦奋斗，完成不可能完成的事情，创造不可能创造的奇迹，创造了"中国人民在攀登现代科技高峰的征途中创造的非凡的人间奇迹"[30]，实现了"两弹一星"的成功，也形成了"两弹一星"精神。

（三）团结、进取的契合

青海是一个多民族的地区，但是数百年来，青海各民族之间一直团结友好，各民族之间的交往在生产、生活、婚姻、饮食、宗教、服饰等方面也是相互影响和交融的。各民族在历史发展的长河里，互相交流、交往、交融，积极团结进取，克服艰难险阻，最终形成了今天的青海。"青海地区的各个民族在漫长的历史进程中，不仅有经济上的往来、政治上的互动，亦有风俗习惯、宗教信仰等文化上的交流，充分彰显着中华文化多元一体的共生态势。"[31] 一百年来青海各族人民同舟共济、同甘共苦、生死与共，创造了共同的情感记忆、凝聚了高度的精神共识，最终积淀成为难割难舍的血肉联系。

在我们的"两弹一星"事业中，我们的广大工作者、科研人员、党、政府、国家、人民等举全国之力，克服一个又一个困难，攀登了一座又一座的高山。在党中央集中统一领导下，举国同心，共下"一盘棋"，来自全国各地的工作者们群策群力、协同攻关，"建构起覆盖全国 26 个部委、20 个省区市、1000 多家单位的协作网"[32]，取得了"两弹一星"事业的成功。

青海人民拥有共同体的意识、共同性的价值。有"将一个共同体中不同的个人团结起来的内在凝聚力"[33]。无论是青海还是中国都是作为一个多元族群、我们在历史上、现实中以及未来都会有一种蓄之交融性。而青海优秀传统文化作为中华优秀传统文化中的一部分，也必将与之紧密结合，在新时代建设发展中促进青海优秀传统文化的继承和发展，同时也会促进"两弹一星"精神与青海优秀传统文化的契合，在新时代更好地弘扬"两弹一星"精神。

四、新时代弘扬传承"两弹一星"精神文化的路径

（一）加强挖掘梳理，厘清文化

习近平总书记指出，把老祖宗留下的文化遗产精心守护好，让历史文脉更好地传承下去。推动青海文化传承发展，首要任务就是要理清青海的文化资源，找准青海文化的"根"之所在。

要挖掘好博大精深的历史文化、催人奋进的红色文化、和谐秀美的生态文化、多姿多彩的民族文化。青海是中华民族优秀传统文化的重要发祥地之一，新时代我们要深入挖掘我们当地丰富绚丽的各种文化，将各种文化传承串联起来，持续丰富文化的内涵。

将青海催人奋进的"两弹一星"精神中炽热、铁血、忠勇、浓厚的爱国之情、革命精神，继续传承弘扬下去，我们的"两弹一星"精神文化，已经成为青海文化中闪闪发光的重要组成部分。要深入挖掘传承好"两弹一星"精神，加强 221 基地旧址等革命文化传承地的保护利用，加大对"两弹一星"精神及青海优秀传统文化的挖掘宣传。在立足青海实际的前提下，建设我们现代化的美丽新青海。同时，也要推进具有"多元性"的文化强省建设。

（二）继续传承弘扬赓续文化

青海文化资源丰厚，文化特色鲜明，要充分传承保护利用好这些优秀文化，加快推进青海文化强省建设，擦亮中华文化青海"名片"，在懂文化、爱文化、强文化中提升青海文化软实力，在懂青海、爱青海、兴青海中展现青海各族群众的文化担当，

加强优秀传统文化的保护利用。

首先，要进一步加大文化遗产的保护力度，尤其是作为"两弹一星"精神中的 221 基地，做好青海原子城等爱国主义教育基地的陈列布展等各项工作，保护好历史文化遗产。其次，要加强文化的创作生产，立足青海实际，聚焦我们的"两弹一星"红色资源和青海优秀传统文化，可以进行戏剧、电影电视、音乐舞蹈等的文艺创作，推出一批现实题材的文学艺术精品。最后，培育新的文化业态，增强我们青海优秀传统文化与"两弹一星"精神的生产力和创造力，将之与旅游结合起来，深度融合发展，充分利用互联网、新媒体技术，创造出更多大众化、普适化的、群众喜闻乐见的网络文艺作品，推进青海优秀文化与"两弹一星"精神的传承发扬。

（三）做好宣传推广，打造文化"名片"

在打造我们青海文化"名片"时，要创新思维方式，坚守中华文化立场，讲好青海故事，传播青海声音，提升青海形象，把青海故事讲生动、讲鲜活，增强中华文化传播力和影响力。

首先，拓展传播渠道。利用互联网、新媒体等各种省内外网络媒体资源，充分发挥政府部门、海外华文媒体等网站，构建多渠道传播的网络宣传格局。

其次，提升传播能力。要深化人文交流活动，借助一系列活动，身临其境感受青海文化、青海魅力、青海韵味，助推交流交往。要充分借鉴其他文化大省的成功经验，将青海优秀传统文化积极融入黄河文化、长江文化建设大局，让青海文化及"两弹一星"精神文化在中华文化中展现出绚丽光彩。

最后，打造文化品牌，利用青海优秀传统文化和"两弹一星"精神积极打造青海独特的文化品牌，推出一系列文化出访交流、青海湖音乐节等特色文化宣介活动，努力推动青海文化走出去，为现代化新青海建设注入强大文化力量，展示好青海文化及青海之美。

五、结语

作为黄河流域文明组成的一部分，青海历史悠久，文化资源丰富多彩，加强青海优秀传统文化的传承发展，奋力前行赓续青海的历史文脉，积极谱写青海优秀文化的当代篇章，是新时代我们青海各族人民必须担负的责任和义务，同时，也要积极弘扬传承其中的"两弹一星"精神，立足青海实际，在精神的传承和弘扬中推动青海优秀传统文化提质增速，在青海优秀文化提质增速中促进"两弹一星"精神的弘扬赓续，担负起新的时代文化使命，为谱写全面建设社会主义现代化国家青海篇章提供强大思想保证和精神力量。

"两弹一星"精神是我们宝贵的精神财富，而我们青海优秀传统文化更是中华民族传统文化中的重要组成部分。历史上青海不同文化间的交流交往交融，孕育出青海浓郁文化的多样性和生态的独特性。青海地处三江之源，不同的自然环境、经济形态、民族构成，使得各种文化因素在这里交融汇聚，共同创造了青海优秀传统文化。

习近平总书记在党的二十大报告中强调：推进文化自信自强，铸就社会主义文化新辉煌。在新时代青海建设发展时期，我们更要坚持中国特色社会主义文化发展道路，坚定文化自信，建设文化强省、文化大省。在新时代中国特色社会主义道路上，弘扬赓续"两弹一星"精神，凝聚强大的精神力量；传承发展青海优秀传统文化，激发文化的创新力和生命力，促进青海的建设与发展。

注释：

[1] 徐行言 . 中西文化比较 [M]. 北京：北京大学出版社，2015:8.

[2] 梁簌溟 . 中国文化要义 [M]. 上海：上海人民出版社，2005:6.

[3] 楼纪洋 . "第二个结合"视域下的中华优秀传统文化"两创"路径研究 [D]. 长春：吉林大学，2023:27.

[4] 陈慧萍 . 挖掘青海世居少数民族优秀传统文化资源与铸牢中华民族共同体意识的实践研究 [J]. 攀登，2023(1):83.

[5] 张忠孝 . 青海地理 [M]. 北京：科学出版社，2009:2.

[6] 雷志环 . 青海省非物质文化遗产空间分布特征与旅游开发研究 [D]. 西宁：青海师范大学，2023:21.

[7] 马林诺夫斯基 . 文化论 [M]. 费孝通，译 . 北京：中国民间文化出版社，1987:14.

[8] 勉卫忠 . 青藏高原草原文化系统概论 [J]. 内蒙古社会科学，2011（6）:151.

[9] 赵悦 . 青海民俗文化传播现状分析文化 [J]. 产业，2021（10）:124.

[10] 马延孝 . 青海民俗文化现状分析 [J]. 神州民俗，2007（8）:84.

[11] 阮玉秀 . "两弹一星"和"两弹一星"精神 [N]. 新华网，2014-09-28.

[12] 习近平 . 在北京大学师生座谈会上的讲话 [N]. 光明日报, 2018-05-03（02）.

[13][15][17] 江泽民在表彰为研制"两弹一星"作出突出贡献的科技专家大会上的讲话 [N]. 中国青年报, 1999-09-19.

[14] 杨玢, 任聪 . 中华民族共同体视域下"两弹一星"精神传承与践行的时代指向 [J]. 青海民族研究, 2023（4）:75.

[16] 习近平 . 在科学家座谈会上的讲话 [N]. 人民日报, 2020-09-12（02）.

[18][32] 唐洲雁, 杨雪纯 . "两弹一星"精神的深厚意蕴 [N]. 光明日报, 2020-10-14（06）.

[19] 周楚卿 . 中国共产党人精神谱系第一批伟大精神正式发布 [N]. 新华网, 2021-09-29.

[20][22][25] 吕晶晶 . 青海古代地方茶事、茶文化 [D]. 西安 : 陕西师范大学, 2012.:75.64.66.

[21] 赵英 . 青海民族关系的形成和发展及其对当代的借鉴 [J]. 攀登, 2008（3）.

[23] 鄂崇荣 . 青海各民族交往交流交融历史与现状述略 [J]. 青藏高原论坛, 2020（3）:5.

[24] 罗旭, 王斯敏 . 矢志奋斗、奉献祖国, 让青春无悔、人生闪亮 [N]. 光明日报, 2020-09-15.

[26]（清）张廷玉, 等 . 明史·西域二·西番诸卫 [M]. 北京 : 中华书局, 1974: 8539.

[27]（唐）李延寿 . 北史·吐谷浑 [M]. 北京 : 中华书局, 2003:3185-3186.

[28][29] 杨德亮 . 由匕到箸 : 青海湖牧区历史演进中的饮食、餐具及文化共同体 [J]. 西南民族大学学报, 2022（7）:44.51.

[30] 中国共产党革命精神史读本 . 社会主义革命与建设篇 [M]. 北京 : 人民出版社, 2015:205.

[31] 李臣玲, 高黎婷 . 青海多民族地区铸牢中华民族共同体意识的文化理路 [J]. 高原文化研究, 2023（3）:12.

[33] 涂尔干 . 社会分工论 [M]. 渠东, 译 . 北京 : 三联出版社, 2000:42.

赓续弘扬"两弹一星"精神 推进青海高质量发展

冉婷婷① 王蕙②

"两弹一星"事业是 20 世纪 50 年代到 70 年代在中国面对敌对势力的核威胁、核讹诈时,党中央审时度势作出的独立自主研制以原子弹、氢弹和人造地球卫星为代表的核武器事业。伟大事业孕育伟大精神,1999 年,江泽民同志在表彰为研制"两弹一星"作出突出贡献的科研工作者时首次总结阐释了"两弹一星"精神的深刻内涵:"热爱祖国、无私奉献,自力更生、艰苦奋斗,大力协同、勇于登攀。"2020 年 9 月 11 日,习近平总书记在科学家座谈会上指出:"科研人员要秉持国家利益和人民利益至上,继承和发扬老一辈科学家胸怀祖国、服务人民的优秀品质,弘扬'两弹一星'精神。"时代在变,精神不变,"两弹一星"精神穿越时空、历久弥新,为新时代新征程新青海建设提供了强大精神支撑和重大实践启示。

一、"两弹一星"精神的丰富内涵

"两弹一星"精神这一体现中国共产党艰苦奋斗史和可歌可泣创业史的精神,这一包含马克思主义和中华优秀传统文化的精神以具体历史事件命名,鲜明具体,内涵丰富,意义深远。

(一)"热爱祖国、无私奉献"蕴含着深厚的家国情怀,是"两弹一星"精神活的灵魂

爱国主义是中华民族的优良传统和崇高美德,是中华民族的精神支柱,爱国奉献也是"两弹一星"事业奋斗者的集中追求、力量来源,是他们高尚精神品质的集

---

① 冉婷婷,女,中共青海省委党校党史党建教研部讲师、青海省中国特色社会主义理论体系研究中心成员,研究方向:中共党史、党的建设。

② 王蕙,女,历史学硕士,中共青海省委党校党史党建教研部主任,副教授,研究方向:中共党史、党的建设。

中概括和明确表达。钱学森老先生曾说"科学没有国界，但科学家有祖国"，"两弹一星"事业的科研工作者，大都是那个时期出身较为富裕、在国外拥有丰厚报酬的人员，但他们在看到祖国身处别国威胁、封锁时，毅然决然放弃国外优越生活、冲破重重阻力回到祖国的怀抱，转身投入艰苦的环境几十年如一日地开展科学研究，这正是爱国主义的驱使，他们并没有一味盲目追求个人抱负的实现，而是将个人志向和国家的前途命运联系起来，在祖国经济最落后、环境最艰苦的地方隐姓埋名，默默奉献，把毕生精力献给了国家的国防科技事业。除此之外，还有众多默默支持奉献，与"两弹一星"科研工作者一起奋斗、攻坚克难的场地建设者、后勤保障人员等，他们也是几十年如一日地和科研人员一起为国家核武器事业奉献了自己的青春和力量。在青海原子城纪念馆里有一张名为《禁地芳华》的照片，是当时刚刚毕业的四位女大学生初到研制基地的合影，这张照片就是这些普通建设者无私奉献精神的浓缩。最后，我们也不能忘了祖祖辈辈生活在青海金银滩草原的牧民们，他们在一句"国家建设需要"的号召下，放弃了生活多年的故土而举家搬迁，或许他们并没有多深厚的理论知识，但是他们有的是深厚的家国观念，知道有国才会有家，当知道是国家需要时，牧民们果断让出家乡的土地让国家建设研制基地。这些人员虽然身份不同，学历不同，但在国家利益面前，具有共同点，那就是一切为了国家，这种强烈的爱国情怀激励着一代又一代的中国人奋斗进取。

（二）"自力更生、艰苦奋斗"凝聚着不朽的民族精魂，是"两弹一星"精神的内在品质

独立自主、艰苦奋斗是中华民族历尽磨难、自强不息的优良传统，是我们党的立业之本、取胜之基，也是"两弹一星"事业奋斗者自强不息坚强品格的集中体现。自力更生是其精神的重要支撑，"两弹一星"事业开始于中国内忧外患的国情，中国共产党明确知道一味依靠他人不可靠，所以以毛泽东同志为核心的第一代党中央领导集体从一开始就以自强的志气制定了"以自力更生为主，争取外援为辅"的方针。20 世纪 50 年代末 60 年代初，苏联单方面撕毁协议、取消一切援助，这一不利局面更是激起了全体奋斗者自力更生、发愤图强的精神。毛泽东说过："中国人民有志气，有能力，一定要在不远的将来，赶上和超过世界先进水平。"正是在自强不息、自力更生的精神激励下，仅在外国专家撤走两个多月后，由中国自己仿制的导弹便试射成功，并且当时提出要制造"争气弹"，终于在 1964 年仅用 4 年多的时间，中国就

突破技术限制，成功爆炸了第一颗原子弹，真正实现了自力更生，也使得自力更生的写照更加真实具体。艰苦奋斗是其事业成功的重要法宝，"两弹一星"研制时期中国一直处于百废待兴的局面，国家物资匮乏；并且基地建设在大西北的戈壁滩上，这里环境恶劣。而这些科研工作者和普通建设者在双重困难面前并没有退缩，反而是和这些艰苦环境作斗争，他们顶沙尘、住土屋、挤帐篷、喝咸苦水，运用简陋设备和方式，最终以昂扬的斗志战胜了艰难困苦，超额完成了生产任务，为首次核试验赢得了时间，取得了质的突破。这种在艰苦环境下自强不息、艰苦奋斗的品质影响着每位中华儿女。

（三）大力协同、勇于登攀体现了崇高的科学品格，是"两弹一星"精神的重要保障

团结协作、敢于攀登是中华民族时代传承的精神所在，集中力量办大事是社会主义制度的优势所在，也是"两弹一星"事业奋斗者的优良工作作风体现。大力协同体现了全体中国人民团结协作的品质，"两弹一星"研制是一项大科学、大工程，需要大团结、大协作，因此钱学森先生曾经深有感触地说道："中国过去没有搞过大规模科学技术研究，'两弹'才是大规模的科学技术研究，那要几千人、上万人的协作，中国过去没有。"从顶层设计来说，党和国家领导人高度重视"两弹一星"的研制，多次讲话进行强调，出台专门的规划、成立专业的部门（国防部航空工业委员会、中国共产党军事委员会下设国防工业委员会），并且党中央加强集中统一领导，统筹协调全部人力物力财力，从顶层加强指导与保障；从学科角度来说，"两弹一星"是集现代核物理、化学等高精尖多学科交叉于一体的高度综合工程，因此我国举全国之力聚集了多领域多行业多层次的杰出人才，形成了全链条的人才保障体系；从物资等后勤保障来说，也是全盘统筹，先有青海金银滩草原的牧民举家搬迁提供研制场所，后有中央从建工部、铁道部、工程兵部队等多个部门抽调将近 2 万名施工队伍建成完整的核武器研究设计和生产基地。这个完备综合的工程最终构成了集政治主导、行政支撑、技术负责为一体的"三位一体"运行机制，正是大力协同的显著体现。勇于登攀是敢于创新的体现，是科研人员的追求目标。中国的"两弹一星"事业是前有未有的创新，它是从零到一、从无到有的突破和创新，既要靠爱国奉献和团结协作，更要靠深厚的理论知识和敢创新、会创新的过硬技术。当时的中国受西方大国的核武器技术和高新技术的严密封锁，只能进行自主创新，这些没有接触

过核武器的科研工作者,从物理图像入手解决了原子弹理论设计难题,采用"内爆法"攻克了原子弹爆轰难关,并突破了氢弹理论和技术堡垒等一系列的难题。

二、"两弹一星"精神形成的逻辑基础

"两弹一星"精神直接来源于社会主义建设时期研制"两弹一星"的艰苦实践,是对该系统工程中核心精神的总结和升华,但也离不开马克思主义和中国厚重的土壤滋养。

(一)马克思主义理论是"两弹一星"精神形成的理论逻辑

马克思主义是中国共产党一经成立就确立的指导思想,研制"两弹一星"的内在驱使就来源于对马克思主义的信仰和实现共产主义的理想,其中马克思主义蕴含的"群众合力""敢于斗争"也为"两弹一星"事业提供了强大支柱,是"两弹一星"精神最丰厚的理论资源。马克思主义认为人民群众是社会的主体、是社会历史的创造者,"马克思主义第一次站在人民的立场探求人类自由解放的道路,以科学的理论为最终建立一个没有压迫、没有剥削、人人平等、人人自由的理想社会指明了方向"。马克思主义坚持人民立场,同时又充分依靠人民群众力量;中国共产党在马克思主义中国化过程中形成了群众路线和群众观点,并且形成了集中力量办大事的制度优势,在党的事业中充分体现了新型举国体制的优势。"两弹一星"的成就离不开党的正确领导,离不开科研专家的技术攻关,也离不开青海等研制基地群众的大力支持。在艰苦环境下取得科学技术领域和国防上的重大突破,这是人民群众团结协作的成就,是马克思主义群众观的体现。马克思主义也认为实现共产主义不是一蹴而就的,需要付出努力与牺牲,需要不断斗争,因此恩格斯指出"建立良好的制度是不能没有牺牲的"。中国共产党作为使命型政党,百年当中为了实现所肩负的使命,无时无刻不在保持着斗争劲头,"两弹一星"研制期间更是与西方别有用心的国家的技术封锁作斗争、与自然的艰苦工作条件作斗争,最终取得了历史性突破,这是马克思主义斗争观点的体现。

(二)中国深厚的历史文化是"两弹一星"精神形成的历史文化逻辑

"两弹一星"精神离不开中华优秀传统文化的滋养,也是对优秀传统文化的继承和发展,其中优秀传统文化的爱国核心和自强不息是"两弹一星"精神的重要基础。爱国是中华民族的传统美德和永恒追求,爱国精神也是中华民族精神的内核,无数的中华儿女、仁人志士用自己的英雄壮举丰富和弘扬着爱国精神。千年前有投汨罗

江以死报国的屈原、有"誓将直节报君仇"的抗金英雄岳飞；百年前有"苟利国家生死以，岂因祸福避趋之"的林则徐。这些英雄人物身份不同、时代不同，但相同的是所体现的家国情怀和民族气节。除此之外，中华传统文化中"天行健，君子以自强不息"的顽强品格激励着中华儿女以自强不息的意志品质上下求索创造了持续不断的中华文明；敦促中华儿女浴血奋战，与列强奋起抗争，摆脱近代列强的侵略，实现了中华民族的再次独立自主。这些优秀品质正是"两弹一星"精神形成的深厚文化底蕴。

（三）研制需求与研制过程是"两弹一星"精神形成的现实逻辑

"两弹一星"精神不是无源之水、无根之木，它的形成根植于20世纪五六十年代"两弹一星"工程的伟大实践，是广大奉献于科研事业、与困难艰苦斗争的科研人员杰出品质的生动体现。中华人民共和国的成立给遭受多年侵略与压迫的中国人民带来了希望，抗美援朝战争的胜利更是重振了中国人民的信心，一定程度上打击了美帝国主义；但是西方列强仍然通过各种方式阻碍中国的发展，其中在台湾问题上，美国以核武器进行威胁，甚至做了向中国发动进攻的详细计划。英国学者费里德曼曾说："自从广岛和长崎被炸毁以来，没有任何国家比中国更接近于遭受核袭击。"继美国之后，苏联、日本等国也迅速开展核武器研制，面临强大资本主义国家和临边国家的核武器威胁，中国拥有自己的核武器就显得更加紧迫。列宁曾指出："一支军队不准备掌握敌人已经拥有或可能拥有的一切武器、一切斗争手段和方法，谁都会认为这种行为是愚蠢的甚至是犯罪的。"因此根据当时的国际形势，以毛泽东同志为核心的第一代党中央领导集体果断作出自主研制"两弹一星"的战略决策。但20世纪50年代末、60年代初的中国经历了三年困难时期，百废待兴，物资、资金等都不富裕；再加上基地自然环境恶劣，这些都给科研人员带来了很大的不便，但是他们在举国体制的支持下，在爱国情怀的支撑下，与各种困难作斗争，最终使中国成为世界第五个拥有核武器的国家，打破了其他国家的核武器震慑。

三、赓续弘扬"两弹一星"精神，推动青海高质量发展

"历史川流不息，精神代代相传"，作为中国共产党精神谱系的重要组成部分，"两弹一星"精神虽然经历了时代的变迁与发展，但依旧散发着璀璨夺目的光芒，特别是蕴含的精神内核对于中国的高质量发展、中国式现代化和中华民族伟大复兴具有重要意义。2020年9月，习近平总书记要求广大科技工作者赓续弘扬"两弹一星"

精神，把自己的科学追求融入全面建成社会主义现代化强国的征程中。社会主义现代化强国的实现离不开高质量发展，高质量发展离不开每个地方资源禀赋的发挥和特色资源的利用与创新。青海作为"两弹一星"科研基地的重要发源地，需要弘扬"两弹一星"精神，进一步发掘"两弹一星"精神的时代价值和实践价值，为国家的高质量发展和中国式现代化建设增砖添瓦。

（一）以爱国奉献的家国情怀助推青海高质量发展中选择生态保护优先的发展路径

改革开放 40 多年以来，青海在党中央和青海省委的带领下，顺应改革开放的潮流，经济发展快速，全省经济总量从 1978 年到 2020 年增长将近 200 倍，但发展的同时自然环境恶劣、经济发展基础薄弱、区域发展差异明显等矛盾问题也越发明显；那么作为三江源头，作为国家重要的生态屏障，青海接下来应该如何处理发展过程中的问题就成为首要考虑的问题。2016 年 8 月，习近平总书记在青海调研视察时指出："青海最大的价值在生态、最大的责任在生态、最大的潜力也在生态"，保护好"世界屋脊""地球第三极""中华水塔"等青藏高原生态，是青海义不容辞的重大责任。2022 年 8 月 31 日，中共青海省委举行"中国这十年·青海"主题新闻发布会，时任青海省委书记的信长星在作主题发布时说："十年来，我们遵嘱习近平总书记的重要讲话和重要指示精神，沿着总书记指引的方向一步一步地向前推进。"明确了青海在国家高质量发展格局的重要地位后，青海在发展路径上就要优先选择生态保护。但是这条路径的行进也不是一帆风顺的，要面对很多问题。比如走生态保护优先就意味着青海大面积地区会限制开发和禁止开发，这会使得依靠自然资源生存的相关产业效益短期受到影响，会使得农牧区人民的生产方式和相关利益受到影响，这都在一定程度上会遭到一些人的不理解甚至抱怨反对等。所以面对民众因发展与保护引起的负面情绪，应该对其进行引导，转变认识误区。这就需要发挥"两弹一星"精神的重要意义，特别是其中蕴含的爱国奉献情怀，给人民群众讲清楚，青海实行发展方式的转变是从中华民族的长远来看的，是从中华民族伟大复兴的全局来看的，是将青海置于全国乃至全世界发展大局中谋划的，是符合青海省情的。"两弹一星"精神中的爱国奉献不是虚的，而是具体的，它是国家利益和个人利益的高度统一，将国家利益看作高于一切的信念体现，基于这种关系，国家在保障民族安全和发展时，个人也要为国家与民族发展做出相应的付出。所以对于要实现高质量发展的青海民众来说,需要深入学习和弘扬"两弹一星"精神,学习那些前辈们舍小我为大我、始终把国家利益放在第一位的奉献精神，从而使民众能正确认识青海发展方式转变的重大意义，都能够从自己做起，为国家的生态保护贡献自己力所能及的力量。

（二）以自力更生、艰苦奋斗的精神品质助推青海高质量发展，树立敢于斗争积极向上的姿态

习近平总书记曾多次指出高质量发展离不开五大发展理念，其中绿色发展是高质量发展的底色，青海地广人稀、资源丰富，在党中央和国家政策的大力支持下、在省委、省政府的正确领导下，认真按照习近平总书记对青海"三个最大"的指示精神，加快实现经济转型、产业结构升级，构筑绿色低碳循环发展经济体系，建设国家公园示范省，发展绿色旅游经济，打造生态文明高地，加快产业"四地"建设，形成发展新格局。习近平总书记在 2023 年黑龙江考察时首次提出"新质生产力"，2024 年全国两会总书记在参加江苏代表团审议时强调："要牢牢把握高质量发展这个首要任务，因地制宜发展新质生产力。"明确了新质生产力对于高质量发展的重要性，也明确了新质生产力的关键是因地制宜。这对青海实现高质量发展指明了发展方向，青海目前来说在高质量发展中存在传统产业转型缓慢、产业布局不完整、创新能力不足、绿色新型经济对整体经济的贡献率偏低等问题，因此青海除了可以在生态补偿制度和区域协调发展的政策下积极争取国家支持外，更应该独立自主、因地制宜，和现有困难与不利条件作斗争，探索适合青海的高质量发展模式。因此要以新质生产力为契机，发挥"两弹一星"精神特别是自力更生、艰苦奋斗的精神，紧紧围绕生态文明高地、产业"四地"建设等，与技术和科技作斗争，百折不挠，将这种精神转化为推动青海绿色科技和产业发展的行动自觉。比如利用盐湖产业做大做强清洁能源产业，利用绿色有机农畜产品做大"青"货品牌，利用东数西算等培育发展数字经济等，更好助推青海高质量发展。

（三）以协同登攀的精神状态助推青海高质量发展拥有不竭动力

精神的强大作用在于将一切可以团结的力量汇聚成一股力量促成目标的实现。青海高质量发展是融合经济、生态、文化等多方面发展的高质量，是确保每一个人享有高品质生活的高质量，这离不开每个领域、每个地方的团结协作，共同努力。但青海由于地处联藏络疆的特殊位置，各种问题交织错杂，在思想观念转变、相关利益调节和分配、产业发展等方面都需要以协同登攀的精神为指导。因此，青海接

下来需要在高质量发展中，继续创新，做好这几个方面的事情：一个是不同地域间的合作，继续以国家相关政策为支撑，加强青海的对口支援和东西部的协作，比如依托青海的特色优势"拉面"、绿色有机农畜产品等，助推青海的农民工就业创业、提质增效，增加收入；比如引进发达省份的相关农业技术、科学技术等，推动青海的产业转型升级。第二个是青海不同产业间的协同，将生态、文化、科技等融合起来，打造协同发展的产业品牌，比如青海盐湖工业，以协同创新的思维打造以科技创新为引领集生态、文旅、科研等为一体的现代化产业集群，助推高质量取得实效。第三个是实现不同人员的协同，青海的高质量发展是每一个青海人都享受高品质生活的高质量发展，当然也离不开每一个青海人的努力，青海民众的参与率一定程度上影响最终的建设成效。所以就需要发挥"两弹一星"精神特别是协同登攀的精神，凝聚青海民众的共同力量，特别是在"两弹一星"精神的影响下，对各族群众铸牢中华民族共同体意识的思想自觉、政治自觉和行动自觉凝聚更深厚的发展力量。

四、结语

"两弹一星"精神虽是科技领域实践的重要精神理论，但是它的丰富内涵和重要意义影响广泛，是任何领域克服千难万险的政治优势，是聚人心汇民力的强大力量，对实现中华民族伟大复兴和高质量发展具有重要意义。青海作为"两弹一星"精神的重要发源地，拥有深厚的历史基因和浓厚的氛围，因此，在推动青海的高质量发展中赓续弘扬"两弹一星"精神更具有独特的优势，作用也更为明显。

中华群星闪耀时——纪念"两弹一星"精神提出 25 周年

陈昊 [①]

一、引言

习近平总书记指出，"两弹一星"精神是宝贵的精神财富，一定要一代一代地传下去，使之转化为不可限量的物质创造力。"两弹一星"是我们党领导人民在特定历史、特定环境、特定条件下创造的巨大成就，是中华民族勇气与智慧的结晶，是中国勇攀科技高峰的伟大壮举。在这项伟大事业中孕育形成的"两弹一星"精神，代表了中华民族的勇敢与智慧，标志着中国在科技领域的一次伟大攀登。这一精神的孕育和形成，展现了中华民族坚韧的生存力、战斗力和创新能力，对国际社会产生了广泛的影响，并具有深远的历史意义，同时带有鲜明的民族特征和时代印记。[1]

二、时代背景

早在中华人民共和国成立之初，中共中央领导人就密切关注着发展原子能技术的问题。1955 年 1 月 15 日，毛泽东在中南海颐年堂组织并主持了一场中共中央书记处的扩大会议，确定了我国要发展原子弹的战略决策，开启了我国研制核武器、导弹和人造卫星的历史篇章。50 年代中期，面对国内外的严峻挑战，党中央毅然作出了独立研制"两弹一星"的重大战略决策，在当时"技术短缺、人才匮乏、资金不足"的艰难时局下，以钱学森、钱三强、邓稼先为代表的一批杰出科学家和爱国者迎难而上，在极其艰苦的大西北，克服各种险阻，与众多工程技术专家和解放军官兵并肩作战，共同开启了研制"两弹一星"的艰难征程。[2]

随着 20 世纪 60 年代的到来，我国"两弹一星"工程的研制工作进入了快速发展阶段。在充满挑战的环境中，科研人员不懈努力，突破了一个又一个技术难关，

---

① 陈昊，硕士研究生，就读于中国科学院城市环境研究所。

佳讯不断，捷报频传：1964 年成功引爆第一颗原子弹；1967 年成功引爆第一颗氢弹；1970 年，我国成功发射了首颗人造地球卫星。这一系列紧密相连的历史时刻，不仅增强了国家自信和民族自豪感，同时也书写了人类历史上极为罕见的壮丽篇章。[3]

（一）核能源的开发与利用

19 世纪 30 年代，德国物理学家哈恩发现了铀原子核在中子的撞击下会发生核裂变，并释放出巨大的能量。同一时期的其他科学家也进一步探讨了使这种裂变反应持续进行的条件，为利用核裂变产生新能量开辟了新的路径。这是人类关于核弹原理的首次重大突破，促进了核科学和核武器研发的实践应用，也使国际军事格局发生了深刻的变化。[4]在第二次世界大战落幕之后的数十年里，科技领域经历了飞速的发展和变革。核能的有效利用以及电子学等其他科技领域的快速发展，为工业发展注入了强大的新动力能源；自动化技术的显著进步为众多科学研究领域带来了革新的巨大潜力。在西方国家逐步步入现代化，迎来所谓的"原子时代"和"喷气时代"之际，新成立的中华人民共和国，无论在核武器的研发还是传统武器的制造方面，都处于相对落后的状态。[5]

（二）充满核威胁、核讹诈的国际形势

核武器因其毁灭性的破坏力引发了人们对核伦理的深入思考。[6]1945 年，美国在日本的广岛和长崎投下了两枚原子弹，这一举措不仅加快了第二次世界大战的结束，也标志着全球进入了核武器时代。战后，众多世界强国以拥有核武器作为维护国家安全和实现战略平衡的关键手段。紧随美国的步伐，苏联、英国、法国、德国、日本等国家也开始积极进行核科学研究。在朝鲜战争和台湾问题的紧张局势中，美国曾威胁要对中国使用核武器，并制定了实施攻击的详尽方案。面对西方强国的排挤和美国的核威胁，发展本国的核武器成了确保国防和经济安全的关键策略。在这种国际环境下，以毛泽东为核心的中国共产党第一代领导集体作出了自主研发核武器的重大决策。

（三）孤立无助、资源匮乏的社会现状

中华人民共和国在成立之初就面临着极其艰巨的重建任务，国家基础设施和社会经济状况极度落后。1949 年，中国的人均国民收入仅为 27 美元，相比之下，美国的人均国民收入高达 2187 美元；在能源和钢铁产量方面，美国人均发电量是中国的近 250 倍，人均钢产量则是中国的 1500 多倍。1960 年，苏联突然终止了与中国的合作协议，撤回了所有参与中国核项目援助的专家。当时有观点认为，没有苏联的帮助，中国将难以取得任何成就。面对不完整的技术图纸和极为有限的设备，国内缺乏相应的经验、资料、专家和仪器。在没有图纸的情况下，由我国的科学家自行设计；在缺乏经验的条件下，广泛动员群众参与，集思广益，开展大量实验。尽管面临经济困境和国际技术封锁的重重障碍，但我国的科学家们以帐篷为居所，与戈壁沙漠为伍，秉持自力更生的精神，最终成功建立了中国的核工业基地。

（四）低温缺氧、气候多变的高原环境

只有亲身踏足西北广袤的土地，才能领略中国的辽阔；只有亲历戈壁滩的苍凉，才能体会生存的艰辛。位于青海省海晏县的金银滩草原，面临着海拔超过 3000 米的高寒环境、氧气稀薄，有着难以想象的生存挑战。除了气候的极端，生活资源的短缺也是一大难题。平日里科研人员也得亲自开垦土地种植作物、捕猎捕鱼、放牧牲畜，以弥补物资的不足。这些科研工作者始终将工作视为首要任务，他们不分昼夜地投入研制，面对复杂的理论设计，他们努力简化计算过程以争取时间；在缺乏原材料的情况下，他们采用土法进行实验和研制，依靠自力更生的精神，攻克了一个又一个难关。在全国人民的共同努力和支持下，核武器的研发最终取得了成功，同时也创造了一段令人感动至深的奋斗史诗。

（五）领导集团在困境中的明智抉择

尽管我国决定自主研发核武器，但在某种程度上仍依赖于苏联的支持。毛泽东同志曾说："现在苏联对我们援助，我们一定要搞好。"[7] 到了 1956 年，中央军委扩大会议和中央政治局会议进一步明确了研发导弹和核武器的具体事项。在物质和技术条件极为有限的背景下，我国在 1964 至 1970 年间成功研发了"两弹一星"，这一壮举成了中国自立自强的重要里程碑。到了 1984 年，邓小平在参观中国科学院的北京正负电子对撞机时提出："如果六十年代以来中国没有原子弹、氢弹，没有人造卫星，中国就不能叫有影响的大国，就没有现在这样的国际地位，这些反映一个民族的能力，也是一个民族、一个国家兴旺发达的标志。"在这一历史性的科技攻关过程中，孕育了伟大的"两弹一星"精神，而正是这种精神的力量，支撑着中国人民完成了这一无与伦比的壮举。

三、"两弹一星"精神的内涵

（一）热爱祖国、无私奉献的精神彰显了深切的家国情怀

对祖国深沉的爱与无私的奉献是"两弹一星"工程参与者的核心信念。尽管科学本身是无国界的，但科学家是有祖国的，他们对自己的祖国始终怀有深厚的情感。许多在海外的老一辈中国科学家在关键时刻选择回到祖国，他们将个人利益置于国家和民族的利益之下，展现了深厚的爱国情感和奉献精神，支撑着"两弹一星"工程取得了非凡的成就。

被誉为"中国航天事业奠基人"的钱学森就是其中的杰出代表。1955 年，在加州理工学院杜布里奇院长极力挽留下，钱学森仍然坚定地选择了回国。当被问及回国原因时，他袒露出对祖国的深切思念："在我的祖国，我做什么都可以，如果种苹果树是我报效祖国唯一的方法的话，我可以去种苹果树。"郭永怀作为同时在核武器、导弹和人造卫星三个重要领域做出杰出贡献的科学家，是唯一以烈士身份被授予"两弹一星功勋奖章"的科学家。他推动了我国高速空气动力学和电磁流体力学等前沿学科的发展，为"两弹一星"事业作出了不可磨灭的贡献。程开甲放弃了英国给出的优越条件，在二十余年里以核武器试验基地为家，开辟了系统核爆炸理论的新篇章。正是这种精神的激励，许多科学家怀着对党、国家和人民的无限忠诚，愿意隐姓埋名，默默付出，甚至有人为此献出了生命。

爱国主义既是行动上的体现，更是心灵上的坚守，它对国家和民族的繁荣昌盛起着至关重要的作用。"两弹一星"工程以其辉煌成就和神秘面纱著称，它的成功不仅源自对祖国深沉的热爱，也依赖于科学家们无私的奉献精神。[8] 正是这些老一辈科学家的不懈努力和巨大牺牲，铸就了那段震撼人心、激情燃烧的岁月，他们的心中充满了对祖国的忠诚，他们是真正的民族英雄。也正是这样的精神和力量，让我们伟大的祖国昂首挺立，让我们的人民自信自强，让中华民族在世界舞台上傲然屹立。[9]

（二）自力更生、艰苦奋斗的精神汇聚了永恒的民族精魄

"自力更生、艰苦奋斗"构成了"两弹一星"精神形成的基点。"两弹一星"精神的形成，体现了中华民族独特的活力与意志。我们的国家从过去的贫困落后逐步迈向今日的繁荣昌盛，这一切都源于一代代人的坚忍拼搏，体现了中华民族自强不息的精神品质。

在我国研发原子弹的初期，所遭遇的挑战之巨是现在的人们难以想象的。由于原子弹属于高度机密的军事技术，当时拥有核武器的国家均实施了极为严密的保密措施。面对外部势力的核威胁和苏联突然终止援助的严峻形势，参与"两弹一星"工程的科研人员凭借坚定的意志和勇气，成功地克服了重重难以预料的障碍。在"两弹一星"的研发阶段，我国也正处于经济困难时期。尽管生活条件艰苦，但全体人员紧密团结，共同面对挑战，展现出了不屈不挠的决心和毅力，自力更生、艰苦奋斗的品质构成了"两弹一星"精神的核心要义。新时代的青年要传承并发扬"两弹一星"精神，实践老一辈科学家和科技工作者勇于创造、敢于斗争、勤于奋斗的品质，通过具体工作和实践，培养创造精神，增强斗争精神，最终不断提高自力更生、艰苦奋斗的意识和决心。

（三）大力协同、勇于登攀的精神展现了崇高的科学素养

"大力协同、勇于登攀"的理念清晰地展现了科学家精神和团结智慧的力量。在早期社会主义建设时期，"两弹一星"精神是科学家精神的根源和生动体现，其内涵和价值随着时代的演进而不断充实。而科学的发展要求严谨和真实，来不得半点虚假和马虎。随着现代科技的迅猛发展，跨学科的合作、集体智慧的汇聚和团队的协力攻关已成为大科学时代的重要特征，绝对不能闭门搞创新。在 1960 年，苏联专家撤离中国，并停止了对中国的所有技术援助。当时，苏联方面曾预言："即使十年、二十年后，中国也不可能独立研制出原子弹。"[10]

面对国内核能研究进展的缓慢，周光召选择放弃海外的舒适生活，毅然返回祖国，全力投身于科学研究之中，致力于解决科学问题，不断攀登科学的高峰。科学探索的旅途是没有终点的。原子弹试验成功后，周光召并未因纷至沓来的荣誉而自满，也未在科学工作上停步，而是持续参与后续的科学研究工作。他的归来对我国原子弹和氢弹的研究产生了深远的影响，极大地推动了我国"两弹一星"计划的提前实现。[11]

在推进"两弹一星"工程的进程中，来自全国各地的相关部门、科研院所、教育机构以及广大的科技工作者、工程技术专家、后勤支持团队和人民解放军官兵，齐心协力，共同奋斗，坚持实事求是。每个人都发挥了自己的潜能，攻克了众多关键性技术难题，促进了我国科研实力的显著提升，极大地提升了中国人民的自信。

四、"两弹一星"精神的当代意义

在历史的长河中，一种精神的诞生并非意味着结束，而是新篇章的开启。这种新篇章意味着精神的延续和传承，需要一代又一代人的努力。目前，我国在社会主

义物质文明和精神文明建设方面已经取得了显著的成就。同时,"两弹一星"精神也深植于众多科研工作者的心中,激励着他们克服困难、勇往直前、为国家作出贡献。这种精神随着时间的推移而愈发珍贵,在推动中华民族伟大复兴的进程中具有不可估量的时代意义。[12]

（一）激发广大青年深厚的爱国情感和奉献精神

习近平总书记曾指出:"五千多年来,中华民族之所以能够经受住无数难以想象的风险和考验,始终保持旺盛生命力,生生不息,薪火相传,同中华民族有深厚持久的爱国主义传统是密不可分的。"他号召广大青年要与祖国同向、为人民奉献、胸怀祖国、实现理想。"两弹一星"工程的参与者用最坚定的行动践行了爱国主义。他们选择隐姓埋名,远赴大漠和深山,用最简单的设备开始最复杂的研究;无数普通人不计个人得失,扎根边疆、异乡,用最单纯的情感贡献最蓬勃的力量。这种爱国精神贯穿始终,成了"两弹一星"精神最靓丽的底色。[13]在新时代下,我们应当大力弘扬"两弹一星"精神,教育引导广大青年知史爱党、知史爱国,这有助于加强和丰富青年爱国主义教育,激发广大青年爱国之情,厚植青年爱国奉献的真挚热忱。

（二）培养广大青年坚定跟党走的忠诚信念

习近平总书记指出:"理想信念就是共产党人精神上的'钙',没有理想信念,理想信念不坚定,精神上就会'缺钙',就会得'软骨病'。"理想信念对于共产党员而言,就如同骨骼中的钙一样至关重要。缺乏或不坚定理想信念,会导致精神上的缺失。在国家面临内忧外患、处境异常艰难的背景下,参与"两弹一星"工程是对科研工作者们理想信念的严峻考验。尽管面临重重挑战,如设备条件有限、苏联专家的撤离以及资源的稀缺,但众多科学家依然坚守着对理想的执着追求,克服了种种困难,独立完成了党和人民赋予的重大任务。这背后不仅是对祖国和人民的深厚情感,更是对信仰的坚定追随,以及对党的忠诚支持。因此,这一时期所孕育的"两弹一星"精神,不仅凸显了民族精神的光辉,也构成了中国共产党精神内涵的重要组成部分。青年是国家和民族的希望与未来,他们的理想信念直接关系到国家和民族的前途。在新时代背景下,积极推广"两弹一星"精神,有助于加强青年的红色教育,深化他们的理想信念教育,激励青年树立共产主义的宏伟目标和中国特色社会主义的共同理想。这不仅能够提升当代青年的精神风貌,还能为他们的精神世界提供"钙质",[14]引导他们始终听从党的领导,坚定不移地跟随党的步伐前进。

（三）锻造广大青年的创新精神和创造能力

"两弹一星"精神彰显了科研探索的活力。通过弘扬这种精神，讲述老一辈科研人员在极端困难条件下依然追求科学真理、力求卓越的事迹，来阐释其背后的科学理念。这有助于激发公众培养勇于探究、追求真实的认知态度。我们应将普及科学知识、提升科学精神、传播科学思想、推广科学方法视为自己的责任，以促进社会形成尊重科学、热爱科学、学习科学、应用科学的良好风尚，进而激发群众中蕴含的创新潜能和动力。面对挑战，老一辈科研工作者展现出了不屈不挠的创新精神，他们通过创造性思维和方法解决了一个又一个难题，这种精神是"两弹一星"成功的关键因素之一。古语有云："策略需深思熟虑，成就非一蹴而就。"这表明，只有经过充分的准备和积累，才能在关键时刻发挥出巨大的作用。在新时代、奋斗者拥有广阔的发展空间，特别是对于青年而言，弘扬"两弹一星"精神，能够激励他们在学习中深化理解，在实践中不断探索，通过踏实的工作和不懈的创新，培养出卓越的创新、创业能力。

五、结语

习近平总书记强调："红色血脉是中国共产党政治本色的集中体现，是新时代中国共产党人的精神力量源泉。回望过往历程，眺望前方征途，我们必须始终赓续红色血脉。"[15]红色血脉是中国共产党政治特质的核心体现，也是新时代中国共产党人精神动力的重要源泉。回顾历史，展望未来，我们应当持续维护并传承这一红色血脉。作为红色基因的象征和时代传承的代表，"两弹一星"精神在中国共产党的精神谱系中占据着显著的位置，它激励了数代人，是中华民族珍贵的精神遗产，需要我们一代接一代地传承下去，并将其转化为巨大的物质创造力。在实现"两个一百年"目标的关键时期，我们更需要坚守我们的理想信念，继承和发扬信仰精神，学习以23位"两弹一星"功勋科学家为代表的高尚精神。我们应当保持初心，牢记我们的使命，积极投身于社会主义现代化建设的浪潮中。在克服困难和挑战的过程中，培养对祖国的深厚热爱和无私的奉献精神；在深入研究和探索的实践中，提升自力更生和艰苦奋斗的品质；在持续的集体努力中，增强团结协作和勇于攀登的意识，为中华民族伟大复兴注入强劲动力。

注释：

[1] 杜文林．论"两弹一星"精神的时代内涵 [J]. 中国纪念馆研究 ,2015（02）:297-304.

[2] 戴伟安．"两弹一星"精神的内涵诠释、时代价值及弘扬之道 [J]. 党史博采（下）,2022（03）:11-13+34.

[3] 韩洪泉．"两弹一星"："大力攻关"创造的非凡奇迹 [J]. 党史博采（上）,2023（09）:45-49.

[4] 贝尔纳．科学的社会功能 [M]. 北京：商务印书馆 ,1982.

[5] 董仲磊，郭灵．"两弹一星"精神形成与发展的四维逻辑 [J]. 红色文化学刊 ,2023（04）:22-29+109.

[6] 赵菁奇．"两弹一星"精神：生成逻辑、科学内涵与时代赓续弘扬 [J]. 中共云南省委党校学报 ,2023,24（05）:81-88.

[7] 科学时报社，编．请历史记住他们：中国科学家与"两弹一星" [M]. 广州：暨南大学出版社 ,1999.

[8] 刘学礼．"两弹一星"精神：中华民族的宝贵精神财富 [J]. 人民教育 ,2021（Z2）:19-22.

[9] 王浩．"两弹一星"精神的内涵及价值研究 [J]. 古田干部学院学报 ,2023,3（02）:74-79.

[10] 王素莉．"两弹一星"的战略决策与历史经验 [J]. 中共党史研究 ,2001,000（004）:55-59.

[11] 李晗．"两弹一星"精神的科学内涵及其当代价值 [J]. 内江师范学院学报 ,2021,36（11）:102-107.

[12] 魏凤英，关雅欣，郑昊婕，吴婧怡．"两弹一星"精神融入大学生爱国主义、集体主义教育的当代价值及路径探索 [J]. 高原文化研究 ,2023,1（03）:29-34.

[13] 杨勇．内涵、价值与路径：新时代下"两弹一星"精神的青年传承 [J]. 新生代 ,2024（01）:45-50+63.

[14] 张夏蕊．以"两弹一星"精神为当代青年"精神补钙"[J]. 党的生活(青海),2021.

[15] 习近平．用好红色资源赓续红色血脉努力创造无愧于历史和人民的新业绩 [J]. 求是 ,2021（19）.

"两弹一星"精神与高校核专业课程教育实践研究

周涛 [①]

核专业是中国高等教育的重要专业，过去承担了重要的历史重任，未来同样是新时代强国不可缺少的重器角色。"两弹一星"精神是中国从站起来到强起来的重要精神图谱，是强大的新质生产力，是一种无所畏惧的核动力。所以，在新的时代，"两弹一星"精神也必定是核专业发展的重要支撑力量，也是未来发展的强大精神核动力。东南大学作为"双一流"高校，更需要靠着"两弹一星"的精神来做好核专业课程教育教学，以核科学与技术专业课程体系为研究对象，积极改革，融入思政元素，打造新型育人专业课程体系。建设国家一流核专业建设点，努力培养高素质人才，为中国式现代化而努力奋斗。

1 基本概念

1.1 "两弹一星"精神

"两弹"，一个是核弹，包括原子弹和氢弹，还有一个是导弹。"一星"就是人造卫星。1999 年 9 月 18 日，江泽民同志在表彰为研制"两弹一星"作出突出贡献的科技专家大会上发表讲话，将"两弹一星"精神 [1] 概括为"热爱祖国、无私奉献，自力更生、艰苦奋斗，大力协同、勇于登攀"。

1.2 核专业课程

核工程与核技术 [2] 是高等教育中涉及核能利用、核反应堆设计、辐射防护等方面的综合性专业。就目前高校工科中核能类课程的经典专业课程而言，主要包括：反应堆物理、反应堆热工、核系统与设备、反应堆安全分析、仪表控制、运行测量及材料类等课程。

---

① 周涛，男，教育部核专业教学指导委员。东南大学核科学与技术系系主任。

1.3 课程思政

"课程思政"[3] 不是一门或一类特定的课程，而是一种教育教学理念。其基本含义是：大学所有课程都具有传授知识培养能力和思想政治教育的双重功能，承载着培养大学生世界观、人生观、价值观的作用。教师在教学过程中要有意、有机、有效地对学生进行思想政治教育，体现在教学的顶层设计上要把人的思想政治培养作为课程教学的目标放在首位，并与专业发展教育相结合。"课程思政"会充分发挥专业课程的德育功能，运用德育的学科思维，提炼专业课程中蕴含的文化基因和价值范式，将其转化为社会主义核心价值观具体化、生动化的有效教学载体，在"润物细无声"的知识学习中，融入理想信念层面的精神指引。

2 关联思路

2.1 目标定位与基本原则关联

明确"两弹一星"精神与专业课程的内容自身元素的关联，定位其作用，找到其定位基本原则。"两弹一星"精神在高校专业课程教育教学过程中要坚持导向原则、奋斗原则、创新原则、自主原则，德智并举，体现劳动光荣，美丽人生风采。既然是专业课程，就特别要在弘扬"两弹一星"精神中体现智力创造与辩证思维，积极主动提升专业知识教育教学效果。通过确定原则，可以使两者和谐统一，避免时间与空间的挤兑效应，各司其职，明确根本，互相促进，共同发展。

2.2 非能动引入方法与艺术关联

专业课程中"两弹一星"精神的引入应该无缝对接，是自然的非能动的，而不是强行拼接。所以，要研究靠内部固有力量的自然结合运行的方式方法。"两弹一星"精神的创造过程，本身就是科学的奋斗历程，所以，知识的发展与运用过程，就应该是将核工程与核技术专业课程教学紧密联系，一切都是自然而然的发展，靠"随风潜入夜，润物细无声"的自然机制，而不是强制的方式。非能动的引入则是一种合适的自然方法，自然而然地上升到艺术感染的层次，更能渲染出德育效应。

2.3 融合构造与运行机制关联

在明确定位及原则的前提下，采用非能动的方法艺术，构造出具有一定普适意义的融合基本结构及运行机制，形成范式。可以更有效地推进融合。核专业课程有不同类型，可以根据不同课程特点，来融合"两弹一星"精神。共性机制可以是科学发展历史、科学家光辉榜样等；不同特点可以是各自特色，特别是专业知识的科学内涵。比如：从反应堆物理的中子扩散特性计算，看中国计算发展进步；分析反应堆热工中强迫循环与自然循环的共性与差异；知道"反应堆中安全喷淋过早过晚都是不好的做法"[4]的辩证思考方法。所以，可以发掘专业课程的内涵，自觉联系核发展历史与"两弹一星"精神，树立正确思维方法，构造融合基本结构的运行机制，达成良好范式运行。

2.4 实践效果与检验标准关联

明晰融合前后的模式区别，确定现实可行的实时监测标准，也确定期望值。实践是检验真理的唯一标准，所以，要明确各门课程不仅是传授专业知识的，更是立德树人的。要立足长远，也要关注当前。一方面，在新修订的毕业目标中强调了包括"两弹一星"精神的素质目标要求；另一方面，还在每门课程教学大纲中明确了如何支撑这个目标的实现。比如：教师在核电厂核安全教学[5]中就会宣传这个精神，用具体实例和精神方法来教育学生，且在考试题目中融入这个内容。以此更好地推进"两弹一星"精神在专业课程教育教学实践工作中完善，使二者真正完美实现融合。造就思想红、知识强的新一代中国现代化高素质人才。

3 途径效果

3.1 以人为本，提升精神，树"德"

"两弹一星"精神是革命英雄主义精神，所以，我们的教育就必须开展核科学家榜样教育，以人为本，学习执行力，发扬人文精神。核事业的发展涌现出了许多优秀的核科学工作者，他们的代表有：钱三强、邓稼先、周光召、于敏等，部分优秀核工作者的主要贡献见表1。

表1 优秀核工作者的主要贡献

序号	姓名	贡献
1	邓稼先	中国核武器研制工作的领导者、开拓者和奠基者
2	于敏	在氢弹原理突破中起了关键作用
3	王淦昌	以身许国的核科学奠基人和开拓者之一
4	朱光亚	科学技术领导，为"两弹"技术突破及其武器化工作作出重大贡献

续表

序号	姓名	贡献
5	刘杰	我国核工业的开拓者、奠基人之一
6	吴自良	领导研制成功铀同位素分离用的甲种分离膜
7	宋任穷	核工业首任部长，我国核事业主要开创者之一
8	陈芳允	研制出第一颗原子弹爆炸测试用的多道脉冲分析器
9	陈能宽	核武器爆轰物理学的开拓者
10	周光召	为我国核武器的理论设计奠定了基础
11	钱三强	原子能科学事业卓越的开拓者和奠基人
12	郭永怀	研制"两弹一星"科学家群体中唯一获得"烈士"称号的科学家
13	彭桓武	领导并参加了原子弹、氢弹的原理突破
14	程开甲	我国核武器事业的开拓者

从表1可以看到，中国核科学家们筚路蓝缕、艰苦创业的历程。他们的崇高人格、他们对于中国核事业的牺牲，壮丽伟大、可歌可泣。"不要问国家能为你做些什么，而要问你能为国家做些什么"，是中国核事业老一辈科学家以身许国、敢为人先、严谨求实的精神和文化的真实写照。通过榜样教育，可以进一步激发同学们对核事业的热情，积极提升大学生的精气神，焕发革命青春，立德树人，培养思想领先的高素质接班人。

3.2 艰苦奋斗，强化能动，锻"劳"

"两弹一星"精神是艰苦奋斗的精神，所以，要教育学生学习艰苦奋斗的精神，具有克服困难的勇气。首先，生活条件艰苦：科研人员和战士们生活在西北条件艰苦的环境中，喝着盐碱水，吃着掺了沙子的窝头。在困难时期，科研人员甚至出现了营养不良的情况。然后，经济技术基础薄弱：当时中国的工业基础刚刚建立，能够生产的都是最简单、最基础的工业产品，而"两弹一星"所需的精密设备、尖端技术以及特殊要求（如耐高温、耐潮湿）的设备，对于当时的中国来说是一个巨大的挑战。科研设备落后和材料短缺：很多数据计算都是算盘打出来的，没有计算器、计算尺，科研人员只能使用算盘和手指进行计算。在原子弹的爆炸过程中，由于缺乏数据，科研人员只能通过黑火药的爆轰实验来模拟原子弹爆炸的全过程。为了进行测试实验，科研人员和官兵们不得不将可用的材料如钢板、床板等用于实验设备，甚至用黄泥塑膜做成的陀螺仪和萝卜雕刻成的爆炸器等。还有工作环境艰苦：荒无人烟的戈壁滩，夏天没有空调冬天没有暖气。最后，很多科研员远离家乡：因为保密和任务紧不能回家和联系家人。但在大家共同努力下，最终克服了这些困难。靠发挥人的主观能动性，克服了常人难以想象的困难，劳其筋骨，锻炼其志气。我们现在条件好了，但局部工作肯定还有这样或那样的困难，且学习本身就是艰苦的攀登劳动，劳动育人，才能铸造大国工匠。

3.3 民主决策，融合知识，开"智"

"两弹一星"精神是知识融合、思考创新的，所以，我们的教育就必须开展融合创新教育，积极开拓学生思维能力。例如，苏联于1959年为我国的后处理工厂设计了沉淀法后处理工艺，但我国的后处理科技工作者从国际和平利用原子能会议论文集及各国原子能机构的报告书中，及时了解到了美、英、法等国关于后处理的发展动向，发现从50年代起大多已采用溶剂萃取法。于是清华大学工程物理系的两个科研组在50年代后期开始了溶液萃取法的研制，使得我国及时采用萃取工艺，核燃料后处理工厂因此节省了大量经费，并大大提高了分离回收率，降低了成本。另外，"两弹一星"事业成功的技术经验中，非常重要的一点就是实现了技术民主[6]，进行自由讨论、集体攻关。首先，技术委员会保证了技术民主在体制上的实现。吴际霖在调入组织管理核武器研究所后，提出必须确定科研民主的方针，并建议成立技术委员会，负责决策。4个技术委员会的主任分别是吴际霖（军工专家）、王淦昌、郭永怀和彭桓武。技术民主的观念在当时深入人心。其次，提倡在民主平等的氛围中进行自由讨论保证了技术民主的实现。典型的技术攻关事例有原子研制中的"九次运算"、氢弹原理突破中的"群众大讨论"等。所以，学习"两弹一星"精神，在专业教学中，也可以增加师生民主讨论。特别是在核安全课程中增加师生一起讲评学生汇报的环节，贯彻学生主体、教师主导、民主平等、教学相长、启发智力的教学精神，真正发扬"两弹一星"精神。

3.4 以史为鉴，增强创新，塑"美"

"两弹一星"精神的形成过程就是开展中国核光辉历史教育的伟大实践创新过程。1955 年 1 月 15 日，毛泽东主持中共中央书记处扩大会议，作出发展中国原子能事业的战略决策，这一天也成为中国核工业的诞生日。60 年代，历史不会忘记：国际形势风云突变，苏联政府撕毁了所有协定，撤走了专家，企图把中国核工业扼杀在摇篮里。党中央作出决策：自己动手，从头摸起，准备用 8 年时间搞出原子弹。1964 年 10 月 16 日 15 时，中国西部的罗布泊核武器试验场，强光闪烁，天地轰鸣，巨大的蘑菇云翻滚而起，直上九霄。中国自行研究、设计、制造的第一颗原子弹爆炸成功。1967 年 6 月 17 日，中国又成功进行了首次氢弹试验，成功打破了超级大国的核垄断、核讹诈。1970 年 4 月 24 日，中国第一颗人造卫星在酒泉卫星发射中心成功发射，由此开创了中国航天史的新纪元，使中国成为第 5 个独立研制卫星成功的国家。中国独立自主研制成功了原子弹、氢弹、人造卫星，挺起了中华民族自立的脊梁，铸就了共和国坚强的核盾牌。"两弹一星"让年轻的共和国彻底挺直了脊梁，也为和平发展赢得了空间。从第一颗原子弹到第一颗氢弹，美国用了 7 年 4 个月，苏联用了 3 年 11 个月，英国用了 4 年 6 个月，法国用了 8 年 6 个月，中国只用了 2 年 8 个月。正如邓小平所言，"如果六十年代以来，中国没有原子弹、氢弹，没有发射卫星，中国就不能叫有重要影响的大国，就没有现在的地位。"西方科学家评论：中国闪电般的进步，神话般不可思议。"两弹一星"让共和国挺直脊梁，星河灿烂。中国的美丽，是一种工作过程的创新，一种工作过程的美丽，是核科学家与创业者的美丽。所以，在核专业教学课程中，要始终讲好中国核故事，通过历史的美丽，知识的创造与应用的美丽，一起用新质生产力，结合新的形式和新时代的高科技技术，再勾画核发展历史与未来交汇的美丽画卷。结合专业课程特点，合力也核力，去创出美丽让学生在创造历史的美丽中沉浸出历史的责任，继续当美丽的建设者，去塑造美丽。

4 结论

"两弹一星"精神是真善美的指路明灯，能在核科学与技术类专业课程中树"德"、锻"劳"、开"智"、塑"美"，培养出推进新质生产力发展，建设中国式现代化的高素质建设者和接班人。

（1）无论是党和国家的要求，还是人才的自身内涵需要，都必须要坚持"两弹一星"课程思政元素与课程教学内容的结合。

（2）更好地和更有意识地主动把课程教学与"两弹一星"思政元素紧密融合，不断增强实践效果。

（3）东南大学正在建设一流高校，发展振兴核专业，"两弹一星"精神既是指明灯，也是方法论，具有照亮前进征程的重要理论与实践价值。

注释：

[1] 阮玉秀."两弹一星"和"两弹一星"精神 [N/OL]. 共产党员网，(2014-09-28)[2024-02-20]. https://news.12371.cn/2014/09/28/ARTI1411886969729489.shtml.

[2] 周涛，黄东篱，陈达，等. 现代中国式核专业发展研究 [J]. 核工业人才与教育，2023(2): 9-15.

[3] 王禾玲."课程思政"融入专业课教学的探索 [J]. 企业与教育，2018: 112-113.

[4] 朱继洲，单建强，等. 核反应堆安全分析（第3版）[M]. 西安交大出版社，2018.

[5] 周涛，刘春梅，唐剑宇，等. 核电厂安全课程辩证授课艺术研究 [J]. 教育科学，2022(06):238-241.

[6] 徐江山，杨超."两弹一星"发展历程及其经验启示 [EB/OL].(2020-02-12)[2024-02-21]. 四川省情网.

"两弹一星"精神纳入党性教育课程的几点思考

韩晓勇 ①

一、习近平总书记关于"两弹一星"精神的重要论述

2011 年 1 月 26 日，习近平同志在看望航天科技专家孙家栋院士时指出："两弹一星"精神激励和鼓舞了几代人，是中华民族的宝贵精神财富。2016 年 4 月 24 日，习近平总书记在首个"中国航天日"讲道：经过几代航天人的接续奋斗，我国航天事业创造了以"两弹一星"、载人航天、月球探测为代表的辉煌成就，走出了一条自力更生、自主创新的发展道路，积淀了深厚博大的航天精神。2018 年 7 月 13 日，习近平总书记在中央财经委员会第二次会议上指出：突破关键核心技术，关键在于有效发挥人的积极性，要发扬光大"两弹一星"精神，形成良好精神风貌。2020 年 4 月 23 日，习近平总书记在给参与"东方红一号"任务的老科学家回信时提道：要大力弘扬"两弹一星"精神，敢于战胜一切艰难险阻。2020 年 9 月 11 日，习近平总书记在科学家座谈会上的讲话中指出：弘扬"两弹一星"精神，主动肩负起历史重任，把自己的科学追求融入全面建设社会主义现代化国家的伟大事业中去。2022 年 4 月 12 日，习近平总书记在海南视察文昌航天发射场时提出：要大力弘扬"两弹一星"精神、载人航天精神，坚持面向世界航天发展前沿、面向国家航天重大战略需求，强化使命担当，勇于创新突破。2023 年 2 月 21 日，习近平总书记在主持二十届中央政治局第三次集体学习时强调：我国几代科技工作者通过接续奋斗铸就的"两弹一星"精神、西迁精神、载人航天精神、科学家精神、探月精神、新时代北斗精神等，共同塑造了中国特色创新生态，成为支撑基础研究发展的不竭动力。习近平总书记关于"两弹一星"精神的重要论述，极大地肯定了"两弹一星"精神

---

① 韩晓勇，男，青海两弹一星干部学院教师。

的重要性。从"两弹一星"精神到载人航天精神，中国共产党带领中国人民不断突破新的科技领域的难题，取得新成就，"两弹一星"事业的发展和成就极大凝聚了中华民族的民族自豪感，激发了社会创新活力。"两弹一星"精神是爱国主义、集体主义、社会主义精神和科学精神的生动体现，对于实现中华民族伟大复兴的中国梦具有重大意义。

二、"两弹一星"精神融入党员干部党性教育课程的积极意义

（一）进一步坚定党员干部的理想信念

60 年前的今天，1964 年 10 月 16 日，中国第一颗原子弹爆炸成功，巨大的蘑菇云腾空而起，"东方巨响"响彻寰宇。"干惊天动地事，做隐姓埋名人"，无数科技工作者投身"两弹一星"伟大事业中，在艰苦恶劣的环境中，以爱国之情、报国之志，创造了"两弹一星"奇迹，在"两弹一星"惊世伟业奋斗的过程中，无数科研工作者以身许党，以身许国，默默奉献，用自己的智慧、青春、热血乃至生命，铸就了伟大的"两弹一星"精神，铸就了"两弹一星"的不朽丰碑。他们身上展现的忠诚、执着、朴实的鲜明品格永远激励着后人前进，他们的事迹和贡献将永远写在共和国史册上。他们的事迹可学可做，他们的精神可追可及。一穷二白的中国，为了推动社会主义建设，党中央吹响了"向科学进军"的号角，许多身居海外的科学家，怀着对祖国的赤子之心，积极响应党和国家的召唤，毅然决然放弃国外优厚的待遇，冲破重重阻力，义无反顾地回到祖国的怀抱，广大科技工作者高举爱国主义旗帜，胸怀强烈的报国之志。在祖国的支持和帮助下，"回国不需要理由，不回国才需要理由"的彭桓武、"我想走的时候就要走"的郭永怀、"一定要回祖国去干事业"的陈能宽、"我愿以身许国"的王淦昌等一大批优秀的科学家回到祖国投身于"两弹一星"伟业，正是他们坚定的理想信念，炽热的爱国之情，让他们有了共同的追求目标。党员干部要传承弘扬"两弹一星"精神，坚定理想信念。坚定的理想信念，必须建立在对马克思主义的深刻理解之上，建立在对历史规律的深刻把握上。理想信念就是共产党人精神上的"钙"，没有理想信念，理想信念不坚定，精神上就会"缺钙"，就会得"软骨病"，就会没有骨气，就经不起诱惑，政治上变质、经济上贪婪、生活上堕落。听从党的召唤、追寻强国梦想，始终是"两弹"研制工作者最真挚的情感、最坚定的信念，也正是在这个信念的支撑下，我们国家掌握了制造核武器的关键技术，在较短的时间内成功研制出"两弹"，彰显了中华民族顽强拼搏、不畏艰难的民族精神。

作为党员干部，要进一步加强学习，深刻理解"两弹一星"精神的丰富内涵和时代价值，热爱祖国、无私奉献，不断增强对马克思主义、共产主义的坚定信仰，增强对中国特色社会主义的坚定信念，增强对实现中华民族伟大复兴的信心，始终保持顽强意志，始终坚定中国特色社会主义的道路自信、理论自信、制度自信、文化自信，努力创造无愧新时代的历史功绩。

（二）进一步提高了综合素质能力建设

20 世纪 50 年代末，随着中苏分歧扩大，苏联决定提前终止中苏签订的关于国防新技术的协定，不再向中国提供原子弹模型和生产原子弹的技术资料，1959 年 7 月，中共中央决定，自己动手，从头摸索，准备用 8 年时间把原子弹造出来，当时主持国防科委工作的聂荣臻元帅指出，"靠人家靠不住，也靠不起，党和国家只能把希望寄托在本国科学家身上"。面对艰苦的环境，本国的科学家，技术人员始终没有放弃研制核武器的信心，广大科研工作者运用有限的科研和试验手段，没有条件，创造条件；没有仪器，自己制造。他们依靠科学，顽强拼搏，发奋图强，锐意创新，把"不可能"变为"可能"，突破了一个个技术难关。他们所具有的惊人毅力和勇气，显示了中华民族在自力更生的基础上自立于世界民族之林的坚强决心和强大能力。他们突破了从"0"到"1"的阶段，为中国的科技发展、创新作出贡献。邓稼先、钱学森等"两弹一星"的元勋，依靠坚定的政治立场和政治理想，锐力拼搏，矢志奋斗。"两弹一星"事业所取得的伟大成就，都是基于其科学的战略谋划。老一辈无产阶级革命家"坚定执着追理想、实事求是闯新路、艰苦奋斗攻难关"的伟大"两弹一星"精神永远值得我们铭记和弘扬，学习"两弹一星"精神，使党员干部能够更好地明方向、学方法、增智慧、强本领，从而进一步提升政治能力、思维能力、实践能力。

（三）进一步涵养了优秀作风

在建设中国第一个核武器研制基地时，李觉在其中发挥了重要的作用，他以身作则，率先垂范，和工人一起参加劳动，一起建设厂房。在 221 基地领导干部的率先示范还有很多，胡思得院士在他的回忆中就提到，当时厂房建起来之后，是先要给技术人员住，而领导干部一律住在帐篷里面。还有 60 年代初，221 基地很少有楼房，大多数人住的都是帐篷和半地下的干打垒房子，冬天睡觉都要戴口罩，1963 年，张爱萍将军来到 221 基地，主动把自己的房子让给科技人员，自己住进了帐篷。三年困难时期，整个 221 基地建设物资无法保障，就连人们的生活都难以保障，当时的环境不得不让他们挖野菜充饥，当时的科研人员在研究室艰苦攻关，肚子提出抗议，有人就拿酱油冲一杯汤，有人挖一勺古巴糖冲一杯糖水，还有人拿出伊拉克蜜枣含在嘴里"加餐"后立即又埋头苦干，就这样坚持到下班。许多科技人员和工人因长时间缺乏营养，不少人得了夜盲症、色盲症。在 221 基地有一位厂长叫白东齐，他先后担任生产准备处、专用设备处、科研器材处的负责人，在 20 世纪 60 年代的金银滩大草原上，随处可见"白东齐"三个字，在当时基地建设期间，大批的科研器材从全国各地运往金银滩草原，在外包装箱上都写着"白东齐"，有的器材甚至价值不菲，但是在白东齐手中经过的这些昂贵器材，没有发生过一起丢失、错发，财务账目也是无一笔差错。白东齐对待家人也是大公无私，白东齐的女儿白杰当时在 221 基地一分厂工作，有一年，有推荐青年上大学的名额，那时的白杰既是团委书记又是青年党员，是最有条件竞争的，而白东齐却在总厂会议上表态说明："白杰不要上，让给工人子弟吧。"白东齐厂长在"两弹一星"事业中默默无闻，无私奉献，更是大公无私，勇于担当。"大事难事看担当，逆境顺境看胸怀。临喜临怒看涵养，群行群止看识见。"这是白东齐厂长一生的真实写照。高寒缺氧的金银滩草原，平均海拔 3000 多米，加上气候多变，昼夜温差大，一年之中竟有 9 个月都要穿棉衣，在这样的艰苦环境下，中国仅仅用了 5 年时间就研制出了自己的原子弹。自力更生、艰苦奋斗，是"两弹一星"事业取得成功的立足基点。广大"两弹一星"研制工作者在茫茫无际的戈壁荒原，在人烟稀少的深山峡谷，风餐露宿，不辞辛劳，克服了各种难以想象的艰难险阻，经受住了生命极限的考验。学习"两弹一星"精神，我们能够感受到他们的爱国热情、学术修养与工作作风。党员领导干部应该向这些无私无畏的老科学家们、工作人员学习、致敬，学习他们热忱的爱国情怀、令人敬佩的崇高品德、勇于奉献的工作作风。

（四）进一步树立了正确的"三观"

在中国第一个核武器研制基地各项建设全面展开的同时，一支来自五湖四海，忠于祖国和人民、政治素质好、业务能力强、特别能吃苦和敢打硬仗的科技人员、各级干部和广大工人组成的核工业队伍走进了神秘的金银滩。这是一支精英荟萃的科技队伍，从全国各地抽调的科技骨干和各路大军怀着"奉命于危难之间"的责任感，踏上金银滩草原，在 221 基地铺开了攻关会战的总态势，在这些有志之士中，就有邓稼先、王淦昌、彭桓武、朱光亚、周光召等一批优秀科技专家，当时，在广大科技工作者奔赴前线的一次动员讲话中，张爱萍将军就用一首诗激励广大科技工作者："青海长云暗雪山，孤城遥望玉门关。黄沙百战穿金甲，不破楼兰终不还。"这是一支忠诚坚强的干部队伍，为了加强核工业建设的领导和管理，在组建科技队伍的同时，中央到部队、机关等抽调政治可靠、身体健康的领导干部，我国核工业创建初期的各级领导干部，无论是从部队调入还是从地方来的，大多数都经历了抗日战争和解放战争的严峻考验，是无产阶级的忠诚战士，国难当头时期，为了抗日救国，他们战场拼杀，和平年代，他们放下枪杆子，投身核工业冲锋陷阵，他们既能上马平天下，又能马下治理国家，在当时的核工业领导体系中就有宋任穷、刘杰、李觉、吴际霖等一批有卓越领导才干的人才。这是一支技艺高超的工人队伍，在核工业队伍中人数最多、比例最大的是工人队伍，调来的工人 70% 以上都是党员、团员，而且都是 4 级以上技工，有的甚至是劳动模范，他们不仅政治素质高，而且技艺高超，在这支队伍里面就有袁三刀、钱镜清、叶均道等一批高级技工。"两弹一星"是中国人民在特殊历史时期创造的一项伟大事业，是中国科学家、工程师和劳动者共同奋斗的成果，更是中国共产党正确决策和坚强领导下的伟大胜利，它标志着中国在核武器和人造卫星领域具备了自主研发和生产的能力，为国家的独立、自强和安全作出了重大贡献。习近平总书记在 2023 年中央党校建校 90 周年上发表讲话提出："引导和推动领导干部不断提高思想觉悟、精神境界、道德素养，树立正确的权力观、政绩观、事业观。"干惊天动地事，做隐姓埋名人，在"两弹一星"事业中，充分彰显着人民至上的理念，"两弹一星"科技工作者干事创业的劲头，直面时代的挑战，一步一个脚印，推进科技自立自强，在他们身上体现出实干兴邦、空谈误国。在党性教育、干部教育中，要发挥党性教育干部学院阵地的作用，讲好"两弹一星"精神内涵，做到用精神学思用贯通，知行信合一，要把党性教育贯穿干部成长全周期，教育领导干部树立正确的权力观、政绩观、事业观，不断提高政治判断力、政治领悟力、政治执行力。

（五）进一步推动了"三育"融合发展

当前，在全面建设社会主义现代化国家，向第二个百年奋斗目标进军新征程的阶段，对于党员干部的能力素质培养提出了更高的要求。在 2023 年中央党校建校 90 周年大会上习近平总书记强调："理论教育、党性教育和能力建设是不可分割的有机整体，努力使理论教育更加系统深入、党性教育更加触及灵魂、能力培训更加精准高效。"面对新任务新使命，党员干部需要全面提升理论修养，锤炼党性修养，增强履职能力，在干部教育培训中要坚持理论、党性、能力"三育"融合发展，使理论教育、党性教育、能力教育互相促进，相得益彰。将"两弹一星"精神纳入党员干部党性修养的重要内容中，使理想信念更加地坚定，"热爱祖国、无私奉献，自力更生、艰苦奋斗，大力协同、勇于登攀"的"两弹一星"精神，其内涵体现的就是爱国主义情怀、艰苦奋斗的优良品质以及社会主义制度的优势。"两弹一星"精神既是理论的修养，又是能力提升的价值指引。干部教育培训要实现"三育"融合发展，必须要采取形式多样的方式方法，将"两弹一星"精神纳入党性教育课程，是思想性和学理性的统一，是理论性和实践性的统一，是灌输性和启发性的统一，是理论教育、党性教育、能力建设的有机统一。

三、结论

在人类改造和利用自然的历史上，任何一项关系全局的重大工程建设都必然对国家和民族的发展产生重大而深远的影响，也必然孕育出震撼人心、传之千古的伟大精神。"中国第一个核武器研制基地"纪念碑向世人庄严宣告，中国第一颗原子弹在这里诞生，中国第一颗氢弹在这里研制成功，它使站起来的中华民族终于有了自己的核武器，振了国威，扬了军威，大长了中华民族的志气，为打破核垄断、维护世界和平作出了历史性的重大贡献。纪念碑镌刻着600余字的碑文高度凝练了原子城的历史贡献，字字句句展现了中国共产党人的初心和使命，诠释了"两弹一星"的核心要义。可以说，"两弹一星"事业成功的背后，是一代又一代的科技工作者、工人、干部、牧民的牺牲和奉献。"两弹一星"精神是党员干部党性教育课程中最好的教科书，也是最好的清醒剂。我们要用活用好本地红色资源，赓续红色血脉，用党的奋斗历程感悟今天的伟大成就，传承党的光荣传统和优良作风，在新时代新征程上，锐意进取、奋发有为，发挥好干部锤炼党性的"大熔炉"作用。

参考文献：

[1] 刘学礼. 两弹一星精神 [M]. 北京：中共党史出版社,2020:1-221.

[2] 马丽雯. 我和我的祖国 [M]. 西宁：青海民族出版社,2013:1-87.

[3] 青海两弹一星干部学院，编. 传承"两弹一星"精神——中国青年英才论坛

文集（2020—2022 年）[M]. 北京：国家行政学院出版社,2023:1-32.

[4] 青海两弹一星干部学院，编 . 讲述中国原子城的那些事那些人 [M]. 北京：国家行政学院出版社,2023:1-54.

[5] 李鹰翔 . 两弹一艇那些事 [M]. 北京：中国原子能出版社,2019:2-26.

[6] 刘戟锋，刘艳琼，谢海燕 . 两弹一星工程与大科学 [M]. 济南：山东教育出版社 2004:1-185.

新时代青海红色文化助推青少年思政教育研究

肖全良 [①]

红色文化是中华民族在中国共产党的带领下，在努力追求民族解放、人民自由、国家富强的伟大实践中，培育形成的宝贵精神财富，是开展青少年思想道德教育最好的教科书和营养剂。党的十八大以来，习近平总书记多次强调，"革命传统教育要从娃娃抓起，既注重知识灌输，又加强情感培育，使红色基因渗透血液，浸入心扉，引导广大青少年树立正确世界观、人生观、价值观。"[1] 如何利用青海丰富的红色文化资源开展青少年思政教育，帮助青少年树立远大理想信念，厚植爱国情怀，成为当前社会教育面临的重要课题。本文从红色文化精神内涵、困境分析、途径探索等方面进行探讨，以期将青海红色文化有机融入青少年思政课堂，为青少年树立正确思想导向，从而唤醒青少年对红色文化的情感认同。

一、青海红色文化的精神内涵和教育价值

青海红色文化资源是各族群众在继承优秀传统文化的基础上，在革命、建设和改革的伟大实践中汇聚而成的精神血脉，具有鲜明的时代特征和地域特点，是社会主义核心价值体系在青海的生动体现。作为优质、独特的思政教育资源，通过挖掘提炼先辈们创造的光辉业绩、积累的丰富经验、体现的崇高精神，能针对性地使青少年了解历史真相，实现以扎实的理论说服人、以真挚的情感打动人、以丰富的实践教育人的目的。

（一）加强青少年爱国主义教育

爱国主义是中华儿女凝心聚力、开拓进取的基石，是中华民族立于世界民族之林的强大精神支柱。《新时代爱国主义教育实施纲要》中明确指出："培养社会主义

---

① 肖全良，男，青海原子城纪念馆副研究馆员，研究方向：红色文化教育。

建设者和接班人，首先要培养学生的爱国情怀，要把青少年作为爱国主义教育的重中之重。"[2] 作为特定地域的先进文化，青海本土红色文化资源包含很多贴近青少年学习生活的英雄故事、典型事例、革命文物等，这些人、事、物都彰显着真挚浓烈的爱国情怀。例如长征过程"红四方面军左纵队先遣军及随左纵队跟进之红二方面军各部先后途经今青海省果洛藏族自治州班玛县"[3]。在青海点燃了革命星星之火，留下了长征精神；80 多年前，无数忠于革命、视死如归的红军战士在青海用他们的鲜血和生命，书写了气壮山河的英雄史，形成了气壮山河的红西路军精神；利用本土红色文化资源，开展青少年爱国主义教育，有利于帮助青少年认清"根"与"魂"，深知红色政权是怎么来的？中华人民共和国是怎么来的？今天的幸福生活是怎么来的？从而倍加珍惜我党开创的中国特色社会主义事业，在今后延续先辈的足迹，提高对于中华民族历史的认识，养成文化自觉与文化自信。

（二）坚定青少年远大理想信念

习近平总书记高度重视理想信念教育，多次强调"革命理想高于天"，并结合青少年群体实际指出，"理想指引人生方向，信念决定事业成败。没有理想信念，就会导致精神上'缺钙'"[4]。种树者必培其根，种德者必养其心。铸就学生的红色之魂是发挥红色文化资源铸魂育人的重要渠道和文化传播的主要手段。具体到青少年思想教育实践，就是要让青少年筑牢道路、理论、制度和文化自信的根基。在 20 世纪五六十年代，老一辈无产阶级革命家和科学家为了祖国"两弹"事业，扎根高原、艰苦创业，秉持崇高的理想和坚定的信念，创造非凡的人间奇迹，向全世界昭示了中国人坚不可摧的信心和勇气。这种矢志不渝的精神，苦干实干的担当，能够鼓舞青少年不畏困难，奋勇争先，追寻国家富强和民族复兴的前进方向，抓住中国梦提供的机遇和机缘，在不懈奋斗中实现人生理想。

（三）锤炼青少年意志品德修为

习近平总书记多次强调："新时代中国青年要锤炼品德修为，不断修身立德，打牢道德根基，自觉抵制拜金主义、享乐主义、极端个人主义、历史虚无主义等错误思想，追求更有高度、更有境界、更有品位的人生。"[5] 在柴达木开发，青藏公路、青藏铁路修建，"两弹"研制过程中，广大建设者以超出寻常的意志品质，斗严寒、战风雪，在青藏高原充分展现了"缺氧不缺精神，艰苦不怕吃苦"的艰苦奋斗精神；在玉树抗震救灾过程中，凝聚和折射出千百年来中华民族"大爱同心、坚韧不拔、挑战极限、感恩奋进"的精神；始终不忘初心，以为人民服务、为群众解难为宗旨，坚守了一个共产党员应有的本色，草原赤子尕布龙的时代楷模精神；以上红色经典充分体现了中华民族强大的凝聚力、向心力和坚韧不拔、挑战极限的意志品质，引导青少年勤学、修德、明辨、笃实，从英雄人物和时代楷模的身上感受道德风范，从自身内省中提升道德修为，追求更有高度、更有境界、更有品位的人生，努力成为社会主义核心价值观的坚定信仰者、积极传播者、模范践行者。

（四）促进青少年民族团结交融

青海是我国重要的少数民族聚居区，在这里孕育、传承和发展的红色文化，与少数民族群众的生产生活密切相关。如中国第一个核武器研制基地选定于金银滩草原的时候，世代居住在金银滩草原上的藏族、蒙古族等少数民族群众，积极听从党和国家的号召，离开自己的家园，据《海晏县志》记载："1958 年党中央决定在海晏县境内建二二一厂，原居住群众迁往祁连、刚察、湟源等地，搬迁从 1958 年 10 月 20 日至 1959 年 3 月，共迁 1279 户 6700 名蒙、藏、汉牧民及各类牲畜 155473 头（只）。"[6] 搬迁途中历尽艰辛，各族群众为我国社会主义建设事业作出了伟大的贡献；红军长征经过班玛县时，严明的纪律和亲民的政策感化了当地的藏族群众，他们主动帮助红军筹办粮食、救治伤员、抬担架、当向导，当红军离开班玛县后，当地还自发地流传起一首思念、歌颂红军的歌谣："红军走了，帐篷空了，帐篷空了心不焦，心焦的是红军走了。"[7] 在循化县红光村，当地撒拉族群众说得最多的一句话是："红军是我们的亲人，我们是红军的后代。我们走的路是红军修的，我们住的房是红军盖的，我们去的清真寺是红军建的，红军的恩德我们世代不忘、报答不尽。"[8] 青海红色文化形成的过程，也是各民族文化交融共同进步的过程，青少年可以从中感悟维护祖国统一、促进民族团结的重要性，进而铸牢中华民族共同体意识。

二、利用红色文化对青少年开展思政教育的现实困境

青海红色文化基因库蕴含着强大的精神力量，体现着我党波澜壮阔的革命史和艰苦卓绝的奋斗史，丰富翔实的红色文化故事能够加深新时代青少年对中国共产党的初心使命和中国特色社会主义制度的认识，有益于增强政治认同，涵养正确的世界观、人生观和价值观。目前，做好我省红色文化与思政教育的逻辑互构，加强成果转化，面临着诸多困境。

（一）认知困境：省内青少年群体对红色文化认识不足

受地缘方位、社会发展和民族文化等因素影响，青海省内各地区、各民族青少年在接受红色教育方面参差不齐。一是偏远牧区青少年风俗习惯、语言隔阂等问题复杂交错，对红色文化的接收渠道有限。二是互联网、新媒体等信息渠道不断涌入，与以往牧区较为封闭的生长环境形成了强烈反差，导致青少年思想活动独立性、选择性、多变性、差异性强，价值多元、理想碎片化程度不断加深。三是受应试教育影响，青少年对于红色文化的学习机会较少，了解浮于表面，无法理解和深究红色文化背后所蕴含的革命精神和价值传承。

（二）教学困境：学校难以形成完整的红色文化教育体系

我省红色文化资源较为丰富，但在学校教学中利用率不高，尚未有效形成红色文化教育体系。一是在基础教育阶段，红色文化尚未纳入各级学校的课程设置中，仅有的思想品德教育、道德与法制等课程在现有的考评机制下容易被一些强势学科所挤压。二是缺乏面向青少年的红色文化读本或影视作品，特别是少数民族语言或文字的宣传媒介不足，导致红色文化在少数民族青少年群体中传播受到局限。三是缺乏合理规范的红色文化教育手段。红色文化教育主要以教师单向灌输为主，缺乏开展社团活动和实地研学活动的条件，难以引起学生的学习兴趣。

（三）传播困境：社会尚未形成多元参与的传播合力

红色文化教育作为社会教育的重要组成，是全社会的共同职责。目前，因资源分布等原因，红色教育尚未形成多元合力的局面。一是我省针对青少年群体的红色教育存在个人、学校、社会脱节的现象，特别是学校与红色教育基地未实现对接合作，没有能够最大限度发挥红色教育基地、纪念场馆立德树人、铸魂育人的教育功效。二是红色纪念场馆在静态历史资源转变为鲜活的现实教学资源方面挖掘不够，青少年红色文化教育针对性不强。三是对新媒体环境下大众传播的特点和规律了解不透，尤其是对"90 后""00 后"年轻人的心理特点、思维方式和受众需求等了解少，设计传播方式仍然注重政治性、理论性，强调宏大的叙事和严密的逻辑推演，因而很难引起青少年共鸣，从而影响红色文化传播的有效性和持续性。

三、青海红色文化融入青少年思政教育的路径

青少年是中国特色社会主义事业的接班人，是国家的未来和民族的希望。着力发掘整理我省特色红色资源、抓好红色基因传承、加强红色教育阵地建设，精心设计相关教育体系，用好红色资源"活教材"，对于引导广大青少年认清自己的"根"和"魂"，树立正确的价值观具有十分积极的意义。

（一）以红色资源为载体，开展红色文化教育

要充分发挥红色基因库的教育功能，就要把红色资源挖掘好、学习好、利用好，把蕴含其中的红色传统和红色基因感悟好、发扬好、传承好，让青少年接受革命精神的洗礼。一是强化对红色文化遗址的保护和开发，打造以青海本土红色文化为根基的德育课程，充分发挥革命遗址的教育功能，调动和激发学生学习红色文化的内生动力。二是建立红色资源统筹协调机制。充分发掘红色文化在青少年教育方面的价值，整合各方资源，加强信息互通，大力促成部门之间的工作衔接，结合部门特点集中发力、形成合力，全面盘活用好青海红色文化资源。三是完善青少年红色教育配套服务。注重提升吸引力和感染力，编写内容丰富、思想深刻、可读性强的红色文化教育读本，推出适合青少年的红色研学路线，全面提高青少年红色教育质量。

（二）以红色精神为依托，加强师德师风建设

教师是教育之源，教育之灵魂，强化教师队伍红色教育教学能力提升，树立大思政课理念，是开展青少年红色教育的关键所在。一是要积极探索基于学校红色文化浸润中的师德师风建设，用红色文化强师德、铸师魂，培育有理想信念、有道德情操、有扎实学识、有仁爱之心的新时代"四有"好教师。二是着力提升教师职业道德素养，引导教师队伍积极感悟红色文化精神实质，让红色传统、红色精神融入教师的内心，让教师在教学实践中成为真正的红色德育的引导者。三是加强红色师德宣传活动，广泛开展"学生评我最喜欢的老师"活动，挖掘典型，树立典型，促进红色师德教育活动的深入开展。利用公众号、师德报告会等形式广泛宣传师德师风建设中涌现的优秀教师的红色精神。

（三）以思政课堂为阵地，构建红色文化课程

传统的思想政治课给人以枯燥的形象，所以改变课堂形式，拓宽课堂内容势在必行。青海红色资源丰富，因地制宜对红色资源进行开发与利用，使红色资源的"原生价值"转化为"教育价值"。一是把传承青海本土红色文化与社会主义核心价值观教育融为一体，将以爱国主义为核心的民族精神、以改革创新为核心的时代精神与优秀传统文化教育融为一体，做到与公民道德建设教育和社会主义法治教育相结合。二是以加强青少年的思想道德建设为奋斗目标，以强基固本、立德树人为奋斗目标，

以培养中国特色社会主义事业合格建设者和可靠接班人为奋斗目标，引导青少年树立远大理想，练好过硬本领，矢志艰苦奋斗，追梦不忘初心。三是帮助青少年树立良好的个人品德、家庭美德和社会公德，引导青少年有理想、有抱负、有责任、有担当，立志实现个人梦，共圆中国梦，争做"勿忘昨天的苦难与辉煌，无愧今天的责任与使命，不负明天的梦想与追求"的青少年。

（四）以德育活动为抓手，升华责任使命担当

创新红色教育教学，要充分结合红色文化资源特点与青少年思想特征，探索实现课堂教学、校园文化建设和实践活动三结合的德育活动。一是将红色读本纳入思政课程教材，合理安排课时，充分利用学校广播站、走廊、黑板报等宣传平台和空间，构建红色文化宣传教育阵地，通过校园红色文化的熏陶和潜移默化作用，引导学生厚植爱国情怀、加强品德修养。二是针对青少年的心理特点和成长需要，对红色文化课程进行创造性的编排设计，通过情景教学、演讲、辩论等生动方式，让"红色文化"走进课堂，讲好红色故事，让红色文化真正深入广大青少年内心。三是丰富红色教育实践形式。一方面在校内积极开展红色文化教育主题活动，举办知识竞赛、演讲比赛、征文竞赛、书画比赛等活动，发动广大学生踊跃参与，让红色文化成为班级、社团建设的亮丽风景线。另一方面加强红色教育实践基地建设，完善红色文化游学实践平台。另外，各革命纪念馆、博物馆、革命遗址等阵地，可联合教育部门、团委、中小学校，合作研发实践教学课程，常态化地提供小小讲解员、青少年志愿者等实践锻炼机会，共同建设一批高质量的红色教育示范基地。设立游学"打卡"点，定期组织青少年参观各红色阵地，积极参与红色教育社会实践。加强游学精品线路建设，为广大青少年在研学中传承红色基因提供有力支撑。

注释：

[1] 李志雄 . 创新红色文化教育 引领青少年健康成长 [N]. 光明日报 ,2021.04.22 第 08 版 .

[2] 中共中央国务院 . 新时代爱国主义教育实施纲要 [EB/OL].http://www.gov.cn/zhengce/2019-11/12/content_5451352.htm.

[3] 崔永红 , 张得祖 , 杜常顺 . 青海通史 [M]. 西宁 : 青海人民出版社 ,1999:477.

[4] 习近平在同各界优秀青年代表座谈时的讲话 [EB/OL].http://www.gov.cn/ldhd/2013 05/05/content_2395892.htm.

[5] 习近平在纪念五四运动 100 周年大会上的讲话 [EB/OL].http://www. xinhuanet.com/politics/jnwsyd100zn/index.htm.

[6] 肖全良 . 基于 SWOT 分析的青海省红色文化资源开发利用研究 [J]. 青海师范 大学学报，2019（04）：81-85.

[7] 韩宏亮 . 青海省班玛县红色教育资源开发研究 [J]. 攀登 ,2013,(3):100-105.

[8] 韩军 . 红光村的红色密码 [J]. 青海党的生活 ,2016(8):41-42.

系统思维的伟大实践

——对原子弹研制"两年规划"的回顾与展望

江小生 [①]

党的十八大以来，以习近平同志为核心的党中央特别注重运用系统思维治国理政，强调看问题、办事情系统思维、统筹规划的必要性，强调全面深化改革更需要系统性、整体性、协同性。目前，核工业正积极贯彻落实习近平总书记的重要指示批示精神，推进系统思维在核领域的广泛应用。历史的经验值得注意。其实，核工业在系统思维运用、系统工程管理实践方面并不是从零开始的，原子弹、氢弹、核潜艇的研制都是成功的系统工程，原子弹的研制更是系统思维的伟大实践。

一、原子弹研制"两年规划"是改革开放前核工业最大的系统工程

我国第一颗原子弹的研究，经过 1961 年、1962 年两年自力更生的实践和艰苦攻关，核武器研制的相关工业建设取得了很大进展。核武器研制已到了从量变到质变的关键时刻，形势发展迫切需要一个清晰具体的目标和规划。经过研究分析，1962 年 9 月 11 日，二机部正式向中央写了报告，提出争取在 1964 年，最迟在 1965 年上半年爆炸我国第一颗原子弹的"两年规划"。中共中央主席毛泽东于 1962 年 11 月 3 日批示："很好，照办。要大力协同做好这件工作"。国家主席刘少奇主持召开中央政治局会议，一致批准二机部提出的"两年规划"。1962 年 11 月，二机部党组正式向中央专委报送了以 1964 年爆炸试验第一颗原子弹为总目标的《1963 年、1964 年原子武器工业建设、生产计划大纲》。从此，实施"两年规划"的原子弹研制进入新阶段，各项工作的步伐大大加快。

---

① 江小生，男，原中核集团二期二厂党委办公室副主任、党委组织部副部长、机关党总支书记，高级政工师。

我国第一颗原子弹研制的"两年规划",是中华人民共和国规模空前的科研系统工程,也是改革开放前核工业最大的系统工程。实践证明,"两年规划"是一个优良的符合国情的科学规划,无论是从其发挥的实际作用还是历史地位来看,丝毫不逊色于美国的"曼哈顿计划"和"阿波罗计划"。

二、"两年规划"得以实现的主要因素

"两年规划"之所以能够圆满完成,不是偶然的和无缘无故的,而是具有历史必然性的。其主要得益于以下因素:

(一)顶层设计,目标明确

我国对于建设自己的核工业是早有考虑的。1955年9月,《关于我国制定原子能事业计划的一些意见》就已出台,同年12月,进一步修订成《关于1956年至1967年发展原子能事业计划大纲(草案)》。《大纲》提出的方针是:"在苏联大力援助下,积极地建设我们自己的原子能工业,使我国以最近代的科学技术,发展国民经济,巩固国防。"《大纲》以建设一批生产和动力两用反应堆为中心,提出创建我国核工业的设想。1956年1月14日,国务院总理周恩来在中共中央召开的关于知识分子问题会议上的报告中,强调指出发展原子能事业的重要意义。他说,"科学技术新发展中的最高峰是原子能的利用,原子能给人类提供了无比强大的新的动力源泉,给科学的各个部门开辟了崭新的远大前途。"同年上半年,在周恩来、陈毅、李富春、聂荣臻直接领导下制定的中国1956年到1967年科学技术发展远景规划,把原子能和平利用列为规划的第一项重点任务。中共第八次全国代表大会通过的关于发展国民经济第二个五年计划的建议,也把发展原子能事业作为经济建设的一项重要任务。

二机部根据国际国内形势和原子弹研制的工作进程,适时提出"两年规划"。值得注意的是,我国研制原子弹的"两年规划"是一个非常宏大的计划,但放在整个国家国民经济发展大框架下来看,就是一个"小"计划,一个"小"系统,是国家大计划的具体化和贯彻落实,是服从和服务于国家大计划的。

"两年规划"的目标明确具体,就是在1964年爆炸第一颗原子弹。从这个要求出发,围绕原子弹研制试验的需要,按各个环节承担的任务进行分解,分系统、分方面、分层次落实到各部门、各单位。各部门、各单位再按照任务和进度的要求,具体落实到执行单位和责任人,定人、定时、定措施,使计划前后衔接,步步落实,具

有很强的可操作性。

（二）整体推进，组织得力

"两年规划"较好地把握了系统化概念和全局观念，是在系统概念和全局观念指导下进行的，无论是规划的调研、起草，还是规划的组织实施，都没有偏离系统化的核心思想和大局意识，科学地应用系统工程、系统分析的方法，把完成任务有关的研究、设计、试验、生产单位、部门组成一个前后呼应、左右协调的系统和若干分系统，以便控制和反馈快捷及时。每个单位都不是孤立的，都是系统中不可或缺的节点。

对于"两年规划"，二机部计划局的程鹏由于不了解全局情况，对规划可行性、二机部领导工作作风、企业管理存在的问题等方面，以向上级领导写信的方式提出了质疑，引起了中央领导的高度重视。为此，国务院副总理、国防工业办公室主任罗瑞卿报请周恩来同意，派出联合检查组从二机部部机关到基层厂、矿、院、所，花了 3 个多月时间，对二机部工作和"两年规划"落实情况进行全面检查。检查组从总体上肯定了"两年规划"，同时也指出了存在的问题和突出的薄弱环节，认为"从现在起就切实抓紧，也还没有发现有什么一定不能解决的问题。因此，现在就动摇决心，改变进度，也是没有根据的"。

二机部在抓矿山、核燃料厂的生产建设、设备材料试制、原子弹研制及条件保障等方面的工作是得力的，但由于原子弹技术的复杂性和高度综合性，跨学科、跨领域、跨层次，靠一个部门很难完成研制任务，需要全国各方面配合。为加强对原子能工业的领导，并在必需的人力、物力上进行具体调度，及时解决在研究设计和生产建设中所遇到的问题，1962 年 11 月，中共中央发出成立"中共中央十五人专门委员会"的通知。中央 15 人专门委员会（简称中央专委）由国务院总理周恩来，副总理贺龙、李富春、李先念、薄一波、陆定一、聂荣臻、罗瑞卿以及国务院和中央军委有关部门负责人赵尔陆、张爱萍、王鹤寿、刘杰、孙志远、段君毅、高扬组成，周恩来任主任。委员会是一个行政权力机构，任务是加强对原子能工业建设和原子武器研究、试验工作的领导。委员会下设办公室，作为日常办事机构，由罗瑞卿任主任，赵尔陆、张爱萍、刘杰、郑汉涛任副主任。办公室设在国务院国防工业办公室（简称国防工办）。毛泽东作出"要大力协同做好这件工作"的指示，成为原子弹研制的总动员令；周恩来主持的中央专委是组织执行这个总动员令的总指挥部。由于中央专委强有力的组织领导，核工业建设和核武器研制进入新阶段，各项工作步伐大大加快。在中央专委成立到我国第一颗原子弹装置爆炸成功之前的这段时间内，共召开 9 次会议，讨论解决了 100 多个重大问题。

（三）分工合理，大力协同

中央批准"两年规划"后，二机部立即在各方面、各系统进行紧张动员，力争实现既定目标。中央经过一段周密的计划与组织工作，上下结合，左右配套，编制了落实规划的详细计划。这个计划包括了核工业的地质勘探、矿山开采、工业生产、武器研制、科学研究、设备制造、工程建设、运输通信、安防卫生、保卫保密等各个环节。每个环节又都按照 1964 年年底实现第一颗原子弹成功爆炸这个总目标，把各项任务进行分解，分系统、分方面、分层次落实到各部门、各单位。

在中央专委直接组织领导下，全国各地区、各部门迅速形成大力协同攻关会战的动人场面。党政军民学、东西南北中，都为核工业建设大开"绿灯"。全国先后有 26 个部（院），20 个省、区、市（包括工厂、科研机构、大专院校共计 900 多家单位）参加攻关会战。在全国各地区、各部委、各部队大力协同下，经过核工业战线广大职工艰苦努力，"两年规划"的各项任务按照计划顺利进行，整个工作出现势如破竹、节节胜利的局面。地质勘探、铀矿开采、铀转化生产都提前完成计划，按时提供了合格的六氟化铀产品。铀浓缩厂于 1964 年 1 月取得合格高浓铀。1964 年 4 月浇铸出铀 –235 和铀 –238 毛坯，随即加工出第一套原子弹核部件。

（四）措施有效，执行到位

为顺利实现"两年规划"，保证各项计划的按期完成，防止工作中的松劲和疏忽，二机部将工作按时间反复进行倒排和顺排。倒排即按最终完成日期往工作起步阶段排，借以暴露工作衔接中的矛盾；顺排即按工作向前推进的顺序往最终目标排，借以安排进度，定人、定时、定任务、定措施，使计划步步落实。在这个基础上，再进行全部范围的综合平衡，使之前后衔接，左右配套，有条不紊，环环相扣，最终把实现"两年规划"的各项要求都落到实处。

在"两年规划"实施过程中，相关单位从党和国家大局出发，不讲条件，不讲价钱，克服困难，出色完成了国家专委和具体责任单位二机部交给的任务。在原子弹研制过程中，最大的协同单位是中国科学院，其下属 20 多个研究所会同国防科委、冶金部、化工部、石油部、机械部、航空部、电子部、兵器部、邮电部、清华大学、南开大学等,在尖端技术研究、专用设备和新型材料研制等方面,都做了大量的工作,完成了近千项重大课题。

(五)成效显著,影响深远

中国第一颗原子弹的研制无疑具有里程碑意义,"两年规划"发挥的作用不可低估。周恩来说,"有了规划就有了轨道"。"两年规划"牵引原子弹研制、核工业建设和核燃料生产进入快车道,各项科研生产任务按计划如期或提前完成。实践证明,"两年规划"符合系统工程运作的特点和规律,各方面资源和力量得到了最佳组合,形成"组合拳"和"大兵团"优势,用时较短,费用较省,在我国科技、经济、工业实力都比较落后的情况下,取得了出人意料的效果和成就。1965 年年底,我国核试验基地召开规划会议,提出氢弹科研、生产的两年规划,确定"突破氢弹,两手准备,以新的理论方案为主"的方针,中央专委随即批准了这个规划。不难看出,在加快氢弹研制过程中,也采取、借鉴了原子弹研制"两年规划"相类似的指导思想和科学方法,因此氢弹研制同样取得了成功。

三、"两年规划"的启示

习近平总书记强调,"系统观念是具有基础性的思想和工作方法"。在当前百年未有之大变局下,核工业在突破"卡脖子"技术、强化国家战略科技力量的使命面前,不能当旁观者,必须胸怀大局,自觉运用系统观念,推进系统工程。原子弹"两年规划"为我们努力开创新时代核工业高质量发展新局面提供了方法论启示。具体来说,主要是在搞好四个"三结合"上下功夫。

(一)在干部、科技人员、工人的结合上下功夫

在第一颗原子弹研制过程中,干部、科技人员、工人"三结合"是做得相当不错的,大家发扬技术民主,互相切磋,互相尊重,解决了很多问题,为加快原子弹研制速度是有贡献的。实事求是地说,现在这三部分力量的结合上有所淡化,甚至不大为人们提及。在个别地方和领域,存在领导干部与一线工人互不买账,搞业务的与搞行政的互相轻视的现象。我们很有必要重新叫响干部、科技人员、工人"三结合"。这也是我们的传家宝。凡是实践证明管用的方法,不管多么"古老",我们都不能抛弃。

(二)在设计、研究、生产环节的紧密结合上下功夫

在原子弹研制过程中,二机部成立了核武器管理局即二机部九局,后来又成立了核武器研究所即九所,后来又成立了核武器研制工厂即二二一厂,但是,后来有

一个时期，九局、九所、二二一厂基本上"三位一体"了，李觉也肩挑局长、所长、厂长三职。这种体制，对于互相学习、取长补短大有裨益，对于加快原子弹研制速度也功不可没。现在与当年当然情况不同，但是设计、研究、生产环节一定程度上存在的脱节现象值得注意。分工越来越细是大势所趋，但分工不等同于分割，在上项目的时候，不能搞设计的只管设计，搞工艺研究的只管研究，搞生产的只管生产，你搞你的，我搞我的，你不理我，我不理你，画地为牢，各管一摊。如果缺少合作与交流，出问题是必然的。比如设计不合理，与工艺不匹配，生产现场的设备坏了，居然检修空间过小甚至没有。出了问题后，已经造成损失了再互相埋怨、互相指摘就晚了。2019 年 7 月，核化冶院、核四院整合组建中核矿业科技集团，打响了新时代核工业科研院所改革的第一枪，这是非常正确和及时的。时至今日，"1+1 ＞ 2"的协同效应不断显现，科研、设计和工程应用进一步实现了一体化融合。今后，核工业还必须进一步打破单位与单位、单位内部不同部门的人为分割，设计、研究、生产环节的紧密结合，才是产业链发展壮大的真谛。

（三）在公有制与非公有制、体制内与体制外、行政命令与市场杠杆的紧密结合上下功夫

目前，我国所有制结构已从单一公有制变为公有制为主体，多种所有制经济共同发展。核工业也需要顺应所有制结构的变化，在发展过程中需要正确对待和处理所有制关系，不能作茧自缚，既要利用公有制单位为己服务，又要让非公单位为我所用，使体制内、体制外的力量都成为核工业强筋壮骨的新鲜血液，发挥好体制内行政命令与体制外市场杠杆的双重作用，使公有制与非公有制、体制内与体制外、行政命令与市场杠杆紧密结合，形成功能互补、良性互动的协同发展、改革、创新新格局，提高核工业产业链、供应链、创新链整体效能。目前，核工业正在积极推动重点单位混合所有制改革及股权多元化，激发企业活力，并将其作为下一步改革的重点方向。浙江三澳核电站成为中国民营资本首次参股投资民用核电项目的第一个核电站。

（四）在实施新型举国体制、激发人的精神动力、释放人的最大潜力的紧密结合上下功夫

我国第一颗原子弹是集体智慧的结晶，是举国体制的产物。举国体制的优势在新的历史时期并没有暗淡，而是显得愈发珍贵。今天我们在突破"卡脖子"关键、

核心技术方面，必须继续用好社会主义制度这个"杀手锏"，集中优势兵力，组织全国大协作，加强统一领导、统一规划、统一组织，形成整体合力。我们要清醒地认识到，我们在某些技术关键环节上不能取得突破，表面上看是"点"的问题，实质上往往是系统功能上的缺陷和不足，所以，没有"面"的合力，没有"面"的联动和集成，互相配合、相互促进、相得益彰，"点"的突破往往困难重重。我们知道，研制原子弹是中国人智慧、潜力、创造力、积极性的大释放大爆发。苏联的毁约停援，不但丝毫没有摧毁中国人打造大国利器的决心和意志，反而激发了人们坚持独立自主、自力更生研制原子弹的热情和斗志，没有奖金，没有加班工资，人们依然没日没夜，废寝忘食，即便在三年困难时期基本生存条件都面临挑战的情况下，也没有怨天尤人，释放出前所未有的潜力，办成了很多出人意料的事情，促成了中国自行研制原子弹的历史性转折，在较短时间内高速度、高效率研制出了一颗"争气弹"。我们必须继续珍视这一宝贵精神遗产，探讨在新的历史条件下如何将实施新型举国体制、激发人的精神动力、释放人的最大潜力三者紧密结合的途径和方法。

四、对"两年规划"的延伸思考

（一）在核工业重大工程中建立技术指挥系统与行政指挥调度系统

在核工业重大工程中，充分发挥好各类人才的作用，尤其是如何充分发挥好技术人才与行政指挥人才的作用，是一个值得探讨和重视的命题，而建立技术指挥系统与行政指挥调度系统，是一个被国防科技重大工业工程实践证明为屡试不爽的做法。分为两条线的好处是，工程技术人才与行政指挥调度人员能各得其所，各扬其长，使工程技术人员大胆负责，自己的专业技术知识有用武之地，同时规避少数不必要的行政干预，防止行政指挥调度权力扩张惯性带来的对技术指挥系统权力的蚕食与压缩。当然，技术指挥系统的权力也是有边界的，也不是不受约束的"脱缰野马"。建立技术指挥系统与行政指挥调度系统互相支持、互相成全的机制，需要行政指挥调度系统的宽广胸怀和事业为重的使命感，需要有为核工业出成果、为国家出大成果的责任感和紧迫感。

（二）建立核工业大数据库

系统工程需要系统数据。在信息技术日新月异的今天，系统数据是一个宏大工程成为系统工程的前提和基础。建议依托权威机构，建立覆盖全产业链的核工业大数据库，为核工业提供智能化转型的基础保障，作为打造"数字核工业""智慧核工业"的重要举措，上为国家部委提供决策支持，下为核工业发展提供信息服务。现在，涉核集团基本上都有自己的大数据，或者在朝这个方向不懈努力，但整个核工业还没有建立覆盖所有市场主体的大数据。由谁来建，如何来建，都是一个有待解决的问题。

（三）加强基础研究

回顾核工业的发展历程，无论是"两弹一艇"的研制，核武器的小型化，还是核动力技术的进步及核电产业的发展，无一不是先从理论突破开始的，而理论突破的前提就是加强基础研究。俗话说，基础不牢，地动山摇。对高科技密集的工业或产业而言，完全可以说，"基础不牢，风雨飘摇"。我国芯片产业就是一个典型的例子。所以，核工业要进一步改革和完善考核制度，对科研院所来说，不能单纯地以经济效益论英雄，要淡化对经济指标的考核，提高对科研院所不挣钱、只花钱的容忍度，更重视科研院所的"前"途而不是"钱"途。自然，对科研院所既不能急功近利，揠苗助长，又不能放任自流，野蛮生长，对科技成果还是要考核的，只是需要设置科学合理的考核指标体系。

（四）加速创新人才培养

"两弹一艇"的研制史，也是创新人才的培养史，更是一部科技民主史。几乎"两弹一艇"的每一个重大突破，都闪烁着科技民主、学术民主的光芒。遗憾的是，这种优良的作风后来有所淡化。在具体的科研工作中，我们需要的是"百花齐放""百家争鸣"，而不是唯唯诺诺，畏畏缩缩，"不敢越雷池一步"，把"统一思想""与领导保持一致"作为压制技术民主的借口与明哲保身的不二法门，实践上是非常有害的。1964 年 6 月下旬，我国自行研制的首枚近程导弹"东风二号"的发射任务正在酒泉卫星发射中心执行。由于当时天气格外炎热，推进剂温度升高汽化严重，最终造成推力不够，导弹打不到预定落点。按照顺向思维，最好的办法是增加推进剂。可是导弹燃料储备箱容量有限，根本加不进去。研究人员为此开会讨论，争论异常热烈。一想到已加注的导弹如不及时发射就会变成废物一堆，众多讨论者中军衔最低、不到 30 岁的年轻人王永志霍地站起来提议，既然加不进燃料，何不卸掉 600 公斤"死重"燃料？会议一下安静下来，继而发出反对之声。会后，王永志再三思量，鼓起勇气，找到近程导弹发射技术总指挥钱学森。钱学森眼睛一亮，立马找来总设计师，交代照办。果然，导弹卸掉一些推进剂后射程变远，连续三发都成功了。王永志是幸运的。

他碰上了开明的好伯乐。核工业需要进一步营造"王永志们"脱颖而出的土壤和环境，还需要涌现更多慧眼识才的"钱学森"们。我们想，思路开阔、喜欢逆向思维的"刺头""钻牛角尖"的人大显身手之日，就是核工业大展宏图之时。核工业加速创新人才培养，任重而道远。

总之，系统思维对实施新时代核工业发展战略非常重要，要将系统思维、系统方法贯穿到每一个核工业单位、每一个核工业从业者的日常工作、学习中，成为我们的习惯，善于把握重点与要害，不断提升驾驭复杂局面的能力，将原则性与灵活性有机结合，提高工作本领，跳出小圈子，立足大视野，树立大局观，实现大协同，完成大目标，为核工业赋能，促进核工业"裂变式""聚变式"发展。

参考文献

[1] 李觉 , 等 . 当代中国的核工业 [M]. 北京 : 中国社会科学出版社 ,1987.

[2] 王寿君 . 中国核工业集团公司发展史（1955-2015 年）[M]. 北京 : 中国原子能出版社 ,2018.

[3] 武力 , 主编 . 产业与科技史研究 : 第六辑 [M]. 北京 : 科学出版社 ,2019.

[4] 孙勤 . 浴火重生 [M]. 北京 : 中国原子能出版社 ,2015.

"两弹精神"在九所青年科技人员中的传承与弘扬的思考

杨绪河　沈隆钧　李佑明　李绍孟　柳进转　张世泽　王桂　曾自立[①]

一、"两弹精神"生成的历史背景

伟大的时代，神圣的事业，造就了一支功勋卓著的无名英雄群体，培育凝结出九院人的优良传统和"两弹精神"。

1949年10月1日，中华人民共和国的成立改变了世界的政治格局，开启了中国社会主义革命和建设的伟大时代。正当中华儿女踏上为实现中华民族伟大复兴的历史征途时，美帝国主义却千方百计妄想将新生的红色中国扼杀在摇篮之中，他们多次扬言，要对中国使用核武器，实施核打击，对我国进行核威胁、核讹诈。此外，他们还纠集一伙西方国家一起对我国进行全面的经济封锁、军事包围和政治围堵。这不但严重威胁着我国的国家安全与发展，而且也威胁着世界和平。

为了打破美帝国主义的核威胁和核垄断，保卫国家安全，维护世界和平，1955年1月15日，以毛泽东为首的党中央高瞻远瞩，审时度势，毅然作出发展中国原子能事业的战略决策。1956年4月，毛泽东主席在《论十大关系》的报告中再次强调，"我们不但要有更多的飞机和大炮，而且还要有原子弹，在今天的世界上，我们要不受人家欺负，就不能没有这个东西"。为了实施党中央和毛主席的伟大战略决策，1958年7月，二机部决定建立中国第一个核武器研制机构——北京第九研究所（九院前身）。从此，开启了九院人创建和发展核武器这一神圣事业的伟大征程。

中华人民共和国成立时，中国共产党从国民党手中接收的是一个一穷二白、千疮百孔、破烂不堪的旧摊子。国民经济、科学技术十分落后，工业基础非常薄弱，工作条件和人民生活非常艰苦，人才极为匮乏。中国核武器研制事业起步十分艰难。

[①]　作者均为中国工程物理研究院（九所）科研人员。

1959 年 6 月，苏联又突然单方面撕毁援助协定，撤走全部专家，带走图纸资料，让我国刚刚起步的核武器研制事业雪上加霜。他们扬言"离开苏联的援助，中国核技术将处于真空状态，估计二十年后你们也搞不出原子弹"，这激起了九院人极大的愤慨。

党中央、毛主席发展中国原子能事业的号令发出之后，中国一批批优秀的科技专家，包括一些在国外已经做出杰出成就的科学家王淦昌、彭桓武、郭永怀、朱光亚、陈能宽、邓稼先、周光召等，怀着满腔爱国之情，报国之志，毅然决然放弃已有的优越的科研和生活条件，改变自己原来的科研方向，响应党和国家的号召，义无反顾，隐姓埋名，投入到核武器研制这一神圣而伟大的事业中。1958 年后，每年又有一批批中国自己培养的优秀的应届大学毕业生和研究生，怀着强烈的历史使命感、光荣感和责任担当，高高兴兴喊着到边疆去，到最艰苦的地方去，到祖国最需要的地方去的口号加入中国核武器研制队伍。他们和九院广大干部、工人一起，始终怀着富国强军的崇高信念，自觉把个人理想与祖国命运、个人志愿与事业需要紧密结合起来，把对祖国的无比热爱化作执着追求、矢志奋斗的实际行动。多年来，他们在科研生产实践中大力发扬奋发图强，献身事业；自力更生，艰苦创业；团结协作，集体攻关；科学求实，开拓创新；不计名利，甘当无名英雄的精神，完全依靠自己的聪明才智，用较少的投入和较短的时间，先后突破了原子弹、氢弹等尖端技术，取得了举世瞩目的辉煌成就，打破了美、苏等国的核垄断、核讹诈，为保卫国家安全，维护世界和平，增强综合国力，提高国际地位，振奋民族精神作出了重大贡献。

为了赶超美苏，九院人不骄不躁，不断创新，奋力进取，又先后突破了中子弹和核武器小型化等关键技术。九院人在突破"两弹"实践中培育的优良传统在弘扬传承中又得到进一步丰富和深化。2002 年中共中物院四届八次全会通过的《中物院文化建设纲要》，将九院人几十年来培育、弘扬的优秀传统凝练为："铸国防基石、做民族脊梁"的核心价值观和"爱国奉献、艰苦奋斗、协同攻关、求实创新、永攀高峰"为核心内涵的九院"两弹精神"。

二、"两弹精神"的核心内涵

（一）爱国奉献

热爱祖国、无私奉献是九院人将其深厚的爱国之情、坚定的报国之志化作献身祖国核武器事业思想和行动的结晶，是九院"两弹精神"的基石，也是对所有从事核武器事业工作者的基本要求。

爱国之情是树立报国之志的思想基础，报国之志是做出救国、兴国、强国实际行动的前提。一个人爱国之情愈强烈，报国之志就愈坚定，只有牢固树立起矢志不渝的报国之志，才能做出无私奉献、报效祖国的实际行动。

几十年的历史证明，九院人是热爱祖国无私奉献的楷模。王淦昌、彭桓武、郭永怀、朱光亚、邓稼先、周光召、于敏等就是九院人的杰出代表。王老的"以身许国"；彭公的"回国是不需要理由的，学成后不回国才需要说说理由"；老邓调到九所时对妻子说的"我的生命就献给了未来的工作，这件事做成功了，就是为它死了也值得"；光召同志得知祖国核武器事业急需人时，主动请缨回国参加原子弹的科技攻关等，这些说不尽的生动故事激励了九院几代人的成长与进步。

（二）艰苦奋斗

自力更生、艰苦奋斗是九院人将其报国之志化作富国强军信念而献身核武器事业的历史征程中所呈现出的思想和精神面貌的真实写照，是九院"两弹精神"的精髓。

核武器研制事业是中国前人从未做过的一项宏大、艰巨而复杂的大科学、大工程，从一开始就面临各种困难和挑战。

1. 自然环境极其恶劣：高寒缺氧、阴冷潮湿、高温酷暑、工作环境危险。

2. 工作、生活条件极其艰苦：资金紧张、技术落后、仪器设备、计算工具简陋短缺。衣、食、住、行都很艰苦。

3. 美苏等有核国家对我国进行核封锁和核遏制。核武器核心技术不可能购买引进。

4. 科技创新过程中从必然王国走向自由王国必然遇到的一道道科技难关。

在党中央、国务院、中央军委的坚强领导下，全体九院人认真贯彻中央独立自主、自力更生研制核武器的方针，在青海高原，戈壁荒滩，深山峡谷极其恶劣的自然环境下，在国民经济、人民生活极其艰苦的条件下，想尽各种办法克服资金紧张，仪器设备、计算工具简陋短缺带来的种种艰难险阻，冲破美苏等国的核封锁、核遏制，自力更生，艰苦奋斗，不畏艰险，奋力拼搏，用较短的时间、较少的投入先后攻克了原子弹、氢弹、中子弹和核武器小型化等尖端技术，为祖国建立了丰功伟绩。建院初期，理论部在邓稼先带领下从读三本书起家，用算盘、计算尺、手摇计算机等进行科学计算；实验部在王淦昌、陈能宽领导下一把铝壶"闹革命"，胶布、胶带、万能胶成为他们的三大法宝等感人场景仍然历历在目。九院人在几十年的奋战征程中所呈现出来的自力更生、艰苦奋斗的精神为国人树立了一个光辉榜样。

（三）协同攻关

大力协同、集体攻关是九院所从事的事业特质所必需的，也是九院人完成多次里程碑意义的重大突破的重要保证。

核武器研制是一项庞大的系统工程，涉及诸多部门、众多学科，不是一个部门、一个单位能够完成的。因此，客观上要求各部门、各学科的人们必须大力协同，紧密配合，同心同德，共同努力，才能攻克一道道科技难关。大力协同、集体攻关是九院人取得历次重大突破的一大法宝。

九院人怀着强烈的历史使命感和责任担当，遵照毛泽东主席"要大力协同，做好这件工作"的指示，发扬社会主义、集体主义精神，按照党中央、国务院全国一盘棋的工作部署，服从大局，做好本职工作。院内一直坚持理论与实验相结合，专家与群众相结合，干部、技术人员、工人相结合，依靠群众智慧，群策群力，集体攻关，从而取得一次又一次重大技术突破，向祖国和人民交了一份满意的答卷。攻克原子弹时期的"九次计算""草原大会战"，攻克氢弹时期的"群众鸣放会""上海百日会战"，小型化研制中的"五朵金花""多种外源方案"等都是我院大力协同、集体攻关的典型事例，被彭桓武先生高度概括为"集体集体集集体"。

（四）求实创新

追求真理，修正错误，求真务实，不说假话、空话是每一个科技工作者必须恪守的道德底线。

创新是一个民族进步的灵魂，也是引领发展的第一动力。一个科研单位的生命力在于创新。几十年来，九院人在研制核武器过程中始终坚持尊重科学，实事求是，按科学规律办事，遵照周恩来总理"严肃认真、周到细致、稳妥可靠、万无一失"的要求，勇于创新，善于创新，在求实创新道路上表现出高度的自觉和坚守。不管是在突破原子弹时期的"九次计算"中，还是在突破氢弹时期的多路探索的鸣放会上，以及军管时期二二一厂"三大案件"和"三炮不出中子"学习班上，以王淦昌、彭桓武、郭永怀、朱光亚、陈能宽、邓稼先、周光召、于敏等为代表的九院广大科技人员所表现出来的坚持真理、修正错误、求真务实、不说假话、追求卓越、勇于创新等精神，是九院事业得以"日新日新日日新"的重要保证。

（五）勇攀高峰

永攀高峰是九院几代人长期以来孜孜不倦的追求。继突破原子弹、氢弹以后，九院在中子弹、小型化、武器化，以及强激光等高科技领域都相继取得了举世瞩目的成就。

科学无止境，创新永不断，攀登永不停。追求卓越，不断进取，勇于赶超世界先进水平是九院人的可贵品质，它为九院接连取得一个又一个具有里程碑意义的重大突破提供了强大的驱动力。

三、"两弹精神"生成的基础

（一）共产党的教育，毛泽东思想的哺育是九院优良传统"两弹精神"培育、弘扬的基石

1. 党中央、毛主席发展原子能事业的伟大战略决策和"我们进入了这样一个时期，就是我们现在所从事的、所思考的、所钻研的，是钻社会主义工业化，钻社会主义改造，钻现代化的国防，并且开始要钻原子能这样的历史的新时期。""敌人有的，我们要有，敌人没有的，我们也要有。原子弹要有，氢弹也要快。管它什么国，管它什么弹，我们都要超过。"等指示，使九院人深深感到自己所承担的历史责任的艰巨、重大和光荣，从而人人下定决心，不怕牺牲，宣誓将自己的一生奉献给祖国的核武器事业。党中央、毛主席一声令下，九院人开始了向着突破"两弹"的目标冲锋陷阵，勇往直前，不达目的，死不瞑目。

2. 党中央、毛主席关于祖国利益、人民利益高于一切和全心全意为人民服务，大公无私、无私奉献、不计名利、甘当无名英雄等的教导，使九院人牢固树立起社会主义人生观和"铸国防基石，做民族脊梁"的核心价值观。

3. 党中央、毛主席关于爱国主义、社会主义的教育，培养出了九院人强烈的爱国、爱党、爱社会主义的情怀和高度的主人翁精神、强烈的富国强军的历史使命感，和责任担当。

4. 党中央、毛主席长期的社会主义、集体主义教育和"要大力协同做好这件工作"的指示以及全国一盘棋的工作部署使九院人培育出团结协作、集体攻关的优良传统和作风。

5. 党中央、毛主席关于自力更生、艰苦奋斗和敢于斗争，敢于胜利，在战略上蔑视敌人，在战术上重视敌人等教导，极大地增强了九院人战胜一切艰难险阻，赶

超世界先进水平的信心和勇气。

6.毛泽东的《矛盾论》《实践论》和《人的正确思想是从哪里来的》等哲学著作是九院人进行科技攻关和科技创新的指路明灯，培育出了九院人的科学求实、开拓创新精神。

（二）九院各级党组织强有力的思想政治工作为核武器事业的发展不断注入生机和活力，有力推动了"两弹精神"的培育、弘扬和传承

建院之初，周恩来总理就明确指出九院的事业具有"高度的政治思想性、高度的科学计划性和高度的组织纪律性"，并提出"严肃认真、周到细致、稳妥可靠、万无一失"的要求，为核武器事业的组织管理和思想政治工作指明了基本方针。几十年来，九院的各级党组织根据不同时期国内外环境的变化和任务特点，不断加强和改进思想政治工作，紧跟时代步伐，紧贴事业发展，围绕中心，服务大局，为核武器事业的发展不断注入新的生机和活力，从而保证了九院的优良传统不断弘扬和传承。

（三）九院第一代党政领导和老科技专家的表率示范作用，直接引领了九院优良传统的培育和弘扬

九院第一代党政领导和老科技专家是"两弹精神"的践行者、引领者。以李觉、吴际霖、彭非等为代表的九院的第一代党政领导和以王淦昌、彭桓武、郭永怀、朱光亚、陈能宽以及邓稼先、周光召、于敏等为代表的科技专家，他们亲身感受到近百年来中华民族受到的耻辱，深知落后就要挨打的道理。中华人民共和国的成立使他们看到希望、光明与美好未来。祖国一声召唤，他们立马放弃优越的工作和生活环境，放弃自己已有成就的科研工作，从国外回到国内，从大城市到高寒缺氧的大西北，义无反顾、隐姓埋名、无私奉献。他们高尚的思想情操和行为为九院人树立了光辉的榜样。他们以身作则，率先垂范，言传身教，直接影响了九院几代人的成长与进步，引领了九院"两弹精神"的培育、弘扬和传承。

（四）第一代九院人是"两弹精神"的主要弘扬者、传承者

第一代九院人（这里特指"两弹"突破前进九院的干部、知识分子和工人），在党的领导和教育下，将毛泽东思想内化于心，外化于行，在突破原子弹、氢弹伟大科学实践中，以老一辈科学家为榜样，身体力行，共同培育和弘扬了九院"两弹精神"并为后人留下了这一宝贵的精神财富。

第一代九院人大都生在旧社会，长在红旗下，从小接受共产党的教育，受到毛泽东思想的哺育，他们打心眼里爱国、爱党、爱社会主义。他们都是中华人民共和国的受惠者。1958年后分配到九院的大学生们，是党一手培养出来的知识分子，他们既有高度的主人翁精神又有强烈的爱国情怀。当美帝国主义对我国进行核威慑、核讹诈时，当苏联撕毁协定、撤走专家、断绝援助时，他们深深感到民族危机和历史使命。当组织上把他们分配到九院工作时，他们产生了强烈的光荣感、自豪感和历史使命感。他们下定决心，不怕牺牲，敢于担当，决不辜负党和人民的信赖和期待，誓把自己的一生献给祖国的核武器事业，这是培育和弘扬九院"两弹精神"的坚实思想基础。

四、九所弘扬传承"两弹精神"的一些做法

20世纪80年代，九所面临着两方面的挑战。

一是人才断层日益突显。眼看九所第一代科研人员（特指1966年以前毕业的大学生）很快就要集中退休。可是，由于"文革"十年，大学停招，十多年九所补充的青年科研人员极少。直到20世纪80年代初，才有少量1978年恢复高考后的大学毕业生进所，但是数量仍然很少，而且基本上是普通高校的毕业生，清华、北大等一流高校的毕业生很难要到。不管是数量还是质量都远远不能满足九所科研生产的需要。随着改革开放的深入，青年学生的人生观、价值观呈现多元化趋势，加之学生的就业方式也由指令性计划分配改为双向选择。青年科技人员进不来、稳不住的问题一直困扰着九所领导。后继乏人，人才断层的局面摆在九所面前。

二是改革开放，中国由计划经济转向市场经济，国外各种思潮也陆续涌入中国，人们原有的单一的人生观、价值观开始分化。在国内外大环境的影响下，九所老一代科技人员中开始出现与九院的优良传统、"两弹精神"相悖的思想和行为的苗头。九院"两弹精神"淡化甚至失传的风险绝非杞人忧天。面对新的形势，九所党委采取有力措施，想尽各种办法改变这种局面。一方面想方设法在老一代科技人员中大力弘扬九院优良传统，使其不受外界干扰冲击，另一方面在培养新一代核武器科技人员方面下大力气，努力解决九所后继乏人、人才断层的问题。

（一）扶正祛邪

多年来，九所接连不断开展学先进赶先进活动，大力宣讲各级劳动模范和先进工作者的先进事迹。运用榜样的力量，扶正祛邪，传播弘扬"两弹精神"。从20世

纪 80 年代初开始，除了开展向所外一些先进人物（如蒋筑英等）学习外，九所还重点学习宣传内部大家身边熟知的先进模范人物。如全国劳模于敏、部级劳模胡家赣和张信威、全国三八红旗手陈雅梅，以及宋大本、刘嘉树、关秀荃等先进个人，还有 109 丙机组、中物院九二科技攻关先进集体三室、四室等优秀集体。通过这些活动在九所树立了大家学习的榜样，弘扬了正气，凝聚正能量，"两弹精神"更加深入人心。九所这一做法，曾在 1986 年核工业部召开的科研院所思想政治工作经验交流会上宣讲，受到与会者的一致好评，资料收入会议论文集。

（二）防微杜渐

20 世纪 80 年代初开始，九所优良传统"两弹精神"受到一些冲击。九所党委发现苗头及时采取措施，努力将外来不良影响降低到最低程度，不让其发展蔓延。于是，在全体科研人员中开展科研道德教育，组织大家学习讨论，明辨是非，明确坚持什么，反对什么，追求什么，舍弃什么。通过学习讨论，统一认识后，制定出九所科研人员道德规范，以此规范全体科研人员的科研行为。这样一来，不但使老一代科研人员保持原有的优良传统和作风，也使青年科技工作者认识到如何做一个合格的核武器研究人员，一个合格的接班人。九所这一做法曾在九院职工思想政治工作研究会第一届年会上宣讲，并被收入论文集。后来又在核工业部华北地区思想政治工作经验交流会作了介绍。1985 年核工业部《政工动态》第 8 期，全国总工会《中国工运》1987 年第 3 期均有摘要转载。

（三）回顾历史、展望未来，不忘初心、牢记使命

列宁有句名言"忘记过去就意味着背叛"。回顾九所光荣辉煌历史，不但可以增强九所人的光荣感、自豪感，更重要的是让大家不忘"铸国防基石，做民族脊梁"的初心，展望未来，使广大科技人员牢记自己的历史使命，任重而道远。几十年来，九所在回顾历史、展望未来的方面做了大量工作，主要有：

1. 利用各种纪念日开展形式多样的庆祝纪念活动

（1）庆祝我国第一颗原子弹爆炸成功纪念日；

（2）庆祝我国第一颗氢弹爆炸成功纪念日；

（3）庆祝建院、建所周年纪念日；

（4）著名科学家、院士七十、八十、九十寿辰。

形式有庆祝大会，各种规模、形式的座谈会、报告会等。其中 1984 年 10 月 16

日召开的庆祝我国第一颗原子弹爆炸成功二十周年大会，1987年6月17日召开的庆祝我国第一颗氢弹爆炸成功二十周年大会，和2008年召开的庆祝建所五十周年大会，规模较大、规格较高，所内外影响大、效果好。

2.制作、举办"所史展览"

九所先后在1984年、1992年和2003年制作举办了三次"所史展览"，展出内容不断充实和拓宽，展览展示了九所光辉而艰难的历史历程和取得的巨大成就，总结了几十年的成功经验和"两弹精神"的核心内涵。通过所史展览，宣传了九所，弘扬了九所优良传统和"两弹精神"，也取得了明显的社会效益。

3.组织职工参观中国核工业创建四十、五十、六十周年成就展。

（四）从源头抓起，把培养接班人的任务和科研任务一起抓

1.利用九所自身有利条件招收培养九所所需研究生

从20世纪80年代开始，由于青年学生的人生观、价值观开始分化，加之大学毕业生就业方式由指令性计划分配变为就业学生和用人单位双向选择。九所新人进不来、稳不住的状况日益严重。九所经过认真研究决定利用自身学术优势和政治优势等有利条件招收培养自己所需要的研究生。1985年报经核工业部和国家教育部批准，成立了九所研究生部（当初叫核工业研究生二部），从此开启了中物院自己培养研究生的先河。后来九院的其他研究所也先后仿效九所开始培养自己所需的研究生。实践证明，这是解决九所后继乏人的重要措施之一。九所自己招收培养研究生的成功经验先后在院内外不同场合作过介绍。

2.充分发挥老一代科技人员的优势，做好传、帮、带

九所每年都有新的大学毕业生入所，他们是单位的新鲜血液，工作热情很高，要充分发挥他们的积极性和创造性，就要让他们尽快熟悉工作内容，适应工作环境，保证他们以一种良好的工作方式和心态开始工作。新职工一入所，首先集中进行入所教育，请老同志向他们介绍九所的历史概况、优良传统、优良作风以及九所承担的科研任务在国防现代化中的重要性和所内规章制度、保密要求，组织他们参观十七号工地和所内有关展览。通过报告、参观、座谈讨论使他们一入职就有一种神圣的使命感和光荣感。另外，九所非常重视发挥老一代科技人员在思想、作风和学识上的优势，以老带新，进行传、帮、带。不管是从外部招进来的大学生、研究生，还是九所自己培养的研究生，一旦进入科研室，首先会为他们每个人选好指导

老师，明确师徒关系。领导给老同志规定任务，不但要教业务，还要带思想，带作风，要通过言传身教，将九所的优良传统"两弹精神"传给新一代科研人员。许多老同志总结出他们教书育人、培养新同志的经验，所里组织他们互相交流。实践证明，通过这种方式，许多新入所的青年科技人员很快熟悉了所从事的工作，进入了角色，承担起了重要的科研课题。

3. 坚持每年一度的青年科技报告会

从 20 世纪 80 年代初开始，九所一直坚持每年 10 月份由所科技委和所团委共同举办"九所青年科技报告会"。评选表彰优秀青年科技成果，鼓励青年科技人员为祖国国防科技事业建功立业。报告会已经成为九所培养科技人员的组成部分，成为九所发现优秀人才的途径之一，也为青年科技人员展露自己的才华提供了舞台。

4. 编辑出版反映九院光辉历史和优良传统的期刊《二九通讯》（2000 年—2017 年）和《峥嵘岁月》《山高水长》《亲历者说》等书，为传承"两弹精神"，讲好九院故事提供生动鲜活教材。

1961 年原子弹"上马""下马"之争的来龙去脉

荣正通 [①]

1961 年 7 月 18 日至 8 月 14 日，在北戴河召开的国防工业委员会工作会议上出现了关于导弹、原子弹研制与常规武器生产谁先谁后、谁挤了谁的激烈争论，并产生了重要影响。张现民、周均伦在《理论视野》2016 年第 12 期上发表了《1961 年两弹"上马""下马"之争》，首次对相关问题进行了比较系统的梳理，但是侧重于导弹的"上马""下马"问题。本文聚焦于原子弹的"上马""下马"问题，重点介绍原子弹研制得以继续推进的原因，有助于读者更加全面地了解那次争论。

一、中国原子弹研制工作遭遇双重困境

1957 年 10 月 15 日中苏两国政府签订"国防新技术协定"。标志着苏联对华核技术援助从民用领域拓展到军用领域。根据该协定，苏联将向中国提供原子弹的教学模型和技术资料，并帮助中国设计建设研究原子弹结构的设计院（221 工程，也称 221 基地）和生产装配原子弹的工厂（342 工程，1961 年初撤销）。中国随后正式启动原子弹研制工程。

1958 年 1 月，三机部（同年 2 月改名为二机部）党组决定设立核武器局（九局），主管核武器的研制、生产和基本建设。不久之后，中国原子弹研制工程中的基建工程接二连三地上马。鉴于 221 基地建设工程浩大，不可能在短期建成并投入使用，二机部于同年 7 月批准九局先在北京市海淀区花园路开工建设一个过渡性的核武器研究所（对外称北京第九研究所）。同年 7 月，根据"国防新技术协定"，苏联政府派出涅金、加弗里诺夫、马斯洛夫等专家来华帮助中国研制原子弹。虽然这些苏联专家技术水平很高，但是他们并没有发挥中国政府预想中的作用。苏联对中国的军

[①]　荣正通，男，上海交通大学钱学森图书馆副研究馆员。

用原子能技术援助是有所保留的。苏联专家能讲什么，什么时候才能讲，都受到苏联政府的严格限制。

随着中苏关系出现裂痕，1958 年 9 月，以涅金为首的三人专家组奉命提前回国，代替他们的是来自苏联核武器研究院的列捷涅夫。列捷涅夫到九局后沉默寡言，工作态度更为消极，被中方私下称为"哑巴和尚"，光敲木鱼不念经。与此同时，苏方以各种理由不断推迟向中国移交原子弹教学模型和技术资料。最后实在拖不下去了，苏共中央于 1959 年 6 月 20 日致信中共中央，明确提出暂缓提供原子弹教学模型和技术资料。眼看苏联靠不住，中共中央经过讨论决定自力更生。同年 7 月，周恩来总理向二机部部长宋任穷传达中央指示："自己动手，从头摸起，准备用八年时间搞出原子弹。"

随着中苏关系进一步恶化，1960 年 7 月 6 日，在北京核工程设计院工作的 8 名苏联专家突然奉命提前回国。7 月 8 日，正在兰州铀浓缩厂现场负责安装工作的 5 名苏联专家也接到提前回国的命令。7 月 16 日，苏联政府照会中国政府，单方面决定撤走全部在华苏联专家，并中断同中国签订的所有协定和合同。不等中国政府答复，苏联政府又于 7 月 25 日通知说，在华苏联专家将从 7 月 28 日开始撤离，9 月 1 日前全部撤完。到 8 月 23 日，在中国核工业系统工作的 233 名苏联专家全部撤走回国，并带走了重要的图纸资料。与此同时，苏联完全停止向中国供应相关的设备和材料。赫鲁晓夫撕毁合同、撤走专家的做法在工程设计、专用设备制造、新型材料供应、生产准备等方面给中国核工业造成了很大的困难。有些项目因为中方尚未掌握设备调试技术而推迟了正式投产的时间，有些项目因为设备材料供应不上而影响了整个建设进度，有些项目则因为设计尚未完成而不得不从头做起。

面对苏联撤走专家造成的技术困境，有人质疑中国核工业还能不能搞下去，也有人建议暂时放慢核工业的建设速度。与此同时，二机部在"大跃进"中的一些工程建设只顾"多、快、省"，漏了"好"，结果出现很多质量问题。对此，聂荣臻于 1961 年 5 月 20 日向二机部部长刘杰指出："原子能工业建设中现在发现了一些工程质量问题，你们能马上改，这是件好事。与其建成后返工，倒不如现在改。不然，不仅造成浪费，而且耽误时间。在玉门地区的反应堆要加速建设。遇到困难要突破。现在需要提醒一些单位有些人怕过技术关。开始劲头大，真正遇到困难问题就退缩，不敢攻难关。科学研究就是突破困难的过程。"

雪上加霜的是，中国经济正处于困难时期，粮食供应尤其不足。面对严峻的经济形势，中共八届九中全会于 1961 年 1 月作出对国民经济实施"调整、巩固、充实、提高"的八字方针。在国防工业系统普遍减员的背景下，聂荣臻于 6 月 5 日向刘杰指出："无论如何二机部的工作不能松劲，有些厂、矿的人员可以减少的，可减一些。可以考虑调一些工兵部队去抢建一些工程项目。需要多少兵力，请与张爱萍副总长研究。科学技术战线现在面临着攻坚，在坚固堡垒面前，万不可退缩。现在作些调整，我们不是退，是巩固阵地，为了稳步前进。我们不能在困难面前投降。"

二、北戴河国防工委工作会议上的交锋

1961 年 6 月，中央军委决定在北戴河召开国防工委工作会议。为此，聂荣臻于 6 月 28 日召集国防工委副主任赵尔陆、孙志远，秘书长方强等开会，研究会议筹备工作。在会议准备阶段，聂荣臻于 7 月 4 日向毛泽东报送关于日本国防工业发展情况和方针问题的材料。7 月 13 日，毛泽东审阅并批示："此件值得注意，你们谅已看过了。中国的工业、技术水平，比日本差得很远，我们应取什么方针，值得好好研究一下。可否请你们先谈一谈，然后在八月我同你们再谈一谈。"毛泽东的批示后来成为国防工委会议上的重要议题，并成为引发"常规"与"尖端"之争以及"两弹""上马""下马"之争的重要原因。当时中国经济非常困难，为了"缩短战线"，很多国防科研项目都被迫"下马"。一些领导出于经济因素考虑，建议原子弹和导弹项目也暂时"下马"，等到经济恢复后再重新"上马"。

在北戴河国防工委会议开幕前夕，中共中央于 1961 年 7 月 16 日作出《关于加强原子能工业建设若干问题的决定》。《决定》指出："为了自力更生突破原子能技术，加强我国原子能工业建设，中央认为有必要进一步缩短战线，集中力量，加强各有关方面对原子能工业建设的支援。"为此，中央决定采取四项措施：（一）加强核工业的技术力量和领导力量。（二）加强核工业所需的设备、仪表的生产、试制和配套。（三）支援核工业开展放射性卫生医疗防护工作。（四）为了保密和保证运输及时，将核工业系统的物资运输一律列为军运。

虽然中共中央已经做出相关决定，但是从 1961 年 7 月 27 日起北戴河会议上还是出现了"尖端"与"常规"之争以及"两弹""上马""下马"之争。7 月 28 日，会议专题讨论毛泽东 7 月 13 日的批示。第一位发言的代表就说：他主张常规第一，尖端第二，在常规的基础上发展尖端。根据聂荣臻秘书范济生的回忆："当时的气氛

搞得很紧张，坚持'两弹'下马的人，和坚持继续攻关的人，互不相让，各说各的理，有时开着会，就吵起来，桌子拍得啪啪响。"在 8 月 4 日的会议上，聂荣臻发言说："现在尖端武器研制遇到些困难，但这是个历史任务。在这个困难面前，是退还是进？我认为还是要敢于前进。"贺龙也在会上表示："导弹、原子弹不能放弃，战线缩短些。"在两位元帅公开表态后，北戴河国防工委会议就不再争论上述两个问题。

分管国防科技的聂荣臻副总理和分管国防工业的贺龙副总理坚决反对原子弹下马，是因为他们知道中国核工业完全有能力克服困难，坚持攻关，在短期内研制出原子弹。早在 1959 年夏，根据中苏关系的最新变化，中央决定防患于未然，尽可能加速核工业建设。到 1960 年，地质部先后提供 8 个开采基地，基本满足全国第一批铀矿山建设的需要。国务院、中央军委选调 1 万多名干部和工人组建铀矿的开采和冶炼队伍。到 1960 年 8 月，中国第一批铀矿山建设就已临近完成，第一座铀水冶厂也开始安装设备。1960 年 4 月，经中央批准，二机部把铀 –235 生产线列为重点工程，并集中力量加快了建设进度。到 8 月底，兰州铀浓缩厂（504 厂）已经安装了部分机组；与之配套的有关工厂的土建工程也大都接近尾声。

在义愤填膺之余，中国科学院原子能研究所从 1959 年 7 月起全力转入为核工业服务的轨道。在承担科技攻关和培养骨干的同时，原子能研究所服从大局，适时选派优秀得力专家到核工业的有关研究院、所、厂肩负起业务领导责任。与此同时，钱三强组织原子能研究所的黄祖洽、郑绍唐、孙绍麟、吴翔、陈乐山等开展原子弹理论研究。根据钱三强的要求，他们从研究快中子堆入手开展这一工作。通过调研，研究小组大致了解了快中子堆达到临界要用多少铀 –235 或钚 –239。在此期间，他们还到核武器研究所同邓稼先、胡仁宇、胡思得、王贻仁、徐迺新、陈小达等，进行不定期研讨和交流。钱三强、彭桓武、何泽慧、朱光亚等经常参加研讨会并提出指导性意见。

1959 年 10 月 26 日，中央军委常委第三次会议听取宋任穷关于原子能工业生产情况的汇报。针对原子弹工程面临的困境，周恩来要求二机部缩短战线，集中力量解决最急需的问题，并决定调动各地区、各部门的力量支援原子弹工程。11 月，二机部讨论制订了中国原子能事业八年规划纲要。12 月 17 日上午，聂荣臻听取宋任穷、刘杰关于核工业建设和核武器研制规划的汇报。聂荣臻同意二机部提出的"三年突破，五年掌握，八年适当储备"的奋斗目标，并说："需要军队选调的党政干部，军委一定支持，调优秀的人去。在原子弹的研究中需要解决的力学方面的问题，可以向钱学森提出题目，给予帮助。"

1960 年 1 月，中共中央批准从全国各部门、省市选调了一批高中级科技干部加强核武器的研制工作。与此同时，中国科学院调动全院四分之一的精锐力量和设备从事有关原子能的各项工作。2 月 2 日，铀浓缩实验室在原子能研究所建成并正式移交。7 月 3 日，聂荣臻就立足国内发展科学技术等问题向中共中央并毛泽东写报告。报告指出："苏方在重要技术关键上卡住我们，实在令人气愤。但是气愤是没有用的，我们一定要争一口气，有可能这样一逼，反而成为发展我们科学技术的动力，更加坚决地在科学技术上力争独立自主，依靠自己，而不是外援。只有这样，我们在国防和经济建设上才能完全主动，而不至于受制于人。" 7 月 11 日，周恩来在聂荣臻的报告上批示："独立自主，自力更生，立足国内。"毛泽东、刘少奇、邓小平等均圈阅。

在苏联突然全面中断核技术援助后，根据中共中央的指示精神，二机部于 1960年 8 月 9 日向下属单位发出"为在我国原子能事业中彻底实行自力更生方针而斗争"的电报指示，为如何在逆境中勇毅前行作出了一系列部署。电报强调指出："苏联专家撤走，自然会给我们造成若干困难，并且势必延长一些建设的时间。但是，这也是一件大好事，它逼着我们非学会自力更生的本领不可。只要我们充分自觉地组织好这样一个转变，我们就一定能够有效地克服各种困难，就一定能够缩短这个由不能独立掌握到完全独立掌握的过程。" 8 月 25 日，宋任穷在二机部党组扩大会议上指出，现在进入了"全面自力更生的新阶段"，必须从思想上、组织上、工作方法上都来个转变，以适应新的形势。

从 1960 年底到 1961 年，紧张的中苏关系一度有所缓和，有利于中国继续研制原子弹。1960 年 11 月 10 日至 12 月 1 日，八十一国共产党和工人党代表会议在莫斯科举行。会议期间，中苏两党就时代特征、和平共处等问题进行了激烈的争论，但是中苏双方都不希望两党和两国关系彻底破裂。11 月 30 日上午，中共代表团刘少奇、邓小平、彭真同苏共代表团赫鲁晓夫、苏斯洛夫、科兹洛夫举行会谈。双方都表示要加强团结，希望结束争论，使两党两国关系恢复到 1957 年以前的水平。1961 年在中苏关系短暂缓和期间，已经停运的部分重要设备陆续运抵中国。例如：莫斯科红旗制造厂生产的三台球面车床以及电解槽、交换塔等设备都在 1961 年到货，其中球面车床是核部件生产的关键设备。中国当时无法生产这种车床，直到十年后，中国自己设计制造的球面车床才问世。

当时中国在原子弹的理论设计方面也取得了重要突破。在自行设计中国第一颗原子弹时，中国科技人员无法照搬苏联承诺提供的教学模型，因为教学模型用的核燃料是钚，而中国当时还没有足够量的钚 –239，只能用铀 –235 作核燃料。由于临界质量不一样，所以要达到一定的威力，装置中用的核燃料量就不一样。相应地，弹体结构必然有所调整。为了提高自行设计的可信度，核武器研究所的领导和专家建议先用青年科技人员自己建立的方程、物质参数、计算方法对教学模型计算一遍，如对得上，再设计中国的原子弹。开始计算非常顺利，计算结果与苏联模型很好吻合，但算到中间一关键位置，青年科技人员的计算结果只有苏联专家给的数据的一半。于是举行研讨会，物理学家、力学家、数学家从各自熟悉的专业角度对计算结果进行审议。刚毕业的大学生也被鼓励参与答辩。辩论经常进行得很激烈，有时甚至争得面红耳赤，每个人的智慧和创造性都被高度激发出来。这种讨论有时要持续好几天。最后在提出一些改进条件后，决定再进行新的一轮计算。这样的过程一共进行九轮，历时半年多，计算结果基本相同。最终，周光召从热力学最大功原理给以论证，证明苏联专家给的数据肯定错了。这也间接证明青年科技人员的计算结果是正确的，从而扫清了中国自行设计原子弹的拦路虎。

正是因为对中国在短期内研制出原子弹有信心，1961 年 1 月 7 日，聂荣臻给中共中央写了《关于 1961、1962 年科学技术工作安排的报告》。报告提出，要集中力量，"全国一盘棋"，争取"三年突破"以导弹、原子弹为代表的国防尖端技术。中共中央很快批准了这个报告。

1961 年 8 月 12 日，周恩来应贺龙邀请出席北戴河国防工委会议。针对如何发展中国原子能工业，周恩来指出："科学研究、尖端技术，要循序而进，不可能一步登天，要在一定的基础上逐步往上攀，要有步骤和秩序。应当有登上珠穆朗玛峰的志向，分阶段地、一步一步地登，总是可以上去的。当然，中间也会有小的跳跃。……在这次战备动员中要抓紧尖端武器的工作，丝毫不容懈怠。我们是一个大国，革命要靠自己，建设也要靠自己，今天如此，永远如此。我们必须把自力更生的方针贯彻到各方面的工作中去。"至此，北戴河国防工委工作会议就是否继续研制原子弹一事彻底达成共识。

三、中国原子弹研制工作有序稳步推进

根据研究和讨论的结果，聂荣臻于 1961 年 8 月 20 日给毛泽东写报告，回答他之前提出的问题。报告说："根据您 7 月 13 日的批示，我们对发展我国国防尖端技术应采取什么方针进行了研究。我们认为，三五年内发展国防尖端技术的方针应该是抓两头：一头抓科研试制，一头抓工业基础。在科研试制方面，应以贯彻'缩短战线、集中力量、保证重点'为中心；在工业基础方面应以贯彻八字方针，发展品种、提高质量为中心。……原子能方面，争取 4 年左右建成一套核燃料生产基地，设计试制出初级的原子弹，5 年或更长一些时间，建成更先进的一套生产基地，设计试制出能装在导弹上的比较高级的原子弹。……在暂时困难面前，要头脑冷静、实事求是地进行科学分析，越是困难，越需要树立信心，鼓足干劲。"

毛泽东审阅聂荣臻的报告后，认为原子弹不能下马，要克服困难，坚持搞下去。1961 年 8 月 23 日，毛泽东在中央政治局常委扩大会议上指出："我们还没有原子弹。这不能怪我们，因为我们时间还短。"9 月 24 日下午，毛泽东在武昌会见来访的英国元帅蒙哥马利时谈到了中国研制核武器的问题。蒙哥马利说："刘主席告诉我说，因为美国、英国、法国、苏联都有核武器，你们也要搞一点。"毛泽东说："是，准备搞一点。哪年搞出来，我不知道。美国有那么多，是十个指头。我们即使搞出来，也只是一个指头。"

经过近一个月的讨论，中央军委就发展常规武器和突破尖端武器的方针提出最终意见。10 月 12 日，第三十一次中央军委常委会议决定：国防工业方面，科学研究着重搞尖端，生产主要搞常规，基本建设主要搞配套。尖端要搞，不能放松，这不仅是个军事问题，而且是个政治问题。尽快研制出原子弹已经从军事问题上升到政治问题，这就最大限度地排除了经济因素的干扰。

为进一步了解原子弹研制工作的进展，聂荣臻派国防科委的张爱萍、刘西尧和刘杰到二机部所属部分厂、矿、所了解第一线任务的基本建设、生产准备和科学研究的情况。第一线任务指生产铀–235 和原子武器研究设计的基地建设及核爆炸试验。张爱萍、刘西尧和刘杰的调查结果是，中国有可能实现在 1964 年研制出核武器并进行核爆炸试验。1961 年 11 月 2 日下午，聂荣臻听取他们的汇报。11 月 14 日，张爱萍、刘西尧将调查的情况提交中央军委写了《关于原子能工业建设的基本情况和急待解决的几个问题的报告》。

聂荣臻一直在积极支持原子弹研制工作。1961 年 9 月 30 日，他在听取刘杰汇报工作时提出以下意见："选拔干部不要受资格、年龄的限制。只要有本领的就提起来。对技术人员要使他们有职有权。可以考虑从军队抽一些师级干部。选一些参谋长担任厂长或党委书记。请二机部提出一个单子。再困难也要为二机部选调，没有强有力的头头去做组织工作，事情就不会办好。反应堆的建设不要老推迟，明年一定要搞，不能动摇。对科研工作，在时间上不能要求太急，我们应该每分每秒地考虑保证科研人员的条件，使他们不分散精力。"11 月 8 日，聂荣臻向张爱萍和另一位国防科委副主任安东指出："今后国防科委要多抓一抓二机部的工作，多帮助他们解决一些问题，力争提前研制成功原子弹。"

二机部采取了一系列措施，贯彻落实中共中央《关于加强原子能工业建设若干问题的决定》。为了获得原子弹的核装料，中国核工业最初有两条生产线同时进行建设。一条是铀 –235 生产线，即通过铀浓缩获得高浓度的铀 –235 作为装料；另一条是钚 –239 生产线，即通过生产堆获得钚 –239 作为装料。在 1960 年 7 月苏联停止援助时，铀生产线中的主要环节——兰州铀浓缩厂已基本建成，设备也比较齐全配套；钚生产线中的主要环节——生产堆工程只完成了堆本体的地基开挖和混凝土底板的浇筑，后处理厂的工艺路线还有待确定。在这种情况下，为了争取时间，二机部遵照中共中央关于"进一步缩短战线"的指示，决定把铀生产线列为"一线"工程，并把兰州铀浓缩厂作为"一线"工程的重点项目，集中人力、物力突击抢建。相应地，钚生产线被列为"二线"工程，暂停建设，加紧科研攻关。

20 世纪 60 年代初，面对内外交困的不利局面，中共中央和中央军委在调查研究的基础上，做出重大决策，明确支持继续研制原子弹。从此，中国原子弹研制工作开始迎难而上，协同攻关，直到最后取得成功。

参考文献：

[1] 沈志华. 援助与限制：苏联与中国的核武器研制（1949—1960）[J]. 历史研究,2004(3).

[2] 张现民，周均伦.1961 年两弹"上马""下马"之争 [J]. 理论视野,2016(12).

[3] 中共中央文献研究室. 毛泽东年谱（1949-1976）第三卷 [M]. 北京：中央文

献出版社,2013.

[4] 中共中央文献研究室.毛泽东年谱（1949-1976）第四卷 [M]. 北京：中央文献出版社,2013.

[5] 中共中央文献研究室.毛泽东年谱（1949-1976）第五卷 [M]. 北京：中央文献出版社,2013.

[6] 中共中央文献研究室.毛泽东传（五）[M]. 北京：中央文献出版社,2011.

[7] 中共中央文献研究室.周恩来年谱（1949-1976）中卷 [M]. 北京：中央文献出版社,1997.

[8] 李觉,雷荣天,李毅,李鹰翔.当代中国的核工业 [M]. 北京：中国社会科学出版社,1987.

[9] 谢光.当代中国的国防科技事业（上）[M]. 北京：当代中国出版社,1992.

[10] 周均伦.聂荣臻年谱（下卷)[M]. 北京：人民出版社,1999.

[11] 葛能全.钱三强年谱 [M]. 济南：山东友谊出版社,2002.

[12] 孟昭瑞,孟醒.中国蘑菇云 [M]. 沈阳：辽宁人民出版社，2008.

[13] 彭继超,伍献军.核盾牌：国家最高决策：1949-1996[M]. 北京：中国青年出版社,2012.

"两弹一星"的历史意义及经验总结

杜文林 [①]

党的十九届六中全会审议通过的《中共中央关于党的百年奋斗重大成就和历史经验的决议》，全面总结党的百年奋斗重大成就和历史经验，深刻揭示了"过去我们为什么能够成功、未来我们怎样才能继续成功"的重大时代命题，其中特别提到"两弹一星"国防尖端技术重大成就。

"两弹一星"是我们党领导中国人民在社会主义革命和建设时期取得的独创性伟大成就，这项伟业铸就的"两弹一星"精神，蕴含着丰富的物质财富和精神财富，蕴含着丰富的政治智慧、人文精神、价值理念和道德规范，直到今天仍然彰显着其巨大的战略价值。中国特色社会主义新时代，进行伟大斗争、建设伟大工程、推进伟大事业、实现伟大梦想，我们必须深刻认识和全面总结"两弹一星"的重大历史意义和丰富经验启示，特别要深入研究"两弹一星"在政治、经济、军事、外交、科技、文化、社会生活等方面产生的作用与影响，从中汲取智慧和力量，为国家长治久安、行稳致远提供宝贵经验与启示。

一、"两弹一星"的历史意义

"两弹一星"是彪炳中华民族史册的千秋伟业，是中华民族的荣耀与骄傲，它改变了中国，也改变了世界，为中国人民的自立自强和中华民族伟大复兴，提供了强大的安全基石和战略支撑。正如邓小平所讲："如果六十年代以来中国没有原子弹、氢弹，没有发射卫星，中国就不能叫有重要影响的大国，就没有现在这样的国际地位。这些东西反映一个民族的能力，也是一个民族、一个国家兴旺发达的标志。"

[①] 杜文林，男，青海原子城纪念馆副馆长，副研究馆员。

（一）"两弹一星"打破美帝国主义的核讹诈

中华人民共和国自成立起，就陷入西方帝国主义的包围之中，朝鲜战争、越南战争、台海危机，他们用原子弹恫吓、威胁中国；美苏两大阵营对立、中印边界冲突，以及后来的珍宝岛事件，苏联陈兵百万，对我国国家安全构成严重威胁，他们想把刚刚诞生的中国扼杀在摇篮里。在决定生死命运的关键时刻，中国独立自主研制"两弹一星"，成功冲破西方帝国的封锁遏制，沉重打击了美帝国主义的核讹诈，推动了我国战略核自卫力量的建立和发展，极大地提升了我国国防实力，为经济建设和人民和平生活提供了可靠的安全保障。据 2010 年 5 月 14 日《环球时报》报道，在瑞典从事裁军研究的美籍专家香农·凯利认为，中华人民共和国成立 60 年来，两个成就堪称"最伟大"，一个是改革开放使中国强大起来，另一个就是拥有核武器保证了这个"让许多西方看着不顺眼的国家"平安地走到现在，今天中国的世界大国地位有核武器的功劳在里面。

列宁有一句名言："一支军队不准备掌握敌人已经拥有或可能拥有的一切武器、一切斗争手段和方法，谁都会认为这种行为是愚蠢的甚至是犯罪的。"在第二次世界大战中尝到甜头的美国总统罗斯福曾说过这样一句话："说话要和气，但手里要有大棒。"中国"两弹一星"最大的意义，就是有力回击了美帝国主义的核威胁与核讹诈，打破了美国以原子武器称霸世界的阴谋。正如聂荣臻元帅于 1963 年对军二领导干部们所说的："帝国主义和一切反动派，天天在猜我们'两弹'什么时候出来。他们最害怕中国人民拥有核武器、火箭武器，中国人民有了这些武器，他们向世界人民的讹诈就彻底地全部破产了……（他们）认为中国有原子武器，对他们的实力政策、威慑力量是一个最大的挑战。"如今的中国，是世界公认的第三核大国。随着国防实力和综合国力的不断跃起，中国在世界上的话语权越来越重，影响力越来越大，在新的世界格局形成中发挥的作用越发重要。

（二）"两弹一星"改变中国人民前途命运

自 1849 年鸦片战争以来，帝国主义列强对中国多次发动侵略战争，屡以我国失败而告终。中国落后，被称为"东亚病夫"，在国际上经常遭遇嘲笑、轻视、鄙视，使我们在心理上受到很大伤害，许多人因此产生了民族自卑感，总认为中国人不行。"两弹一星"的成功，使我国在当代国防尖端科技领域一鸣惊人，一扫了这种自卑感，全世界从此对中国刮目相看，我们的民族精神也为之振奋，民族自信心大为提高。

周恩来总理在全国人大三届一次会议上说："我们能不能自力更生地攀登科学技术高峰，这不仅在外国而且在国内都是有人怀疑的。但是，随着我国第一颗原子弹爆炸，现在应当是扫清一切自卑感的时候了！"

"两弹一星"伟业，为中国的生存与发展提供了安全保障，改变了中国人民的前途命运，彻底摆脱了被欺负、被打压、被孤立、被扼杀的命运，为我国近 30 多年的经济建设和对外开放奠定了稳固基础，也为 20 世纪 80 年代以来的改革开放创造了物质基础和战略条件，特别增强了中国人民赶上和超过世界先进水平，把中国建设成为社会主义现代化强国的信心。1964 年 12 月的第三届全国人民代表大会第一次会议上，周恩来在《政府工作报告》中第一次明确将"四个现代化"作为今后国民经济发展的主要任务。在鼓励人民打破常规、实行技术革命时，周恩来反问道："我们不是也爆炸了一颗原子弹吗？过去西方人加给我们的所谓'东亚病夫'的称号，现在不是抛掉了么？为什么西方资产阶级能够做到的事，东方无产阶级就不能做到呢？"历史经验反复告诉我们，没有强大的国防，和平建设就毫无保障。今天的中国人民，更加自信自尊、自立自强，正以信心百倍书写着新时代中国发展的伟大历史。

（三）"两弹一星"奠定中华民族伟大复兴战略基石

"两弹一星"事业的发展，不仅使我国国防实力产生了质的飞跃，而且广泛带动了我国科技事业的发展，促进了社会主义建设，造就了一支能吃苦、能攻关、能创新、能协作的科技队伍，极大地增强了全国人民开拓奋进、奋发图强的信心和力量，为改革开放和现代化建设提供了战略支撑，向科技创新型国家发展打下了坚实的基础，特别从物质与精神两方面，为中华民族伟大复兴提供了双重支撑，奠定了坚强的战略基石。

"两弹一星"对我国科技进步和经济发展起到了巨大的推动作用。"两弹一星"重大国防工程的实施，使我国建立起核、航空、电子、兵器、造船、航天等工业部门，开辟了原子能、飞机、电子、光学、舰船、航天等高新技术产业，拉动了冶金、机械、化工、材料等一大批传统产业的技术进步，促进了国民经济由农业国向工农业大国的迈进。不言而喻，"两弹一星"事业极大地推动了我国的科技进步和国民经济的发展，成为中国社会主义建设伟大成就的重要标志。同时，依靠自力更生发展起来的"两弹一星"事业，奠定了我国现代化发展的物质、技术基础，开启了中国从落后走向强盛、从萧条走向繁荣的历史，开启了全面建设社会主义现代化国家的新征程。

（四）"两弹一星"深刻影响世界发展格局

中国第一颗原子弹爆炸后，中国成为继美、苏、英、法之后的第五个核国家，而这五个国家正好是联合国安理会五个常任理事国成员。这一声巨响，有人说，世界力量的对比顿时发生了重要的变化；超级大国的核垄断、核讹诈被中国打破了。从这个时候开始，中国在世界舞台上说话的分量加重了。党的第一代领导人曾经说过这样一句名言："没有这一声响，就没有人理睬我们！"由此可知，中国这颗原子弹的成功爆炸该有多么重要的意义。中国原子弹的成功爆炸，其影响超越国家界限，超越民族界限，超越肤色界限，给全世界爱好和平的国家和人民以极大鼓舞，亚非国家和英法的舆论都普遍认为，中国已经成为亚洲的原子大国，不能再被忽视，联合国没有中国参加、禁止核武器的努力没有中国的合作不可能起作用。联合国再不接纳中国是没有道理的。

"两弹一星"的研制成功，使我国的战略能力显著提升，国际影响力明显加大，世界力量对比发生重大转折，毛泽东洞察国际局势变化的走向，提出了三个世界划分的论断，确定我国新的国际战略策略，从而推进了整个世界战略格局的转变，我国成为第三世界代表，成为举足轻重的、对美苏等世界强国的世界战略具有重要制约作用的核大国，最终形成三足鼎立、相互牵制、较为稳定的局面。中国重返联合国、中美苏三角关系的形成、中国实现与美国、苏联、日本等世界强国的外交关系正常化，这一系列重大的外交突破不仅巩固了中国的国际地位，还产生了显著的示范效应。受此鼓舞，那些之前犹豫不决、迟迟未与中国建立外交关系的国家，逐渐放下顾虑，与我国建立了外交关系。自此，世界开始重新审视中国。据统计，从1949年10月1日中华人民共和国成立到1964年10月16日中国第一颗原子弹爆炸成功，这期间与中国建立外交关系的国家总共有50个。从1964年10月16日到1972年年底，在不到8年的时间内，就有43个国家与中国建交。到1976年，同中国建交的国家达到110多个，这包括了当时世界上的绝大多数国家。如今的中国，是世界上最大、综合实力最强的发展中国家，国际地位不断提高，在国际事务中的影响力不断增大，成为国际舞台上的一支重要力量，中国的国际地位与73年前不可同日而语，当代中国正发生着广泛而深刻的变革。

二、"两弹一星"的经验启示

"两弹一星"从艰难困苦中取得突破，从独立自主中实现跨越，在实现从无到有、从小到大、由弱到强的过程中创造了宝贵的历史经验。

（一）党的领导是我们一切事业的坚强核心

我国的"两弹一星"事业之所以成功，其首要贡献在于党的伟大决策，在于党的集中统一领导，在于统一了全党全军全国人民的意志和力量。

"两弹一星"是建立在整个国民经济和现代科学技术基础上的国防尖端事业。中华人民共和国成立后，党中央、国务院、中央军委和毛泽东、周恩来等老一辈无产阶级革命家十分重视科学技术在发展社会主义经济和建设现代化国防中的重要地位和作用，并在不同的历史时期，根据国际战略格局的变化、国防建设的需要和国家经济的可能，为我国国防科技事业的发展制定了一系列行之有效的方针、政策，实事求是地提出奋斗目标、制定发展规划。在研制第一颗原子弹的初期，毛泽东多次亲自主持会议，亲自规划部署，经过缜密研究，制定了一系列重大方针、原则和政策措施；批准成立由周恩来亲自任主任的中央专门委员会，集中统一领导这项事业，并发挥了统筹全盘、综合协调的重要作用。

实践证明，党中央在领导经济建设的同时，重视国防建设，把发展国防科技作为国防现代化建设的主要战略任务，集中必要的人力、物力、财力，有重点地建设、发展国防科技事业的方针和决策是完全正确的，也为我们正确处理国防建设和国家经济建设的关系提供了宝贵的经验和启示。中国依靠国家的高度集中领导，依靠社会主义制度的优越性，依靠全国的大力协同，在较短的时间内研制成功原子弹、导弹、氢弹和人造卫星，掌握核技术和航天技术，建立了核工业、航空工业体系。党的领导是我们事业的核心力量，没有中国共产党就没有中华民族的伟大复兴，"两弹一星"就是历史和现实的有力证明。只有有中国共产党的领导，我们才能集中力量办大事，办国家复兴的事，办人民满意的事；只有有中国共产党的领导，我们才能团结一致向前看、同心同德向前进，同力同行创伟业。

（二）依靠人民、为了人民是我们战胜困难的根本力量

我国的"两弹一星"事业之所以成功，靠的是人民的力量。人民是历史的创造者，是决定党和国家前途命运的根本力量。"两弹一星"作为中国最尖端的国防战略工程，所取得的每一个重大进展，都是依托全党全军和全国人民之力，是发扬民主、

群策群力和协同作战、联合攻关的结果。这是集体主义精神的生动体现，更是社会主义集中力量办大事的制度优越性的体现。

核武器的研制与试验是一项规模大、技术复杂、综合性强的系统工程，它包括了地质勘探、矿山开采、工业生产、武器研制、科学研究、设备制造、工程建设、运输通信、安防卫生等系统，关涉研究、生产、试验、使用各个部门。在中央专委的强有力领导下，全国一盘棋，协同攻关，全力突破"两弹一星"技术难关。周恩来说："我们发展尖端事业不同于资本主义国家，我们要发扬社会主义制度的优越性，要组织全国大力协同，从科研一开始就组织协作。要发扬风格,通用的技术不要保密，不要有门户之见，要拧成一股绳。有关工业部应当分别组织联合设计，否则各部都自己搞，来个万事不求人，是什么也搞不出来的。"他还多次强调，有关部门要做到有人出人，有力出力，共同攻克技术难关。在各项目和型号研制的过程中，除了中国科学院和核工业、航天工业等核心力量外，全国先后有 20 个省、区、市和 26 个部（院）、解放军有关单位，包括 900 多家工厂、科研机构、大专院校协同建设和攻关，还有各地积极支援基地，对基地建设、研制生产、科学试验全力配合，最终取得了集体智慧结晶。

"两弹一星"历史证明，"我国人民能够发挥其无穷无尽的力量，根本依据在于我们建立了人民民主专政的制度。这种制度所形成的现实力量，是无往而不胜的"。为了人民、依靠人民，是"两弹一星"事业成功的根本力量，是我们党在近百年奋斗征程中，带领人民攻坚克难、不断前进的一大法宝，也是中国特色社会主义国家重要的制度优势。在任何时候、任何情况下，我们都要始终牢记江山就是人民、人民就是江山，坚持发展为了人民、发展依靠人民、发展成果由人民共享，这样我们的事业才能立于不败之地，这样我们的事业才能永续推进。

（三）独立自主是我们立党立国的重要原则。

习近平总书记指出，"中华民族奋斗的基点是自力更生，攀登世界科技高峰的必由之路是自主创新。"《中共中央关于党的百年奋斗重大成就和历史经验的决议》指出"独立自主是中华民族精神之魂，是我们立党立国的重要原则"。中国的"两弹一星"研发，始终坚持独立自主、自力更生的方针。在中国开始发展国防科技事业的时候，党中央就提出了自力更生为主、争取外援为辅的方针。正是由于我们坚持贯彻了这个正确方针，才使我国国防科技事业的发展不受制于人，经得起国际风云的变幻，能够打破来自各方面的封锁，走上独立自主的发展道路。

在人类发展史上，没有任何一个国家能依赖外部力量而走向强大，也没有哪一个民族靠别人的力量而实现振兴。邓小平同志说："中国的事情要按照中国的情况来办，要依靠中国人自己的力量来办。独立自主，自力更生，无论过去、现在和将来，都是我们的立足点。"在核武器研制初期，中国十分重视外来的技术援助，虚心学习，努力消化、吸收技术知识和建设经验，力求知其然，而且知其所以然。同时，又把立足点始终放在自己的基点上，十分重视建立自己的科研基地和工业体系，大力开展核科学技术研究并重视人才培养工作，以加强技术储备和人才储备。对外来的技术援助，积极争取而又不依赖：对别人提供的图纸资料，努力学习而又不迷信，独立自主地开展科学技术攻关，从中国的实际出发，产品从精、条件从简，土法上马、土洋结合，逐步形成一套具有中国特色的技术路线、组织形式和工作方法。正当原子弹研制进入关键阶段时，苏联撕毁协议、撤走在华专家，在这种严峻形势下，毛泽东和党中央不怕压、不信邪、不畏难，进一步下定决心，一定要独立自主、自力更生、艰苦奋斗，完全依靠自己的力量突破国防尖端技术。贺龙元帅提出，要"卧薪尝胆，发愤图强，打掉一切依赖思想"。聂荣臻元帅在给党中央的报告中也提出，要"变压力为动力""变气愤为发奋""集中全国力量，立足国内，突破'两弹'技术"。为激励自己发愤图强，二机部把苏联拒绝提供原子弹教学模型和图纸资料的时间——1959 年 6 月，作为第一颗原子弹工程的代号"596"，就是为了争口气，证明中国人能行，也一定行。1999 年，《纽约时报》以 3 个版面刊出特稿：中国是凭本事还是间谍来突破核武器发展？接受记者采访时，于敏指着报道说，"这句话说对了，重要的是'自力更生'，我国在核武器研制方面一开始定的方针就是'自力更生，艰苦奋斗'。"王淦昌曾说："我们不能用钱从国外买来一个现代化，而必须自己艰苦奋斗，才能创造出来"。独立自主是中华民族精神之魂，是我们立党立国的重要原则；自力更生是我们立党立国的重要方法。无论过去、现在和将来，独立自主、自力更生都是中华民族永续发展的立足点，只要我们始终坚持，既虚心学习借鉴国外的有益经验，又发挥自身的优势，不信邪、不怕压，就一定能够把中国发展进步的命运始终牢牢掌握在自己手中。

（四）尊重知识、尊重人才是我们事业实现成功的法宝

古往今来，国以才立，政以才治，业以才兴。尊重人才是我党始终贯彻的一项

治国理政重大方针。中国"两弹一星"相继研制成功，当时在全世界引起了很大的轰动。美国斯坦福国际战略研究中心主任悉尼·德雷尔在为《中国原子弹的制造》一书所作的前言中说：读者很想知道一个工业、科学资源有限的贫穷落后的国家怎么能取得如此复杂的技术经济成就，而且令人吃惊的是，这一成就是在"大跃进"和三年困难时期实现的。他回答读者：书的作者研究认为，中国的核武器计划之所以取得成功，重要的是领导人长期以来放手使用本国科学人才，发挥他们的潜力。这是一位外国学者对中国核事业中人才政策的赞誉。

"两弹一星"是当代科学技术发展的成果，是技术和知识高度密集的产物。党和国家深知要建立和发展中国核事业，必须充分依靠和发挥科技知识分子的作用，积极而审慎地吸收了一大批科技人员来从事这项关系国家安危的重要事业。其中有三四十年代留学欧美，造诣深厚，享有盛誉的老科学家、老专家；有中国自己培养（包括部分留苏归国）的品学兼优，勤奋努力，年富力强的中青年科技人员；还有大量朝气蓬勃，刚从学校毕业的大学生。他们怀有强烈的民族意识和爱国精神，在党的领导下，面对重重困境，他们激于义愤，同仇敌忾，以知识救国、科技报国的强烈心愿，以高度的责任心和使命感，在有限的科研、生产和试验条件下，勤于思考，刻苦钻研，在思索中探求规律，在创新中突破难点，注重发挥每个人的聪明才智，注重各方面人才的优势，并充分发扬学术民主，创新性地采用领导干部、科研人员、技术工人三结合的方针，打破机械式分工，挖掘潜质，群策群力，集智攻关，特别是被誉为科技宪法的"科技工作十四条"的制定和三部论知识分子的讲话，摘除科技人员头上"资产阶级知识分子"帽子，从思想上解放广大知识分子，激发了知识分子的积极性和创造性，最终取得了震惊科技界的巨大成就，同时也造就了一支能吃苦、能攻关、能创新、能协作的科技队伍。这些科技人员中的许多人后来成为核工业各单位的科技领导骨干和卓有成就的科技专家。据不完全统计，在这项伟大事业中，有70多名科研专家被选为中国科学院和中国工程院院士。

习近平总书记在2018年5月召开的中国科学院第十九次院士大会、中国工程院第十四次院士大会上强调，科学技术从来没有像今天这样深刻影响着国家前途命运，从来没有像今天这样深刻影响着人民生活福祉。实践反复告诉我们，关键核心技术是要不来、买不来、讨不来的。只有把关键核心技术掌握在自己手中，才能从根本上保障国家经济安全、国防安全和其他安全。"两弹一星"是国之重器、国防基石，它所创造的宝贵经验、重要启示，是党和人民的宝贵财富，我们必须倍加珍惜，长期坚持，并在新时代实践中不断丰富和发展，敢于走前人没走过的路，努力实现关键核心技术自主可控，把创新主动权、发展主动权牢牢掌握在自己手中。

弘扬"两弹一星"精神　打造红色文化旅游

——浅析海北州西海镇红色文旅发展路径

倪贤秀 [①]

一、海北州红色文化资源丰富，具有弘扬"两弹一星"精神、发展红色文化旅游产业的巨大潜力

党的二十大从国家发展、民族复兴的高度，明确提出"推进文化自信自强，铸就社会主义文化新辉煌"的重大任务，为新时代文化建设提供了根本遵循，指明了前进方向。可见，党的二十大对文化在国民经济和社会发展中的重要性高度认同，同时也强调了文化产业振兴发展的重要意义。

文化，是一个地域、一座城市的灵魂。

青海省海北藏族自治州是中国原子城的所在地，原子城也被称为国营二二一厂，建于1958年，原址地处海晏县西海镇的金银滩草原，总面积1100多平方千米，距海晏县城9000米，平均海拔3210米。它是我国建设的第一个核武器研制基地，老一辈科技工作者在这里成功研制出中国第一颗原子弹和第一颗氢弹。1987年，这座封闭了三十多年的军事禁区完成了时代赋予的历史使命，中央作出了撤销基地的决定。1993年基地退役后移交地方政府，青海省将这里命名为西海镇，并将其确定为海北藏族自治州行政中心。这里历史悠久，文化丰富，闻名遐迩，产业发达……然而，最值得称道的是这里与原子城、"两弹"基地结下的不解之缘，其红色文化丰富，底蕴深厚。

在海北州西海镇金银滩这片茫茫草原上，国营二二一厂的建设者们创建了中国第一个核武器研制基地，成功研制了我国第一颗原子弹和第一颗氢弹，并生产出多

---

① 倪贤秀，女，武汉市汉阳造纸厂退休职工。

种型号的战略核武器。此后，中国又成功发射"东方红一号"人造地球卫星，由此共同形成了江泽民同志于 1999 年 9 月 18 日总结的"热爱祖国、无私奉献，自力更生、艰苦奋斗，大力协同、勇于登攀"的"两弹一星"精神，这一精神的提出迄今已有 25 周年。因此，海北州西海镇具有丰厚的红色文旅发展资源，域内散布着能够彰显"两弹一星"精神的红色历史文化遗存。比如在西海镇，今天的原子城、基地旧址仍在，也依然保留着众多的实物纪念地，西海镇还竖立了一块原子城纪念碑，"中国原子城号"红色旅游列车正式开行……历经多年传承与弘扬，"两弹一星"精神、"红色文化"已成为这座被历史与文化浸润的城市的灵魂，也成为海北州的核心文化旅游资源。

总之，海北州历史人文厚重，自然景观优美，文化资源丰富，地域特色鲜明，尤其是其首府西海镇与"两弹一星"精神和红色文化有着不解之缘，正在加快推进文旅融合发展，深入挖掘红色文化的时代价值，不断擦亮"红色文化"品牌，推进红色文化建设。因此，在西海镇，红色文化尤其突出，发展以"两弹一星"精神为代表的文化产业，优势明显，独具魅力，潜力巨大，大有可为。

二、海北州弘扬"两弹一星"精神，发展红色文化旅游产业势在必行，且大有可为

如前所述，海北州西海镇及周边地域与"两弹一星"精神以及红色文化渊源颇深，有多处红色历史文化遗存。

目前，西海镇能够彰显"两弹一星"精神和红色文化的主要遗址和景点建设分布情况如下：

2001 年，青海原子城被国务院列为全国重点文物保护单位。

2005 年 11 月，原子城被确定为全国爱国主义教育示范基地。

2006 年，国家发改委正式批复了原子城国家级爱国主义教育示范基地项目建设，示范基地由纪念馆、纪念园、爆轰试验场、地下指挥中心、纪念碑等组成，占地 12.1 公顷。如今，彰显"两弹精神"和"基地精神"的示范基地已建成开放。原子城纪念馆在王洛宾音乐艺术馆东侧，纪念馆前的"青海原子城国家级爱国主义教育示范基地"名称由张爱萍将军题写。

2018 年 7 月 9 日，Y981/2 次"中国原子城号"红色旅游列车正式通车。

目前，原子城是国家重点风景名胜区，青海湖的组成部分之一，已经打造成为国家 AAAA 级旅游景区。著名景点有 221 基地地下指挥中心、青海原子城国家级爱国主义教育基地纪念馆、上星站、金银滩—原子城景区（爆轰试验场）等。

据悉，当时的二二一国营工厂总共有七个分厂，基地旧址分为甲乙两区，乙区在海晏县城，主要是生活区，甲区是现西海镇（原子城），是基地政治、文化、科研、生产中心，甲区有十八个县级单位，简称"十八甲区"。

目前，爱国主义教育基地展览馆共有七个展室，第一展室：基地创建的背景；第二展室：基地创建的过程；第三展室："两弹"爆炸成功；第四展室：辉煌成就；第五展室：光荣退休；第六展室：化剑为犁、和平利用；第七展室：西海新貌。展室通过大量图片生动地再现了基地的建设、发展，吸引着大批中外旅游者来这里观光探秘。

总之，国营工厂基地内的铁路、厂房、住宅、社会文化活动中心等设施都保护完好，并得以有效利用，特别是铁路、上星站、爆轰试验厂等一批文物价值较高的设施得到了有效保护和利用。

西海镇境内与"两弹一星"精神以及红色文化相关的历史文化，承载着数十年的历史变迁，是最能展示城市文化的特色遗产，承载着当地人数十年的记忆，因此发展文化产业势在必行。

近年来，海北州在社会和经济发展方面都取得了很大的成就。笔者认为，一说"产业""发展"，一般人都局限于工业方面的内容，却忽略红色文化、旅游产业这类文化产业发展的重要性。实际上红色文化、旅游产业发展应该是经济产业发展的重要组成部分，而且发展文化旅游产业，付出的成本和代价相对比较低，而收益却相对较高。就拿海北州西海镇这么丰富的红色文化遗产和人文资源来说吧，如何利用、如何推行产业化也是一柄双刃剑，利用不充分可谓暴殄天物，利用不当则引发负面效应。因此如何利用其拥有的独一无二的"两弹一星"精神以及红色文化资源优势，大力发展红色文化产业，从而借红色文化产业发展来提高当地的知名度，为其社会经济发展作出应有的贡献，是摆在海北州彰显"两弹一星"精神，推行红色文化、促进社会经济全面发展面前的一个重大课题。

以前常说，"文化搭台，经济唱戏"，其实这口号本身就陷入了观念上的误区。殊知，文化也是经济，发展得好，可以成为投资少、效益高的新兴产业，从这个角度来说，海北州确立传承和发展红色文化产业的观念很重要，不要误认为重工业、制造业才是工业，文化产业只是可有可无的点缀。因此，海北州可以大力发展与"两弹一星"

精神相关的红色文化旅游产业，至少有这样几个方向：原子城文化、"两弹一星"精神文化等与所在地旧址（遗址、遗迹）相关的红色旅游文化……

三、海北州弘扬"两弹一星"精神，发展红色文化旅游产业的路径

海北州弘扬"两弹一星"精神的方式可以多种多样，丰富多彩。笔者建议：

一是应努力挖掘与"两弹一星"精神相关的红色文化的内涵，特别是加大对"两弹一星"精神及其红色文化的研究与宣传力度，成立海北州"两弹一星"精神暨红色文化研究会，并发挥其专业优势，重点探讨、考证、展示其精神内涵与红色文化特色，尤其是要深入研究与探讨"两弹一星"精神以及红色文化等与中华文化的关系……总之，要让海北州作为"两弹"精神诞生形成地、中国原子城所在地以及"红色文化丰厚之地"广为人知，并全面立体展示其红色文化的独特魅力。

二是进行产业化推广，形式可以更加新颖，比如举办原子城红色文化节，或"两弹一星"精神研讨会，大力宣传。这是很好的方式，应该继续利用海北州红色文化得天独厚的优势，发挥其丰富的历史文化资源、商务资源、旅游资源，推行商旅联动，实现以商促旅、以旅促商；继续大力实施旅游发展，让"中国原子城""'两弹'精神诞生形成地"的文旅理念深入人心，同时抢抓 2024 年是"两弹一星"精神提出 25 周年的契机，政府应加大支持的力度，出台好的政策，促进更多的资金投入到红色文化旅游产业的推广发展上来，从而积极推进红色文化与旅游产业的高度融合，将红色文化思想研究拓展到产业推广的路径上来。

三是推广的方式应该灵活多样，体现红色文化色彩。海北州可以在媒体上刊登公告，向社会各界人士征集海北州、西海镇作为"'两弹'精神诞生形成地、中国原子城所在地"的形象宣传用语及标识以及海北州红色文化推广宣传语、红色文化精神和红色文化旅游形象主题语、旅游产品、纪念品的设计方案和实物等，要求征集方案必须契合海北州红色文化特色和文化内涵，有利于海北州传承弘扬"两弹一星"精神、建立与传播中国原子城的品牌形象，并承诺对中选者及优秀的设计方案给予重奖。这样一方面吸引广大的设计人员积极参加，贡献智慧，集思广益，从而为最终的方案提供选择；更重要的是，吸引社会的普遍关注，起到了扩大海北州知名度，为其红色文化产业宣传造势的广告效应。当然，以上征集方案入选的标准确定至关重要，笔者认为，好的方案一定是最能突出表现海北州"两弹"精神诞生地、中国原子城所在地的特色，最能代表海北州传承弘扬红色文化的亮点，而且方案本身也

得新颖独创，适宜宣传推广。另外，方案征集出来之后，宣传推广异常关键，海北州可以采取举办红色文化推介会、红色文化产业招商招标、红色文化旅游节、红色文化博览会、红色文化论坛等方式不断扩大海北州红色文化的知名度，并长期坚持不懈，培育成为品牌。最后，还要重视品牌的法律保护，为其红色文化形象语、标识等文化宣传成果注册商标，申请外观设计专利，最终形成受到法律保护的知识产权。

四是推广的载体应该与时俱进，达到实际效果。比如，如今动漫和微电影是近年来风头正劲的文化创新，给城市发展及文化产业开拓了新的渠道和路向，具有良好的示范效应。这也启发我们，海北州在推广和发展红色文化产业的过程中，应多关注产业背后所蕴含的深厚的文化底蕴，完全可以通过各种现代化的表现形式，比如图书、画册、动漫、影视、自媒体、微电影、短视频、AR、3D、VR 等形式来彰显海北州丰厚的"两弹一星"精神资源以及中国原子城的红色资源，从而赋予其新的生命力，并进而推向市场，赚取可观的收益。这里面实际上包含了经济效益和社会效益，毕竟文化的打造和彰显的最终结果推动了本土文化的传播和升华，提升了其知名度、美誉度，扩大了其影响力，从而形成品牌的良好口碑，最终自然也能促进红色文旅产业的发展和壮大。

四、海北州政府部门在弘扬"两弹一星"精神、推行红色文化旅游产业中的突出作用

海北州政府部门首先应树立推行发展红色文化产业的意识，尤其要认识到，原子城遗址是加强革命传统教育，传承红色基因，弘扬"两弹一星"精神的重要载体，要保护和利用好红色资源，因地制宜发展周边红色亮点工程，在现有基础上进一步发掘红色文化的历史内涵，将红色资源与特色文旅、农旅进一步创新融合，助力乡村振兴。譬如将一些与"两弹一星"精神有关、具有历史文化价值的景点、建筑、基地、遗迹等加以严格保护，要认识到这些遗址、古旧建筑比商品房更有价值。其次，对于红色文化旅游的产业化开发，一定要注意红色遗址保护，而不是进行简单的"商业开发"。要深入挖掘其红色文化的内涵，全面展现最真实、最人文、最符合历史原貌的红色文化旅游景区或其他文化产业项目。最后，对于扶持红色文化旅游产业，政府应该大有作为，可以鼓励和吸引更多投资参与进来，在政策上给予一定的优惠，敦促其按照市场规律，大力发掘其红色文化产业的市场价值，使之成为经济发展新的增长点。

比如，设立海北州原子城红色文旅发展专项资金和文旅发展基金，扶持奖励原子城红色文旅产业发展；又如，实行红色文旅项目建设公司化运作、红色文化景区经营企业化管理。最后，政府部门应着力抓好红色文化创意服务功能的提升，一方面，尽快完善、实施红色文化产业战略规划，突出抓好文化产业项目，推动红色文化与旅游等产业要素深度融合；另一方面，应加大红色文旅产业招商力度，搞好文旅项目推介，争取更多高端文创人才、文创企业和文化项目落户。同时加大对外宣传力度，综合运用好媒体网络、节庆会展、文艺作品等形式进行宣传推介，不断提升红色文化内涵，打造独具特色的红色文化品牌。通过资源整合、借助自媒体网络平台、AR、3D、VR 在内的新媒体生态，利用包括互动类 H5 在内的创新玩法，举办更多大型红色主题文旅活动，让游客拥有更多的参与感，打造海北州作为"两弹"精神诞生形成地、中国原子城所在地的红色文旅品牌和自有 IP，开拓红色文化创意与产业结合，服务业与工业等结合的跨界文旅融合项目。

五、结语

总之，我们应该认识到，地域和城市竞争表面上是经济竞争，但归根结底是文化的竞争。海北州西海镇所在区域的红色文化及相关的历史文化，承载着数十年的历史变迁，是最能展示城市文化的特色遗产，承载着当地人祖祖辈辈数十年的记忆。城市改革发展过程中，突出文化引领，文化产业建设是建设海北、促进社会发展的升华之笔。海北州应该整合红色文化资源，加强红色文化建设，推动红色文化事业、促进红色文化产业繁荣发展，增强红色文化竞争力、影响力。

所以，海北州要把红色资源利用好，把红色传统发扬好，把红色基因传承好，只有让本土红色文化资源走向市场，形成产业，推向全国，并做大做强，才能加强和巩固海北州作为"两弹一星"精神诞生形成地、中国原子城所在地的红色文化传承地区的应有地位，进一步弘扬红色文化，传承人文精神，讲好红色故事，凝聚磅礴奋进伟力，全力打造红色文化传承创新城，才能让红色文旅产业成为海北州的一张亮丽的城市名片，为海北州社会经济的全面发展装上红色文旅产业的助推"引擎"！

回眸"第一功勋铀矿"历史　弘扬"两弹一星"精神

曹国选 [①]

一、"第一功勋铀矿"不同寻常的历史

（一）"第一功勋铀矿"的诞生

中华人民共和国成立伊始，毛主席以"打得一拳开，免得百拳来"的战略勇气，毅然决定抗美援朝。经过 3 年艰苦卓绝的战争，终于取得抗美援朝的决定性胜利。不甘心战场失败的侵略者多次发出核战争的威胁。面对敌人的核威胁、核讹诈，党中央下定决心要研发出属于我们自己的原子弹。

新生的共和国百废待兴，要造原子弹谈何容易！ 1955 年 1 月 15 日，毛主席主持召开中央书记处扩大会议，揭开了我国核工业建设和核武器研制这一艰巨而伟大秘密历程的序幕。

发展中国的核工业，找到充足的铀原料是第一步。可是，中国之大到哪里去找铀矿呢？

那时候，外国人认为中国是铀矿资源贫乏的国家，没有充足的发展核工业的原材料。1955 年 1 月 20 日，中国与苏联两国政府在北京签订《关于在中华人民共和国进行放射性元素的寻找、鉴定和地质勘查工作的议定书》，建立了中苏委员会。

在地质学家最初的地质观察中，湖南可能存在大型铀矿，探明储量在全国排名第三。1955 年 5 月，中苏委员会到长沙组建 309 队，在衡阳成立了航测队，开始地毯式勘探。1955 年 9 月 9 日,航测队在"中国有色金属之乡"的郴州地区（现郴州市）郴县（现苏仙区）东北部的许家洞金银寨找到了做原子弹的原料。那群年轻的勘探队员心中，从此多了一个激动却又不能言说的秘密。

---

① 曹国选，男，湖南省郴州市生态环境局退休干部、湖南省作家协会及生态文学分会会员。

1957 年 6 月，309 队向国家提交了金银寨矿床工业储量报告，很快得到国务院总理周恩来的批准，中南矿业公司在许家洞镇筹建了 411 矿（1958 年更名为湖南二矿）。411-1 工程成为国家第二个五年计划期间的重点建设项目，这是中国最早发现和勘探的最大的铀矿之一，也是党中央、国务院规划决定由苏联帮助设计和援建的铀矿项目之一，核工业第一批"五厂三矿"之一。1960 年 9 月 1 日，中国第一座铀矿山第一期工程胜利竣工，开始试生产。1963 年 8 月 1 日，矿山"采、出、选、供"能力全面形成，正式投产。

1964 年 1 月 1 日，湖南二矿更名为"国营七一一矿"。同年 10 月 16 日 15 时，巨大的蘑菇云在新疆罗布泊荒漠腾空而起，中国第一颗原子弹爆炸成功！"东方巨响"震惊了世界，每个中国人都为这声巨响而骄傲。消息传来，作为铀原料提供地的 711 矿，更是欢呼雀跃。从此，"711"这个神秘的代号，伴随着中国第一座铀矿长达 40 年。

1998 年，711 矿建矿 40 周年，原国家二机部部长刘杰欣然题词："中国核工业第一功勋铀矿"。

（二）"第一功勋铀矿"的困惑

几十年中，大量高品位的铀矿石从许家洞源源不断地运出，为中国核工业提供了稳定的原料。

随着矿石储量减少，开采向深部延伸，水大温高、设备老化等原因，1984 年军工品限产，1994 年 711 矿停止井下铀矿石开采，转入井下和地表核设施退役治理，于 1995 年建成了军转民企业——711 矿郴州电化厂。1999—2004 年，郴州电化厂进行了二、三期技术改造，从 711 矿母体剥离，改制重组为新型化工企业——郴州华湘化工有限责任公司，生活区也改称"华湘社区"。2004 年，711 矿宣布破产，作为新中国核工业第一功勋铀矿，从此载入史册。

由于我国早期的铀矿矿体小、类型多、分布广、矿石品位低、废物量大，很多铀矿地处南方人口稠密地区，投产时正值"全民办铀矿"的特殊时期，环保意识淡薄，对核污染问题重视不够，多数铀矿未设立明显的隔离带，"三废"污染范围广、持续时间长、涉及问题多，治理难度大。早期的很多铀矿都是"先生产后治理"，经过几十年的开采，遗留了许多环境问题。从 20 世纪 80 年代后期开始，我国开始陆续制定相应的措施，并着手实施铀矿退役的环境治理，但治理前留下来的损害，迄今仍然无法有效修复。在711矿原址新建的华湘化工，空气、废渣、地下水污染严重，被环保部门挂了"风险企业"的警告牌。2015年，华湘化工宣布破产，年底华湘社区的管理权移交地方政府，这就意味着年过花甲的711矿厂矿体制画上句号。

（三）"第一功勋铀矿"的蝶变

2018年6月，711矿被国务院国资委授予"中央企业工业文化遗产（核工业）"的称号，2019年又被国务院评为"全国第八批重点文物保护单位"，2021年被列为湖南省爱国主义教育基地。2020年4月，核工业湖南矿冶局与苏仙区人民政府签订了"关于合作开发711矿片区战略框架协议"，双方将通过基础设施建设、招商引资、产业引导等方式，在全国核工业爱国主义教育基地、711矿红色文化旅游、工矿旅游、温泉旅游、医疗养老等领域开展合作。"第一功勋铀矿"的丰碑在功勋铀矿广场巍然屹立。

2023年，乘着第二届湖南旅发大会在郴州举办的"东风"，当地政府联合中核集团等企业和部门，立足"国家工业临时文化街区、国家工业文化遗产和国家级文物保护单位"的目标定位，对矿区进行提质改造。改造宗旨是"修旧如旧、建旧如新"，定位为"工业风、神秘铀、中国红"，以"工业红"为主基调，整合注入土地30多万平方米，盘活国有资产30多亿元，打造预计首年接待游客可达100万人次、实现综合收入5000万元以上的"711时光小镇"，将整个矿区建成全国首家军工主题沉浸式体验旅游目的地。

"重启"建设的711时光文旅小镇，街区年代感十足。711矿当年属于苏联援建项目，原矿区一应俱全的医院、职工宿舍、子弟学校等设施，得到了充分利用，各种要素都被还原成20世纪60年代到90年代南方小镇的工作生活风貌，打造了一个独一无二、极具沉浸式体验的年代时光小镇，彰显出厚重的历史感。

与此同时，聚焦711地下核城空间，不可以让宝贵资源"闲着"，要让宝贵资源见天地见众生，见到郴州特色文旅新路径，见到郴州国土利用新境界。经过多次踏勘、精心设计，使之成为"地下核城探秘体验"。他们"以虚拟现实的技术结合铀矿勘测、开采、提炼等过程，探寻发生在地底下的故事""以711矿洞中的真实故事为素材，打造微剧情十微探险的景观。"延绵4公里的地下核城，更是曲折幽深，矿洞上下3层、纵横交错，"一不留神，就可能走不出来。"给"中国核工业第一功勋铀矿"披上了神秘面纱。

教育性与趣味性兼备的711矿工业文化实践教学基地，依托大数据等新兴技术，将 711 矿发展的历史铺展开来，系统性地讲述了 711 矿的历史事件及人物故事。当地政府为了不让"时光小镇"孤立存在，选择抱团组合，开发出天堂温泉–711 矿红色文旅景区，形成了丰富多彩的文旅"打卡地"。

711 矿走过了风风雨雨几十年的历程，如今又以时光小镇的方式重生，吸引了许多家长带着孩子前来参观学习，吸引了不少单位团体及个人来这里缅怀先烈。特别是 2024 年开展党史学习教育以来，已经先后有 600 多个团、1 万多人次来 711 矿参观学习。2023 年 12 月 26 日，是伟大领袖毛主席 130 周年诞辰，到这里参观体验的人达到 5000 多人。

二、"两弹一星"精神经历烈火淬炼形成

一代又一代的 711 矿人，为了祖国的国防事业，在极为艰难困苦的环境中，淬炼出一颗颗赤子之心，奉献了青春、热血，甚至宝贵的生命，开创了"第一功勋铀矿"，奠定了"两弹一星"精神基础。

（一）热爱祖国，无私奉献

"做隐姓埋名人，干惊天动地事！"这是 711 矿人一句震撼山河的豪言壮语。

"711 矿"高度机密。地方上只知是军工单位，并不知道生产的是什么产品。到这里来工作的所有人员，都必须进行严格的组织审查，大部分是共产党员、共青团员和转业退伍军人。711 矿区长期驻扎着人民解放军一个连的兵力，凡工作场地、要害部位及矿机关，均有警卫战士荷枪实弹站岗放哨，10 里矿区戒备森严，守卫着中国史无前例的惊天伟业。

711 矿人隐形埋名。他们接到通知时，都不知道自己要去哪里，去做什么。但他们坚信，祖国的需要就是他们的志愿。他们不讲条件，不计代价，时刻听从党的召唤，心中只有一句话："党让我们去哪里，我们背上行囊就去哪里！"后来知道是开采从未听说过的铀矿，他们更是信心满怀，认准一个共同的目标：早日造出"争气弹"！荒郊僻壤的许家洞，汇集了天南地北的各类人员，高峰时达到 3500 多人。一时间，东北话、浙江话、四川话、上海话、广西话等各地方言在此交汇，他们的工作、生活都处于高度保密状态。

不少人埋骨青山。在为第一颗原子弹寻找核原料的艰辛历程中，防护条件极差，设备极其落后，711 矿人挥汗洒血，舍生忘死，不少人献出了宝贵的生命，"湖南省核工业 240 医院矽肺工伤死亡花名册"上有 120 多人的名字，有一个月就有 24 名年

轻工友离开。在离许家洞 10 公里的郴州城郊下湄桥的一个山坡上，有一座矗立着"湘核先驱纪念碑"的烈士陵园，人们称作核工业系统的"八宝山"。这里长眠着 74 位为采矿捐躯的勇士，他们大多不到 30 岁。第一位因公牺牲的职工留下遗言："墓地要面朝咱们家属区，我死了也要看着孩子们健康成长。"

711 矿人乐于奉献。有人曾经问 711 矿人："条件这么艰苦，你们为什么这么拼命？"711 矿人说："没有共产党，我还在给地主放牛，给日本修铁路，一年四季吃着掺砂子发了霉的玉米喳呢。为了早日采出 500 吨铀矿石，快点造出原子弹，不拼命行吗！"正是这一颗颗感恩之心，使 711 矿人造就了划时代的无私奉献、敢于牺牲的精神，连苏联专家也被中国工人的这种精神所感动。

（二）自力更生，艰苦奋斗

万事开头难，要开创前所未有的事业，一座座"难"字大山，沉甸甸压在 711 矿人身上。

生活难。711 矿人白手起家，又逢三年困难时期，他们盖的"干打垒"工棚，既是宿舍又是厨房，还是澡堂。当时粮食实行定量，对于繁重的体力活，明显不足，大家就下河抓鱼捞虾，上山扯笋挖野菜，弥补"缺米之炊"。湘南阴雨寒冷天多，人们身上穿的、晚上盖的经常是汗水和雨水浸泡过的。建矿初期没有电，照明用电石灯，电筒都很少，走路很危险。山上的食堂都在坑口边，"三班倒"的工人出来轮换吃饭，可谓吃在坑口、睡在坑口、干在坑内。

生产难。当时的生产条件极其落后。"有条件上，没有条件创造条件上！"建矿初期上部中段做的各项生产准备，都是人工进行。转入下部中段开拓后，遇上一道大难题，地下水量大，水温高，主矿带 80 米中段巷道每小时涌水量达 350 到 400 立方米，水温 47.5 摄氏度，平均气温 40 摄氏度以上，被称为"火焰洞"。通风降低不了温度，矿工们只好光着上半身工作，用水管不断往身上冲冷水。依靠战高温，战恶水，711 矿年年超额完成了国家任务。

治病难。金银寨当时人烟稀少，山高林密沟深，满山荆棘丛生，有毒蛇猛兽出没，奇病怪病特多，自古就有"船到郴州止，马到郴州死，人到郴州打摆子（疟疾）"的民谣。外来人水土不服，不少染上了疟疾和丝虫病，还有人营养不良得了水肿病，最严重的时候，711 矿医务室每天有 100 多人看病。当时矿工们的防护装备就是纱布口罩和安全帽，氡气危害以及安全事故也时常发生。药品匮乏，大家群策群力，上山寻找草药，采用土法治疗，保证了职工的健康体魄和充足精力。

711 矿人千方百计克服种种困难，提前完成了党交给的任务。1963 年 11 月，711 矿第一批铀矿石在金银寨装车后，用黄油布盖得严严实实，在许家洞至衡阳的各站警卫人员的轮流值班护卫下，秘密从许家洞火车站准确及时、连夜运往衡阳 272 水冶厂制成半成品，为我国第一颗原子弹爆炸成功提供了宝贵的铀原料。

（三）大力协同，勇于登攀

用作核武器的燃料，必须保证铀 235 的纯度在 90% 以上。而要制造原子弹，约需要数 10 公斤高纯度的铀 235。这意味着要通过水冶工艺形成浓缩铀产品，即重铀酸铵（俗称"黄饼"，统称"111"），在 272 厂纯化成"121"，再密封到厚厚的、经放射安全测试过的大铅罐中，用军用列车送往兰州 404 厂进行转化加工，转化后的铀产品再通过列车运到工厂，用于制造原子弹。

铀矿开采的工程技术极为复杂，中国人从来没有干过。正处于基建高潮时，苏联突然撤走全部专家，带走了所有重要图纸、资料及设备，711 矿人需要从无到有、一步一步摸索和积累。碰到生产难题时，要逐一攻关。为此，711 矿成立技术革新领导小组，第一个技术攻关就瞄准了一号主井。一号主井下掘到 130 米中段时，面临"火焰山""恶水洞"的恶劣环境，再也无法下掘。有专家建议在吊盘上安装卧泵，采取强行排水的措施继续下掘，没有成功。技术革新小组组织矿里的几位年轻技术员，经过反复研究，决定采取对工作面进行超前预注浆的办法掘进，终于顺利通过富水区，将一号主井掘进到设计位置。

首战告捷，极大地提振了全矿技术攻关的信心。从此以后，一项项新技术、新工艺不断诞生，711 矿人用大锤、钢钎等原始工具，创造了一个又一个奇迹。从充填料开采到选矿工艺，从采掘机械化到表外矿石堆浸，从污水处理到安全防护等一整套系统且先进的铀矿开采技术，都被中国人掌握，其中水平分层充填法还获得了全国科学大会金奖。

711 矿还是一座精神"富矿"。这里人才济济，职工的政治素质高，全盛时期职工及家属上万人，占了郴州地区城市人口的十分之一。无论是生活极其困难时期，还是面临矿山关闭破产关头，铁军队伍始终保持稳定不乱，在当地起到了"稳定器"的作用。

711 矿也是一个培养人才的地方。当时全国各地铀矿山都在进行建设，根据上级"老矿包新矿,老矿支援新矿"的指示精神,711 矿为各地矿山支援各方面人员达 3200 多人。也就是说,中国有铀矿的地方,就有 711 矿人。

三、与时俱进,弘扬"两弹一星"精神

1999 年 9 月 18 日,江泽民同志在表彰为研制"两弹一星"作出突出贡献的科技专家大会上发表讲话,将"两弹一星"精神概括为"热爱祖国、无私奉献,自力更生、艰苦奋斗,大力协同、勇于登攀"。

时至今日,"第一功勋铀矿"纪念碑成为历史丰碑,"两弹一星"精神已经融入中华民族的血脉,化为中华儿女的基因,载入了中国共产党人的精神谱系。2021 年 2 月,习近平总书记在党史学习教育动员大会上指出:在一百年的非凡奋斗历程中,一代又一代中国共产党人顽强拼搏、不懈奋斗,涌现了一大批视死如归的革命烈士、一大批顽强奋斗的英雄人物、一大批忘我奉献的先进模范,形成了井冈山精神、长征精神、遵义会议精神、延安精神、西柏坡精神、红岩精神、抗美援朝精神、"两弹一星"精神、特区精神、抗洪精神、抗震救灾精神等伟大精神,构筑起了中国共产党人的精神谱系。

"两弹一星"精神展现了中国人自尊自觉的志气,彰显了中国人自强自立的骨气,奠定了中国人自信自豪的底气,是中国共产党精神谱系的重要组成部分。

"热爱祖国、无私奉献"是"两弹一星"事业奋斗者的共同追求和崇高境界。爱国与奉献贯穿于"两弹一星"精神的始终,"两弹一星"的伟大实践,自始至终高举着爱国主义伟大旗帜,贯穿着祖国至上的崇高精神。

"自力更生、艰苦奋斗"是"两弹一星"伟大事业成功的根本保障。核武器研制工作者,是一支特别能吃苦、特别能战斗的队伍。他们在我国国民经济最困难的时期,在许多物质条件难以保证,甚至一些基本的生活条件都难以满足的环境下,利用有限的科研和试验手段,奋发图强,突破了一个个技术难关。他们这种惊人的毅力和非凡的勇气,彰显了中华民族自立于世界民族之林的坚强决心和能力。

"大力协同、勇于登攀"充分体现了依靠集体智慧协同攻关的集中力量办大事的社会主义制度优势。面对帝国主义的技术封锁和苏联单方面撕毁技术援助合同,在毛主席"大力协同做好这件工作"的指示下,在党的集中统一领导下,全国 26 个部委、20 多个省市、1000 多家科学院所通力协作、顽强拼搏、刻苦钻研、协同攻关,攻破了一个又一个核心技术难关,取得了一个又一个重大科技成果。这种求真务实、勇

于登攀的科学精神扬起了中华民族在科学殿堂上的成功风帆。

回眸"第一功勋铀矿"的历史，清晰可见"两弹一星"精神不但影响了我国核工业的诞生和发展，而且影响到全国其他战线的诞生和发展，不但影响了核工业战线的创业者，而且影响到全国各条战线的人民，是成就社会主义新中国不可或缺的动力源泉。但是，随着经济社会发展主客观条件的改变，"第一功勋铀矿"的发展道路极为艰难曲折，711 矿人受到社会上的负面影响，也产生了一些消极悲观情绪。

但现实生活中存在的这些困难和问题，在深化改革的进程中，有的已经解决，有的还在发展中不断解决，核工业人心中的阴霾逐步消除，"两弹一星"精神发挥了重要作用。

进入新时代，踏上新征程，习近平总书记多次谈到"两弹一星"精神及其时代价值。2020 年 4 月 23 日，在第五个"中国航天日"和"东方红一号"卫星发射 50 周年到来之际，习近平总书记在给参与"东方红一号"任务的老科学家的回信中写道："新时代的航天工作者要以老一代航天人为榜样，大力弘扬'两弹一星'精神，敢于战胜一切艰难险阻，勇于攀登航天科技高峰，让中国人探索太空的脚步迈得更稳更远，早日实现建设航天强国的伟大梦想。"习近平总书记的重要指示，对我们深刻认识"两弹一星"精神在新时代建设航天强国征程中的引领作用，具有根本性的指导意义。

作为"两弹一星"精神诞生地之一的 711 矿，"第一功勋铀矿"是无上光荣、永远骄傲的历史，也是中华民族伟大复兴的鲜明旗帜。广大核工业人发扬永不放弃的责任担当和矢志不渝的民族自觉，面向未来，与时俱进，开拓创新，打造的"711 时光小镇"，让人们踏进错位的平行时空，亲身经历那段激情燃烧的峥嵘岁月，解锁历史文化旅游的全新模式，实现了"第一功勋铀矿"的蝶变。青海原子城纪念馆以高度的政治自觉、思想自觉和行动自觉，深入挖掘"两弹一星"事业中蕴含的伟大创造精神、伟大奋斗精神、伟大团结精神、伟大梦想精神，把"两弹一星"精神植入灵魂、融入血脉，努力开启了"两弹一星"精神弘扬传承、发扬光大的新篇章，在中国核工业的道路上竖立起了一座座闪光的丰碑，这些丰碑必将形成巨大的精神支柱和力量源泉，成为中华民族伟大复兴的文化软实力。

后 记

"两弹一星"精神作为第一批纳入中国共产党人精神谱系的伟大精神，是爱国主义、集体主义、社会主义精神和科学精神的集中体现，是中国人民在 20 世纪为中华民族创造的宝贵精神财富。传承弘扬"两弹一星"精神，对于筑牢民族精神根基、激发创新创造活力、凝聚奋进时代力量，具有不可替代的重要意义。

2024 年，正值中华人民共和国成立 75 周年、"两弹一星"精神正式提出 25 周年、第一颗原子弹爆炸成功 60 周年，青海省召开传承弘扬"两弹一星"精神座谈会，回首往昔，擘画新程，意义非凡。在中共青海省委宣传部、中共海北州委宣传部的精心指导下，青海原子城纪念馆编辑出版《庆祝中华人民共和国成立 75 周年 传承弘扬"两弹一星"精神座谈会成果汇编》，这是对座谈会成果的汇集转化，也是传承弘扬"两弹一星"精神的理论承载。

本书汇聚了理论界、核工业航天界、新闻媒体界、青年党团员和爱国主义界专家学者的深入研究与思考。他们从历史溯源、精神内涵、时代价值以及传承路径等多个维度，对"两弹一星"精神进行了全面剖析和解读。这些成果，不仅是对那段波澜壮阔历史的深刻铭记，更是对新时代如何传承和弘扬这一伟大精神的有益探索。

希望《庆祝中华人民共和国成立 75 周年 传承弘扬"两弹一星"精神座谈会成果汇编》能成为一座桥梁，回首过去、展望未来，让更多人了解"两弹一星"精神伟力，激励一代又一代中华儿女做红色基因的传承者、实践者，在新时代伟大征程中激流勇进、接续奋斗，为实现第二个百年奋斗目标，实现中华民族伟大复兴的中国梦而不懈努力。